# 민주주의 국제 협력기관
: 지구민주화와 공공외교의 지형도

민주주의 국제 협력기관
: 지구민주화와 공공외교의 지형도

초판1쇄 발행일 • 2010년 10월 25일

엮은이 • 민주화운동기념사업회
펴낸이 • 이재호
펴낸곳 • 리북
등  록 • 1995년 12월 21일 제13-663호
주  소 • 서울시 마포구 솔내1길 19 서언빌딩 2층
전  화 • 02-322-6435
팩  스 • 02-322-6752
www.leebook.com

정  가 • 30,000원

ISBN 978-89-87315-59-1

# 민주주의 국제 협력기관
: 지구민주화와 공공외교의 지형도

민주화운동기념사업회 편
연구책임자 이정옥

리북

■ 발간사

과거 서구의 자본주의 국가를 중심으로 진행되어 왔던 '민주주의 지원'은 오늘날 '민주주의 국제협력'이라는 공감대 위에서 광범위하게 이루어지고 있습니다. 새로운 세기를 맞이한 이후 전 세계 공통의 의제인 빈곤 퇴치와 지속가능한 발전을 위해서도, 가장 핵심적인 것은 '굿 거버넌스(Good Governance)'라는 이해 속에서 국제사회는 협력을 확대해 나아가고 있습니다. 이러한 배경 속에서 현재 해외민주주의지원은 전 세계 국가들과 시민들이 더불어 살아가는 비전으로서 다뤄지고 있습니다.

위와 같은 추세에 맞추어 한국 역시 꾸준히 세계와의 소통을 확대해 나아가고 있습니다. 이제 우리는 객관적인 경제력에서만 세계적인 수준인 것이 아니라, 실재 국제사회의 주요한 무대에서 활동하고 있습니다. UN사무총장을 배출하였으며 아·태민주주의협력체(APDP)의 의장국으로 활동하고 있고, 정부 차원에서 다양한 주요 국제회의를 주관하고 있습니다.

그럼에도 조금 더 적극적인 국제사회에 대한 기여가 필요합니다. 특히 한국은 민주화와 경제성장을 동시대에 이룬 나라로서, 이를 향해 아직도 고군분투하고 있는 전 세계 사람들에게 부러움의 대상이 되고 있습니다. 그러나 우리가 이루어 온 민주화와 경제성장은 오롯이 우리의 힘만으로는 오늘날에 이르기에는 어려웠을

지 모릅니다. 특히 음으로 양으로 한국의 민주화를 지원해 준 국제사회의 관심과 협력이 있었기에, 우리는 험난한 세월과 수많은 어려움을 이기고 민주화를 이룰 수 있었습니다.

이제는 한국이 받았던 지원과 관심을 국제사회에 돌려 줄 때입니다. 이러한 요구는 국내외에서 지속적으로 있어 왔습니다. 특히 우리가 그동안 만났던 수많은 아시아의 민주주의 관련 활동가들은 아시아 내의 국가들이 서로 돕고 협력하기를 요청하였으며, 특히 물적인 지원 뿐 아니라 한국의 경험을 듣고자 했습니다. 우리가 세계 각국의 민주주의 지원 경험을 살펴보고, 우리가 나아가야 할 길을 모색해 보기 위한 이 연구를 시작하게 된 이유가 여기에 있습니다.

주요 민주주의 지원기관을 직접 방문 조사하여 이들 기관의 운영과 현황에 대한 자료를 수집하였고, 이를 통해 국제 민주주의 교류협력에 대한 대중적인 관심을 고취하고 관련 연구자와 시민사회단체 활동가 그리고 전문가들과 함께 한국이 지향해야 할 모델을 고민해 보고자 합니다.

이 책에 대한 독자들의 많은 관심을 부탁드리며, 더불어 한국 민주주의, 나아가 세계의 민주주의 발전과 평화 실현을 위해 지속적인 관심을 가져주시기 바랍니다.

2010년 10월
민주화운동기념사업회 이사장 함 세 웅

■ 서문

# 민주주의 국제교류협력의 세계적 흐름

민주주의는 국제교류협력을 통해 발전한다
　민주주의는 수입품인 동시에 국산품이다. 민주주의가 발달된 서구 여러 나라들도 민주주의 제도 발달 과정에서 앞선 나라들의 제도를 수입하여 자신의 나라에 맞게 토착화하는 과정을 겪었다. 그것이 근대 민주주의가 발전해 온 역사이다. 각 나라의 민주화 과정은 상호 유기적으로 연결되어 있다. 봉건제를 무너뜨리고 시민혁명이 화두가 되었던 시기에는 시민혁명의 열기가 국경이라는 경계를 넘고 확산되었다. 사회주의 이념도 국경을 넘어 확산되었으며 1980년 후반에 실현된 아시아의 민주화 과정도 따지고 보면 국경이라는 경계를 넘는 세계적 추세라는 자기장의 범위 안에서 생긴 변화들이다. 물론 세계적인 추세의 흐름을 자국 또는 자신에게 긍정적인 변화의 흐름으로 만들어 내느냐 못하냐는 어디까지나 내부의 역량에 달려 있다. 내부의 역량과 외부의 흐름이 서로 조응을 하게 되면 '발전적 도약'이 가능하다. 짧은 시간에 놀라운 성과를 달성한 한국의 경제성장과 민주화의 경험은 바로 내부의 역량과 외부의 흐름과의 시너지를 이루었기 때문이다.
　한국의 민주화운동의 경험은 구한말까지 거슬러 올라갈 수 있을 정도로 길고 지난했지만 민주정치를 제도화한 역사는 상대적으로 짧다. 민주화 과정이 바로 근대화 과정의 견인차였던 서구

민주주의 선진국들과는 달리 경제성장을 위해서라면 민주주의를 희생할 수 있다는 선 근대화, 후 민주화라는 논리가 통치의 수단으로 자주 활용되었다. 민주화의 필요성에 대한 논리 개진도 그것이 경제성장에 도움이 되는 가의 여부에 따라 취사선택할 수 있는 것으로 여겨졌다. 인간의 존엄, 천부 인권 등의 민주주의 기본 가치가 중심에 뿌리내리지 못한 것이다.

서구를 중심으로 한 근대화 과정의 세계적 확산 과정에서 지정학적으로 극동이라는 변방에 위치했던 한국은 세계적인 변동의 흐름에 둔감했다. 세계적인 변동의 흐름에서 후발 주자였던 한국이 선발 주자가 되기 위한 방법은 앞만 보고 달리는 것이었고 그것은 일정한 성공의 열매를 거두었다. 성공의 체험은 그 자체로 족쇄가 될 수 있다. 성공의 경험에 눈이 어두워 앞만 보고 달리다 보니 '패러다임의 변화'라는 새로운 복합적인 흐름을 놓칠 위험이 크다는 것이다.

그러한 우려가 현실로 나타나고 있다. 인권과 민주주의 가치가 선언문에만 있었던 것이 1990년 후반으로 오면서 국제질서를 움직이는 새로운 축으로 등장하기 시작했다는 것을 보지 못하고 근대화 세력과 민주화 세력, 보수와 진보, 신진보와 신보수 등의 담론은 점점 더 양극화되어 가고 있다. 민주주의 국제협력기관을 연구하고자 했던 동기는 21세기의 새로운 국제사회의 흐름을 소개함으로써 우리 내부의 소모적인 논쟁에서 벗어나고자 함이다. 21세기에 들어서면서 민주주의는 수단이 아니라 이미 가치의 중심에 들어서 있다.

문제는 민주주의이다

2008년 금융위기 과정을 겪으면서 세계인들은 '문제는 정치, 즉 민주주의'라는 점을 다시 재확인하게 되었다. 보이지 않는 손을 믿고 규제와 정부 개입 철폐라는 주장 위에서 성장했던 금융기관들이 스스로 정부의 구제를 요청한 것이다. 정부의 지원과 경영 개입이 수용되면서 '자유주의'적 경제논리는 그 중심부에서 스스로 모순을 드러내게 된 것이다. 경제는 정책 결정의 종속변수라는 사실이 가시화되게 된 것이다. 기업 경영의 차원에서 이루어진 결정이 불특정 다수의 구체적인 생활의 지속가능성을 위협할 정도로 영향을 끼친다는 사실이 확인되면서 기업경영에 대한 '정치적 규율'의 필요성을 인정하지 않을 수 없게 되었다. 이것은 분명 패러다임의 전환이다. 중심부에서의 이러한 변화에도 불구하고 아직도 성장 중심의 규제개혁을 당연시하는 사고가 우리 사회에서는 만연하고 있다.

1970년대와 1980년대의 냉전기 동안은 민주주의는 경제발전 또는 국가안보를 위해 언제든 양보할 수 있는 것으로 생각하는 나라들이 많았고 한국도 그 중의 하나였다. 한국을 비롯한 아시아 여러 나라에서는 아직도 민주주의를 경제발전의 수단으로 여기는 현실이 엄존하고 있다. 선 성장, 후 민주주의의 논리 혹은 선 안보, 후 민주주의의 논리는 민주주의에 대한 가치가 뿌리내리지 못한 한국과 아시아에서 수시로 민주화 과정의 발목을 잡는다. 그러나 탈냉전기를 거치면서 '민주주의'는 경제발전을 위한 수단이 아니라 그 자체로 다른 것으로 대체할 수 없는 의사결정의 방식이라는 점이 분명하게 확인되고 있다. 데모크라시는 데모스에 의한 통치이지 여러 주의 주장 중의 하나의 또는 일종의 이데올로기인 것은 아니라는 점이다. 플라톤이 못내 그렸던 '철인'도 없고 그렇다고 세습혈통의 권위도 사라진 현대 사회에서 결정권이 데모스에 있다는 점은 그 누구도 부정할 수가 없다. 그것을 부정함으로써 초래되었던 역사적 비극의 기록은 체험으로 각인되어 있기 때문이다.

탈냉전시대의 신자유주의적 경제질서가 가져온 여러 가지 문제점−무한 경쟁, 양극화, 지속가능성에 대한 회의−을 지적하느라 탈냉전 시대의 성과물인 '민주주의'에 대한 성취를 간과하는 경향이 있다. 우리 사회에서도 보수적 입장에서는 '잃어버린 10년'이라는 표현으로, 진보적 입장에서는 민주화의 성과가 신자유주의 시장의 포로가 되었다는 분석을 통해 민주화운동이 탈냉전 시대라는 계기를 통해 성취한 민주주의를 있는 그대로 평가하지 못하고 있다. 다시 말해서 민주주의는 경제에 대한 종속변수가 아니라 그 자체의 가치라는 점을 확인하는 것이 필요하다.

민주주의가 경제발전을 위한 수단이 아니라 그 자체로 갈고 닦아야할 귀중한 가치이자 다른 것으로 대체할 수 없는 수단이라는 것을 확인하게 되면 민주주의를 유지 발전하기 위한 많은 '노력'이 필요하다는 점을 인정해야 한다.

경제 프리즘에서 민주주의 프리즘으로의 패러다임의 전환

국제사회의 신질서를 인권과 민주주의라는 새로운 축으로 바라보게 되면 자연 패러다임의 전환이 일어나기 마련이다. 경제성장을 재는 다양한 양적 지표의 의미를 캐묻기 시작하는 것이다. '양'이 아닌 '질'의 문제, 텍스트가 아닌 컨텍스트의 문제가 부각되게 된다. 경제발전은 종종 1인당 국민소득 국민총생산액 등의 수치로 환산되어 국가별 발전의 정도를 한 줄로 세울 수 있었다. 국민총생산액이 실제로 생산성 측정의 타당성있는 지표가 될 수 있는가 하는 질문이 이미 경제학계 내부에서도 일어나고 있을 뿐 아니라 삶의 질 지수, 행복 지수 등을 개발하여 경제발전 지수와 삶의 질 지수가 반드시 상관관계에 있는 것은 아니라는 것을 밝힘으로서 경제성장의 사회적 의미에 대한 질문을 던지고 있다.

경제발전의 정도를 측정하려는 시도와 마찬가지로 민주화 또는 민주발전의 정도를 측정하려는 시도가 없는 것은 아니지만 아직은 민주화의 정도를 한두 가지의 기준으로 측정한다는 것이 어렵다는 것 또한 민주발전의 정도에 따라 각국을 일렬로 세울 수는 없다는 것은 분명하다.

분권화, 의사결정과정의 투명성, 굿 거버넌스, 법치, 정치적 의지를 대변하는 정당, 시민사회의 정치권력에 대한 견제, 공론장을 제공하는 언론, 공명하고 자유로운 선거, 권력으로부터 독립적인 사법기구 등 민주주의가 제대로 작동하기 위해서 필요한 요소들은 복합적이면서 다양하다. 이들 다양한 요소 중에 어느 하나만 제대로 기능하지 않아도 민주주의는 '불안정'하다.

더욱이 민주주의의 주체는 인민이라는 점, 즉 인민의 개념이 복합적이고 추상적이라는 점 때문에 지속적인 숙의와 공론을 필요로 하게 된다. 민주주의의 기본 원칙은 누구나 다 알다시피 인민주권의 원칙이다. 인민은 최종적인 입법자이고 법과 사회 안녕을 최종적으로 책임지는 것도 인민들 그들 자신이다. 그러나 인민주권은 모두의 권력을 인정하는 동시에 그 누구의 권력도 인정하지 않는 역설을 안고 있다. 민주시민이 끊임없이 육성되지 않고서는 인민주권은 특정 정당, 대통령, 이익집단의 주권으로 쉽게 변질될 위험을 안고 있다. 그런 의미에서 그것은 변화와 성장을 멈추지 않는 생명체와 다름없다. 주의를 게을리하면 부패하기 쉽고 끊임없이 양분을 공급하고 갈고 닦아 주어야 하는 것이다. 민주주의라는 프리즘은 결과보다는 참여를 통한 재구성 과정, 경로를 중요시하게 되는 새로운 인식과 연결되게 된다.

민주주의 패러다임으로 세계를 보게 되면 한 줄로 된 서열보다는 다양성의 시각으로 보게 된다. 민주주의 선진국과 민주주의 후진국이 한 줄로 세워지는 것이 아니라 각기 다른 문제에 당면하고 있다는 것, 서로 다름을 인식함으로써 상호보완을 위한 공통의 협력기반을 마련하게 되는 것이다. 아시아 대부분의 국가들은 봉

건적인 제도의 극복, 토지 개혁, 신분제 타파가 가장 중요한 과제로 대두될 수도 있고 경제발전의 미명하에 유지되고 있는 군부독재를 청산하는 것 또는 아프리카 여러 나라에서 나타나고 있는 부족주의 국가의 수준을 넘어선 통합이 가장 중요한 과제가 되는 경우도 있다. 비서구 국가들이 당면하고 있는 민주화의 과제가 민주발전 선진국들이라고 해서 완전히 면제되는 것은 아니다. 점점 더 상품 광고와 유사해지는 정치 광고, 막대한 선거 비용의 문제, 시민이 사라지고 유권자와 소비자만 남는 현실, 새로운 시대의 과제를 대변하지 못하는 정당의 문제 등 근대 민주화의 역사가 긴 나라들이 새롭게 당면하게 되는 과제도 보기에 따라서는 민주주의의 근본 원리를 뒤흔들 만큼 위협적인 것이 될 수 있다. 민주주의라는 키워드를 통해 세계지도를 그려보면 종류가 다르지만 민주화, 민주발전이라는 공통의 과제를 머리에서 내려놓을 수 없다는 것을 알 수 있다.

민주주의 국제협력이 가능하려면?

민주발전이 복합적이고 미완의 프로젝트라는 점, 그럼에도 불구하고 민주화 이외에 대안이 없다는 것을 합의할 때만 민주화를 위한 국제협력이 가능한 것이다. 표현의 자유가 중요한가 사회경제적 생존권이 우선인가. 선택의 자유가 중요한가 등의 기준을 한가지로 적용하게 되면 그에 못지않은 다른 기준의 중요성을 얼마든지 역설 또는 항변을 받을 수가 있게 된다.

그런 의미에서 민주주의 국제협력은 경제 원조처럼 일방적인 지원이 되기 어렵다. 민주주의 국제협력이 이루어지는 바탕은 '민주주의'를 중요한 가치로 공유하는 것, 민주주의는 주어지는 것이 아니라 노력을 통해 갈고 닦아야 한다는 것을 인정하는 것, 각 사회의 역사적 경험과 문화의 특수성에 따라 민주 발전의 과제가 다르게 나타난다는 것 따라서 민주발전의 주체는 어디까지나 해당국가의 인민이라는 것 그러나 상호 열린 마음으로 교류 협력하는 것이 관련 당사국 모두의 민주화를 증진하는 데 기여한다는 것을 전제로 할 때만 가능하다. 정치 민주발전이 복합적이고 미완의 프로젝트라는 점 그럼에도 불구하고 민주화 이외에 대안이 없다는 것을 합의할 때만 민주화를 위한 국제협력이 가능한 것이다.

경제발전의 수단으로서의 민주주의 지원이 아닌 민주주의 자체의 교류 협력의 역사는 1980년대 이후의 일이다. 물론 경제발전의 수단으로서, 또는 냉전기에 이데올로기적 선전을 위해, 특정 정당의 이념을 전파하기 위한 민주주의 지원은 냉전시대에도 뚜렷하게 나타난다. 그렇지만 민주주의를 중심에 둔 지원이 가시화된 것은 1980년대이며 지원기관이 구체적으로 제도화된 것은 2000년대 이후에 본격화된다. 그런 의미에서 민주주의 국제협력은 21세기의 현상인 것이다. 냉전기에 있어서 이데올로기의 경쟁이 실제로는 경제발전의 결과로 승패를 겨루려고 했다면 21세기에는 정치발전이 그 자리를 대신하게 되었다.

탈냉전 시대에 등장한 공공외교의 장으로서의 민주주의 국제협력

탈냉전기의 공공외교의 키워드는 민주주의 국제협력이다. 냉전기의 공공외교를 주도했던 개발협력의 틀에 민주주의 국제협력이라는 새로운 모자를 씌운 것이다. 이러한 새로운 변화를 주도한 것은 탈냉전기의 신 국제질서의 새로운 틀을 주도적으로 이끌었던 미국이었다. 미국에 이어 네덜란드 독일 스웨덴 영국 호주 캐나다 등이 민주주의 국제협력을 위한 기구를 만들고 기존의 개발협력 내에도 인권과 민주주의 굿 거버넌스라는 개념을 적극적으로 도입하였다. 국가 차원에서만이 아니라 유엔도 개발협력의 틀에 민주주의 지원의 개념을 도입한 새로운 기구를 만들었고 유럽연

합 차원에서도 민주주의 지원을 중요한 차원으로 끌어들였다. 민주주의 국제협력의 일차적 대상은 탈냉전 이후의 자유주의 체제로 편입해 온 동구권 국가들, 개발협력의 비효율성으로 빈곤과 사회적 갈등의 늪에서 헤어 나오지 못하고 있던 아프리카 등이었지만 차츰 그 대상을 확장하고 있다.

본 연구는 민주주의 국제협력을 이끌고 있는 각 국가, 국제기구, 네트워크 및 포럼 등에 대한 기초적인 내용분석 연구이다. 연구의 동기는 앞서 설명한 대로 21세기 국제질서의 새로운 흐름을 소개함으로써 새로운 변화의 흐름을 주체적으로 읽어내기 위한 것이고 한걸음 더 나아간다면 국제개발협력 분야에 새로운 주자로 들어선 한국이 후발 주자의 이점을 살려 국제개발협력 분야에 민주주의를 결합한 새로운 틀을 만들어 내고자 함이다. 민주주의의 국제협력의 대상 국가들의 민주화 과정은 한국의 민주화 과정과 유사하기 때문에 지원이 필요한 분야를 더 잘 파악할 수 있는 입장에 있다고 보기 때문이다. 물론 이 모든 노력의 궁극적인 목표는 아직도 취약한 한국의 민주발전을 심화하기 위한 것이다.

민주주의 국제협력의 방식은 다양하면서 몇 가지 공통점을 지니고 있다. 국제협력을 위한 새로운 재단 또는 기구는 정부 또는 의회 정당 등 기존의 민주주의 기구들이 주도하며 정부 예산에 의한 공적 차원에서 이루어지고 있다는 점이다. 두 번째 특징은 당파성을 초월한다는 점이다. 기존의 민주주의 국제협력은 특성 정당의 이념을 확산하기 위한 목적이 앞섰다면 탈냉전 시대에 등장한 새로운 민주주의 국제협력은 제 정당이 협력하고 있으며 기존의 좌 우파 개념을 넘어서고 있다. 세 번째는 민주주의의 증진 심화 발전 지원 등의 제 개념에서 민주화에 관여된 제반 분야에 대해 포괄적으로 접근한다는 점이다. 때로는 선택과 집중이 이루어지지만 그것은 방법적 선택이지 원칙적 선택은 아닌 것이다.

이러한 공통적 특징 안에서 각 나라는 해당 국가의 특수성에 따라 프로그램을 선택적으로 개발하는 것을 알 수 있다.

민주주의를 공공외교의 중심 장으로 끌어들인 것은 미국이다. 경제개발 원조 중심의 지원의 한계를 인식하면서 민주주의 지원으로 전향하게 된 선두 주자는 미국이다.

의회의 지원을 받아 양대 정당인 공화당과 민주당, 사회분야의 양축인 민간기업 부문, 노동계 네 영역이 각기 자신의 영역에서 민주발전에 중요하다고 생각되는 측면을 부각하고 파트너를 만들어 국제협력의 프로그램을 개발하고 그것을 실행하도록 하여 민주주의 국제협력을 포괄적으로 시행하게 되었다. 미국 민주주의 국제협력에서 역점을 둔 것은 시민사회 강화, 공명선거가 가장 부각되었다. 특히 이들 네 영역을 포괄하고 있는 우산조직인 전미 민주주의 기금은 '세계민주주의운동' 포럼을 격년으로 열면서 민주화운동, 시민운동을 지원하고 있다.

미국의 적극적인 행보에 발맞추어 유럽도 민주주의 국제협력의 틀을 만들어 내고 적극적인 활동을 개시하였다. 유럽은 개발원조와 노동당 사민당 등의 진보정당이 일찍이 국제협력 프로그램을 시행하고 있었다. 탈냉전 시대에 새로이 대두한 민주주의 국제협력의 새로운 추세는 노동당, 사회당 또는 사민당 뿐 아니라 모든 정당이 민주주의 국제협력 프로그램의 활동 주체가 되었다는 점이다. 또한 민주주의와 인권을 개발원조의 중요한 축으로 활용하여 기존의 개발원조의 방식을 개혁하였다는 점이 특징적으로 부각된다.

이 연구에 포함된 네덜란드 독일 스웨덴 등의 유럽 국가들의 민주주의 국제협력의 틀은 이점에서 유사성을 보인다. 네덜란드는 노비브를 통해 국제개발협력을 꾸준히 진행했고 1990년 노동당 산하에 설치한 해외민주주의협력기구인 알프레드 모저르 재단을 필두로 2001년에 다당제 민주주의 기구를 통해 네덜란드의 7개 정당이 자신들의 독자적 민주주의 국제협력사업을 적극적으로 실행하는 것으로 나타난다. 네덜란드의 다당제 민주주의 기구는 다당제의 틀 속에서 갈등의 조정과 중재 연정 수립 등을 했던 네덜란드의 경험을 국제교류협력을 통해 공유하려는 목적을 띠고 있다. 다당제 시스템 안에서의 조정 능력 배양의 문제는 물론 각 정당은 자유롭게 자신과 이념이 맞는다고 생각하는 정당 활동 또는 시민단체 활동을 지원하기도 한다.

민주주의 공익재단의 역사가 가장 긴 곳은 독일이다. 미국이 민주주의 국제협력 프로그램을 새롭게 제도화할 때 참고했던 것도 독일의 모델이었다. 독일에서는 정치 이념, 민주주의 제도가 실질적으로 작동하기 위해서는 시민교육이 필요하다는 것을 절감하고 시민교육을 위한 공익재단을 만들었다. 공익재단 가운데 가장 역사가 오랜 재단은 사민당에서 주도하여 설립한 에버트 재단으로 프리드리히 에버트 대통령의 뜻에 따라 그가 서거한 1925년에 설립되었다. 1933년에 나치 정권에 의해 활동이 금지되었다가 1948년에 재개되었다. 선거를 통해 등장한 정권의 역사적 오류를 지켜보면서 독일은 민주시민교육이 동반되지 않은 선거민주주의의 불완전함을 절감하게 되었다. 제2차 세계대전 이후 시민교육의 필요성을 절감하면서 아데나워 재단이 1955년에, 나우만 재단이 1958년, 한스 자이델 재단이 1967년, 1996년 하인리히 뵐 재단 그리고 그 뒤를 이어 로자 룩셈부르크 재단이 만들어졌다. 독일은 각 정당이 공익재단을 만들어 해당 정당의 이념을 기초로 한 시민교육에 역점을 둔 프로그램을 특화하고 있다. 콘라드 아데나워 재단은 기민당, 프리드리히 에버트 재단은 사민당, 프리드리히 나우만 재단은 자민당, 하인리히 뵐 재단은 녹색당과 연결되어 있다. 이들 재단들은 독일 국내에서 민주주의, 인권, 대국민 민주시민 교육이라는 목표를 공유하면서 각 재단의 특성에 따라 관심 영역을 특화하고 있다. 예를 들면 콘라트 아데나워 재단은 법 개혁, 프리드리히 에버트 재단은 노동조합, 프리드리히 나우만 재단은 지방자치, 하인리히 뵐 재단은 환경문제에 특별한 관심을 기울이고 있다. 각기 해당 정당과 밀접한 관련을 맺고 있지만 공익재단은 조직과 재정 모두에서 정당과 독립적이다. 공익재단은 정당원을 위한 교육이 아니라 일반 시민을 대상으로 사업을 하는 것을 원칙으로 하고 있다. 공익재단의 기금은 의회의 결정에 의해 공익기금에서 지원된다.

스웨덴은 사민당의 국제연대와 개발협력의 분야에서 일찍이 모범을 보여 왔다. 스웨덴은 다른 나라보다 모범적으로 국제개발협력에 앞장서서 공적 개발원조 규모를 국민총생산량의 0.7%까지 늘리자는 몬테레이합의를 1980년대에 초과 달성한 바 있다 울로프 팔메 국제센터는 노동운동의 국제연대 활동을 이어 받아 사민당, 노총, 협동조합을 아우르는 단체로 재편성되어 다양한 국제연대 활동을 선도해 왔다. 사민당의 주도에 이어 중도정당도 얄 엘마르 손 재단을 만들어 발칸지역 케냐 등의 지역에 정당 수립과 시민교육의 활동을 적극적으로 지원하고 있다. 이러한 활동을 기반으로 1995년에는 민주주의선거지원국제연구소(IIDEA)라는 국제기구를 주도적으로 출범시켰다. 스톡홀름에 본부를 두고 있는 이 기구는 25개국의 회원국과 1개의 공식 참관국(일본)을 확보하고 있다.

영국은 개발협력의 분야에서 일찍이 선두주자였지만 민주주의 지원 분야에서는 신중한 접근을 하였다. 1992년 영국정부는 외무성과 연결된 웨스트민스터재단을 설립하여 영국의 제 정당이 협력하여 동유럽과 아프리카 지역에 현지단체를 중심으로 정당 강화, 지방정부 강화, 의회 강화, 시민 참여, 여성 청년 활동 지원, 법치확립, 선거지원, 미디어, 노조활동 지원 등 민주발전에 도움이 될 수 있는 분야를 지원하고 있다.

캐나다 역시 개발 원조의 오랜 역사 위에 민주주의 지원 프로그램을 확대하고 있는 것으로 나타난다. 조직 구도 상으로 개발협력을 주도해온 캐나다국제개발청과 연계하여 캐나다선거관리위원회, 인권과 민주주의 기구, 국제개발연구소, 연방포럼, 캐나다의회기구, 국가사법연구소 등 캐나다 국내의 민주주의의 근간이 되는 기구들이 해당 분야의 전문성을 바탕으로 국제협력사업을 펼치도록 지원하는 방식을 택하고 있다.

호주 역시 개발협력을 담당해 오는 호주국제개발청의 주도로 1998년 민주주의제도연구소를 설립하였다. 민주주의라는 주제가 예민한 만큼 비당파성과 독립성을 유지하면서 교육 프로그램의 질을 높이기 위해 운영 주체를 대학으로 선정하였다. 연구소 본부는 호주국립대학의 사회과학연구소 안에 위치하고 있다. 호주의 민주주의 국제협력은 아태지역의 의회와 정당의 역량강화에 초점을 두고 있다. 2006년부터 정당 개발연수를 연례 프로그램으로 정착시키면서 지원 대상국의 정당 간부를 호주로 초청하여 연수를 하는 사업에 역점을 두고 있다. 정당 개발연수 프로그램에는 호주의 주요 정당인 노동당, 자유당, 녹색당 등이 함께 참여한다.

이 책은 1부와 2부로 나뉘어 있다. 1부에서는 위에 예를 든 7개 국가에서 이루어지고 있는 민주주의 국제협력의 기구, 예산, 조직편제, 프로그램 등을 소개하고 있다. 2부는 국제기구 및 지역기구들 차원에서 재편된 민주주의 국제협력을 소개하고 있다. 대표주자는 유엔과 유럽연합이며 지역 차원에서도 미주기구, 아프리카연합, 유럽안보협력기구 등이 이러한 흐름을 적극적으로 주도하고 있다. 이러한 흐름은 민주주의공동체 포럼, 유엔민주주의 총회설립운동, 신생재건민주주의국제회의, 민주주의연합프로젝트 등 네트워크와 포럼을 통해 새로운 프로그램을 발굴하고 새로운 문제점을 찾아내고 있다. 간단히 일별해 보더라도 민주주의 국제협력의 새로운 흐름은 전 지구적 차원의 새로운 흐름인 것이 분명하다. 이러한 흐름을 통해 확인할 수 있는 것은 21세기의 키워드는 민주주의라는 점이고 민주주의는 수단이 아니라 그 자체 목적이고 추구해야 할 가치라는 점이다.

민주주의 국제협력기관에 대한 연구는 선행 연구자의 지도가 없는 길 찾기 과정이었다. 연구자는 그간 민주주의 공동체, 신생재건민주주의 국제회의 등에 지속적으로 참여하면서 새로운 흐름을 감지 할 수 있었다. 이러한 새로운 흐름을 국내에 소개하고 한국도 21세기의 새로운 흐름에 적극적인 기획자가 되기를 바라 마지않았던 열망이 민주화운동기념사업회와 만나게 되면서 결실을 맺을 수 있게 되었다. 한국 민주화운동의 사료를 보관하고 자료를 해석하는 것에서 한 걸음 더 나아가 아시아의 대표적인 민주주의 지원 및 연구기관으로 거듭나고자 하는 민주화운동기념사업회의 국제협력사업의 첫발을 내디딘 2008년 이 연구를 실행하게 되었다. 이 방면의 선행 연구가 없는 상황에서 전체적인 개요나마 그려야 겠다는 생각으로 현지 방문, 발간 책자에 대한 문헌 연구, 홈페이지의 내용분석, 포럼에서의 포커스그룹 토의-2008년 서울민주주의 포럼에서 민주주의 지원기관회의-라는 다양한 방법을 창의적으로 활용하였다. 첫 연구라는 말로 초보 연구의 한계를 다 덮을 수는 없지만 민주화가 미완성이듯 민주주의 국제협력 연구 또한 이러한 초보적인 연구로 접근하기에는 한계가 분명한 방대한 주제라는 점을 감안하여 양해 해 줄 것으로 믿는다.

이 연구는 집합적인 노력의 결실이다. 민주화운동기념사업회의 함세웅 이사장님, 유영표 부이사장님, 문국주 전 상임이사님은 민주주의 국제협력이라는 새로운 틀을 수용하기 위한 제도적 틀을 만들고 예산을 지원해 연구 활동이 지속적으로 수행될 수 있도록 도움을 주셨다. 새로 부임하신 김영준 상임이사님도 국제사업의 필요성을 인식하시고 연구의 연속성을 보장해 주셨다. 민주화운동기념사업회의 임원진들이 연구를 위한 틀을 마련해 주었다면 실제 업무를 담당했던 황정옥님, 김종철님, 박문진님, 이주영님, 김신님 등은 실제로 연구를 끌어나가는 주역이었다. 민주화운동기념사업회 내의 실무 총괄의 책임을 맡아주신 신형식님 이인수님의 물심양면의 뒷바라지가 없었다면 연구가 끝을 맺을 수 없었을 것이다.

　물론 해당 분야의 후학들은 자료수집과 정리의 책임을 맡았다. 미국은 이충훈님, 독일은 장준호 박사님, 박영선님, 영국은 이성용님, 네델란드는 이정석님, 캐나다는 최재인님, 호주와 유럽연합은 권대근님, 스웨덴은 토비아스 박사님, 네트워크 포럼은 김민정님이 특별히 자료 조사를 담당해 주시었고 박진영, 권해석, 최재인, 이준희님은 전체적인 윤문과 종합 자료 보완의 책임을 마지막까지 같이 하였다. 특히 권대근님은 연구 책임자와 함께 자료 조사원 섭외에서 자료의 최종 정리, 책 전체의 편집까지 추운 겨울에도 난방 없는 사무실을 지켜가며 연구가 완성되게 하는 주역을 담당하였다. 이 책은 이 모든 집합적 노력과 열망의 소산이다. 이 책이 조금이라도 한국의 민주발전에 기여한 것이 있다면 같이 한 분들의 덕분이고 연구의 취약한 부분과 있을지 모르는 오류 등은 전적으로 연구책임자의 탓이다. 특히 민주주의 국제협력은 그 자체로 민감한 사안이기 때문에 때로 국제협력기관의 실제 사업, 실제 취지를 제대로 전달하지 못했을 수도 있다. 그 모든 것 역시 연구책임자의 탓이며 민주화운동기념사업회의 공식적인 견해가 아니라는 점을 다시 한 번 말씀드리고 싶다.

민주주의 국제협력을 민주주의를 위한 말 그대로의 협력이라는 열린 마음을 갖게 해준 것은 연구를 진행할수록 해외 각국의 국제협력에 종사하는 분들의 민주주의에 대한 신념을 확인할 수 있었기 때문이다. 이 연구는 이미 만들어진 기구, 선정된 예산, 이미 시행된 프로그램을 단편적으로 소개하는 데 그쳤기 때문에 예산이면 예산, 기구면 기구, 프로그램 개발에 따르는 수많은 협상과 토론 설득의 노고를 담는 이야기를 싣지 못했다. 연구를 위해 방문한 기관의 책임자 또는 담당자들은 민주주의라는 명분이 아니면 감내하기 어려운 과중한 직무를 떠맡고 있었다. 가장 선두주자라서 상대적으로 안정된 것으로 보이는 전미민주주의기금의 칼 거쉬만 박사도 여전히 기관 설립 초창기나 마찬가지로 의회와 대화하며 민주주의 지분을 늘리기 위해 자국 내에서도 고군분투하고 있다. 다른 나라 역시 마찬가지다. 깨어있는 민주시민은 어느 나라나 당연한 다수인 것은 아니기 때문이다.

이 연구는 민주화운동기념사업회의 국제사업 중장기 프로그램 개발을 위한 기초 연구로 시작된 것이다. 이런 식의 연구는 내부 보고서로 끝나는 것이 보통인데 이것이 한권의 책으로 묶여 세상에 나올 수 있었던 것은 출판을 통해 민주발전을 지원하고자 하는 리북의 이재호 사장의 호의와 희생 덕분이었다. 정말 민주주의는 여러 사람들의 숨은 노력을 통해 키워가는 생명체라는 것을 연구의 과정에서 실감할 수 있었다.

연구책임자 이 정 옥
대구 가톨릭대 교수, 사회학

■ 차례

발간사
서 문  민주주의 국제교류협력의 세계적 흐름

서 론
  들어가며 ....... 25
  해외민주주의지원을 이해하는 세 가지 핵심어:
          증진(promotion), 보호(protection), 지원(assistance) ....... 26
  반세기동안 거듭 발전한 해외민주주의지원 ....... 30
  해외민주주의지원을 어떻게 바라볼 것인가 ....... 37

1부 국가별 기구
  제1장 미국
    미국의 해외민주주의지원 ....... 43
    미 국제개발처(USAID) ....... 50
    전미민주주의기금(NED) ....... 56
    민주당국제문제연구소(NDI) ....... 75
    공화당국제연구소(IRI) ....... 84
    국제민간기업센터(CIPE) ....... 93
    국제노동연대미국센터(ACILS) ....... 102
    세계민주주의운동(WMD) ....... 111

  제2장 네덜란드
    네덜란드다당제민주주의기구(NIMD) ....... 117
    알프레드 모저르 재단(AMS) ....... 130
    마트라 프로그램(Matra Programme) ....... 136
    옥스팜 노비브(Oxfam Novib) ....... 145

제3장 독일
　　해외민주주의지원의 기반을 조성하는 독일연방정부 ······ 157
　　독일개발원조기구(DED) ······ 161
　　정치재단이 만드는 다원주의적인 해외민주주의지원 ······ 167
　　프리드리히 에버트 재단(FES) ······ 173
　　콘라트 아데나워 재단(KAS) ······ 182
　　하인리히 뵐 재단(HBS) ······ 189
　　한스 자이델 재단(HSS) ······ 196
　　로자 룩셈부르크 재단(RLS) ······ 201
　　프리드리히 나우만 재단(FNS) ······ 207

제4장 스웨덴
　　스웨덴국제개발청(SIDA) ······ 213
　　정당연계기구(PAO) ······ 223
　　올로프 팔메 국제센터(OPIC) ······ 227
　　기타 정당연계기구
　　(알 옐마르손 재단 / 기독교민주주의국제센터 / 좌파국제포럼) ······ 233
　　민주주의·선거지원국제연구소(IIDEA) ······ 237

제5장 캐나다
　　민주주의협의회 ······ 245
　　캐나다국제개발청(CIDA) ······ 250
　　캐나다선거관리위원회(EC) ······ 261
　　인권과 민주주의 기구 ······ 267
　　국제개발연구소(IDRC) ······ 274
　　연방포럼 ······ 284
　　기타기구(캐나다의회기구 / 국가사법연구소) ······ 288

제6장 영국
　　영국의 민주주의 국제협력 ······ 295
　　영국국제개발부(DFID) ······ 298
　　웨스트민스터민주주의재단(WFD) ······ 311

제7장 호주
　　호주국제개발청(AusAid) ······ 329
　　민주주의제도연구소 ······ 334

## 제2부 국제기구 및 지역기구

### 제1장 유엔

냉전이후 민주주의 국제협력의 기반을 넓힌 유엔 ....... 344
유엔이 구상한 민주주의 ....... 352
유엔이 추진한 민주주의 국제협력 ....... 360
선거지원으로 민주주의의 기초를 다지다 ....... 366
유엔개발계획을 중심으로 다져진 민주주의제도 구축 ....... 377
민주주의 국제협력 사업의 세계기준으로 등장한
　　　　　　　　　　유엔민주주의기금 ....... 398

### 제2장 유럽연합

민주주의 국제협력 역사의 장을 연 유럽연합 ....... 412
기본문서를 통해 본 유럽연합의 민주주의개념 ....... 418
민주주의 국제협력을 추진하는 유럽연합 기구들 ....... 423
유럽평의회와 민주주의·인권증진유럽발안의 활동 ....... 430

### 제3장 지역기구

미주기구(OAS) ....... 446
유럽안보협력기구(OSCE) ....... 458
아프리카연합(AU) ....... 469

### 제4장 네트워크·포럼

민주주의공동체(CD) ....... 482
유엔민주주의총회설립운동 ....... 491
신생재건민주주의국제회의(ICNRD) ....... 495
민주주의연합프로젝트(DCP) ....... 500

# 서 론

들어가며

'민주주의'는 오늘날 세계의 정치체제를 관통하는 핵심어다. 오늘날 전 세계 국가들은 대부분 민주주의체제를 지향한다고 천명하고 있다. 20세기 들어 민주주의체제는 급속히 늘어났는데 1974년 25%정도였던 비율은 1994년 60%가량으로 크게 늘었다. 1989년 베를린장벽이 무너진 이후에는 민주주의이행과정에 가속도가 붙어 세계 대부분의 국가들이 민주주의진영으로 재편되었다. 냉전종식 후 5년 만에 40여 개국이 민주주의체제로 이행하는 결과가 나온 것이다.

민주주의체제는 전진과 후퇴를 반복하면서 세계지도에서 점차 영역을 넓혔다. 개별국가 내부에서 민주주의를 제도화하려는 노력이 지속되는 과정은 민주주의가 확산되는 밑바탕이 되었다. 하지만 국제사회의 노력도 민주주의를 확산시키는 결정적인 기반을 제공했다. 과거 서구의 자본주의국가를 중심으로 진행되었던 민주주의지원은 오늘날 민주주의 국제협력이라는 공감대 위에서 광범위하게 행해지고 있다. 현재 해외민주주의지원은 전 세계 국가들이 더불어 살아가는 비전으로서 국제사회에서 다뤄지고 있다. 그동안 국제사회가 진행해온 민주주의지원의 역사와 양상을 살피는 일은 현재 우리가 서 있는 위치를 확인하고 향후 발전방향을 모색하는 과정으로서 의미가 있다.

해외민주주의지원을 이해하는 세 가지 핵심어:
증진(promotion), 보호(protection), 지원(assistance)
민주주의는 복잡하고 포괄적인 개념들의 집합이다. 국제사회의 일원들이 협력해 구성하는 해외민주주의지원 활동 역시 다양한 양상을 띠고 있다. 세계국가들이 민주주의정치체제를 확산하려는 차원에서 펼친 지원활동은 일견 비슷하면서도 각각 차이를 보였다. 국제사회의 공여국들의 활동은 대상국가의 동의여부와 지원활동이 벌어지는 장소에 따라 다음의 〈표 1〉처럼 구분된다.

〈표 1〉 해외지원의 대상범위와 동의여부에 따른 성격 분류

| 동의의 성질과 정도 \ 활동장소 | 대상 국가 안 | 대상 국가 밖 |
|---|---|---|
| 동의 안 함 | 1. 강제<br>군사적 개입/점령 | 2. 조건부<br>경제제재 또는 보상 |
| 묵인 | | |
| 동의 | 3. 동의<br>민주적 선거 지원, 민주적 제도의 설립, 대상 국가 안에서의 시민 사회 발전 지원 | 4. 감화<br>판사, 관료, 정치인, 시민 사회 인사 등을 대상 국가 밖에서 훈련시킴 |

국제사회에서 공여국이 수원국을 지원하는 방식은 크게 네 가지로 나뉜다. 1번 강제영역은 공여국이 군사적으로 개입하거나 수원국을 점령하는 형태의 활동방식이다. 과거 독재정권을 통제하는 과정에서 주로 활용되었다. 강제적인 접근은 근래 들어 빈도가 줄었지만 파나마, 아이티, 이라크 등에서 집행되기도 했다. 2번 조건부영역은 수원국을 경제적으로 제재하거나 보상하는 행위를 포괄했다. 당근과 채찍을 동시에 구사하는 이 지원

방식은 과거 양자간관계에서 수원국의 경제를 제재하는 방식으로서 행해졌다. 그러나 1970년대 이후 경제제재는 다자간관계에서 적절한 보상을 제공하는 방식으로 전환되었다. 공여국은 수원국에 발전기원금을 지급하거나 권위 있는 국제조직(유럽연합 등)에 가입하도록 지원하는 등의 전술을 보상수단으로서 구사했다.

3~4번 영역은 수원국이 공여국의 지원에 동의하는 특징을 지닌다. 3번 동의영역은 수원국의 동의 아래 수원국의 국내에서 선거를 지원하거나 시민사회발전프로그램을 실행하는 일종의 국내민주주의지원(internal democracy assistance)활동이다. 이와 달리 4번 감화영역은 국외민주주의지원(external democracy assistance)이라고 불릴 만하다. 감화방식의 지원은 수원국 내부보다는 수원국의 외부, 특히 공여국 내에서 수행되는 지원활동을 이른다. 수원국의 동의를 얻어 이루어지는 이들 활동은 보통 민주주의지원(democracy assistance)이라고 통칭된다. 이러한 민주주의지원은 민주주의제도를 변화시키는 데 목적을 두며 군사나 경제 같은 외부요인은 활동대상에서 되도록 제외했다. 한편 대상국가가 암묵적으로 해외민주주의지원을 묵인하는 경우도 왕왕 있는데 이는 일종의 회색지대로 볼 수 있다.

수원국의 동의 아래 시행되는 민주주의지원은 1990년대부터 추진력을 크게 얻었다. 냉전종식 후 셀 수 없을 정도로 많은 지원계획과 프로그램들이 채택되고 이행되었으며 천문학적인 금액이 관련 활동에 투입되었다. 여타 공여국들은 해외민주주의지원활동의 일환으로 수원국 국회의원들의 전문성을 높이고 주민들을 대상으로 시민권을 교육하며 선거과정과 정부정책을 감시하는 단체들을 지원했다. 민주주의지원은 활동목표와 활동대상에 따라 다음의 〈표 2〉와 같이 분류된다.

민주주의지원은 목표에 따라 크게 민주주의증진(democracy promotion)과 민주주의보호(democracy protect)로 나뉜다. 민주주의증진과 민주주의보호는 독재정부가 집권하거나 민주주의가 취약한 국가의 민주주의제도화를 모색했다. 이 두 영역은 비밀외교나 첩보 같은 비밀행위와 경제지원 같은 간접지원활동을 배제하며 일상적으로 일어나는 개인간의 교류도 활동 외 영역으로 간주했다. 대신 이 두 영역은 수원국의 동의 아래 인권증진활동, 시민사회교육, 정치제도이식 등을 포괄적으로 수행했다. 다만 실제 집행과정에서는 경제개발과 같은 이슈를 경로로 간접적으로 민주주의지원을 행하는 경우도 종종 발견되고 있다.

〈표 2〉 민주주의지원 영역 분류

| 목표<br>대상 | 민주주의증진<br>정치의 자유화, 민주화 | 민주주의보호<br>민주주의의 강화 |
|---|---|---|
| 개별시민 | 시민교육(특히 선거 관련) | 시민교육 |
| 시민사회 | 사적영역의<br>자발적단체 · 비정부기구 ·<br>이익집단 · 언론 | 사적영역의<br>자발적단체 · 비정부기구 ·<br>이익집단 · 언론 |
| 정치사회 | 정당 · 정치조직으로 활동하는 이익집단 · 정치운동 | 정당 |
| 국가기관 | 헌법(제정 · 개정) | 사법부 · 입법부 · 경찰 ·<br>군대 · 지방분권 |

민주주의증진과 민주주의보호는 지향하는 세부목표에서 일정 부분 차이를 보였다. 민주주의증진은 정치의 자유화와 민주화에, 민주주의보호는 민주주의의 강화에 무게중심을 두고 지원활동을 펼쳤다. 정치의 자유화는 개인들이 누리는 정치적인 자유의 양적 · 질적 성장과 독재정권의 붕괴를, 민주화는 민주주의의 요건을 최소한이라도 충족하는 정부의 집권을 뜻한다. 이 두 과정이 민주주

의이행의 성격을 띠었다면 민주주의의 강화는 신생민주주의국가가 독재정권으로 회귀하지 않도록 예방하는 과정으로서 사후처리의 성격을 보인다. 내용상 차이를 보이는 민주주의증진과 민주주의보호는 개별국가에 적합한 지원책이 무엇이냐에 따라 구분되어 전략적으로 활용되었다. 하지만 이 두 영역의 경계가 명확한 것은 아니며 한 지역에서 동시에 구사되는 경우도 많다.

해외민주주의지원은 수원국의 지원대상의 성격에 따라서도 각기 구분되었다. 수원국의 민주주의지원 프로그램이 실행되는 대상은 개별시민, 시민사회, 정치사회, 국가기관으로 나뉜다. 공여국은 수원국의 개별시민들이 민주주의에 관한 지식을 축적하고 가치관을 변화시켜 민주시민으로서 적극적으로 행동하도록 독려했다. 사적영역에서 능동적으로 활동하는 비정부기구와 이익집단 등이 공적영역을 견제할 수 있도록 역량증진활동을 펼치기도 했다. 정당을 중심으로 구축된 정치사회에서는 정당이 시민의 의사를 수렴하는 능력을 키우도록 지원했다. 국가기관은 신뢰할 수 있는 투명한 공공정책을 생산하도록 유도하는 프로그램의 대상이 되었다. 공여국은 각 층위에서 민주주의가 성숙할 기반을 조성하도록 다양한 지원방식을 활용했다.

민주주의지원의 일환으로 행해지는 민주주의지원과 민주주의보호는 수원국이 처해 있는 환경이 만들어내는 조건에 따라 각기 다른 결과를 보였다. 수원국 정부의 상태, 민주주의를 열망하는 수원국 주민들의 의지 정도, 민주주의를 공고화하려는 사람들의 이해관계, 정권교체에 필요한 기술적인 지식보유, 실제 활용 가능한 수단의 종류 등이 만들어내는 환경이 다양하다. 예를 들어 수원국이 정치 자유화의 초기단계에 진입했고 주민들이 지배계급을 못마땅하게 여길 경우 수원국은 민주주의지원과 외부요인(경제제재 등)을 동시에 구사할 수 있다. 신생민주주의국가일 경우 경제제재를 멈추고 민주화를 조건으로 민주주의지원의 폭을 넓힐 수도 있다. 공여국은 수원국의 사회를 꼼꼼히 분석해 가장 적합한 지원방식을 택함으로써 세계의 민주주의 확산에 기여할 수 있다.

### 반세기동안 거듭 발전한 해외민주주의지원

해외민주주의지원 영역은 미국을 중심으로 지난 50여 년간 꾸준히 성장해 왔다. 시간이 흐르면서 해외민주주의지원의 성격은 괄목할 만하게 변했다. 전 세계에 압도적인 영향력을 지닌 미국은 해외민주주의지원의 성장을 이끈 장본인이기도 하다. 미국은 국제사회의 시대상에 반응하고 이에 영향력을 끼치면서 해외민주주의지원을 변화·발전시켰다. 1960년대에 시작된 미국정부의 민주주의촉진정책은 2009년 현재까지 크게 세 시기를 거쳤다. 미국의 해외민주주의 촉진정책을 간략하게 살핌으로써 세계차원의 해외민주주의역사를 개략적으로나마 이해할 수 있다.

● **제1기: 1960~1970년대**

1960년대 미국은 근대화이론을 무기로 제3세계를 지원했다. 근대화이론은 세계는 선형(linear)으로 발전하며 최종발전단계는 미국식 경제·사회·정치체제가 될 것이라는 가정을 바탕으로 삼았다. 제3세계의 경제발전을 지원해 중산층이 형성되고 문맹률을 낮추는 등 민주주의사회의 사회경제적 조건들을 조성한다는 것이 근대화이론의 핵심이었다. 미국은 경제개발정책을 중심으로 제3세계를 지원했다. 미국연방정부는 국제개발처(USAID: United States Agency for International Development)와 평화봉사단(Peace Corps)을 설립해 제3세계 지원프로그램을 전담토록 했다.

당시 미국정부가 취한 대외지원정책은 민주주의를 간접적으로 지원한 형태였다. 경제발전을 민주주의 전제조건으로 상정한 미국은 경제개발에 재원을 집중적으로 투입했다. 경제발전을 최우선시 한 시각은 수원국 정부의 성격을 등한시하는 결과를 낳았다. 경제발전을 이끌 강력한 행정부를 중시해 해당 정부가 독재정부인 경우에도 지원을 아끼지 않았다. 오늘날 민주주의제도와 직접 관련된 프로그램을 주축으로 민주화 의지가 있는 정부나 사회를 지원하는 방식과는 현격히 달랐다. 행정부를 집중 지원한 이러한 지원방식은 권력집중이라는 문제를 야기하기도 했다.

미국은 라틴아메리카를 주요 지원대상으로 주목했다. 케네디 정부는 진보동맹(Alliance for Progress)을 발족해 라틴아메리카가 소련의 영향력을 받지 않게끔 지원정책을 펼쳤다. 미국이 지원한 결과 라틴아메리카의 경제는 상당히 성장했다. 하지만 지원정책이 성공적이었다고 평가하기에는 어려운 점이 많았다. 빈곤, 불평등, 사회복지제도의 붕괴 등 사회경제적인 문제는 해소되지 않았고 다수의 국가들이 군사독재정부로 퇴보했다. 하지만 사회불안을 통제하고 사회주의의 영향력을 줄여야 한다는 필요 때문에 미국은 개발독재정권을 계속 지원했다. 결국 진보동맹은 민주주의를 확산하는 데 실패했고 미국 내에서는 이에 대한 비판이 고조되었다.

미국은 민주주의에 대한 간접지원방식을 직접지원방식으로 전환해 문제를 해결하려고 시도했다. 1966년 연방의회는 대외원조법(Foreign Assistance Act)에 제9장(Title IX)을 삽입해 민주적인 개인이나 지역정부기구가 참여할 통로를 보장해 경제개발이 수원국 주민들의 참여를 높여야 한다는 뜻을 밝혔다.[1] 하지만 실제 지원

---

1) 대외원조법 제9장은 "이 장에 의해 권한을 부여받은 지원 프로그램을 수행하는 과정에서 개발도상국의 국민들이 경제발전의 목표를 이루는 데 최대한의 참여를 보장하는 것에 강조점을 두며 이는 민주적인 개인이나 지역 정부기구의 참여를 장려하는 것을 통해 이루어진다."는 내용으로 시작된다.

양상은 민주적인 기구를 육성하거나 민주적인 국가를 지원하는 것과 거리가 멀었다. 대외원조법 제9장은 경제발전을 목적으로 참여를 유도하려는 것이었을 뿐 민주화 자체를 목표로 설정한 것은 아니었다. 의회, 지방정부, 일반시민을 대상으로 반공주의에 기초해 민주주의가 우월하다는 내용의 단편적인 교육이 이뤄졌다. 대외원조법 제9장은 민주주의제도를 직접 지원한 최초의 사례였지만 실질적인 성과는 그리 크지 않았다.

1970년대 들어 미국은 민주주의지원에 대한 열망을 잃어버렸다. 1960년대의 실패로 인해 정책의 효과에 대한 비판이 거세게 일어났다. 제3세계의 경제지원정책의 이론적인 기반이었던 근대화이론은 사무엘 헌팅턴 등이 선형발전모형을 비판하면서 힘을 잃었다. 1960년대 말 닉슨정부는 현실주의적인 시각에 바탕을 두면서 민주주의지원정책을 서서히 줄였다. 미국은 다자적인 틀을 활용해 제3세계의 인권상황을 개선하는 방향을 선호하면서 미국의 정치사회제도를 이식한다는 인식 또한 약화되었다.

1970년대 후반 카터행정부는 소극적인 수준에서 인권을 대외정책의 요체로 삼았다. 카터행정부는 당시 남부유럽을 중심으로 민주화운동이 진행되던 상황을 반영하고자 했다. 하지만 카터정부가 관심을 가진 인권은 신체의 자유를 수호하는 데 집중된 것이었다. 언론·표현·집회의 자유와 주기적인 선거 같은 정치규범은 활동대상이 아니었다. 게다가 다른 국가의 내정간섭가능성에 우려를 내세우면서 적극적으로 개입하지도 않았다. 케네디정부가 추구한 지원정책이 실패했다는 결론을 바탕으로 국제법 수준에서 무리 없이 수용될 만한 보편적인 인권을 시키고자 했던 것이다. 이러한 접근방식은 괄목한 성과를 내지는 못했지만 경제가 아닌 인권을 기초로 민주주의에 대한 관심을 키우는 계기로 작용했다.

● 제2기: 1980년대

　1980년대는 해외민주주의지원이 도약할 발판을 마련하는 시기였다. 대외지원사업에서 차지하는 비중은 그리 크지 않았지만 해외민주주의지원이 네 가지 주요 대외지원사업의 하나로 꼽히면서 세계의 주목을 받았다. 레이건행정부 1기에는 공산정권에 대항하는 안보영역에 지원했지만 2기에는 그 비중을 줄이고 다소나마 민주주의 지원분야를 늘렸다. 라틴아메리카와 아시아의 군사독재정권을 지지하던 것을 철회하고 선거지원프로그램 등을 서서히 도입했는데 이 같은 변화는 정책 실패와 환경 변화를 감안한 것이다.

　레이건행정부는 반공주의의 일환으로 해외민주주의지원을 진척시켰다. 당시 레이건행정부는 군사뿐만 아니라 이념차원에서도 공산권과 대항할 보루를 만들려는 취지에서 민주주의를 주목했다. 미국정부는 이를 전담할 제도를 설치했다. 민주주의프로젝트(Project Democracy)를 실행해 민주주의와 관련한 국제회담을 개최하는 한편 공산권에 미국의 라디오방송을 송출했다. 레이건행정부는 전미민주주의기금(NED: National Endowment for Democracy)을 설립해 공적자금으로 운영되는 해외민주주의를 전담하게끔 자원을 투입했다.

　미국은 1980년대 중반에는 라틴아메리카를, 후반에는 아시아를 집중적으로 지원했다. 80년대 초반까지 반공주의입장을 고수하면서 미국의 지원을 받았던 독재정권들은 중반 들어 정국혼란을 겪었다. 군사정권이 실정을 거듭하면서 민심이 크게 이반했고 중앙아메리카의 엘살바도르, 과테말라, 온두라스에서는 독재정권에 반발해 사회주의정권이 들어섰다. 미국은 표면적으로 덜 억압적인 정책으로 상황을 타개하려다 실패한 후 선거과정과 사법부를 지원하는 방식으로 전환했다. 80년대 후반에는 필리핀의 대통령선거 당시 부정선거에 분노한 시민들을 지원하는 등 아시아지역의 민주화도 지원했다. 하지만 당시 행해진 지원활동은 일부지역에 국한된 지원활동으로서 냉전이라는 국제정치상황 속에서 민주주의는 안보에 비해 부차적인 영역으로 다뤄지는 경향에서 벗어나지는 못했다.

● **제3기: 1990년대 이후**

1990년대 해외민주주의지원은 급격히 확산되었다. 오랫동안 지원을 받은 라틴아메리카와 아시아를 비롯해 중동부유럽, 아프리카 등 전 세계 각지에서 민주주의체제로 이행한 국가들이 속출했다. 구공산권이 붕괴하는 것을 계기로 전 세계에서 민주주의는 가장 경쟁력 있는 정치체제라는 공감대가 형성되었다. 중동지역을 제외한 세계 각지에서 민주주의체제를 운영하는 기반을 만들려고 노력하는 움직임이 꾸준히 행해졌다.

민주주의체제이행국가가 늘어나면서 민주주의지원사업에 적극적으로 결합하는 기관들이 다양하게 늘어났다. 미국정부는 국제개발처를 중심으로 매년 3억 달러 이상을 민주주의증진프로그램에 투입했다. 국무부와 국방성은 국제개발처와는 다른 방식으로 민주주의지원사업을 지원했다. 국무부는 경제외교정책을 활용해 민주주의를 유도하는 당근과 채찍을 구사했다. 국방성은 외국의 군인들을 대상으로 민주주의를 장려하는 교육프로그램을 늘려가는 추세다. 비성부기관으로서 비영리로 운영되는 전미민주주의기금은 이들과 별도로 주요 기능을 하고 있다. 아시아재단이나 유라시아재단 등도 각지에서 정부개혁 등 다양한 활동을 벌이고 있다.

1990년대 급격히 확대된 미국의 해외민주주의지원사업은 민주주의제도 자체를 지원대상으로 삼았다. 수원국이 민주주의제도를 운영할 수 있도록 중앙과 지방의 정부능력을 강화하고 시민사회단체를 지원하는 데 집중했다. '민주평화론' 등 민주주의가 세계 평화를 증진한다는 시각과 함께 민주주의발전과 경제발전이 선후관계가 아니라는 인식이 해외민주주의지원활동의 이론적인 전제가 되었다. 이는 1960년대 반공주의를 기반으로 소련의 영향력에 대항할 제3세계진영을 구축하는 것이 주목적이었던 것과 차이를 보이는 지점이다. 한편 1990년대 초반을 기점으로 라틴아메리카, 아프리카, 아시아 등지에서 민주주의이행국가가 급속히 늘어나면서 수원국의 자발성도 과거에 비해 높아졌다.

1990년대에는 해외민주주의지원사업의 필요성에 공감하며 관련활동을 하는 국제사회의 행위자들이 급속히 늘었다. 오늘날 해외민주주의지원은 주요 대외정책의 하나로서 세계의 주목을 받고 있다. 유엔을 비롯한 국제기구들은 새천년개발계획(MDGs: Millenium Development Goals)을 중심으로 공여국과 수원국이 민주주의의 기반을 넓혀 지속가능한 세계를 만들자는 의지를 다졌다. 개별국가들도 해외민주주의지원사업에 동참했다. 네덜란드, 영국, 호주 등은 각각 해외민주주의지원기관들을 설치해 선택과 집중전략을 구사하면서 해외민주주의지원사업에 상당한 재원을 투입했다. 해외민주주의지원사업은 오늘날 국제사회를 이해하는 중심단어 중 하나로 부상했다.

1990년대 초반 급작스레 이뤄진 냉전종식은 해외민주주의지원이 광범위하게 확산되는 계기를 마련했다. 제2차대전 이후 반세기 넘게 지속된 냉전기를 거치며 세계는 미국과 소련을 축으로 나뉘었다. 어느 진영에 속했느냐는 공여국들이 수원국을 지원하는 제1원칙이었으며 민주주의이행능력이나 의지는 관심대상 밖이었다. 하지만 냉전이 종식되면서 미국을 비롯한 자본주의진영은 공산주의진영과 경쟁하지 않아도 되는 상황을 맞이했다. 수원국 입장에서는 지원을 받을 수 있는 선택지가 둘에서 하나로 줄어들면서 민주주의로 이행해야 할 필요성을 크게 느끼게 되는 상황이었다. 세계 유수의 공여국들은 수원국의 민주주의이행능력과 의지가 지원의 주요 요소이며 이를 중심으로 지원정책을 펼치겠다는 뜻을 여러 차례 천명했다.

냉전종식을 전후로 확산된 세계의 민주화물결은 국제사회의 새로운 환경과 더불어 긍정적인 화학작용을 일으켰다. 1980년대 라틴아메리카와 아시아, 1990년대 초반 중동부유럽과 사하라이남 아프리카 등지에서는 자발적으로 민주화 요구가 일어났고 그 결과 신생민주주의국가가 속속 등장했다. 민주주의제도의 필요성에 대한 공감이 확대되면서 해외민주주의지원 수요 또한 과거에 비해 크게 늘었다. 과거 공산권 국가 또는 권위주의국가들은 민주주의체제에 기반을 둔 자본주의사회로 이행할 뜻을 밝히며 서방세계의 지원을 요청했다. 정부, 정당, 의회, 시민사회 등 수원국의 행위자들은 공여국의 정부·비정부기관들이 제공하는 기술지원을 적극적으로 받아들였다. 선거, 법안마련, 정부운영, 시민교육 등 민주주의의 자생력을 키울 해외민주주의지원이 수원국에서 행해질 공간이 크게 넓어졌다.

개발과 민주주의의 선후관계에 대한 인식의 변화는 해외민주주의지원사업을 지지하는 밑바탕이 되었다. 경제개발이 민주주의를 이끈다는 근대화이론 대신 경제개발과 민주주의의 동반발전이 중요하다는 인식이 확산되었다. 1980년대 후반 무능력한 독재정권들이 일으키는 문제 사례들은 수원국의 개방성·신뢰성·투명성·법치와 같은 굿 거버넌스의 중요성을 제기했다. 민주주의 이행의지가 있는 수원국을 지원하는 방식으로 민주주의제도의 내적 발전을 기할 수 있다는 목소리가 힘을 얻었다. 수원국 주민들의 삶의 질을 높이는 데 중점을 두는 입장은 오늘날 다양하게 제기되면서 해외민주주의지원사업의 향방을 결정하고 있다.

해외민주주의지원을 어떻게 바라볼 것인가

1990년대 이후 해외민주주의지원정책이 크게 확산되면서 국제사회의 관심도 많아졌다. 국제사회는 해외민주주의지원정책의 방향을 두고 다양한 의견을 제시했다. 엄청난 규모의 공적자금이 투입되는 국제사업인 해외민주주의지원을 두고 국내외의 다양한 행위자들은 때때로 이견을 보이기도 했다. 재원을 적절히 사용할 수 있는 방법에서부터 해외민주주의지원 자체의 실효성에 대한 의문까지 그 폭은 광범위했다. 그 중에서도 해외민주주의지원의 개념과 실행방식에 관한 쟁점 두 가지는 해외민주주의지원의 향방을 모색하는 데 참고할 만하다.

민주주의제도를 지원하는 방식이 내는 효과에 대한 의견은 한동안 분분했다. 수원국의 민주주의제도를 직접 지원해야 한다는 입장과 경제발전 등 민주화의 외부요인들을 지원해야 한다는 입장이 오랫동안 팽팽히 맞섰다. 과거에는 경제발전을 기반으로 민주화를 유도하는 활동이 중심이었다. 하지만 경험적으로 볼 때 현실사회에서 경제발전이 민주화를 반드시 유도하지는 않았다. 자원을 배분하고 국가의 운영을 맡을 정부와 시민사회 등 정치영역을 움직이는 행위자들을 민주적으로 변화시키는 활동이 더 효과적이었다. 이를 바탕으로 민주주의제도 그 자체를 지원대상으로 삼아야 한다는 입장이 힘을 얻었다. 1990년대 이후 국제사회의 공여국들은 예산을 효율적이고 집중적으로 활용할 전담기관을 설치해 운영하는 추세를 보였다.

해외민주주의지원의 주권침해 논란은 오래 전부터 제기된 문제다. 해외민주주의지원이 새로운 형태의 내정간섭이라는 비판이 나왔다. 해외민주주의지원기관의 활동이 수원국의 국내정치제도를 공여국의 입맛에 맞게 변화시킨다는 논리였다. 하지만 주권보장의 의미를 확장해야 한다는 주장도 잇달아 제기되고 있다. 주권의 의미는 시대에 따라 바뀌어온 것으로 1648년 웨스트팔리아조약에서는 종교를 선택할 권리를, 1948년 유엔헌장에서는 군사력과 경제력에 상관없이 개별국가가 동등할 권리를 의미했다는 게 이러한 주장의 근거다. 주권의 의미가 역사성을 갖듯이 오늘날 시대 상황에 적합한 방식으로 주권의 개념을 유연하게 사고함으로써 주권침해논란이 잦아드는 출구가 마련될 수 있다. 국제사회와의 교류가 삶의 일부가 된 오늘날 수원국이 동의하는 해외민주주의지원은 새로운 유형의 주권을 확장하는 행위로 보아야 한다는 입장은 참고할 만하다.

  해외민주주의지원의 양태는 하나로 정리되지 않으며 지금 이 순간에도 다양한 방식으로 이루어지고 있다. 이를 둘러싼 논란은 곳곳에서 제기되고 있지만 현재 해외민주주의지원은 국제사회에서 꾸준하게 지지를 받고 있다. 인류의 역사는 민주주의체제가 보편적인 인권을 보장하는 체제로서 인간의 삶을 발전시키는 원동력을 지녔다고 증명해 왔다. 오늘날 세계시민들은 인간의 삶을 윤택하게 만들 정치경제제도를 구축하면서 지구촌이 지속가능한 사회를 만들어야 한다는데 폭 넓은 공감대를 가지고 있다. 다자간기구와 개별국가기구뿐만 아니라 다양한 비정부기구들이 민주주의가 국제규범으로서 자리 잡도록 열심히 활동하고 있다. 민주주의 안에서 공동운명체로서 발돋움하고 있는 지구촌에서, 경제뿐만 아니라 민주화에서도 성공을 거둔 사례로 평가되는 한국이 세계의 주요 행위자로 발돋움하려면 이제부터라도 해외민주주의지원에 관심을 기울일 필요가 있다.

# 1부 국가별 기구

# 제1장
# 미 국

미 국제개발처
전미민주주의기금
민주당국제문제연구소
공화당국제연구소
국제민간기업센터
국제노동연대미국센터
세계민주주의운동

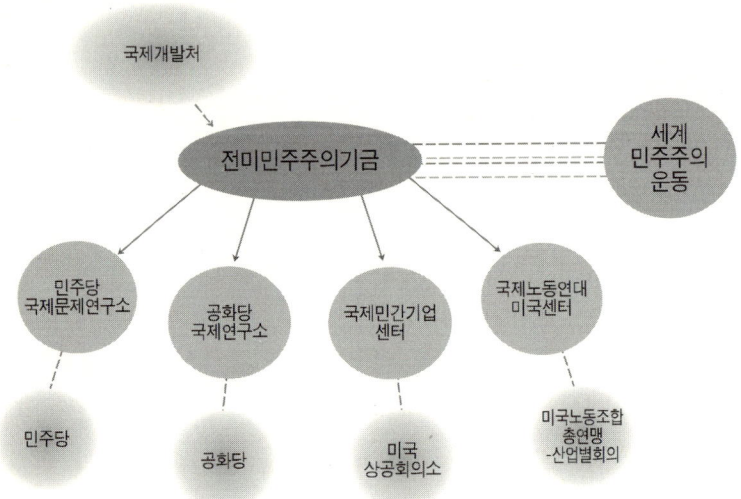

## 세계의 해외민주주의지원 분야를 주도하다

세계질서가 미국을 중심으로 구축되어 왔다는 데 이견을 달 사람은 그리 많지 않을 것이다. 미국은 1, 2차 세계대전 이후 강력한 군사력과 경제력을 바탕으로 국제사회를 이끌어 왔다. 해외민주주의지원 분야 역시 미국의 영향력을 배제할 수 없다.

미국 연방정부가 해외민주주의지원 업무의 전면에 나선 것은 아니다. 전미민주주의기금(NED)은 공식적으로는 정부로부터 독립적인 위상을 가지고 지원사업을 벌였다. 전미민주주의기금이 보조금을 지급하는 네 개의 우산조직, 즉 미국의 양대 정당을 대표하는 민주당국제문제연구소(NDI)와 공화당국제연구소(IRI), 기업을 대표하는 국제민간기업센터(CIPE), 노조를 대표하는 국제노동연대미국센터(ACILS)는 각자의 색깔을 담은 활동을 펼쳐왔다. 전미민주주의기금은 이와 별도로 세계민주주의운동(WMD)의 사무국 역할을 하면서 세계 곳곳의 활동가들을 조직하는 일도 주도해 왔다.

유엔이 새천년개발계획을 결의한 이후 해외민주주의지원사업은 세계의 주요한 화두로 떠올랐다. 해외민주주의지원 영역에서 중요한 행위자인 미국의 민주주의지원 사업을 이해하는 것은 세계의 흐름을 이해하는 데 도움이 될 것이다. 미국적 특성인 일반대외정책과 해외민주주의정책의 분리는 주목할 만한 대목이기도 하다.

# 미국의 해외민주주의지원
전후 세계의 해외민주주의지원 영역을 구상하고 이끌어온 미국

20세기, 냉전을 넘어 미국의 시대를 열다

미국을 아는 만큼 세계가 보인다. 세계 제일의 경제력과 군사력을 보유한 미국은 전 세계에 영향을 미치지 않는 곳이 없다. 때문에 세계 각국은 미국의 대내외정책이 어떤 내용인지, 어떻게 변하는지를 파악하기 위해 촉각을 곤두세우고 있다.

격렬하게 요동치던 20세기 초반의 역사는 냉전이라는 사상 초유의 대립관계를 낳았다. 1945년 전후체제는 미국과 소련을 양대축으로 팽팽하게 대립하며 각기 세를 불렸다. 미국은 자유주의와 자본주의 세계의 축으로서 중심을 잡았다. 소련은 공산주의 세계의 응집을 유도하면서 미국과 대결했다. 미국과 소련을 중심으로 각기 뭉친 양대 진영은 극도의 긴장상태로 여러 차례 고비를 맞기도 했다. 수십 년의 냉전 기간 동안 양 진영은 총성 없는 전쟁을 벌였다.

미국은 자국을 중심으로 한 자본주의진영이 확대되고 강화되는 방향으로 대외정책을 펼쳤다. 미국은 라틴아메리카, 아시아 등 제3세계에서 공산주의가 급속히 확산되는 경향을 저지할 방향을 모색했다. 미국이 유럽에 마셜플랜(Marshall Plan)을 실행하고 일본의 전후재건을 시행한 것은 공산화를 예방하기 위해 실행한 정책의 대표적인 예다. 미국은 경제원조뿐만 아니라 군사원조도

제공하면서 자본주의국가들의 결속을 다졌다. 소련도 공산주의 진영을 지원하며 세를 과시했다.

'민주주의 수호'는 미국을 위시한 자본주의국가들이 대외지원의 경쟁력을 높이는 요소 중 하나였다. 해외민주주의지원은 냉전시대 자본주의진영에서 싹텄다. 본격적인 심화과정은 냉전종식 이후 미국을 비롯한 세계국가들이 지속가능한 미래를 고민하면서 시작되었다. 2000년이 도래하면서 해외민주주의지원은 국제사회가 유엔에서 실행방안을 논의하는 핵심의제로서 부상했다. 민주주의제도의 정착과 발전이라는 개념은 전 세계의 공여국과 수원국을 연결하는 중요한 고리가 된 것이다.

미국의 해외민주주의지원 정책은 미국의 대외 정책과 관련지어 생각할 수 있다. 초기 냉전기에 미국은 지역기구를 활용해 해외민주주의지원사업에 처음 발을 내딛었다. 1948년 미국이 라틴아메리카의 20여 개국과 공동으로 발족한 미주기구(OAS: Organization of American States)는 1960년 헌장을 수정하면서 처음으로 민주주의 증진과 인권보호를 명시했다. 미국은 민주주의와 인권을 도덕적 우월성을 점하는 요소로 간주하며 공산주의와 대결했다. 민주주의와 인권은 자본주의에 기반을 둔 자유민주주의가 세계에 확산되도록 미국이 제시한 카드 중 하나였다.

냉전대결구도가 강화되면서 해외민주주의지원은 실질적인 행동으로 연결되기 어려웠다. 미국을 비롯한 자본주의진영은 경제발전이 자유민주주의체제를 이끈다고 판단했다. 자본주의 시장질서가 공고해져야 공산주의세력에 대항할 힘이 생긴다는 논리를 바탕으로 한 것이다. 수원국의 정치체제가 민주주의인가 여부는 중요한 문제가 아니었다. 공산주의에 대항할 세력의 결집이라는 축에 결합할 의사가 있는 수원국에 미국은 경제적·군사적 지원을 아끼지 않았다.[1] 냉전은 민주주의와 인권이 국제사회에서 핵심 의제로서 실질적인 영향력을 끼치기 어려운 환경을 만들었다.
 냉전 말기 해외민주주의지원에 관한 논의가 다시 고개를 들기 시작했다. 1980년대 초반 레이건 정부는 과거 미국정부가 지원한 군사적·경제적 원조보다 수원국의 동의를 이끌 수 있는 우회적인 지원이 효과를 거둘 수 있다는 판단을 내렸다.[2] 미 정부는 민주주의가 보편적인 관점에서 수원국의 지지를 이끌어낼 수 있음을 인지했다. 민주주의를 대외정책을 보완하는 요소로 보는 시각은 냉전종식 후에도 이어졌다. 부시(George H. W. Bush)정부와 클린턴정부는 민주주의증진을 미국의 도덕적·실용적 이해를 연결하는 고리로 주목하며 미국대외정책의 주요 3대 요소 중 하나로 꼽았다.[3]
 냉전종식은 해외민주주의지원의 급부상을 알리는 신호탄이었다.[4] 해외민주주의지원은 국제사회에서 주목을 받았다. 공산주의진영이 붕괴하면서 국제질서가 급격히 변한 탓이었다. 국제사회는 미국을 중심으로 한 단극체계로 변했고 양극체계 당시 각광받던 군사력대결은 상대적으로 완화되었다. 구공산권 국가들은 대부분 자본주의에 바탕을 둔 민주주의체제로 전환하는 이행기에 들어섰다. 민주주의와 인권은 경쟁력 있는 체제로서 정당성을 인정받았다. 1990년대 들어 미국은 미주기구의 범주를 벗어나 세계 차원에서 민주주의와 인권증진을 논하기 시작했다.
 해외민주주의지원은 냉전종식 이후 새로운 세계질서 안에서

---

1) Steve Smith, *US Democracy Promotion: Critical Questions, America Democracy Promotion* (ed. by Michael Cox, G. John Ikenberry, and Takashi Inoguchi), (Oxford University Press: 2000) p.65.
2) Cavell, Colin S., *Exporting 'Made-In-America' Democracy: The National Endowment for Democracy & U.S. Foreign Policy*, (2002) p.89.
3) Carothers, (1996) p.1.
4) Carothers, Thomas, *Assessing Democracy Assistance; the Case of Romania*, (1996) p.2.

다양한 모습으로 펼쳐졌다. 자본주의시장경제가 민주주의에 선행한다는 인식도 크게 바뀌었다. 대신 민주주의가 굳건할 때 체제가 안정되어 경제가 발전한다는 경험적 결과가 제시되면서 민주주의체제의 중요성이 한층 부각되었다. 민주주의 이행국가들이 늘어나면서 해외민주주의지원은 세계의 주요의제로 떠올랐다. 미 국제개발처와 같은 행정부처와 독립기구인 전미민주주의기금은 이를 실현할 방편으로 설립·운용되었다.

### 도전과 응전, 향후 해외민주주의지원을 고민하다

2000년대 미국 중심의 민주주의 지원은 중대한 도전에 직면했다. 구공산권국가와 제3세계지역은 민주주의체제로 이행하려 노력했지만 많은 경우 이 같은 노력은 정체되거나 퇴보했다. 일례로 러시아에서는 정부의 반인권정책을 비판하는 언론인들이 암살당하는 등[5] 민주주의의 내실을 기하는 과정에 어려움을 겪었다. 중국은 두 자리 수에 이르는 경제성장을 이뤄냈지만 인터넷을 일부 차단하는 등 표현의 자유를 통제했다.[6] 서유럽국가들이 중

---

[5] 러시아의 체첸침공과 인권침해를 비판하던 러시아의 기자 안나 폴리트코프스카야가 2006년 10월 7일 의문의 총격을 받아 사망한 것을 두고 국제사회는 진상규명을 촉구했다. 폴리트코프스카야 기자는 푸틴 대통령 집권 이후 피살당한 13번째 언론인으로서 정부를 감시하고 견제하는 언론인은 심각한 견제를 받았다. KBS, 러시아 여기자의 '목숨 건 진실추구', 미디어포커스, (2006.10.21.) http://news.kbs.co.kr/article/world/200610/20061022/1239730.html(최종검색일: 2009년 6월 15일).

[6] 2009년 6월 중국정부가 개인컴퓨터에 장착을 의무화 한 '그린 댐-유스 에스코트(Green Dam-Youth Escort)'라는 웹 필터링 소프트웨어가 천안문사태나 티베트인 찬양 등 현실정치와 관련된 어휘들을 차단한다는 비판이 제기되었다. 천안문사태 20주년을 앞두고 중국정부는 일부 인터넷사이트를 차단해 표현의 자유를 억압한다는 의혹을 샀다. 연합뉴스, "中 웹 필터링 대상에 정치 용어 상당수 포함"- WSJ 보도… "정치적 목적 개입된 듯", (2009.06.12.) http://app.yonhapnews.co.kr/yna/basic/article/Search/YIBW_showSearchArticle.aspx?searchpart=article&searchtext=%ec%9b%b9%20%ed%95%84%ed%84%b0%eb%a7%81&contents_id=AKR20090612090700009 (최종검색일: 2009년 6월 15일).

동 무슬림 국가에 상당한 지원을 했지만 극단주의가 창궐했고 인권침해 사례는 줄지 않았다. 서구의 민주주의지원의 효과에 대한 의문이 강하게 제기되었다.

9·11사태 이후 민주주의지원의 내용에 관한 국제사회의 우려와 비판도 수면 위로 올라왔다. 미국이 극단주의에 대응한 방식은 민주주의·자유·인권이라는 용어가 화려한 수사에 불과하다는 비판을 불러일으켰다. 미국은 세계평화와 민주주의수호를 표방하며 반테러전쟁을 수행한다고 했지만 무분별한 폭격, 민간인학살, 포로고문 등 인권침해가 빈발했다. 미국은 파키스탄과 같은 비민주적 국가와 협력하기도 해 국제사회의 비판을 받기도 했다. 엎친 데 덮친 격으로 대화와 소통을 불가능하게 하는 종교극단주의가 발호해 인권이 열악한 현실에 개입하기가 쉽지 않아졌다.

미국대외정책의 일방주의(Unilateralism)와 다자주의(Multilateralism)는 미국 해외민주주의지원의 위기를 이해할 실마리를 제공한다. 1990년대 미국이 패권을 유지하는 방법으로, 세계질서를 독자적으로 유지해야 한다는 일방주의와 다른 국가들과 협력해 국제법과 질서를 구축해야 한다는 다자주의가 갈등했다.[7] 2001년 9·11사태를 기점으로 미국의 대외전략은 일방주의로 급속히 기울어졌고 부시대통령 집권기 동안 일방주의 기조는 계속되었다.[8] 하지만 '명분 없는 전쟁'이란 오명을 얻은 일방주의정책은 2009년 오바마정부가 취임하며 철회되었다.[9]

---

[7] 김종완, 냉전 이후 미국 대외정책의 변화 - 일방주의와 다자주의 논쟁을 중심으로, (세종연구소: 2003) p.11.; p.17.

[8] Ibid., p.27.; p.35.

[9] 2009년 1월 G20정상회담에서 오바마 대통령은 "각국의 목소리를 경청하러 왔다."고 언급하는 등 다른 국가들과 다방면에서 협력할 의사를 밝혀왔다. 또한 이란, 베네수엘라 등 적대 국가들과도 협상할 의사가 있다는 입장도 밝힌 바 있다. 한국경제, homepage, '대화·설득·화해·공감'… 4색 외교로 잃어버린 美리더십 살려내, http://www.hankyung.com/news/

일방주의와 다자주의가 각기 언급하는 민주주의는 미국의 해외민주주의지원의 성격을 구분 짓는다. 일방주의는 자유민주주의를 기반으로 한 세계질서의 확대·강화를 지향한다. 북한·이란 등 독재국가들을 위협요소로 간주하며 자유민주주의를 수호하기 위해 예방적 차원의 사전조치를 긍정한다.[10] 반면 다자주의는 미국의 가치만을 중시하는 시각을 도덕적 절대주의로 인식하면서 다른 국가들과 협력해 비용과 위협요소를 줄여야 한다고 주장한다.[11] 부시정부의 대테러전쟁과 오바마정부의 중동 화해외교는 두 시각의 차이를 분명하게 드러내는 예다.

미국의 해외민주주의지원을 둘러싼 비판은 국제정치상황과 미국대외정책의 맥락에서 재평가할 수 있다. 국제사회에서 해외민주주의지원의 역사는 짧은 편이다. 1990년대 해외민주주의지원이 주목받으면서 국제사회는 민주주의라는 지향을 발견했다. 하지만 민주주의의 전통을 이어온 국가와 민주주의이행국가 간 경제력·정치제도 차이 등 해결해야 할 과제가 산적했다. 서로 다른 입장을 가진 국제행위자들이 토론하고 합의해야 하는 과정이 지난하게 이루어져야 하는 상황이었다. 본격적으로 시행된 지 20년도 채 되지 않은 해외민주주의지원의 실효성을 의심하는 것은 아직은 섣부른 감이 있다.

미국대외정책기조의 변화는 미국의 해외민주주의지원의 성격 또한 변할 수 있음을 암시한다. 냉전이후 미국 대외정책의 한계는 미국의 해외민주주의지원의 한계로 이어졌다. 1990년대에는 명확한 입장이 정해지지 않았고 2000년대 초반에는 일방주의에 기초

---

app/newsview.php?aid= 2009041732961(2009.04.17.), (최종검색일: 2009년 6월 15일).

10) 김종완, (2003) pp.12~15.
11) *Ibid.*, pp.18~20.

한 대외정책이 강세를 보였다. 일방주의에 기초한 대외정책은 미국적 가치를 우월하게 여기며 다른 가치와의 공존을 배제했다. 하지만 오바마정부는 다자주의를 지향해 다른 형태의 민주주의를 포용할 가능성을 보였다. 수원국의 문화와 가치를 존중하는 해외민주주의지원을 추구할 여지가 이전 정부에 비해 많아졌다.

　미국의 해외민주주의지원은 미국뿐만 아니라 국제정치에 지대한 영향을 받았다. 미국이 제3세계의 민주주의를 지원하려는 의지는 새천년개발계획 달성목표시점인 2015년까지 국제사회의 지지를 받을 것이다. 오바마정부의 집권은 향후 미국의 지원양상이 크게 변할 수 있다는 전망을 이끌기도 한다. 정부가 조직개편을 크게 단행하지 않는 한 정부부처인 국제개발처(USAID: US Agency for International Development)와 더불어 독립기구인 전미민주주의기금(NED: National Endowment for Democracy)과 그 우산조직들은 그 역할을 이어갈 것이다. 미국이 정부부처와 비정부기관에 직간접적으로 영향을 끼치며 해외민주주의를 추진하는 구조를 살피는 것은 미국의 지원양상을 이해하는데 도움이 될 것이다.

# 미 국제개발처
USAID: US Agency for International Development

http://www.usaid.gov/

### 미국연방정부의 대외원조기구[12]

미 국제개발처는 케네디행정부 시기인 1961년 하원이 의결한 대외원조법(Foreign Assistance Act)을 바탕으로 설립된 연방정부 산하의 대외원조기구다. 대외원조법은 미국의 대외원조프로그램을 군사적 원조와 비군사적 원조를 분리해 운영하는 내용을 골자로 하고 있다. 케네디행정부는 경제원조프로그램을 담당할 부처설립을 명시한 법안이 통과된 후 국제개발처를 설립하여, 과거 마셜플랜(Marshall Plan)의 한계를 극복하는 데 목적을 두었다.

국제개발처는 정부부처로는 처음으로 장기간 진행되는 사회경제개발사업을 지원했다. 그러면서 과거 여러 부처에 흩어져 있던 대외원조프로그램을 통합·조정하면서 업무영역을 확보했다. 국제개발처는 그 전신인 국제협력단(International Cooperation Agency)의 경제·기술원조, 개발차관(Development Loan Fund)의 자관지급, 수출입은행의 지역통화기능, 농무부 식량평화프로그램(Food for Peace Program)의 초과생산농산물 분배활동을 통합했다. 개발차관과 개발보조금(Development Grant Fund)은 설립 당시 가장 중요한 프로그램으로 설계되어 운영되었다.

---

12) USAID, homepage, http://www.usaid.gov/about_usaid/usaidhist.html (최종검색일: 2009년 5월 27일).

국제개발처의 기반을 제공하는 대외원조법은 1970년대 후반부터 1990년대 초반까지 줄곧 도전을 받았다. 험프리 법안으로 명명된 1978년 개정안은 국제개발협력국(International Development Cooperation Agency)를 따로 설치해 국제개발처 등을 보조하는 내용을 담았다. 1994년 클린턴행정부는 대외원조법을 평화·번영·민주주의법(Peace, Prosperity, and Democracy Act)으로 대체해 프로그램의 재원출처를 하나로 통합하고자 했다. 그러나 이러한 시도는 의회 동의를 얻지 못해 폐기되었다. 이후 대외원조법 관련 수정안은 더 이상 제출되지 않았다.

대외원조법을 둘러싼 논의와 무관하게 국제개발처는 국제상황의 변화에 보조를 맞췄다. 특히 구공산권국가의 붕괴가 결정적인 계기로 작용했다. 공산주의와 대결하는 이념으로서의 민주주의가 아닌 세계를 포괄하는 가치로서의 민주주의가 부각되었다. 1990년 국제개발처는 시장민주주의를 전제로 한 민주주의 주도권(Democracy Initiative)을 제시해 민주주의를 경제성장의 중요한 요소로 제시했다. 1993년 클린턴정부가 민주주의와 인권증진을 주요 외교정책으로 표명한 후 국제개발처는 '지속가능한 개발(Sustainable Development)'을 프로그램의 목표로 삼았다. 경제 성장기반의 확대, 환경보호, 세계인구성장 안정화와 의료개선, 민주주의건설은 이후 프로그램의 주요 축으로 기능했다.[13]

2001년 9·11사태는 또 따른 변화를 일으켰다. 미국정부와 시민들은 당시 미국 본토에서 참사가 벌어졌다는 데 큰 충격을 받았다. 안보에 대한 우려가 급증하며 테러리즘, 초국가적 범죄, 국가의 실패(failing states), 세계질병(global diseases)이 중요한 문제로 떠올랐다. 지속가능한 경제·사회개발이 뿌리내리기 위해서는 이러한

---

13) Cavell, Colin S., *Exporting 'Made-in-America' Democracy*, (University Press of America: 2002), p.93.

불안정한 상황이 개선되어야 한다고 보았다. 이를 반영해 재설정된 주요 대외정책목표인 전환적 개발증진(promoting transformational development), 취약국가 강화(strengthening fragile states), 인도주의적 믿음 제공, 미국의 전략적인 지정학적 이익 지원(supporting U.S. geostrategic interests), 세계적·초국적 병폐완화(mitigating global and transnational ills)는 국제개발처의 활동에 영향을 끼쳤다.[14]

국제개발처는 미국정부산하 공식원조기구로서 미국의 대외정책에 부응하는 방향으로 변모했다. 국제개발처는 국무부가 총괄하는 정책지도를 받으며 기본적인 정책목표를 설정하고 수행한다. 또한 국제개발처의 처장과 부처장은 대통령이 지명한 후 연방 상원의 승인을 받아 임명되며,[15] 프로그램을 진행하고 조직을 운영하는 데 쓰이는 예산을 국무부로부터 지원받는다. 미국정부가 판단하는 국익이 무엇이냐에 따라 국제개발처가 추진하는 민주주의 지원사업의 양상이 달라지는 구조다.

민주주의 증진을 도모하는 비군사적 해외지원활동

미 국제개발처는 수원국의 민주주의를 개선하는 방편으로 장기간 사회경제원조프로그램을 실시하는 데 주력했다. 운영방식을 규정한 대외원조법이 군사적 원조를 비군사적 원조와 분리하는 내용을 담았기에 가능한 일이었다. 정부는 때때로 특정 국가에 군사원조지원을 결정했지만 국제개발처가 이를 수행하지는 않았다. 국제개발처는 수원국의 경제적·사회적 기반을 변화시키는 프로그램을 운영하는 전담부서로서 운영되었다.

국제개발처는 2006년부터 프로그램 목표를 다섯 가지로 정리

---

14) USAID, *U.S. Foreign Aid: Meeting the Challenges of the Twenty-First Century* (2004), p.5.
15) USAID, homepage, http://www.usaid.gov/about_usaid/usaidorg.html (최종 검색일: 2009년 5월 28일).

했다. 프로그램비용지원(program support)을 제외한 평화·안보달성(achieving peace and security), 공정하고 민주적인 통치(governing justly and democratically), 인적개발(investing in people), 경제성장(economic growth), 인도주의적 지원(humanitarian assistance)이 그 내용이다. 이 중에서 '공정하고 민주적인 통치'프로그램은 네 가지 영역으로 다시 나뉜다. 법치(rule of law), 굿 거버넌스(good governance), 정치적 경쟁과 합의구축(political competition and consensus-building), 시민사회(civil society)로 나뉜 프로그램은 수원국의 민주주의를 증진하는 데 집중한다.16)

2000년대 국제개발처는 수원국의 경제성장을 중심으로 해외 민주주의 증진사업을 벌였다. 2000년대 초중반까지 국제개발처의 지출내역을 살펴보면 수원국의 경제성장분야에 투입된 재원의 비율이 압도적임을 알 수 있다. 이는 경제사회프로그램으로 특수화되어 설립된 조직의 특성을 반영한 결과다. 하지만 그 비율은 꾸준히 줄어 2000년 전체의 49.3%였던 것이 2008년에는 그 절반수준인 26.5%로 크게 낮아졌다. 반면 민주주의와 굿 거버넌스 관련 예산은 2000년 5.2%에 불과했으나 2008년 15.8%까지 늘었다. 절대적인 비중을 차지하는 것은 아니지만 해당프로그램을 기준으로 볼 때 거의 세 배 가까이 증가한 셈이다. 정부가 관련분야를 중시하는 시각이 드러난다.

국제개발처가 벌인 해외민주주의 증진활동은 때때로 비판을 받기도 했다. 미국은 방대한 예산을 활용해 수원국의 민주주의제도를 구축하고 자유민주주의가치를 증진시키려는 기반을 확충하고자 했다. 하지만 미국이 자국 중심적인 민주주의제도를 이식한다는 비판에서 자유로울 수 없는 환경에 놓여있기도 하다. 미국은

---

16) USAID, *Fiscal Year 2007 Foreign Assistance Performance Report & Fiscal Year 2009 Performance Plan*, (2008) pp.17~29.

세계 제일의 패권을 유지하는 동시에 세계민주주의의 기반을 넓혀 수원국의 지지를 이끌어내야 하는 과제를 안고 있다. 정부부처로서 수원국의 의구심을 없애는 데는 한계가 명확했다. 앞으로 살펴볼 전미민주주의기금과 우산조직은 이러한 한계를 극복하려는 시도에서 나온 산물들이다.

〈그림 1〉 프로그램별 지출비율[17]

1) 2000~2003년[18]

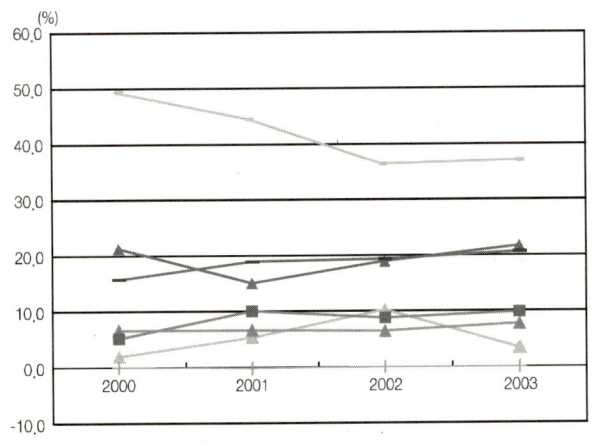

---

17) 프로그램의 구체적인 항목은 2004년과 2007년 보고서에서 각각 변경되었다. 2003년과 2007년 세부항목은 각 리포트에서 차이를 보였다. 2000년~2008년 동안 동일한 기간으로 묶을 수 있는 부분이 셋이기에 이를 각각 따로 도식화했다. 연속적인 추이를 확인하기 위해서는 각기 다른 범주를 통합·분석할 틀이 마련되어야 할 것이다.

18) USAID, *Agency Performance Report 2001*, (2001) p.44.; *Performance and Accountability Report 2003*, (2003) p.158.

2) 2003~2006년[19]

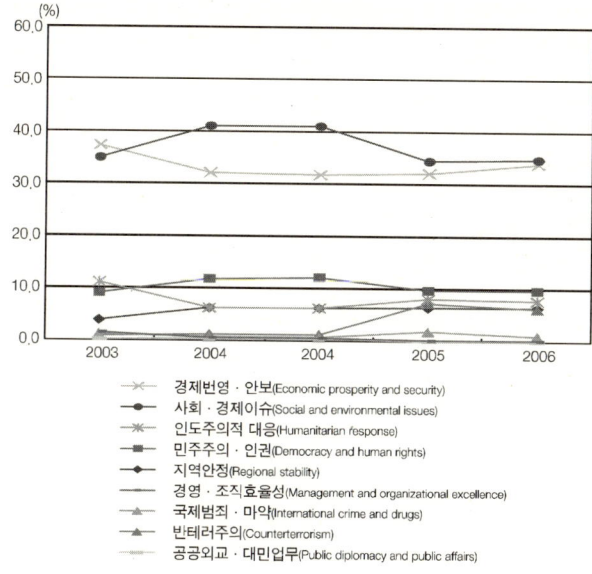

3) 2006~2008년[20]

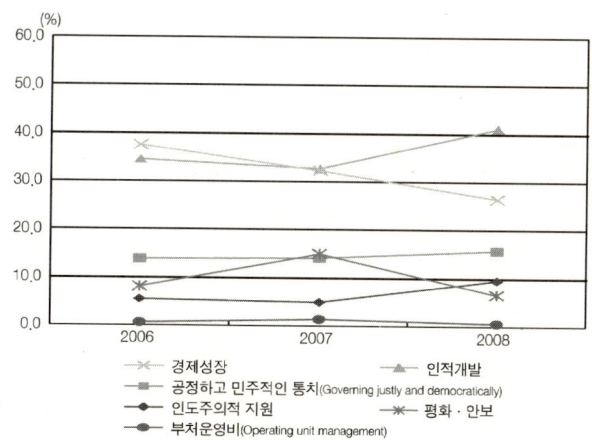

---

19) USAID, *Performance and Accountability Report 2004*, (2004) pp.192~193.; *Performance and Accountability Report 2005*, (2005) p.167.; *Performance and Accountability Report 2006*, (2006) p.250.
20) USAID, *Agency Financial Report 2007*, (2007) p.66.; *Agency Financial Report 2008*, (2009) p.64.

# 전미민주주의기금[21]
NED: National Endowment for Democracy

http://www.ned.org/

'미국적이지 않은' 미국의 해외민주주의지원기관[22]

전미민주주의기금은 미국의 해외민주주의지원을 담당하는 비영리 독립기구로 1983년 설립되었다. 기금의 역사는 2차 세계대전 이후 세계각지에서 원조사업을 벌인 미국의 대외원조 역사에 비해 상당히 짧다. 하지만 전미민주주의기금이 미국의 대외원조분야에서 차지하는 위상은 자못 독특하다. 기금은 설립된 후 지금까지 개발도상국 등 민주화 이전 상태에 있는 지역의 '민주주의 지원'에 초점을 맞췄다. 또한 공적개발원조를 실시하는 정부부처나 현장에서 인권개선활동을 벌리는 비정부기구와 차이를 보인다.

전미민주주의기금은 독일의 정치재단을 본떠 설계되었다. 1970년대부터 미국 내 일부인사들은 독일정치재단의 운영방식을 따르는 조직이 필요하다고 주장했다.[23] 1978년 하원의원인 단테 파셀(Dante Fascell)과 도날드 프레이저(Donald Fraser)는 인권을 증진하는

---

21) '전미민주주의기금'이란 번역어 외에도 '미국민주주의재단(김성현, 「미국민주주의재단을 통해 본 국제민주화운동과 상징권력」, 『시민사회와 NGO』, 2006년 제4권 제1호)'이라는 용어가 쓰이고 있다.
22) NED, homepage, http://www.ned.org/about/nedhistory.html (최종검색일: 2009년 5월 13일).
23) 독일의 정치재단은 1960년대부터 연방정부에서 예산을 받아 개발도상국에서 지원활동을 펼쳤다. 자세한 내용은 제2장 독일 편에서 확인할 수 있다.

비정부기구에 기술과 자금을 지원하는 정부의 특수법인(QUANGO) 설립 안을 입안했다. 1977년 정치고문(political consultant)인 조지 아그리(George Agree)는 독일 정치재단을 예로 들며 미국에 유사한 조직을 설립하자고 제안했다. 1980년에는 미국 방문자에게 관련 정보를 제공하는 미국정치재단(American Political Foundation)이 세워지기도 했다.

    레이건행정부는 해외민주주의지원기관의 설립을 적극적으로 제안했다. 레이건 대통령은 1982년 영국국회의사당(Westminster Palace)에서 주요 외교정책을 연설하면서 "자유로운 언론·조합·정당·대학으로 구성된 민주주의기반시설의 육성"을 제안했다. 얼마 지나지 않아 미국정치재단은 미국이 세계민주주의에 기여하는 방안을 연구했다. "민주주의프로그램(The Democracy Program)"으로 언급된 이 연구는 전미민주주의기금의 설립을 제안했다. 애초 레이건행정부는 공보국(US Information Agency)의 산하기구를 구상했지만 하원 외교위원회는 동의하지 않았다. 1983년 전미민주주의기금은 민주주의지원활동을 벌이는 단체를 지원하는 민간조직으로 출범했다. 다만 예산은 연간 정부지출금에서 충당하되 사용내역은 의회의 감독을 받는 기준을 따랐다.

    미 의회는 전미민주주의기금을 설립하면서 독일정치재단의 운영방식을 따라 관련우산조직도 곧바로 설립했다. 이는 민주주의프로그램이 제안한 바를 따른 것인데, 그 목적은 공적 성격을 지닌 전국 단체로서의 모(母)조직의 인지도, 정치적 삶의 다양한 영역에서의 대표성 그리고 정치적 균형 유지였다. 중앙조직과 우산조직의 구조를 갖춘 후 전미민주주의기금은 독일연방정부가 개별정치재단에 재원을 배분하듯 개별우산조직에 운영비를 지급했다.

    전미민주주의기금과 우산조직 간의 관계는 한동안 논란거리였다. 독일의 정치재단 구조는 미국에서 생소한 것이었다. 미국은 유럽과 달리 정치지향이 뚜렷한 조직에 기금을 지원한 전통이 약했다. 정치색이 뚜렷한 네 개 조직에 정부 예산을 투입하는 것이 부당하다는 비판이 이어졌다. 게다가 모(母)기관 출신이 이사로 참여하는 규정은 당파성 논란을 일으키기도 했다. 이사구성규정을 개정하면서 관련논란은 그나마 진정되었지만[24] 기금전용·경쟁력미달·모(母)기관에의 편향성 등은 여전히 논란의 대상이 되고 있다.

〈표 3〉 전미민주주의기금 우산조직

| 조 직 | 모(母)조직 |
|---|---|
| 민주당국제문제연구소 NDI(National Democratic Institute for International Affairs) | 민주당 (Democratic Party) |
| 공화당국제연구소 IRI(International Republican Institute) | 공화당 (Republican Party) |
| 국제민간기업센터 CIPE(Center for International Private Enterprise) | 미국상공회의소 (US Chamber of Commerce) |
| 국제노동연대미국센터 ACILS(American Center for International Labor Solidarity) | 미국노동조합총연맹-산업별회의 (AFL-CIO) |

지난 2003년 전미민주주의기금은 20년사를 정리한 백서를 발간하면서 전미민주주의기금과 우산조직의 관계에 대한 논란이 줄었다고 밝혔다. 우산조직들은 지지기반이 뚜렷해 비정부기구와 달리 지지자들의 신뢰를 얻기 쉽다는 이유에서다. 또한 이념성향이 비슷한 조직보다는 프로그램의 우선순위와 가치를 공유하는 조직에 우선적으로 기금을 지원해 당파성에 대한 우려도 줄었다고 여겼다. 이런 판단의 신뢰성을 구체적으로 확인하기는 힘들지만 설립된 이후 기금은 20여 년 넘게 활동을 이어왔다. 설립 초기의 반대의견을 일정부분 불식시켰다고 짐작할 만하다.

---

24) 1992년 전미민주주의기금의 이사구성규정이 일부 바뀌었다. 이때부터 전미민주주의기금에서 프로그램보조금을 받는 조직 중 기금의 보조금 예산 중 5% 이상을 지원받는 곳의 구성원은 이사회에 참여할 수 없게 제약을 받았다.

해외민주주의를 지원하는 민간기구로 자리 잡다[25]

　미 연방의회는 전미민주주의기금의 예산사용과 관련해 설립이후 꾸준히 압력을 가했다. 가장 논란이 된 것은 우산조직에 기금을 지원하는 부분이었다. 기금이 설립되기까지 이에 관한 내용은 계속 수정되었다. 기금을 설립할 당시 초안은 노동연대센터에 1천 3백 80만 달러, 국제민간기업센터에 2백 50만 달러, 두 개 정당연구소에 각각 5백만 달러를 지정보조금으로 지급하는 내용을 담았다. 하지만 하원에서 부결되었다. 2차 안은 정당연구소에 지급하는 보조금을 삭제하는 수준이었으나 또 다시 상원에서 부결되었다. 1983년 11월에야 상하원은 정당연구소에 지급되는 보조금 삭감을 전제로 예산안을 수용했다.

　의회는 전미민주주의기금이 우산조직에 지급하는 예산사용내역을 오랫동안 압박했다. 설립 다음해인 1984년에도 역시 정당연구소에 보조금을 지원하지 못하게 하는 예산안이 통과되었다. 1986~1987년 예산을 결정할 때에는 정당연구소에 대한 보조금지원금지조항이 철회되었지만 지정보조금 조항이 통째로 삭제되었다. 이 틀은 현재까지도 이어지고 있다. 1995년에 이르러서야 대외관계법 조항은 연간 정부보조금의 최대 55%선에서 네 개 단체에 동등한 비율로 재원을 지원하는 내용으로 완화되었다.

　전미민주주의기금에 지급되던 예산규모는 새천년을 계기로 크게 늘었다. 설립 이후 연방의원들은 전미민주주의기금의 예산을 삭감해야 한다는 목소를 꾸준히 냈다. 1984년에는 보조금 전액을 삭감해야 한다는 의안이 하원에 제출되기도 했다. 당시 전년예산의 절반정도(3천만 달러→1천 8백만 달러)로 줄어드는 수준에서 멈췄지만 이 규모는 이후 약 10년 간 지속되었다. 연방하원세출위

---

[25] NED, homepage, http://www.ned.org/about/nedhistory.html (최종검색일: 2009년 5월 13일).

원회(Appropriations Committee)는 1997년과 1999년에 전미민주주의기금에 지급하던 보조금을 삭제하려다 상원에 의해 제지당하기도 했다. 그러나 2001년 9·11사태 이후 상황이 바뀌었다. 전미민주주의기금의 활동이 중요한 국가안보문제의 맥락에서 새롭게 인식된 것이다. 이에 따라 1990년대 3천만 달러 정도였던 예산은 2004년 4천만 달러로, 2006년에는 7천 4백만 달러 수준으로 급등했다. 2006년에는 하원은 기금에 1천 5백만 달러가 넘는 재원을 추가로 쓸 것을 요청하기도 했다.

의회는 그동안 전미민주주의기금의 예산내역에 끊임없이 압력을 가했지만 프로그램보조금만큼은 유연하게 운용하도록 지원했다. 하원은 인권, 독립 언론, 시민교육, 법치, 민주적인 문화와 가치강화 등의 영역에서 일하는 현지인모임(indigenous groups)에 보조금을 지원한 프로그램에 재량권을 인정했다. 1987년에는 전체 연방보조금에서 25%를 초과한 예산을 재량프로그램(discretionary program)에 쓰도록 했다. 1994년에는 재량프로그램을 강화할 목적으로 5백만 달러를 증액했다. 때때로 하원은 폴란드 등 특정국가에서 구체적인 민주적 발안을 실행할 목적으로 기금에 특별보조금을 지원하기도 했다. 하원은 9·11이후 무슬림 등지에서 활동하는 시민단체들을 지원한 바 있다.

시대 변화에 따라 주기적으로 재편하는 전략계획26)

1990년대 들어 전미민주주의기금은 좀 더 체계적으로 비전을 구상하고 실행하기 시작했다. 구체적이고 달성할 수 있는 목표와 우선순위를 설정해 프로그램 결과를 평가하는 구조적인 접근을 제안한 1991년 회계감사실(GAO: General Accounting Office) 보고서를

---

26) NED, homepage, http://www.ned.org/about/nedhistory.html (최종검색일: 2009년 5월 13일).

수용한 결과다. 기금은 1992년부터 매 5년간 새로운 전략계획을 세웠고 이에 따라 정책 방향과 운영구조에 변화를 꾀했다.

1992년 나온 첫 전략계획은 전미민주주의기금의 주요한 활동을 정립하는 계기였다. 민주주의저널(Journal of Democracy)과 민주주의연구국제포럼(International Forum for Democratic Studies)은 전략계획을 바탕으로 탄력을 받았다. 민주주의저널은 기금이 존스홉킨스대학에 위탁해 1990년부터 출판하기 시작한 계간지다. 저널은 민주주의적 사고와 제도와 관련된 주요한 사안을 진단하는 출판물을 지향했다. 발간 초기 저널은 1987년부터 2년마다 민주주의 활동가(activist)를 대상으로 열렸던 국제회의의 중요성을 강조하기도 했다. 운영자금은 대부분 민간영역에 의존해 왔다.

1994년 시작된 민주주의연구국제포럼은 세계민주주의증진을 도모하는 연구·지원활동을 벌였다. 포럼은 학자와 전문가들이 모이는 자리를 마련해 민주주의프로젝트를 개발했다. 민주주의와 관련된 다양한 영역의 책을 출판한 포럼은 1994년부터 한동안 민주주의저널을 발간하기도 했다. 한편 국제포럼은 2001년부터 레이건-파셀장학프로그램(Reagan-Fascell Fellowship Program)을 실행했다. 이 프로그램은 하원과 국무부 산하 민주주의인권노동사무국(State Department's Bureau of Democracy, Human Rights and Labor)의 지원을 받아 전 세계에서 활동하는 민주주의 활동가, 전문가, 학자, 언론인들을 후원했다. 이 외에도 국제포럼은 민간단체의 지원을 받아 웹진을 발행하는 민주주의자원센터(Democracy Resource Center) 등 기타 소규모협력프로그램을 운영했다.

5년마다 갱신되는 전략계획은 변화된 국제환경을 바탕으로 효과적인 비전을 제시하려고 노력해 왔다. 특히 2000년대 나온 두 개의 전략계획은 9·11사태 이후 변화된 국제환경을 주요의제로 다뤘다. 2002년 전략계획은 중동, 아프리카, 중앙·남아시아의 무슬럼지역에서 민주주의를 강화하도록 지원을 늘리는 데 방점을 찍었다. 가장 최근에 나온 2007년 계획은 현재 기구가 직면한 고민을 담고 있다. 전미민주주의기금은 세계의 민주주의 공고화는 정체됐을 뿐만 아니라 반민주적인 정부가 민주주의세력과 국제기구들을 탄압하는 경향이 증가했다고 판단하고, 다섯 개의 영역으로 구분해 아래 〈표 4〉와 같은 계획을 추진한다고 명시했다.

〈표 4〉 2007년 전략계획 5개영역27)

| 분 류 | 내 용 |
| --- | --- |
| 권위주의국가에서 민주적인 공간 열기 (Opening political space in authoritarian countries) | • 지원대상 : 북한, 버마, 시리아, 리비아, 사우디아라비아, 투르크메니스탄, 쿠바, 중국, 베트남<br>• 활동내용<br>- 새로운 소통기술을 포함한 정보의 자유로운 흐름 및 국경을 넘는 협력개발<br>- 인권보호, 시민사회활동가에 적법한 지원<br>- 새로운 시민사회와 사회복지제공에서 소수종교, 재산권, 정치개혁 등 사회의제<br>- 민간영역(private sector) : 사기업(business)과 시민사회의 협동 강화<br>- 국제포럼: 다인종사회에서 인종과 민주주의(자치 등)의 문제를 다룸 |
| 반(半)권위주의 국가에서 민주주의자·민주적 과정 돕기 (Aiding democrats and democratic processes in semi-authoritarian countries) | • 지원대상 : 슬로바키아, 세르비아, 그루지야, 우크라이나, 러시아, 베네수엘라, 벨로루시, 이집트, 짐바브웨<br>• 활동내용<br>- 비정부기구, 정당, 독립노조 지원→시민참여기반 확대<br>- 민주주의를 지향하는 시민사회기구 간 연합과 협력 확대<br>- 독립 언론의 확대와 전문성 확대<br>- 선거청렴성(integrity of elections) 개선노력 지원 : 시민 모니터난, 출구조사 등 지원<br>- 역내 국가간 지원 증진: 경험교류, 지역의 변화를 이끌 동력 건설 |

---

27) NED, *Strategy Plan 2007*, (2007), pp.10~17.

| 분류 | 내 용 |
|---|---|
| 새로운 민주주의 지원 (Helping new democracies succeed) | • 지원대상 : 비정부 싱크탱크, 시민사회단체, 민주주의 관련 네트워크<br>• 활동내용<br>- 민주주의제도의 효과적인 수행범위와 논점을 진단, 특정한 민주주의제도기능을 감시<br>- 법치강화, 정부의 투명성·책임성 강화, 정부의 시민이익 추구, 정치인과 대중의 신뢰결여 감소 →통치제도개선 또는 새로운 제도 창출<br>- 대중의 이익에 대응하는 법과 정책을 개발해 정당, 사업가, 노조, 입법부의 역할 강화<br>- 개혁의제를 제안할 시민연합형성 (to build civic coalitions)<br>- 윤리적 기준, 법 존중, 시민참여 및 각성에 관한 대중교육<br>- 지식 및 기술 개발→시민의 삶의 질을 개선할 정책과 공공사업 옹호, 정책수행감시 |
| 분쟁 후 민주주의 건설 (Building democracy after conflict) | • 지원대상 : 특정하지 않음<br>• 활동내용<br>- 언론, 노조, 정당 등을 포함한 시민사회 지원→ 정부가 시민들이 원하는 투명성, 관용, 시민토론 (civil discourse), 전문성 등 민주적 개념을 수용하고 실행함<br>- 민주주의 활동가들이 국경을 넘어 협력하도록 지원(특히 여러 국가가 갈등하는 경우)→지역 및 세계적인 정부간기구들이 민주주의개념을 수용하고 수행함으로써 갈등해결<br>- 수원국의 전통적인 또는 종교적인 제도에서 행위자들을 민주화하고 화해 가능성 탐색<br>- 평화를 구축하려는 차원에서 통치하고 지배받는 관계를 규정하는 사회계약 독려. 주요 막후인물 (key power brokers), 정치인, 민주적으로 형성된 시민단체들 간의 대화지원을 포함 |
| 무슬림세계의 민주주의지원 (Aiding democracy in the Muslim world) | • 지원대상 : 무슬림국가(특히 중동 아랍국가들)<br>• 활동내용<br>- 중동·북아프리카지역프로그램을 운영해 정부부처 감시, 부패척결 등을 수행 |

예산의 정부의존과 기금의 독립성

전미민주주의기금은 형식상 독립기구지만 재원의 출처를 따지면 그 독립성에 의혹을 품을 만하다. 기금은 법에 따라 운영비의 거의 대부분을 국고에서 지원받는다. 연방의회(하원)가 연간예산을 승인하면 정부는 기금에 예산을 지급하는데 주로 미 국제개발처, 미 해외정보국(USIA), 연방국무부(DOS)에서 재원을 받는다.[28] 2000년대 이후에도 여전히 기금은 운영비의 절대적인 비율을 국고에 의존하고 있다. 다음 〈그림 2〉는 전미민주주의기금의 재원 출처를 분석한 것이다. 정부에서 받은 보조금이 전체 예산의 98~99%에 달하고 있다. 이 같은 구조는 결과적으로 기금이 미국정부의 대외정책방향과 보조를 맞추게 하는 요인이라 볼 수 있다.

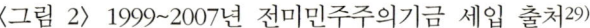

〈그림 2〉 1999~2007년 전미민주주의기금 세입 출처[29]

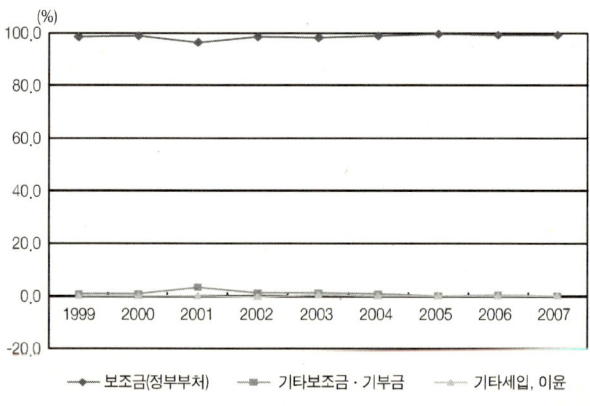

---

28) Cavell, Colin S., (2002), p.94.
29) 2002년 기타세입영역은 적자를 기록했다. 감가상각과 환율변동에 따른 결과로 해석할 수 있다. NED, *Annual Report 2000*, (2001) p.76.; *Annual Report 2001*, (2002) p.78.; *Annual Report 2002*, (2003) p.88.; *Annual Report 2003*, (2004) p.114.; *Annual Report 2004*, (2005) p.122.; *Annual Report 2005*, (2006) p.134.; *Annual Report 2006*, (2007) p.154.; *Annual Report 2007*, (2008) p.165.

2000년대 전미민주주의기금은 해외민주주의를 지원하는 활동에 탄력을 받았다. 1999년 3천 6백만 달러 수준이었던 예산이 해를 거듭할수록 점차 늘다가 2004년 8천만 달러로 급속히 증가했다. 2005년에는 예산이 1억 1천만 달러를 넘겼으며 2006, 2007년에도 1억 달러가 넘는 예산규모를 유지했다. 특히 2005년 예산은 1999년에 비해 약 세 배 규모에 이른 수치로서 정부의 지원이 급격히 증가했음을 보여준다. 이처럼 2000년대 기금의 예산이 크게 늘어난 것은 예산을 승인하는 정부와 의회가 기금의 활동을 중요하게 여기기 시작했다고 추정할만한 대목이다.

〈그림 3〉 1999~2007년 전미민주주의기금 예산총액변화[30]

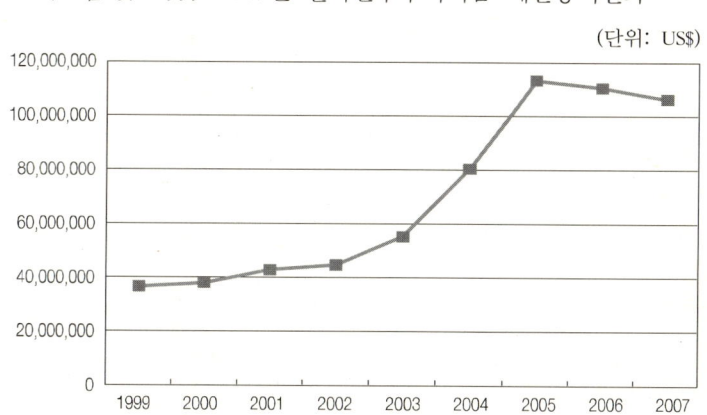

전미민주주의기금은 늘어난 예산을 바탕으로 현지프로그램을 진행했다. 기금은 특히 증액된 예산으로 보조금프로그램을 진행하는 데 역점을 뒀다. 기금은 연간예산의 80~90% 정도를 보조금프로

---

[30] 전미민주주의기금의 2000~2007년 연간예산보고서의 내용을 종합해 정리한 것이다. NED, *Annual Report 2000*, (2001) p.76.; *Annual Report 2001*, (2002) p.78.; *Annual Report 2002*, (2003) p.88.; *Annual Report 2003*, (2004) p.114.; *Annual Report 2004*, (2005) p.122.; *Annual Report 2005*, (2006) p.134.; *Annual Report 2006*, (2007) p.154.; *Annual Report 2007*, (2008) p.165.

그램에 지출했는데, 2005년에는 전체예산 1억 1천만 달러의 90%에 이르는 1억 달러를 보조금프로그램에 사용했다. 2006, 2007년에 보조금프로그램예산이 다소 줄기는 했지만 9천만 달러가 넘는 규모로 전체의 85%수준을 차지한다. 나머지 예산은 민주주의연구국제포럼, 세계민주주의운동(WMD: World Movement for Democracy), 국제언론지원센터(Center for International Media Assistance), 민주적거버넌스아시아센터(Asian Center for Democratic Governance) 등에 지급되었다.

〈그림 4〉 2001~2007년 전미민주주의기금 연간예산 지출내역 총액변화[31]

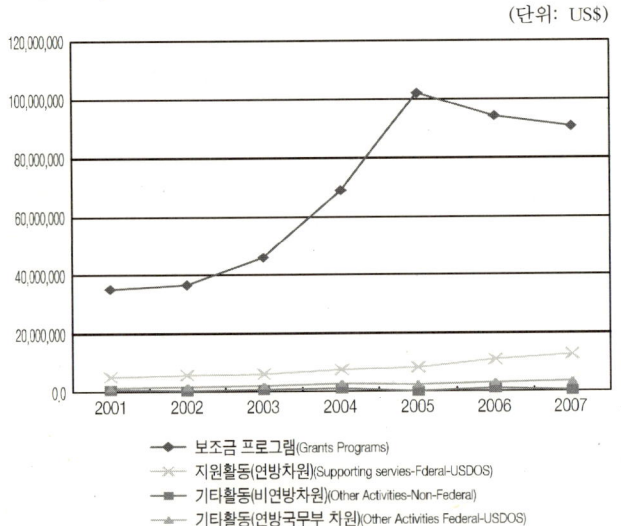

전미민주주의기금은 우산조직과 수원국의 현지단체에 비교적 비슷한 수준으로 프로그램예산을 지급했다. 정당, 기업, 노조를 각각 대표하는 네 개 우산조직들은 프로그램보조금예산의 절반

---

31) NED, *Annual Report 2001*, (2002) p.78.; *Annual Report 2002*, (2003) p.88.; *Annual Report 2003*, (2004) p.114.; *Annual Report 2004*, (2005) p.122.; *Annual Report 2005*, (2006) p.134.; *Annual Report 2006*, (2007) p.154.; *Annual Report 2007*, (2008) p.165.

정도를 지원받았다. 기금이 우산조직에 지급한 프로그램예산은 1999년 18,793,428달러, 2004년 41,818,761달러, 2005년 65,172,783달러였다. 이는 전체프로그램보조금예산의 51.7%, 52.8%, 57.7%에 해당하는 수치다. 나머지 절반 정도의 예산은 수원국에서 실제 프로그램을 진행하는 단체에 지급되었다. 2000~2003년, 2006~2007년에는 우산조직에 지급된 프로그램보조금의 비율이 40%수준에 머물러 수원국의 시민단체에 60%정도의 예산이 지급되었음을 확인할 수 있다. 전미민주주의기금이 우산조직뿐만 아니라 시민단체의 활동지원 또한 중시하는 특징이 드러난다.

〈그림 5〉 1999~2007년 전미민주주의기금 예산총액과
우산조직프로그램 예산지급비교[32]

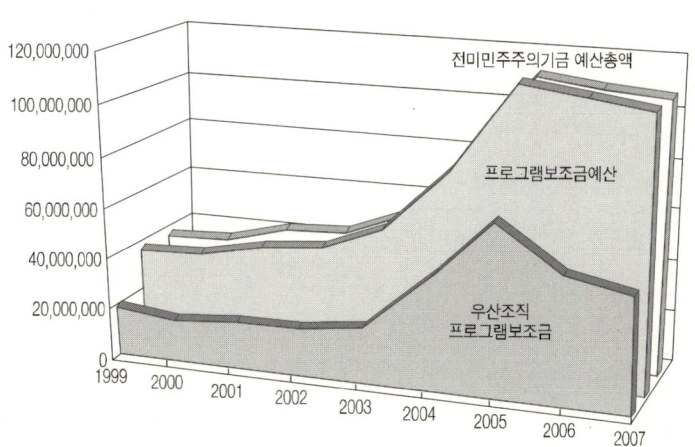

---

[32] 전미민주주의기금의 연간보고서와 홈페이지에 게시된 프로그램보조금 지급내역을 정리·비교한 내용이다. NED, homepage, http://www.ned.org/ (최종검색일: 2009년 5월 15일).; NED, *Annual Report 2001*, (2002) p.78.; *Annual Report 2002*, (2003) p.88.; *Annual Report 2003*, (2004) p.114.; *Annual Report 2004*, (2005) p.122.; *Annual Report 2005*, (2006) p.134.; *Annual Report 2006*, (2007) p.154.; *Annual Report 2007*, (2008) p.165.

〈그림 6〉 1990~2007년 우산조직별 프로그램보조금 분배비율[33]

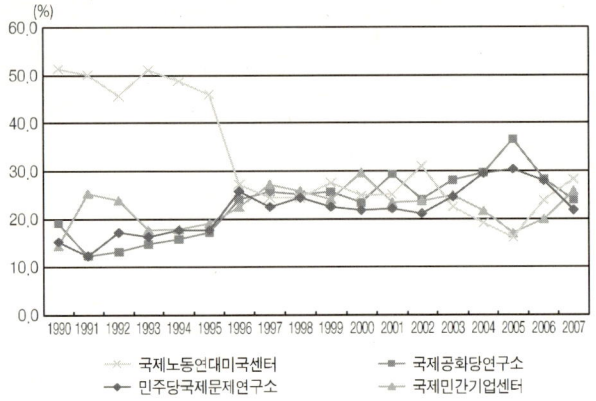

최근 10년 동안 전미민주주의기금은 개별우산조직을 특별히 차별하지 않으면서 프로그램예산을 지급했다. 1990년대 초중반까지 전미민주주의기금은 국제노동연대미국센터를 집중 지원했다. 당시 국제노동연대미국센터에 지급된 예산은 우산조직에 지급되던 예산의 절반 정도에 이르렀다. 하지만 1995년 네 개 우산조직에 예산을 비슷하게 지급한다는 동등재원조항이 삽입된 대외관계법 개정안이 통과되면서 사정이 바뀌었다. 〈그림 6〉에서 확인할 수 있듯이 1996년부터 2007년까지 전미민주주의기금은 네 개 조직에 비슷한 비율로 보조금을 지급했다. 2005년 민주당국제문제연구소와 공화당국제연구소에 각각 30%이상 예산이 지급된 것을 제외하면 네 개 조직이 받은 보조금은 각각 25%내외 수준에서 큰 차이를 보이지 않았다.[34]

---

33) 1990~1999년 수치는 'Made-in America' Democracy의 그래프를, 2000~2007년 수치는 전미민주주의기금의 홈페이지에 공개된 프로그램보조금 내역을 정리한 것이다. Cavell, Colin S., (2002), p.97.; NED, homepage, http://www.ned.org/publications/00annual/toc00.html; http://www.ned.org/publications/01annual/toc.html; http://www.ned.org/publications/02annual/toc.html (최종검색일: 2009년 5월 15일).
34) 2006, 2007년 연간보고서의 지역별 보조금 지출내역(Description of Grants)

전미민주주의기금은 설립이후 시기에 따라 관심지역에 변화를 보였다. 다음의 〈그림 7〉은 1990년부터 2007년까지 기금의 프로그램보조금을 대상지역에 따라 분석한 내용이다. 설립 초기 기금은 라틴아메리카에 프로그램보조금을 집중적으로 지원했다. 1980년대 초반 기금은 라틴아메리카지역을 신흥민주주의와 이행국가로 나눠 프로그램예산의 절반가량을 현지활동지원을 명목으로 지급했다.35) 전미민주주의기금은 1980년대 후반 동구권의 민주주의이행국면에 발맞춰 중동부유럽과 구소련지역에 프로그램보조금을 대거 지원했다. 구공산권국가가 밀집한 중동부유럽지역은 1990년 기금 전체예산의 절반정도를 받았다. 역시 구공산권국가가 상당수 위치한 국가혁신체제지역은 1990년대 내내 10% 중후반 수준으로 보조금을 꾸준히 지원받았다.

1990년대 중후반부터 전미민주주의기금은 동아시아와 아프리카, 중동 무슬림국가에 초점을 맞췄다.36) 민주화 전 단계(pre-breakthrough) 사회를 폐쇄된 사회(closed societies)의 하위개념으로 분류해 해당지역의 민주화를 증진하는 사업을 지원했다. 아시아지역은 1996년부터 대체로 20% 정도의 보조금을 받았다. 중동·북

---

을 비교·분석하면 네 개 조직에 보조금을 균등 분배하는 원칙이 비교적 잘 유지되고 있음을 확인할 수 있다. 2006년에는 민주당국제문제연구소, 공화당연구소, 국제민간기업센터, 국제노동연대미국센터에 각각 29.7%, 28.2%, 20.0%, 23.9%의 비율로 보조금이 지급되었다. 2007년에는 21.8%, 25.0%, 25.6%, 27.6%가 각각 지급되었다. 연간 지급비율 차이가 있지만 그 폭이 크지 않은 경향을 보였다. NED, homepage, http://www.ned.org/publications/06annual/toc.html; http://www.ned.org/publications/07annual/toc.html (최종검색일: 2009년 5월 15일).

35) 신흥민주주의국가는 민주화(democratic breakthroughs)는 이뤘지만 민주적 제도가 공고화되지 않은 국가를, 이행국가는 과거 평화적인 이행과 대안적인 구조설립을 한 적이 있는 민주세력이 존재하고 지원할 필요가 있는데 억압적인 정치권력이 무너지는 와중인 국가를 이른다. Cavell, Colin S., (2002), p.94.

36) *Ibid.*, p.95.

아프리카지역보조금은 1990년대를 지나 2000년대 괄목할만한 성장을 보였다. 2003년 7,845,011달러로 전체의 20%를 차지한 중동·북아프리카지역보조금은 2004년 26,832,855달러, 2005년 43,667,575달러로 늘어나 각각 프로그램보조금예산의 38.3%, 43.8%를 차지했다.

<그림 7> 1990~2007년 지역별 프로그램보조금 지출내역[37]

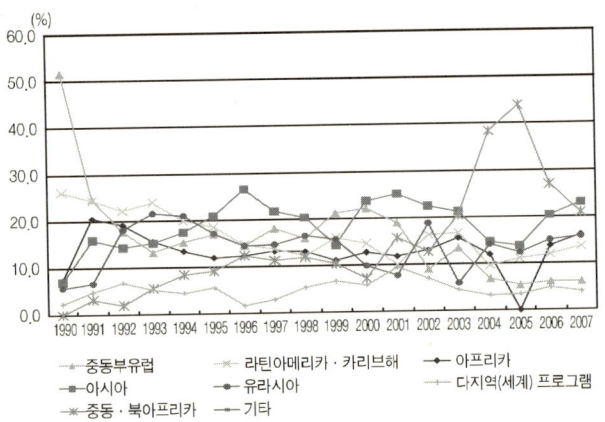

전미민주주의기금의 관심지역은 정부의 대외정책이 초점을 맞추는 지역과 대체로 겹친다. 1980년대 후반부터 1990년대 초반은 냉전종식기로서 미국을 비롯한 제1세계는 동구권의 체제이행에

---

37) <그림 7>은 'Made-in America' Democracy의 내용과 연간보고서를 병합한 내용이다. '기타'는 1996년부터 개별영역으로 분류된 것으로 1995년까지는 '다지역 프로그램'의 일부분이었다. '북아프리카지역'은 1998년부터 '중동'과 통합되기 운영되기 시작했다. 과거 '아프리카'부분에 있던 지역이 '중동'지역으로 묶이면서 이 지역에 지급되던 보조금도 아프리카지역이 아닌 중동지역으로 편입되었다. '국가혁신체제지역(구소련)프로그램'은 2001년 '유라시아지역프로그램'의 일부분으로 편입되었으며 2002년 이후로는 '유라시아지역프로그램'으로 완전히 통합되었다. 이를 반영해 그래프에는 1990년대 국가혁신체제지역을 유라시아지역으로 표시했다. Cavell, Colin S., (2002), pp.96~97.; NED, Ibid.

관심을 보였다. 당시 미국을 비롯한 서방국가들은 동구권국가들이 민주주의체제로 이행하도록 지원하는 활동을 펴는 데 주력했다. 이후 시간이 흘러 2000년대에는 중동과 북아프리카 지역에 투입된 보조금규모가 급속히 늘어났다. 특히 2004~2005년에는 40%내외의 예산이 이 지역에 투입되었다. 이는 1990년 중동부유럽에 50%의 예산이 투입된 이후 한 지역에 가장 큰 비율로 예산이 투입된 것이기도 하다. 당시 미국의 부시행정부는 9·11사태 이후 아프가니스탄과 이라크 등 무슬림국가들과 대립하며 전쟁을 치른 바 있다.

전미민주주의기금은 대정부관계를 종종 의심받았다. 기금이 재정의 대부분을 국고에 의존하는 것을 두고 '미국정부의 특별지부(a specialized branch of the US government)'라는 비판이 일기도 했다.[38] 앞서 본 것처럼 중동지역에서 전쟁을 벌이는 시기에 해당지역에 프로그램예산을 늘린 것 또한 정부와의 관계를 의심케 하는 정황을 남겼다. 다만 해외민주주의지원기관이 정부와 보조를 맞추는 것은 미국만의 특수한 현상은 아니라는 점은 유의할 만하다. 정부부처가 비정부독립기관에 재정을 지원하고 상호보완적으로 해외민주주의지원활동을 펼치는 양상은 여타 공여국들이 보이는 공통적인 특징이기도 하다. 우리가 주목할 점은 해외민주주의지원기관이 정부에 재정을 얼마나 의존하고 있느냐는 소모적인 논쟁이 아니라, 그것이 독립성과 자율성을 얼마나 보장받으면서 프로그램을 실행하며 활동결과의 성패가 무엇이냐는 것이다. 이를 파악하는 작업이야말로 해외민주주의지원활동의 내실을 기하는 첫 작업이다.

---

38) W. I. Robinson(1996, p.93)을 인용한 것을 재인용했다. Crawford, Gordon, *Foreign Aid and Political Reform*, (PALGRAVE: 2001) p.62.

닫힌 쿠바의 문을 안에서 열기 위한 시도[39]

2008년 2월 피델 카스트로의 동생 라울 카스트로가 쿠바 국가평의회 의장으로 선출되었다. 권력의 세습이라는 눈초리도 있었지만 서방세계는 대체로 라울의 등장을 긍정적으로 바라보았다. 공산혁명 이후 미국과 대치하며 강경노선을 걸어온 피델보다 실용주의적인 입장인 라울이 쿠바를 변화시킬 것이라는 생각에서다.[40] 라울은 취임 1주년을 맞아 피델의 측근이었던 부대통령과 총리를 해임했다. 오바마정부는 쿠바를 상대로 한 무역·여행제한조치를 풀어 해빙분위기를 조성했다.[41]

지난 반세기 동인 미국과 쿠바는 갈등을 지속해 왔다. 미국은 공산주의체제를 고수하는 쿠바가 반민주적인 국가로서 민주주의 체제로 바뀌어야 한다고 생각했다. 전미민주주의기금이 쿠바를 바라보는 시선도 이와 크게 다르지 않았다. 전미민주주의기금은 쿠바를 폐쇄된 사회로 규정하고 프로그램을 실행했다. 전미민주주의기금은 쿠바 내부에서 활동하는 독립적인 사회활동가들을 지원하는 프로그램을 7년 넘게 개발하고 운영했다.

전미민주주의기금은 사적영역을 구축함으로써 쿠바의 공산체제를 흔드는 기반을 조성하려고 노력했다. 전미민주주의기금은 공산사회의 공동체가 아닌 자유민주주의에 부합하는 새로운 시민사회를 형성하는 일을 광범위하게 실행했다. 카스트로정권 비판세력과 인권활동가들을 지원하는 일은 프로그램의 주요 축이었

---

[39] NED, homepage, http://www.ned.org/about/helping.html (최종검색일: 2009년 6월 19일).

[40] 세계일보, '국가평의회 의장 선출' 라울 카스트로, 쿠바 새 지도자로 (2008.02.25), http://www.segye.com/Articles/NEWS/INTERNATIONAL/Article.asp?aid=20080225002444&subctg1=&subctg2= (최종검색일: 2009년 6월 23일).

[41] 서울신문, 이성형 외교안보연구원객원교수·중남미전문가, 오바마와 쿠바(2009.03.14. 26면).

다. 식수를 요구하는 것부터 시장체계를 작동시키도록 공동출자하고 협력하는 농민들에 이르기까지 사적인 수단(private mean)으로 문제를 해결하려는 이들이 전미민주주의기금의 후원을 받았다.

언론은 정부에 대항하는 자율적인 시민사회세력을 배양하는 요소로서 중요한 지원 대상이었다. 전미민주주의기금은 쿠바 내부에서 활동하는 독립 언론인을 후원하는 집단과 협력했는데, 그 중 하나인 쿠바네트(Cubanet)는 미국 마이애미에 본부를 둔 비정부기구로 쿠바에서 일어나는 사건정보를 제공하는 웹 사이트다. 전미민주주의기금은 쿠바네트를 통해 독립 언론인들의 네트워크에 인도주의적·물질적 지원을 제공했다. 전미민주주의기금은 쿠바문화와 정보의 자유로운 흐름에 관한 대화를 증진하려는 잡지인 '쿠바문화와의 만남(Meeting of Cuban Culture)'의 발간도 도왔다. 전미민주주의기금은 쿠바 국내의 언론들을 지원하면서 민주주의를 모색하는 언론지형을 형성하고자 의도했다.

전미민주주의기금은 쿠바에서와 같은 형태의 해외민주주의지원을 민주화 이전 단계의 사회에서 실시했다. 버마의 민주주의세력을 꾸준히 지지해 왔으며, 1999년 북한인권과 난민문제를 의제로 부각시키면서 북한 관련 비정부기구도 지원했다. 이처럼 전미민주주의기금은 라틴아메리카, 아시아, 아프리카 등지의 공산국가들을 민주주의국가로 변화시키기 위해 자원을 계속 투입해 왔으며, 장기간 유연하게 수원국에 접근함으로써 민주주의적인 이상을 추구하고 인권을 보호했다고 자평했다.[42]

미국과 쿠바의 정권이 바뀌면서 쿠바에서의 민주주의지원활동은 새로운 국면에 들어설 것으로 예상된다. 하지만 두 나라가 협력관계를 맺고 변화하려면 미국이 현 쿠바 정권을 무너뜨릴 것이라

---

42) NED, homepage, http://www.ned.org/about/how.html (최종검색일: 2009년 6월 19일).

는 의심이 누그러져야 할 것이다. 2009년 6월 3일 미주기구는 쿠바의 자격정지 철회를 결의했지만 8일 쿠바는 이를 거부했다.[43] 미국이 쿠바를 상대로 1962년부터 포괄적 경제제재를 실시하고 1992년에는 봉쇄정책을 법제화하는 등 갈등의 골이 깊은 탓이다.[44] 그동안 전미민주주의기금을 비롯한 미국이 지원한 쿠바 내 민주세력도 반정부성격을 띠고 있어 쿠바가 미국의 제스처를 탐탁지 않아 할 가능성도 크다. 때문에 쿠바를 비롯한 폐쇄된 사회에서 정권과의 관계설정과 사회문화적 맥락, 민주주의의 성격 등을 세밀히 고려하는 프로그램이 꾸준히 개발되어야 할 필요성이 제기되고 있다.

---

43) 연합뉴스, 쿠바, OAS 공식거부(2009.06.09), http://app.yonhapnews.co.kr/YNA/Basic/article/search/YIBW_showSearchArticle.aspx?searchpart=article&searchtext=%eb%af%b8%ec%a3%bc%ea%b8%b0%ea%b5%ac&contents_id=AKR20090609117600087 (최종검색일: 2009년 6월 23일).
44) 한겨레21, 카스트로를 위해 울지 말아요(2008.02.29.), http://h21.hani.co.kr/arti/world/world_general/21875.html (최종검색일: 2009년 6월 23일).

# 민주당국제문제연구소
(NDI: National Democratic Institute for International Affairs)

http://www.ndi.org/

민주당에 뿌리를 둔 전미민주주의기금의 우산조직

민주당국제문제연구소는 1983년 전미민주주의기금의 우산조직으로서 설립되었다. 정당대표기구를 우산조직의 일부로 구상했던 전미민주주의기금의 의도에 따른 결과다. 민주당국제문제연구소(이하 민주당연구소)는 미국의 양당제를 이루는 한 축인 민주당을 기반으로 출범했다. 연구소는 설립당시부터 스스로 '비영리·비당파·비정부기구(nonprofit, nonpartisan, nongovernmental organization)'임을 강조했다.45) 미국의 정치 환경에서는 낯설었던 전미민주주의기금의 운영방식이 민주당연구소가 비당파성을 강조해야 할 상황을 만든 것이다.

민주당연구소는 설립 당시부터 현재까지 공식적으로는 초당적인 정체성을 끊임없이 주장해 왔다. 그러나 앞으로 살펴 볼 공화당국제연구소와 마찬가지로 민주당연구소는 설립 당시 당파성에 대한 우려에 휩싸였다. 민주당과 이념을 공유하는 조직에 편향적으로 자금을 지원할 것이라는 게 이러한 우려의 주요근거였다. 민주당은 관련 논란을 종식시키고자 민주주의체제라는 넓은 틀을 공유하는 정당이나 단체라면 이념에 관계없이 지원한다고 입장을

---

45) NDI, homepage, http://www.ndi.org/about_ndi (최종검색일: 2009년 5월 20일).

밝혔다. 이념을 공유하는 조직을 우선적으로 지원하는 독일의 정치재단과 분명하게 선을 그은 것이다. 다만 클린턴행정부 당시 국무장관이었던 매들린 올브라이트(Madeleine Albright)가 2009년 현재 이사장을 맡고 있어 민주당연구소가 민주당과 연결고리가 전혀 없다고 보기는 어려운 부분이 있다.

민주당연구소는 일부 예외를 제외하면 개별국가와 지역차원에서 프로그램을 실행하는 데 주력했다. 연구소는 비교적 좁은 범위 안에서 프로그램을 실행하도록 지원하는 일에 역점을 뒀다. 〈그림 8〉은 전미민주주의기금의 지출내역을 바탕으로 연구소의 보조금 지출내역을 살펴본 것이다. 2000년대 민주당연구소가 전미민주주의기금으로부터 프로그램운영비를 받은 내역을 보면 개별 국가나 특정한 지역을 대상으로 시행되는 프로그램예산이 괄목할만하게 늘었음을 알 수 있다. 2000년대 초반 2백만 달러 수준이었던 개별국가·국지지역프로그램예산은 2004년 1천 1백만 달러, 2005년 1천 5백만 달러로 크게 늘었다. 2007년 6백만 달러 수준으로 다시 줄었지만 2000년에 비해 세 배 정도 늘어난 규모다. 개별국가·국지지역프로그램예산이 전체에서 차지하는 비중도 늘었다. 2001년 50% 정도였던 비율은 2004년 90% 가까이 늘었다. 이후 70% 수준으로 떨어지긴 했지만 여전히 전체 예산의 2/3가 넘는 수준이다.

연구소의 조직은 현지프로그램을 수행하는 데 적합한 형태로 발전해 왔다. 민주당연구소는 전미민주주의기금 등에서 받은 보조금을 실행하는 지역사무소를 세계 각지에 설치했다. 워싱턴에 위치한 이사회와 본부는 조직 전체를 총괄하지만 각 대륙에 설치된 현지사무소가 구체적인 프로그램을 집행했다. 민주당연구소는 6개 대륙에 걸쳐 총 60여 개의 지역사무소를 운영하고 있다. 세계 곳곳에 세워진 사무소를 기점으로 수원국 현지기관들과 밀착해 비교적 활동반경이 작은 개별국가·국지지역프로그램을 집중적으로 실행하기 수월한 구조다.

〈그림 8〉 2000~2007년 전미민주주의기금이 민주당연구소에 지급한 프로그램보조금 지급내역46)

1) 총액변화

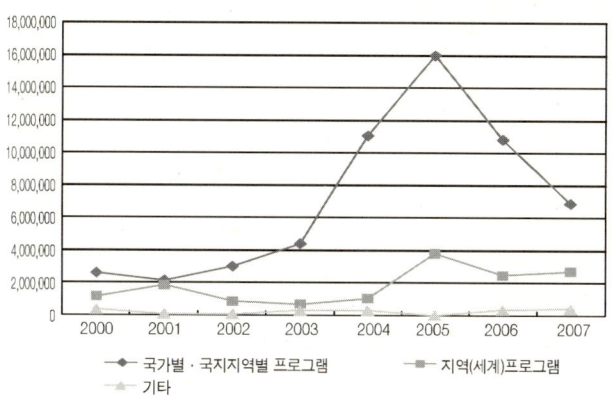

2) 비율변화

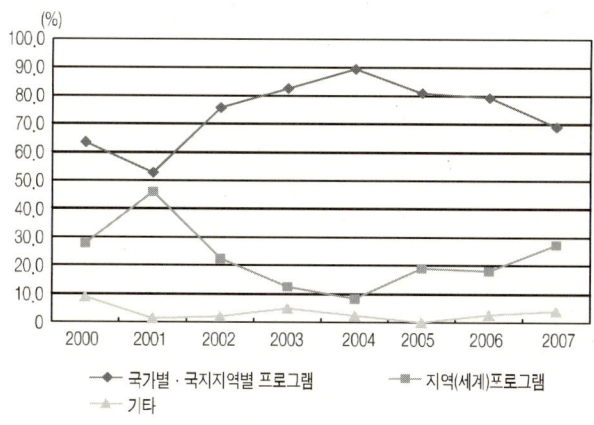

---

46) NED홈페이지의 지역별 보조금지출내역을 바탕으로 분석한 내용이다. 국가별·국지지역별 프로그램은 1개국이나 두세 국가를 활동대상으로 삼는 것을, 지역(세계)프로그램은 특정 대륙이나 여러 대륙을 활동대상으로 삼는 것을, 기타는 그 프로그램수행 외의 비용을 뜻한다.

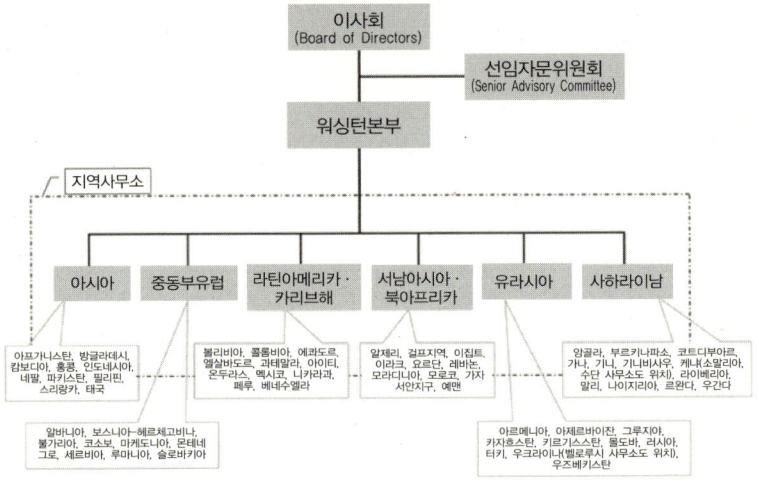

〈그림 9〉 민주당국제문제연구소 조직도[47]

민주당연구소는 시민들이 참여하고 민주주의제도가 시민의 요구에 부응하도록 꾀하는 프로그램을 실행했다. 주목할 점은 민주당연구소가 민주당에 뿌리를 두고 있음에도 그 특성이 부각된 프로그램을 내세우지 않는다는 것이다. 정당이 정치이념을 공유하는 정당이나 단체를 지원하는 유럽과 차이를 보이는 양상을 보이며 설립당시부터 제기된 당파성을 불식시키기 위해 비당파성을 입증하려는 방식을 취했음을 알 수 있다.

민주당연구소는 다음의 〈표 5〉에 정리한 것처럼 6개의 주요프로그램을 집행했다. 연구소는 이들 여섯 개 분야를 각 지역상황에 적절한 수준으로 배합해 프로그램을 운영했다. 이와 별도로 연구소는 프로그램의 결과를 자료로 제공하는 프로그램도 운영했다. '민주주의 업

---

47) 홈페이지에 게시된 이사회, 간부진, 지역사무소(Field Office) 내용을 바탕으로 재구성한 것이다. 서유럽을 대표해 벨기에에서 활동하는 임원도 있지만 지역사무소에 서유럽사무소가 등재되지 않아 도식에서는 제외했다. NDI, homepage, http://www.ndi.org/board_of_directors; http://www.ndi.org/ndi_staff; http://www.ndi.org/board_of_directors (최종검색일: 2009년 5월 20일).

데이트(Democracy Update)'프로그램과 '내부적 관점(In-Country Perspective)'프로그램은 실제 경험을 축적하고 공유하는 효과를 노렸다.

〈표 5〉 민주당국제문제연구소의 주요프로그램 분류[48]

| 분 류 | 내 용 |
|---|---|
| 시민참여<br>(Civil Participation) | • 목적 : 능동적이고 자발적인 시민으로서 참여하기→<br>　　　　민주주의 심화<br>• 내용<br>　- 정치행동: 시민·유권자교육, 유권자 이끌어내기 운동<br>　　(get-out-the-vote efforts), 의제 조직 등<br>　- "참여 사다리 타기(Ladder of Participation)" : 시민들의<br>　　능동성 정도를 바탕으로 멘토-멘티 역할을 구분한 후<br>　　행동으로 학습하게 유도("learning by doing")(크로아티<br>　　아, 시에라리온 등에서 실시)<br>　- "길잡이활동(guided practice)" : 세미나, 콘퍼런스, 교육<br>　　활동·자료 제공<br>　- 정치과정 감시 : 교육, 의료 등의 예·결산 감시 등→<br>　　생활정치에의 관심도 증진<br>　- 젊은 세대의 참여 촉진, 정당구축, 지역 비정구기구와<br>　　의 우호관계(friendship)(루마니아 등) 등 |
| 민주주의와<br>기술<br>(Democracy and Technology) | • 목적 : 소통강화, 중요정보에의 접근개선, 효율성 증대→<br>　　　　민주주의과정·효율적인 거버넌스 강화<br>• 투표프로젝트(Project Vote) : 1994년 남아프리카공화국선<br>　거지원에 활용해 효과적으로 정보를 수집하고 활용하는<br>　성과를 보임→기술과 민주주의 민주주의지원과 결합하<br>　는 방식 확대<br>• 여타 프로그램에 모두 적용되는 기반프로그램으로서 기능 |
| 민주적<br>거버넌스<br>(Democratic Governance) | • 지역사무소를 기반으로 세계 30여 개국에서 진행<br>• 특징<br>　- 네트워크: 여러 국가에서 활동(연구소는 발칸의 여러<br>　　나라에 기술지원을 제공하면서 슬로바키아의회와 가<br>　　까워짐)<br>　- 정치인의 역할 중시<br>　- 지역·국제협력단체들과의 협업 중시 : 세계은행, 유<br>　　엔개발계획, 영연방의회연합(Commonwealth Parliamentary<br>　　Association) 등<br>• 입법-지역정부-중앙정부 차원에서 민주적 거버넌스<br>　강화를 도모 |

---

48) 미 민주당국제문제연구소의 'What We Do' 페이지를 포함한 하이퍼링크

| | |
|---|---|
| 선거<br>(Elections) | • 선거를 통해 기본적인 인권, 국내 정치권력의 경쟁력 확인, 책임 있고 민주적인 거버넌스를 이룰 수 있다고 판단<br>• 내용<br> - 국제적인 선거감시 : 150여 개의 국제적인 대표단을 결성해 선거, 사전선거환경, 선거이후개발 등을 관찰.<br> - 비당파적인 국내 선거감시 : 정부에 참여하는 시민권에 기초해 국내단체들로 구성된 선거감시진행. 이에 필요한 조언 제공<br> - 정당의 선거참관 : 선거부정예방 등을 도모.(캄보디아, 케냐, 마케도니아 등에서 실행)<br> - 선거법 개선 : 100개가 넘는 조언항목을 정당, 입법부, 정부부처, 선거위원회, 시민단체에 제공→법개정에 관한 대화 촉진 |
| 정당<br>(Political Party) | • 이념과 무관하게 정당을 지원해 다당제민주주의를 실현하려고 함. 다만 정당민주주의의 기반이 매우 취약한 곳에서는 민주적이고 비폭력적인 정당을 지원<br>• 프로그램5개영역 : 비교연구, 정당체제, 내부조직과 구조, 의회에서의 정당, 선거와 캠페인→시민요구에 부합하는 정책 개발 유도<br>• 정당의 역할과 기능에 관한 연구물을 출판 |
| 여성의<br>정치참여<br>(Women's Political Participation) | • 유엔의 새천년개발계획의 일환이자 민주적 거버넌스의 하나로서 여성의 정치참여를 중시<br>• 1985년부터 여성의 정치참여프로그램 실행. 2000년대 후반에는 60여개 국가에서 여성을 다루는 프로그램을 실행. 이 중 75%는 여성의 정치참여과정을 포함<br>• 전략 ; 지역 및 국회에서 여성과 함께 작업, 평화증진, 여성정치인들의 네트워크와 연합형성 지원, 여성정치인의 리더십 강화 등<br>• 전 세계의 여성정치인과 활동가들을 연결하는 세계적인 네트워크에 동참 |

---

페이지들을 참조한 내용이다. homepage, NDI, http://www.ndi.org/whatwedo 등(최종검색일: 2009년 5월 20일).

민주당국제문제연구소의 프로그램 사례

### 정치영역의 입구에 들어선 유랑민 로마[49]

보통 '집시(Gypsy)'로 알려진 로마(Roma)는 유럽에 1천 2백만~3백만 명 정도 거주하는 것으로 추정된다.[50] 오랜 시간 로마공동체는 유럽에서 끊임없이 차별을 받아왔다. 인종도, 종교도, 생활방식도 달랐던 이들은 유럽에 동화되기보다는 이방인으로 격리되었다.

유럽 안에 집시들이 정착하고 공동체를 형성하면서 해결해야 할 문제도 늘었다. 유럽연합이 2004~2007년 확대정책을 펴면서 대다수의 집시들(유럽의회 추산 1천만 명)이 유럽연합의 시민권을 얻었다. 하지만 시민권획득이 곧 정치적 권리의 실현을 의미하는 것은 아니다. 빈곤과 인종차별처럼 집시공동체를 둘러싼 환경은 여전히 열악한 실정이다. 로마에게 가해지는 차별을 해결하고 이들의 시민권을 현실화하는 것은 오늘날 유럽연합의 주요한 과제 중 하나로 남아 있다.

민주당연구소는 집시공동체의 시민권 증진을 모색하는데 기여하고자 했다. 2004년부터 연구소는 정치조직화와 선거준비를 담당해 온 집시활동가들을 교육했다. 동시에 이들을 주요 정당이나 통치기구(governing institutions)와 연계하는 과정을 만들기도 했다. 연구소는 2005년 선거를 치른 불가리아와 슬로바키아에서 특히 활발하게 활동했다. 특히 정치지도자들을 집중적으로 교육했는데 효과적인 대중소통 등이 주요 내용이었다. 선거 전에는 집시공동체에 대한 대중의 의견, 정당인지도 등을 파악한 후 선거캠페인 조직하기도 했다.

---

49) NDI, *Annual Report 2005*, (2005) p.21.
50) European Parliament, homepage, http://www.europarl.europa.eu/news/expert/infopress_page/016-53427-093-04-14-902-20090403IPR53423-03-04-2009-2009-false/default_en.htm (최종검색일: 2009년 5월 20일).

유럽에 거주하는 로마공동체는 유럽통합의 주요 현안 중 하나다. 유럽연합은 개별국가를 통합하는 과정에 더해 1천만 명 가량의 집시를 공동체의 일원으로 포용하는 과제를 풀어야 하는 상황에 처했다. 민주당연구소가 불가리아와 슬로바키아에서 행하는 선거지원활동은 집시의 정치적 목소리를 분출하는 통로를 마련한다는 점에서 의의가 있다. 불가리아에서는 민주당연구소의 지원을 받은 활동가들이 정부차관 중 두 명을 집시로 지명하도록 이끄는 등의 성과를 가져오기도 했다. 물론 이것이 차별받는 소수자로서 집시의 정치적 의사를 완전히 반영하는 것은 아니다. 집시차별금지법안 등 로마공동체에 가해지는 차별을 해소하는 능동적이고 직접적인 지원사업은 연구소가 향후 민주주의지원을 구현하기 위해 고민할 부분으로 남아 있다.

"말해봅시다!"[51]

2000년대 초중반 아프리카의 수단은 전 세계의 이목을 끌었다. 2003년부터 다르푸르에서 진행된 인종 학살로 불과 2년 여 만에 수십만 명의 사망자가 속출했다. 이 같은 비극은 수단의 뿌리 깊은 지역갈등에서 기인했다. 이슬람교를 믿는 중앙정부는 아프리카의 전통을 지키는 남부지방을 아랍화 하려했다. 남부는 이에 저항했는데 잔자위드(Janjaweed)라 불리는 민병대는 중앙정부의 비호를 받으며 학살을 주동했다. 다행히 2005년 평화협정이 체결되고 학살은 끝났다. 하지만 1956년 독립된 이후 줄곧 북과 남이 갈등해온 수단은 여전히 불안정한 정국을 벗어나지 못하고 있다.[52]

민주당연구소는 수단에 평화적인 체제가 자리 잡을 수 있도록

---

51) NDI, homepage, http://www.ndi.org/about_ndi?page=0%2C1 (최종검색일: 2009년 5월 20일).
52) NYT, homepage, http://topics.nytimes.com/top/news/international/countriesandterritories/sudan/index.html?scp=1-spot&sq=darfur&st=cse (최종검색일: 2009년 5월 20일).

지원했다. 연구소는 시민과 정부가 갈등의 골을 뛰어넘을 가교를 찾고자 했다. 전파를 타면 전국 어디에라도 방송이 전해지는 라디오는 연구소의 주요 장치 중 하나였다. 연구소는 수단라디오방송국과 공동으로 "말해봅시다(Let's Talk)"라는 제목의 시민교육 라디오프로그램을 송출했다. "말해봅시다"는 국가인구총조사(national census) 등 새로운 정부제도와 과정에 관한 정보를 제공했을 뿐만 아니라 시민들이 국가의 정치발전에 관해 논하고 참여하도록 독려했다. 또한 수단 남부지역 등지에 1만 5천개 마을에 태엽과 태양광으로 작동되는 25만개의 라디오를 제공했다.

민주당연구소는 시민사회와 정치인들을 교육하는 과정을 "말해봅시다"프로그램의 일부로 수용했다. 민주당연구소는 2005년 수단 남부 10개 주의 지도자들을 대상으로 제도개발을 독려하는 프로그램을 운영했다. 이와 동시에 연구소는 평화를 정착시키는 과정에 관한 대중의 태도를 진단하는 차원에서 광범위한 포커스그룹연구를 실행하기도 했다. 이 뿐만 아니라 수단 남·북부 지역의 여성과 유소년들이 대화하고 정치적으로 협력할 수 있도록 하는 장을 마련하기도 했다.[53]

수십 년 간 수백만 명이 목숨을 잃으면서 패인 갈등의 골이 수단에서 쉽게 사라지지는 않을 것이다. 하지만 갈등을 완화하고 평화의 기틀을 만들려는 노력 또한 끈질긴 생명력을 가지고 있다. 아이티, 알바니아 등지에서 시민포럼프로그램(Civic Forum Program)을 진행하면서 시민들이 대화하는 장을 마련해 온 민주당연구소는 이와 다르면서도 비슷한 활동을 실시해 수단의 평화를 촉진하려 노력했다. 이들이 평화를 이룰 수 있도록 꾸준히 지원하는 국제사회의 노력이 한층 더 요구된다.

---

53) NDI, (2005) p.8.

# 공화당국제연구소
(IRI: International Republican Institute)

http://www.iri.org/

공화당에 기반을 둔 전미민주주의기금의 우산조직[54]

　공화당국제연구소 역시 1983년 전미민주주의기금의 우산조직의 하나로 설립되었다. 공화당국제연구소(이하 공화당연구소)는 '정당개발, 시민제도, 열린 선거, 굿 거버넌스, 법치로써 세계의 자유와 민주주의를 증진'[55]을 목표로 삼았다. 연구소는 미국의 양대 정당 중 하나인 공화당에 뿌리를 뒀다. 하지만 공화당연구소는 "비영리·비당파 민주주의재단(nonprofit, nonpartisan democracy institutes)"을 지향한다고 밝혔다. 민주당연구소와 마찬가지로 초당적인 성격을 드러내려는 차원에서다. 다만 공화당연구소 역시 모(母)조직과 연결고리가 아주 없는 것은 아니다. 공화당의 대선후보로 출마하기도 한 존 매케인(John McCain) 상원의원이 현재 공화당연구소의 이사장을 맡고 있다.

　공화당연구소는 다른 우산조직들과 마찬가지로 개별국가수준에서 보조금프로그램을 실행하는 데 주력했다. 전미민주주의기금에서 보조받은 프로그램비용 추이를 보면 이를 추정할 수 있다. 2000년대 들어서는 개별국가단위나 국지지역별로 진행되는 프로그램보조금이 크게 늘었다.

---

54) IRI, homepage, http://www.iri.org/history.asp (최종검색일: 2009년 5월 20일).
55) IRI, homepage, http://www.iri.org/faq.asp (최종검색일: 2009년 5월 20일).

〈그림 10〉 2000~2007년 전미민주주의기금이 공화당연구소에 지급한
프로그램보조금예산 내역56)

1) 총액변화

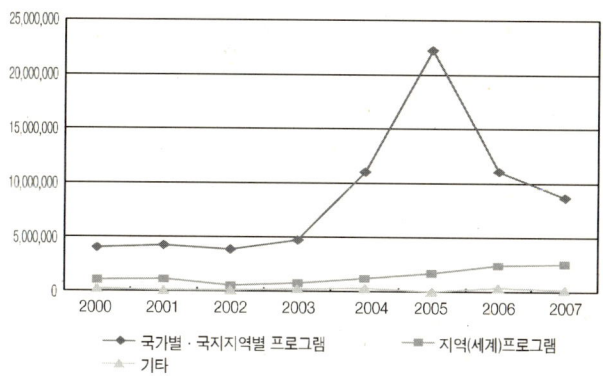

2) 비율변화

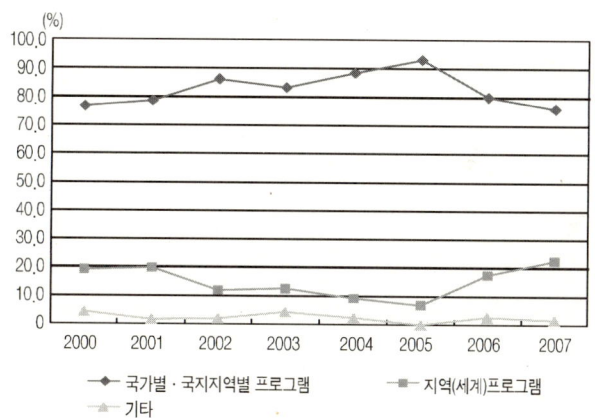

2003년까지 3~4백만 달러수준이었던 보조금예산이 2004년 1천 1백만, 2005년 2천 2백만 달러수준으로 껑충 뛰었다. 2006년 1천 1백만 달러, 2007년 8백 6십만 달러정도로 줄어들기는 했지만 2000년대 초반에 비해 두 배 정도의 규모를 보였다. 좁은

---

56) NED홈페이지의 지역별 보조금지출내역을 바탕으로 분석한 내용이다.

지역을 대상으로 실행하는 프로그램보조금은 전미민주주의기금에서 받는 예산 중 80% 내외를 유지했으며 2005년에는 93.1%에 이르기도 했다.

공화당연구소는 미국 연방정부의 지원에 힘입어 수원국에서 프로그램을 실행할 재원을 충당했다. 앞서 살핀 전미민주주의기금은 공화당연구소가 활동하는 데 필요한 자금을 지원하는 주요 기관이다. 공화당연구소는 또한 미 국제개발처와 미 국무부(U.S. State Department)에서도 재원을 지원받았으며, 개인이나 기업 등 사적영역의 행위자들로부터도 활동보조금을 지원받았다. 하지만 민간영역에서 받는 지원금의 규모는 상당히 작아 연간예산에 큰 영향을 끼치지는 않았다. 공화당연구소는 다양한 단체의 지원금을 환영한다는 입장을 밝혔지만 단 한 곳만은 예외로 지정했다. 모기관인 공화당을 제외함으로써 비당파성을 스스로 입증하고자 한 것이다.[57]

꾸준히 실시한 여론조사 결과를 정책에 반영[58]

공화당연구소는 수원국의 여론을 관찰하는 연구를 주요한 사업으로 추진했다. 수원국 주민을 양적·질적으로 분석해 현지동향을 살핌으로써 프로그램을 효과적으로 실행할 기반을 확보하려는 취지에서다. 따라서 수원국 현지의 주민을 대상으로 여론조사를 꾸준히 실시했다. 여론조사의 결과를 바탕으로 연구소는 정부·야당세력·유권자와 정당 간 소통 양상을 파악했다. 여론조사결과는 정부가 민간영역의 의사를 얼마나 대변하고 투명하게 활동하는지를 파악할 기초 자료를 추출하는 바탕으로 기능했다.

공화당연구소는 여론조사를 효과적으로 수행하려는 차원에서

---

57) IRI, homepage, Ibid.
58) IRI, homepage, http://www.iri.org/surveys.asp (최종검색일: 2009년 5월 20일).

수원국 안팎의 협력자들과 손을 잡았다. 우선 연구소는 수원국 현지에 뿌리를 둔 여론조사기관에 실무를 맡겼다. 대체로 기술능력이 부족한 상황인 현지여론조사기관과 협력하면서 기술을 전수하는 한편 향후 수원국 내부에서 여론조사를 실행할 능력을 축적하도록 도왔다. 이와 동시에 공화당연구소는 외국에서 여론조사 전문가를 초빙해 현지기관과 협력하도록 기회를 제공했다. 현지기관의 부족한 전문성을 외국의 전문가가 보완하기 위한 장치다. 공화당연구소는 공신력을 인정받을 수 있는 기준에 따라 일반여론조사, 집중면담(focus groups), 출구조사 등을 병행·실시한 후 분석결과를 선거캠페인 등 차후 활동에 반영했다.

〈그림 11〉 2009년 파키스탄 설문결과(예시)59)

1) [테러리즘] 테러에 대응하기 위해 파키스탄이 미국과 협력해야 하나?

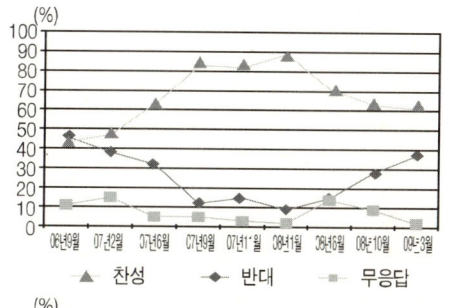

2) [선거] 다음 주에 총선이 열린다면 당신은 주요정당 중 어디를 지지할 것인가?

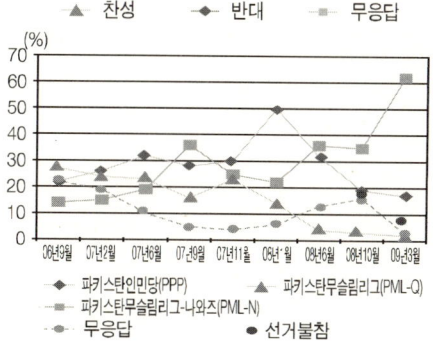

---

59) 18세 이상 성인을 대상으로 실시한 신뢰도 90% 수준의 설문조사다.
IRI, *IRI Index-Pakistan Public Opinion Survey March 7-30, 2009*, (2009), pp.2~50.

연구소는 여론조사결과를 바탕으로 정치제도와 시민사회의 역량을 강화하는 프로그램을 실시하는 데 주력했다. 거버넌스를 행하는 구성원들을 지원함으로써 민주주의제도의 기틀을 마련하려는 취지에서다. 정당제도의 기반을 갖추는 동시에 정부와 시민사회가 민주주의 절차를 밟으며 정치의사를 결정하려는 차원에서 이를 크게 여덟 개 분야로 나눴다. 다음 〈표 6〉은 이를 개략적으로 정리한 내용이다.

〈표 6〉 공화당국제연구소 프로그램 분류[60]

| 분 류 | 내 용 |
|---|---|
| 정당·후보개발<br>(Political Party & Candidate Development) | • 유럽의 구공산권국가들이 민주주의를 공고화하는 과정 지원. 예) 마케도니아 : 1991년부터 정당강화 지원활동 |
| 정부주도<br>(Governance Initiative) | • 정부투명성·책임성 강화. 지역의 의사결정과정에 시민참여증진을 목표로 선출된 대표와 협력. 예) 콜롬비아 소아차(Soacha) : 2008년 공공재정·프로그램·업무에 관한 정보를 시민들이 접할 수 있는 투명사무국(Office of Transparency) 설립 |
| 시민사회주도<br>(Civil Society Initiatives) | • 시민사회 안에서 공동체문제해결, 정부정책변화 요구, 대중인식고취, 시민참여증진 도모. 예) 이라크 : 여성, 청년, 소수종교·인종을 대표하는 연합과 함께 일하면서 유권자에게 중요한 사안을 알리고 선거참여를 독려하는 전국적인 지지운동과 대중인식캠페인 진행 |
| 시민교육<br>(Civic Education) | • 선거과정·선거관련이슈·후보가 내세우는 정강을 교육, 투표참여증진. 예) 방글라데시 : 2008년 다카(Dhaka)에서 시민포럼(town hall meeting)을 개최. 공중위생, 일자리창출 등에 관한 비당파적 전문가를 초청해 공적 문제를 대화하도록 유도 |
| 여성주도<br>(Women's Initiatives) | • 여성민주주의네트워크(WDN: Women's Democracy Network) : 65개국 이상에서 공화당연구소의 지역분과와 협력. 여성들에게 기술훈련과 공동체 내부와 국가장벽을 뛰어넘는 자리 제공 |
| 청년지도자양성<br>(Youth Leadership Development) | • 아프가니스탄 : 25세 미만 청년들과 함께 정부가 상급교육과 일자리수준을 높이도록 압력을 넣는 감시활동 |

| | |
|---|---|
| 선거감시<br>(Election Monitoring) | • 지역선거감시단, 사전선거평가단, 선거감시, 선거결과보고서출판 실행→투명하고 열려있으며 경쟁적이며 비밀이 보장되는 선거 추구. 예) 라이베리아 : 2005년 선거에서 22명의 후보들이 결선투표에서 승리한 아프리카 첫 여성대통령인 엘렌 존슨-설리프(Ellen Johnson-Sirleaf)를 인정하도록 유도 |
| 폐쇄된 사회<br>(Closed Societies) | • 권위주의적이고 기본적인 인권을 부정하는 국가가 평화적으로 체제를 이행하도록 지원. 예) 민주군연합(UDF: Unified Democratic Forces) : 연구소는 벨로루시의 억압적 체제에 대안을 제시하려는 민주주의개혁자들의 연합인 이 단체의 대표단을 2007년 워싱턴에 초청해 격려. |

### 지자체가 건강해야 굿 거버넌스가 가능하다[61]

라틴아메리카는 백 여 년 넘게 미국의 주요 관심 대상이었다. 미국정부는 지리적으로 근접한 라틴아메리카가 미국에 우호적인 입장을 보이도록 때로는 협력하고 때로는 압력을 가했다. 미국의 민간단체들도 라틴아메리카에 지대한 관심을 보였다. 라틴아메리카와 무역을 하거나 기업이 현지에 진출하면서 관심 또한 높아졌다. 미국 사회의 관심사를 반영해 미국의 해외민주주의지원기관들 역시 라틴아메리카에 관심을 보였다. 게다가 비민주적인 또는 주민들의 민주주의적인 열망을 반영하지 않는 정권이 많았던 라틴아메리카는 해외민주주의지원영역의 주요 대상으로서 더더욱 주목을 받을 만했다. 공화당연구소 역시 라틴아메리카의 민주주의증진을 목표로 다양한 지원사업을 펼쳤다.

공화당연구소는 중앙아메리카의 안정을 도모하려는 목적에서 굿 거버넌스 증진 프로그램을 주로 도시를 대상으로 진행하였다.

---

60) IRI, *IRI Brochure 2009*, (2009) pp.5~10.
61) homepage, IRI, http://www.iri.org/lac/can_good_gov.asp (최종검색일: 2009년 5월 20일).

굿 거버넌스 프로그램은 도시지역의 거버넌스 활동과 정책발안기능을 강화하는 데 초점을 맞추어 운영되었다. 연구소는 여론조사, 집중면담 등을 실시해 축적한 연구자료를 근거로 시민이 정부에 기대하는 책임성·투명성과 이와는 다른 현실의 간극을 확인했다. 이후 연구소는 기술지원을 할 전문가들을 초빙해 해결방안을 모색하는 교육을 실시했다. 거버넌스 영역에서의 기본적인 공공사업개선, 예산집행참여과정개발, 정부와 시민 간의 소통강화, 차별을 예방하는 보호장치 마련, 투명성의 제도화 등이 교육의 주요 내용이다.

공화당연구소는 과테말라에서 20여 년간 시민들의 정치참여를 촉진하는 데 주력했다. 민주주의 이행을 촉진하려는 취지에서다. 연구소는 2002년 비준된 지방분권법(Decentralization Law), 지방의회법(Urban and Rural Councils Law), 자치법(Municipality Code)의 틀 안에서 활동해 왔다. 수도인 과테말라시티를 벗어난 지역에서 행정프로그램(Administering programs)을 실행하면서 시장과 지역공무원에게 기술을 지원했다. 일례로 연구소는 과테말라의 지방자치연합과 협력해 지방 환경과 상하수도 위생문제를 해결했다. 지역시민들의 의견을 수렴하여 쓰레기문제를 원만히 해결하는 성과를 올린 것이다.

공화당연구소는 과테말라를 비롯한 라틴아메리카 전역에서 굿 거버넌스를 꾀했다. 연구소는 전미민주주의기금에서 지원받은 프로그램보조금을 활용해 과테말라와 온두라스에서 활동하였으며, 이 외에도 멕시코 등지에서도 지역의 거버넌스의 질을 높이는 프로그램을 실시하기도 했다. 공화당연구소는 지방자치를 권력분권화의 방식이자 주민의 의사를 대표하는 통로로서 굿 거버넌스를 실현하는 주요한 요소로 주목하고 이를 강화하는 활동을 꾸준히 지원했다.

시민조직을 통해 다져나가는 아프가니스탄 민주주의62)

아프가니스탄은 현재 정국이 가장 불안정한 국가 중 하나로 손꼽힌다. 이슬람 근본주의세력과 미군의 대립은 아프간의 치안을 불안정하게 만드는 주요 요인이다. 민주주의의 기반이 약해 극단적인 견해들을 수렴하지 못하는 내부정치제도는 갈등을 좀처럼 해결하지 못하는 근본적인 문제로 작용하고 있다. 국내의 다양한 갈등을 수렴하지 못하고 물리적인 충돌로 비화되는 아프간에서 평화 정착은 아직은 먼 얘기이다.

공화당연구소는 풀뿌리정치세력의 정책연합(grassroots and issue coalitions)을 주요한 활동영역으로 여겼다. 연구소는 능동적으로 정치과정에 참여하는 시민세력을 모아 그들의 의사를 제도정치에 반영시키려 했다. 정책연합이 제도정치권의 정책에 관해 폭넓은 지지를 이끌어내도록 지원하는 동시에 시민들이 요구하는 정책방향을 타진함으로써 의회의 대표성을 높이는 효과도 노렸다. 공화당연구소는 국회의원들을 대상으로 간부회의(caucus)를 열어 정책연합의 제안을 법안으로 수용하도록 유도하기도 했다.

아프가니스탄청년민족사회기구(Afghanistan Youth National and Social Organization)와 국회청년간부회의(National Assembly Youth Caucus)는 정책연합과 의회간부회의의 협력사례 중 하나다. 이들 집단은 주로 청년계발을 가로막는 문제들을 다뤘다. 일자리 부족, 교육기반 미비, 지참금 전통 등은 이들이 다룬 의제 중 하나다. 청년민족사회기구와 청년간부회의는 또래들에게 영향을 끼치는 동시에 정부에 압력을 행사했다. 이들은 하미드 카르자이 대통령과 그 내각에 정책의견을 제시하면서 적극적으로 활동했다. 공화당연구소는 미 국제개발처에서 지원받은 기금을 정책연합이 활동재

---

62) IRI, homepage, http://www.iri.org/mena/afghanistan.asp (최종검색일: 2009년 5월 20일).

원으로 쓰도록 일부를 제공했다.

　2008년 당선된 오바마 대통령이 아프가니스탄을 주요대외정책 대상으로 삼은 것처럼 아프간의 정국안정은 미완성으로 남아있다. 아프가니스탄 전쟁은 공식으로 끝났지만 평화정착에는 끝이 없다. 아프가니스탄 시민들이 스스로 평화를 누릴 수 있도록 자발적으로 제도를 안착시키려는 노력을 통해 지금과는 다른 국면이 만들어질 수도 있다. 공화당연구소는 지방정부와 중앙정부를 지원하면서 시민사회와 접점을 찾는 프로그램이 이 과정에 조금이라도 보탬이 되기를 기대하고 있다.

# 국제민간기업센터
(CIPE: Center for International Private Enterprise)

http://www.cipe.org/

미국 사기업을 대표하는 해외민주주의지원기관[63]

국제민간기업센터는 전미민주주의기금의 우산조직의 하나로 미국의 민간기업을 대표하는 비영리민간조직이다. 국제민간기업센터(이하 센터)는 미 상공회의소를 모(母)조직으로 삼아 1983년 출범했다. 센터는 시장개혁과 민주주의제도의 확립을 지향하는 활동을 펼쳐 왔으며, 기업인들의 참여를 독려하면서 이상적인 시장모델이 지향하는 투명성 확대를 굿 거버넌스 확립의 핵심으로 활용하고자 했다. 센터는 미국의 민간영역이 해외민주주의지원에 참여하는 통로로서 다른 나라에서 보이지 않는 미국만의 특징을 보였다.

국제민간기업센터는 민간기구이지만 운영자금은 전미민주주의기금과 정부부처에 주로 의존하고 있다. 설립 이후 현재까지 전미민주주의기금으로부터 전체 예산의 2/3 정도를 꾸준히 지원받아 왔으며, 2002년 49%수준으로 떨어진 것을 제외하면 전미민주주의기금의 예산지원비율은 항상 50~60%를 유지하였고 2008년에는 전체예산의 85%에 이르기도 했다. 센터의 두 번째 주요재원출처는 미 국제개발처로, 지난 20여 년간 30%에 가까운 예산을

---

[63] CIPE, homepage, http://www.cipe.org/about/index.php (최종검색일: 2009년 5월 22일).

제공했다. 2002년에는 전체예산의 51%까지 제공하기도 했지만 이후 그 규모가 점차 감소해 2008년에는 12%수준으로 떨어졌다. 여러 단체에서 기부한 기타 예산은 소액에 그쳤다.

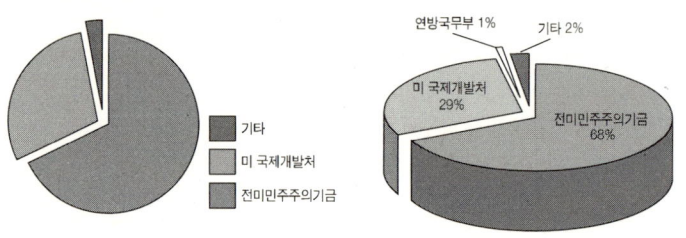

〈그림 12〉 국제민간기업센터 재원출처
1) 1984~2003년 재원출처[64]    2) 2004~2008년 재원출처[65]

국제민간기업센터는 모(母)기관으로부터의 독립성을 강조하지 않는 점에서 앞서 본 정당연구소들과 차이를 보인다. 정당연구소는 설립 당시부터 끊임없이 당파성을 의심받았고 이념을 공유하는 정당과의 특별한 관계를 부정하면서 정당지원활동을 펼쳤다. 하지만 센터는 민간부문으로서 해외민주주의지원활동에 특별한 제약을 받지 않았다. 오히려 센터는 현지프로그램에 수원국의 경영인들이 참여하는 것을 독려하면서 민간기업인들과의 관계증진을 꾀했다.[66] 이러한 차이는 이익집단이 정책결정에 참여하고 의사를 반영하는 미국 국내정치의 전통을 반영한 구조로 이해할 수 있다. 민간영역에 속한 기업인들이 자기의 정치적 이해와 부합

---

[64] 2003년 연간보고서는 창립20주년을 맞아 20년간의 수치를 통합해 나타냈을 뿐 2003년 한 해의 내용에 관해서는 따로 언급하지 않았다. CIPE, *Annual Report 2003*, (2004) p.135.

[65] CIPE, *Annual Report 2004*, (2005), p.34.; *Annual Report 2005*, (2006), p.38.; *Annual Report 2006*, (2007), p.53; *Annual Report 2007*, (2008), p.53.; *Annual Report 2008*, (2009), p.50.

[66] CIPE, *Helping Build Democracy That Delivers*, (2007), p.1.

하는 방식으로 참여하는 것과 공적영역에 속한 정당이 참여하는 것을 구분하는 미국정치의 특성을 일부 확인할 수 있다.

〈그림 13〉 국제민간기업센터가 구상하는 경제모형(Business Model)[67]

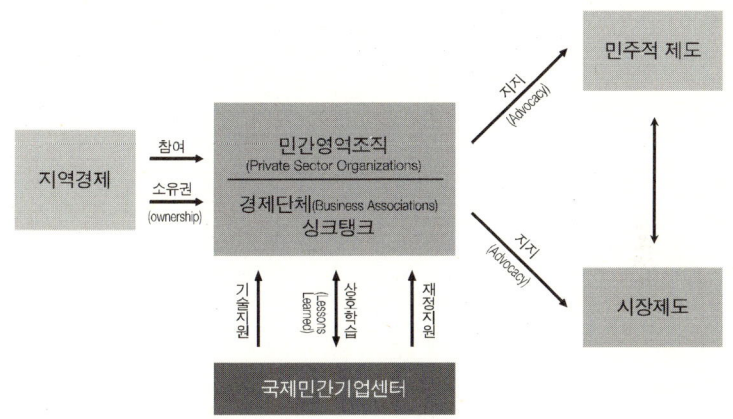

국제민간기업센터는 시장원리를 민주적 거버넌스와 결합시키는 데 주력했다. 센터는 민주적 거버넌스가 '시장에 기반을 둔 민주주의'의 핵심열쇠라고 판단했다. 경영자를 비롯한 시장 참여자들이 공적 정보를 쉽게 얻어 정치과정에 참여하도록 지원하고 시민들이 기업인들의 정치참여를 지지하는 기반을 확대할 것을 활동의 목표로 삼았다. 시장에서의 자유와 경쟁이 민주주의의 투명성을 제고한다는 전제에 따른 것이다. 센터는 시장에서의 공정한 참여와 경쟁을 민주주의모델에도 적용해 수원국 주민들의 의사를 반영하고 수렴한다는 모형을 토대로 전략을 세웠다. 센터는 크게 다섯 가지 주제를 마련해 이를 실현하고자 계획했다.

---

67) *Ibid.*, p.14.

<표 7> 국제민간기업센터 프로그램 주제[68]

| 분류 | 내용 |
|---|---|
| 민주적 거버넌스·제도 (Democratic Governance and Institutions) | 민주적 거버넌스를 시장에 기반을 둔 민주주의를 건설하는 핵심으로 파악 |
| 민간영역기구강화 (Empowering Private Sector Organizations) | 개혁을 효과적으로 지지할 사업조직(business association), 상공회의소, 싱크탱크, 기타 사회 조직의 능력함양→민주개혁실시, 경제적·정치적 자유 보호 |
| 정보와 가치 (Information and Values) | 알권리 보호 & 자유롭고 독립적인 언론 강화→시민에게 공공정책 교육, 사회개혁과 관련된 캠페인과 교육프로그램의 인지도 향상 |
| 기회에의 접근 (Access to Opportunities) | 불필요한 규제제거→비공식경제의 공식경제화, 일자리창출, 세금기반확대, 경제성장 |
| 풀뿌리 참여 (Grassroots Participation) | 지역 거버넌스에 참여→대표성 증진, 공공업무의 질 향상 |

시장친화적인 민주주의를 민주적 거버넌스와 결합시키려는 태도는 구체적인 프로그램으로 연결되었다. 기업센터의 8개 주요프로그램은 시장이 작동하는 데 필요한 장치들을 확립하는 방향으로 운영했다. 기업인협회개발, 기업지배구조개선, 비공식영역·재산권과 관련한 프로그램은 자유시장을 확대하려는 취지를 직접적으로 드러냈다. 법률·규제개혁, 정보 접근, 부패척결 프로그램은 시장친화적인 환경을 만드는 제도와 문화를 구축하는 데 복적을 뒀다. 여성과 청년 프로그램도 주로 경제 영역에서 참여를 꾀했다. 민주적 거버넌스 프로그램이 따로 분류되었지만 경제활동과 관련된 프로그램에 무게가 실렸다.

국제민간기업센터는 시장 환경을 개선하는 활동에 자원을 집

---

68) CIPE, *Annual Report 2008*, (2009) p.5.

중적으로 투입했다. 〈그림 14〉는 2005~2008년 프로그램별 예산지출비율의 변화를 정리한 것이다. 기업인조직을 개발하고 기업지배구조를 개선하는 데 예산의 30~40%를 지출했다. 경제행위자가 기업 활동을 하면서 정치참여의 접점을 찾는 법률·규제개혁과 정보 접근 예산의 합은 30% 내외에 이르는 반면 민주적 거버넌스 자체에 국한된 프로그램은 전체의 10% 내외에 그쳤다. 센터가 정치과정 자체보다는 수원국 현지의 기업인들이 기업을 운영하면서 주도적으로 참여하는 민주주의의 기반을 만드는 과정에 집중했음을 확인할 수 있다.

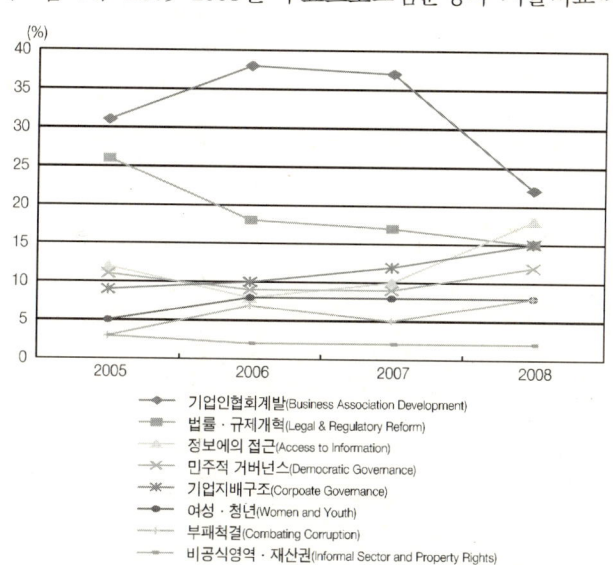

〈그림 14〉 2005~2008년 주요프로그램운영비 지출비교[69]

국제민간기업센터는 세계 곳곳에서 8개 프로그램을 실행했으며, 시기에 따라 센터가 집중적으로 활동한 지역은 점차 달라졌다. 이러

---

[69] CIPE, *Annual Report 2005*, (2006), p.39.; *Annual Report 2006*, (2007), p.47.; *Annual Report 2007*, (2008), p.54.; *Annual Report 2008*, (2009), p.51.

한 변화는 국제정세의 변화와 관련 지을 수 있다. 설립 초기 센터는 라틴아메리카지역에서 주로 프로그램을 실행했다가 1980년대 후반 구공산권이 붕괴하면서 중동부유럽과 유라시아지역의 지원규모를 크게 늘렸다. 냉전이 종식되면서 미국 대외정책의 전통적인 관심지역인 라틴아메리카에서 구공산권으로 초점을 옮긴 탓이다.

〈그림 15〉 지역프로그램별 보조금 지출 비율

1) 1984~2003년 지역별 지출내역[70]

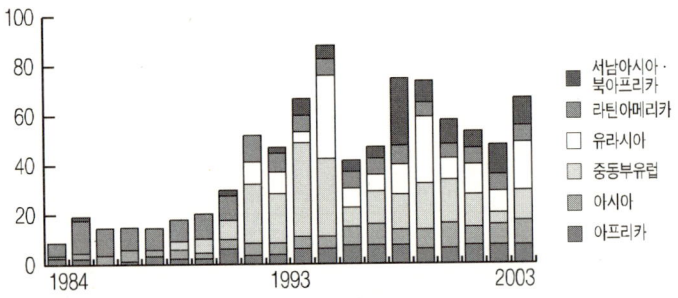

2) 2004~2008년 지역프로그램별 지출비교[71]

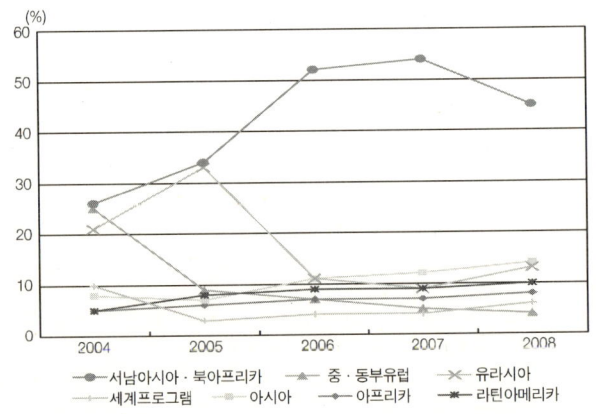

---

70) CIPE, (2004) p.135.
71) CIPE, (2006), p.38.; (2007), p.53; (2008), p.53.; (2009), p.50.

미국 대외정책과의 관련정황은 2000년대 이후에도 발견되는데, 2000년대 중동지역에 투입되는 재원이 크게 늘어 2006~2007년에는 전체프로그램예산의 50%를 넘었다. 이때는 미국이 '테러와의 전쟁'을 기치로 아프가니스탄, 이라크와 전쟁을 치른 시기와 겹친 때였다. 다른 우산조직과 마찬가지로 센터도 미국의 대외정책과 일부 보조를 맞춘다는 정황을 보여준다.

### 리더를 변화시켜 이라크의 경제기틀을 바꾼다[72]

2004년 종전선언 이후 이라크는 급격히 변했다. 수십 년간 통치하던 사담 후세인 전 대통령이 체포되었고 이후 총선이 실시되어 내각이 새로 구성되었다. 말리키 총리가 이끄는 전후 첫 내각에서 대통령의 권한은 크게 축소된 반면 의회의 입법권한이 확대되었다. 2009년 1월 지방선거에는 4년 전 무장투쟁을 하면서 선거에 참여하지 않았던 수니파도 참여해 선거제도가 정착되는 흐름을 보였다.[73]

국제민간기업센터는 의회를 중심으로 자리를 잡아가는 이라크의 변화에 주목하였다. 이라크국회와 쿠르드지방정부가 막 구성되었던 2005년과 2006년에 센터는 교육프로그램을 운영하였다. 교육을 받은 이들이 이라크의 무역·통상·경제 환경의 주요기반을 결정하는 과정에서 영향을 끼칠 것을 염두에 둔 것이다. 2005년 센터는 내각을 구성하는 15개 정당의 의원을 대상으로 세 영역으로 나눠 교육프로그램을 진행하였다. 경제기반건설, 유권자 대상

---

72) CIPE, *Highlights of CIPE's Impact on Democratic Development – Programs funded by the National Endowment for Democracy Closed in 2005-2006*, (2007) p.18.

73) homepage, 연합뉴스, http://app.yonhapnews.co.kr/YNA/Basic/article/search/YIBW_showSearchArticle.aspx?searchpart=article&searchtext=%ec%9d%b4%eb%9d%bc%ed%81%ac%20%ec%84%a0%ea%b1%b0&contents_id=AKR20090206009300070&search=1 (최종검색일: 2009년 5월 25일).

경제교육, 이라크경제개발 비전구상 프로그램이 각기 진행되었다. 프로그램별로 국회의원과 쿠르드 지방정부각료를 비롯해 민간영역조직원 등 각 40여 명이 참여하였다.

2006년에도 프로그램은 이어졌다. 센터는 쿠르드인을 대상으로 5개의 교육프로그램을 실시했다. 센터는 전략적경제수요·안보프로그램(SENSE: Strategic Economic Needs and Security Exercise)이라는 시뮬레이션 프로그램을 활용해 전후 국가재건의 어려움을 예측했다. 참여자들의 의사결정과정이 향상되도록 지원하는 기술지원의 질도 향상시켰다. 특히 이 프로그램은 참여자들이 경제영역에서 공통의 이해(common interest)를 규정하고 초당적인 협력을 이끌어내는 데 초점을 맞췄다. 센터는 프로그램 종료 후 참여자들이 경제개혁안에 관한 협력을 이끄는 주역으로 활동했다고 평가했다.

국제민간기업센터는 정당인뿐만 아니라 경영인을 대상으로도 프로그램을 진행했다. 2006년 협회는 이라크 내 20여개의 경제협회, 상공회의소, 경제연구소(think tank) 등으로 구성된 이라크경제협의회(Iraqi Business Council)를 설립했다. 협의회를 구성하면서 경영자협회는 이라크 내 민간영역기구와 광범위한 협력활동을 펼쳤다. 협회는 협의회의 구성원들 대부분을 교육하고 지원했으며, 그 결과 협회는 경제·통상관련 입법과정에 자문을 제공하고 국가경제의제를 제시하며 자체적인 교육프로그램을 진행할 수 있게 됐다.

국제민간기업센터가 전미민주주의기금에서 지원받은 프로그램은 2007년 초에 종료되었다. 하지만 이라크 자체에 대한 관심은 끝나지 않았다. 이라크는 석유자원의 원천이자 상품의 판매처로서 전쟁 당시에도 이미 세계경제의 관심사였다. 한국도 자원의 보고이자 새로운 시장으로서 이라크를 주시하는 나라 가운데 하나였다.[74] 자원수출국으로서 세계의 주목을 받는 이라크가 전후

경제기반을 닦는 일은 2009년 현재에도 매우 중요한 일 중 하나로 남아 있다.

국제민간기업센터를 비롯한 선진국의 지원이 의심을 받는 대목이 바로 이 부분에서 비롯된다. 정치인과 정부각료가 앞장서서 마련하는 경제구조가 이라크의 민주주의 구축에 실질적으로 도움이 되느냐 하는 문제다. 센터가 지원한 기업구조의 투명성 등이 이라크의 정치·경제발전에 기여할 것에 이의를 제기하는 사람은 적을 것이다. 하지만 일반 시민에게 그 혜택이 얼마나 도움이 될지에 대해서는 논란의 여지가 있다. 기업을 중심으로 구축된 시장경제가 시민들의 삶의 질이 나아지는 데 기여했느냐는 센터가 고민해봐야 할 지점이다.

---

74) homepage, SBS, http://news.sbs.co.kr/section_news/news_read.jsp?news_id=N0311442221 (최종검색일: 2009년 5월 25일).

# 국제노동연대미국센터
(ACILS: American Center for International Labor Solidarity
또는 Solidarity Center)

http://www.solidaritycenter.org/

미국 노조를 대표하는 해외민주주의지원기관[75]

전미민주주의기금의 우산조직 중 마지막으로 살펴볼 조직은 국제노동연대미국센터(이하 연대센터)다. 연대센터는 미국의 노동자를 대변하는 축으로서 해외민주주의지원을 담당했다. 본래 전미민주주의기금 설립 당시 노조를 대표해 우산조직에 참여했던 조직은 미국노동총연맹-산업별회의(AFL-CIO) 산하 자유노조연구소(Free Trade Union Institute)였다.[76] 하지만 미국노동총연맹-산업별회의가 유기적이고 통합적인 조직운영을 목적으로 1997년 산하 4개 연구소를 통합하면서 국제노동연대미국센터가 출범했다.[77]

연대센터는 전 세계 노동자들의 노동권을 확립하고 보호하는 활동에 앞장섰다. 연대센터는 독립적이고 민주적인 노조를 구성

---

75) ACILS, homepage, http://www.solidaritycenter.org/content.asp?contentid=409 (최종검색일: 2009년 5월 25일).
76) NED, homepage, http://www.ned.org/about/nedhistory.html (최종검색일: 2009년 5월 25일).
77) 1980년대 자유노조연구소뿐만 아니라 미국자유노동개발연구소(American Institute for Free Labor Development) 등 노조 산하 다른 조직들도 각기 전미민주주의기금의 지원을 받았다. 1997년 통합된 노조산하기구는 자유노조연구소, 미국자유노동개발연구소, 아시아-아메리카자유노동연구소(Asian-American Free Labor Institute), 아프리카-아메리카노동기구(African-American Labor Center)다. Wikipedia, homepage, http://en.wikipedia.org/wiki/Solidarity_Center (최종검색일: 2009년 5월 26일).

해 전 세계 노동자들을 지원하는 것을 목표로 삼고, 노동권이 존중되며 분배가 공정하고 공평하게 이루어지는 민주주의가 전 세계에 자리 잡도록 지원했다.[78] 모(母)기관인 노조의 성격을 부정하지 않는 태도는 앞서 살핀 국제민간기업센터와 유사하다. 노조는 미국을 대표하는 민간조직이자 이익집단으로서 정치적인 의사표현의 자유를 보장받고 있으므로, 연대센터 역시 해외민주주의지원활동을 펼치는 데서 노조를 기반으로 했다는 이유 때문에 큰 제약을 받지는 않았다.

연대센터는 비영리기구로서 공공기관과 민간기구로부터 재원을 충당했다. 미 국제개발처, 국무부, 노동부 같은 정부부처를 비롯해 전미민주주의기금, 모(母)기관인 미국노동총연맹-산업별회의와 기타 국내외노동조직에서 보조금을 받았다. 이 중에서도 연방정부의 지원금액은 조직운영비의 절대치에 이르렀다. 〈그림 16〉에서 확인할 수 있듯이 2002~2007년 동안 연대센터가 받은 연방정부의 보조금은 전체예산의 90%를 웃돌았다. 전미민주주의기금의 보조금 역시 출처가 연방예산이기 때문에 그 내역이 연방보조금 내역 안에 포함되었음을 짐작할 수 있다.

연대센터는 수원국에서 프로그램을 진행하는 데 주력하였다. 〈그림 17〉은 2002~2007년 동안 연대센터가 프로그램영역과 그 외 영역에 예산을 투입한 비율을 비교한 내용이다. 해당 기간 중 연대센터가 프로그램을 진행하는 데 쓴 비용은 연평균 83% 수준이었다. 간접비용은 조직을 운영하는 데 드는 부수적인 비용으로서 전체의 10% 남짓한 정도였다. 연대센터는 수원국에서 프로그램을 실행하는 일에 예산의 대부분을 투입함으로써 해외민주주의지원활동을 꾸리는 데 역점을 두었다.

---

78) ACILS, homepage, http://www.solidaritycenter.org/content.asp?contentid=431 (최종검색일: 2009년 5월 25일).

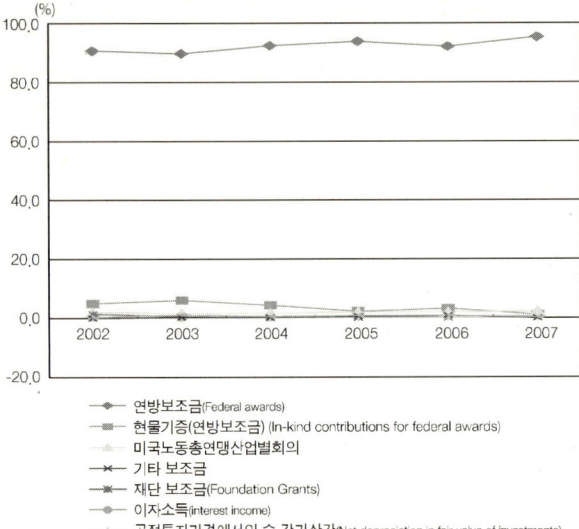

<그림 16> 2002~2007년 연간 세입 내역비교[79]

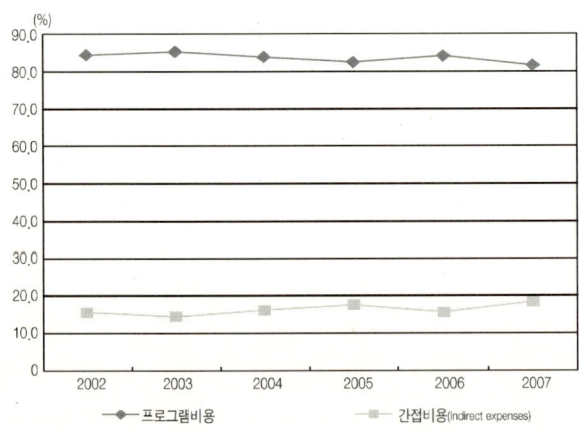

<그림 17> 2002~2007년 연간 지출 내역비교[80]

---

79) ACILS, *Annual Report 2003-2004*, (2004) p.24.; *Annual Report 2004-2005*, (2005) p.16.; *Annual Report 2005-2006*, (2006) p.25.; *Annual Report 2006-2007*, (2007) p.33.; *Annual Report 2008*, (2008) p.32.

80) ACILS, (2004) p.24.; (2005) p.16.; (2006) p.25.; (2007) p.33.; (2008) p.32.

연대센터는 수원국과 밀착하는 방식으로 현지프로그램을 실행하였다. 워싱턴에 본부를 두고 있지만 실무는 지역사무소가 맡고 있는데, 아시아, 서남아시아·북아프리카, 라틴아메리카, 유럽·중앙아시아, 아프리카 5개 대륙별 지부에 총 29개의 지역사무소를 설치하였다. 지역사무소를 설치해 운영하는 조직구조는 민주당 국제문제연구소와 유사하다. 또한 현지에서 활동하는 사무소를 상설기구로 둠으로써 현지 활동가나 주민 등 프로그램의 참여대상이 되는 사람들과 소통하는 데 유리한 위치를 점하였다.

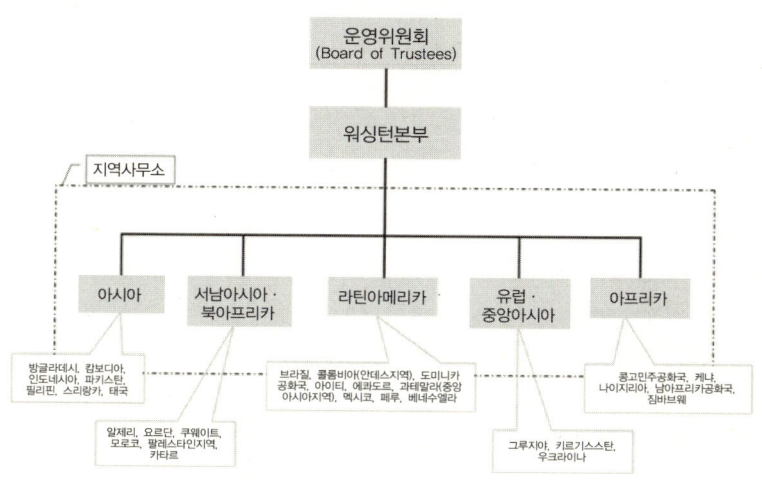

〈그림 18〉 국제노동연대센터 조직도[81]

연대센터는 국지지역과 광대역에서 실행하는 프로그램을 비교적 비슷한 비율로 운영했다. 2004년과 2007년 전미민주주의기금에서 각각 4백50만 달러, 7백 1십만 달러를 받아 개별국가나 국지

---

81) 홈페이지에 게시된 운영위원회(Board of Trustees)와 사무소(Solidarity Center Offices) 홈페이지를 보고 재구성한 내용이다. ACILS, homepage, http://www.solidaritycenter.org/content.asp?contentid=515 ; http://www.solidaritycenter.org/content.asp?contentid=430 (최종검색일: 5월 26일).

지역을 단위로 프로그램을 실행했다. 하지만 나머지 해에는 특정 대륙 또는 전체 세계를 대상으로 실행하는 프로그램에 진행하는데 예산을 더 많이 썼다. 2000년, 2001년, 2002년, 2005년, 2006년에 연대센터가 광대역을 대상으로 실행한 프로그램예산은 각각 전체의 54.7%, 61.3%, 54.6%, 52.6%, 54.2%를 차지했다. 같은 시기 개별국가단위의 프로그램보조금은 대체로 40%수준을 유지했다. 이와 같은 양상은 다른 우산조직들이 개별국가를 단위로 프로그램을 진행한 것과는 확연한 차이가 있다.

〈그림 19〉 2000~2007년 전미민주주의기금이 연대센터에 지급한 프로그램별보조금[82])

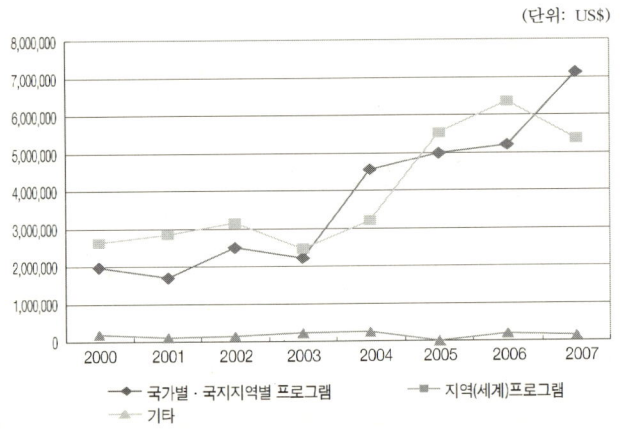

연대센터는 노동자의 권리를 지키는 프로그램을 실행했다. 프로그램은 노동자가 업무를 보는 작업장과 국가정치제도뿐만 아니라 개인안전문제와 세계국가간 수줄문제에 이르기까지 광범위하게 실행되었다. 연대센터는 세계화가 진행되는 경제구조 안에서

---

82) 전미민주주의기금 홈페이지의 지역별 보조금지출내역을 바탕으로 분석한 내용이다.

노동자가 부당하게 착취당하거나 차별받지 않도록 제도를 구축했다. 특히 아동노동착취를 예방하는 프로그램은 다른 우산조직이 펼치지 않는 연대센터만의 사업이란 점에서 눈에 띈다. 이처럼 모기관의 특성을 특화하는 활동양상은 국제민간기업센터와 유사하다.

〈표 8〉 연대센터의 12개 주요 프로그램[83]

| 노동권 | 작업장 내 민주주의 | 정치참여 |
|---|---|---|
| 캠페인조직, 워크숍지원, 노동권 보호법안 지원 | 작업장 내 자유 결사 확보 | 제도정치 및 작업장 내에서 노동자의 정치참여 촉진 |
| 기업의 책임 | 국제이주문제와 불법노동인신 매매 (trafficking) | 갈등해소프로그램 |
| 노동자교육, 국제연대구성 | 공동체·작업장을 중심으로 불법인신매매차단·처벌, 인신매매 피해자보호 | 비민주국가·민주주의 이행국가에서의 인종·계급갈등해소, 문화적·인종적 차별해소 |
| 세계경제 | 수출자유지역 | 아동노동 |
| 무역·투자협정에 노동권반영노력, 국제금융기구와 정부에 노동권 보장요구 | 수출자유지역 노동자 보호 | 수원국정부와 국제기관과 협력해 아동노동착취예방 |
| 여성평등 | 에이즈(HIV/AIDS) | 안전과 건강 |
| 성인지적 관점에서 여성의 노동권 보호 | 노동조합-기업-정부와 협력해 에이즈예방 | 안전사고예방활동지원, 작업장환경·노동자 생활조건개선 |

---

83) ACILS, homepage, http://www.solidaritycenter.org/content.asp?contentid= 405 (최종검색일: 2009년 5월 25일).

아이들을 학교에 보내자(Send a Child to School Campaign)[84]

콩고민주공화국은 인권이 위협받는 지역을 거론할 때마다 언급되는 대표적인 사례 중 하나다. 내전을 겪으며 많은 주민들이 학살되고 유린되었다. 대표적인 사회적 약자인 아동이 처한 입지는 특히나 열악하다. 본인의 의사와 상관없이 민병대나 반군에 소년병으로 끌려가 총을 잡고 또 총알받이가 되는 경우가 허다했다. 내전의 포화가 비껴간 곳에서도 아동은 상당히 열악한 상황에 처했다. 아동들은 매일매일 겪는 허기를 달래는 푼돈을 벌기 위해 대부분 노동현장에 투입되었다. 돌을 메고 지고 나르는 중노동을 해야 하는 광산에서도 고사리 손을 꼬물대는 아동들을 어렵지 않게 목격할 수 있다.

2008년 12살이었던 펠리(Félie)도 카탕가남부지역의 콜웨지(Kolwezi) 마을에서 흔히 볼 수 있는 광부아동 중 하나였다. 펠리는 돌덩어리들을 짊어지고 코발트 광산에서 30m가량 떨어진 웅덩이까지 하루 종일 오갔다. 원광석을 찾기 위해서다. 성인남성 두 명이 겨우 들 수 있는 짐을 혼자서 옮긴 펠리는 하루 일당으로 운이 좋아야 4달러를 받았다. 운이 없으면 한 푼도 못 받은 채 집으로 발걸음을 옮겨야 했다. 그러던 어느 날 펠리는 4달러보다 더 좋은 행운을 잡았다. 연대센터의 지원을 받아 펠리도 학교를 다니기 시작한 것이다.

2008년 세계아동노동반대의 날(World Day Against Child Labor)을 맞아 연대센터는 아동구호기금(Save the Children Fund)과 협력해 "아이들을 학교에 보내자(Send a Child to School)"캠페인을 시작했다. 연대센터는 개인이 기부한 30달러로 콩고민주공화국의 아동 한 명을

---

[84] ACILS, (2008) p.4.; homepage, http://solidarity.timberlakepublishing.com/content.asp?contentid=851; http://solidaritycenter.timberlakepublishing.com/content.asp?contentid=761 (최종검색일: 2009년 5월 26일).

1년 동안 학교에 보내는 캠페인을 벌였다. 20달러면 한 아동이 교복, 책가방, 학용품을 포함한 용구를 구할 수 있다고 덧붙이며 시민들의 참여를 독려했다. 연대센터는 "빼앗긴 유년기(Stolen Childhoods)"라는 다큐멘터리를 제작해 방영했는데 뉴욕의 한 고교 학생들이 방송을 보고 1,960달러를 기부하기도 했다. 2008년 한 해 동안 연대센터는 콩고민주공화국에서 약 700여 명의 아동을 학교에 보내는 성과를 올렸다.

연대센터는 콩고 현지에서 활동하는 주체들과 다각도로 협력했다. 콩고민주공화국에 위치한 학교와 마을을 비롯해 지역정부와 중앙정부의 관료들과도 손을 모았다. 연대센터는 아동들의 학비면제를 조건으로 학교를 짓고 교실을 증축했다. 뿐만 아니라 책상과 의자를 구비하는 일도 담당했다. 이와 별도로 연대센터는 장성한 아이들을 대상으로는 직업교육을 강화하는 안을 계획하기도 했다. 연대센터는 2008년 연간보고서에서 2009년부터 3년 간 4,000명의 아이들을 학교에 보내겠다는 포부를 밝히기도 했다. 연대센터는 수원국 정책결정자들의 협력을 이끌어냄으로써 정책효과를 배가하는 효과를 노릴 수 있었다.

국제사회는 아동노동을 반대하지만 세계빈국 아동의 많은 수가 저임금을 받으며 미래를 저당 잡히는 일이 계속 벌어지고 있다. 국제노동기구는 1999년 제네바연례총회에서 만장일치로 아동노동착취금지협정을 체결했지만 협정의 현실화는 여전히 먼 나라 얘기로 남아 있다. 2002년 월드컵 공식 축구공인 피버노바가 파키스탄 아동들의 노동력을 착취했다는 파문을 일으키며 홍역을 치른 것은 비단 아디다스만의 문제는 아니다.[85] 빈곤국 아동들이

---

85) 오마이뉴스, '2002월드컵 로고, 아이들이 바느질하다'(2002.04.30) http://www.ohmynews.com/nws_web/view/at_pg.aspx?CNTN_CD=A0000073103 (최종 검색일: 2009년 5월 26일).

당장의 생계 때문에 자기계발의 기회를 빼앗기는 사례가 줄어들도록 국제사회의 관심이 증진되어야 할 것이다. 연대센터가 콩고민주공화국에서 벌이는 활동은 향후 상당기간 국제사회와 현지 아동들로부터 지지받을 것으로 예상된다.

# 세계민주주의운동
(WMD: World Movement for Democracy)

http://www.wmd.org/

민주주의자들을 연결하는 네트워크의 네트워크[86]

세계민주주의운동은 비정부적인 성격을 띠고 1999년 출범했다. 전미민주주의기금은 세계민주주의운동이 설립되는 데 절대적인 역할을 했다. 1998년 전미민주주의기금은 민주주의증진을 도모하는 국제협력 촉진의 일환으로 세계민주주의운동을 제안했다. 1999년 2월, 인도 뉴델리에서 80여 개국 400여 명이 참석하며 총회가 열렸다. 이 첫 모임 이후 세계민주주의운동이 운영되기 시작되었다.[87]

세계민주주의운동은 민주주의자들의 모여 국제협력을 모색하는 국제포럼(a unique global forum)으로서 창안되었다.[88] 세계민주주의운동은 민주주의이행국가나 반(半)권위주의국가 등에서 민주주의의 기반을 다지려 활동하는 이들이 정보와 경험을 공유하는 장으로 기능했다. 세계민주주의운동은 첫 총회 때 이를 구현하는 방식으로 두 가지 안을 제시했다. 하나는 2년 마다 정기적으로 총회를 열어 세계적 · 지역적 차원에서 대화하는 자리를 마련하는 것이다. 또 다른 하나는 인터넷과 같은 새로운 정보기

---

86) WMD, homepage, http://www.wmd.org/about/information.html (최종검색일: 2009년 5월 27일).
87) Cavell, Colin S., (2002) p.99.
88) 전미민주주의기금의 1999년 연간보고서(p.5, p.9)를 인용한 것을 재인용했다. *Ibid.*

술을 포함해 다양한 차원의 기술을 활용하는 네트워크를 구축하는 것이다. 정보통신기술의 활용은 수원국의 민주주의를 유도하는 일상적인 방편으로서 참석자들에게 크게 각광받았다.

세계민주주의운동의 상설조직은 두 개의 두 부분으로 구성되었다. 운영위원회(Steering Committee)와 전미민주주의기금으로 구성된 상설조직은 총회(Assembly)를 조직하고 운영비를 모으는 실무를 맡았다. 운영위원회는 뉴델리 총회 이후 출범한 것으로서 민주주의지원활동 경력이 있는 개인들을 활동인력으로 삼았다. 전미민주주의기금은 미국에서 이미 활동하고 있던 상설조직으로서 본래 업무와 별도로 세계민주주의운동의 실질적인 사무국(Secretariat) 기능도 맡게 되었다.

〈그림 20〉 세계민주주의운동 조직도[89]

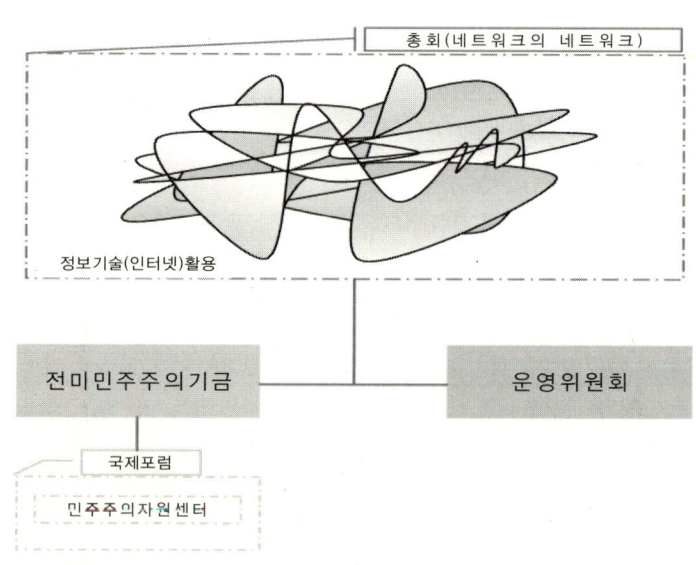

---

89) 세계민주주의운동의 홈페이지에 게시된 총회, 전미민주주의기금, 운영위원회에 관한 내용을 바탕으로 재구성한 그림이다.

전미민주주의기금 산하 민주주의연구국제포럼의 일부인 민주주의자원센터(Democracy Resource Center)가 세계민주주의운동 운영에 기여할 것이라는 의견에 따른 결과다. 실제로 민주주의자원센터는 세계민주주의운동이 네트워크를 조직하는 과정에서 핵심적인 업무를 맡았다.

　세계민주주의운동의 총회는 민주주의 활동가들이 모이는 장으로서 기능했다. 1999년부터 2008년까지 모두 다섯 번 개최된 총회는 40~60개의 워크숍을 열어 참가자들이 소통하는 통로를 마련했다. 세계민주주의운동은 개최국에서 활동하는 두세 개의 단체와 협력해 총회를 운영하는 데 필요한 실무를 분담했다. 워크숍참가자들은 평소 활동하던 지역 단위와 관계없이 한 자리에 모여 활동의 고민을 공유하고 나아갈 방향을 모색했다. 다음 〈표 9〉는 지난 다섯 번의 총회를 간략히 정리한 것이다.

〈표 9〉 세계민주주의운동의 역대 총회 개요

| 개최연도 | 개최장소 | 총회주제 |
| --- | --- | --- |
| 1999년 | 인도 뉴델리 | 설립성명서(Founding Statement) 작성 |
| 2000년 | 브라질 상파울루 | 불특정(최선의 활동·전략 공유, 협력활동 의제개발촉진 등) |
| 2004년 | 남아공 더반 (Durban) | 평화·개발·인권을 지향하는 민주주의 건설(Building Democracy for Peace, Development, and Human Rights) |
| 2006년 | 터키 이스탄불 | 민주주의 진척시키기 : 정의·다원주의·참여(Advancing Democracy : Justice, Pluralism, and Participation) |
| 2008년 | 우크라이나 키예프 | 민주주의 활동 : 이론에서 실제까지(Making Democracy Work : From Principles to Performance) |

　세계민주주의운동은 설립된 순간부터 끊임없이 활동영역을 확대해 왔다. 기존 네트워크를 단순히 연결하는 데 그치지 않고 산하

조직을 만드는 일에도 적극적이었다. 또한 아프리카민주주의포럼(Africa Democracy Forum), 지역거버넌스세계네트워크(Global Network on Local Governance), 민주주의연구회네트워크(Network of Democracy Research Institutes) 등 지역수준에서 연결된 네트워크를 상당수 구축했다.[90] 2007년에는 시민사회옹호프로젝트(Project on Defending Civil Society)를 개시해 시민사회 활동범위의 합법적인 반경을 제한하는 현상을 비판하는 보고서를 준비하기도 했다.[91]

세계민주주의운동은 네트워크에 기반을 두고 있지만 일반 시민사회운동과 차이를 보인다. 반세계화운동이나 반전운동 등 다원적인 시민운동과 달리 세계민주주의운동은 풍부한 재원을 바탕으로 고도로 조직화되었다. 전미민주주의기금이 재정을 지원하고 네트워크를 제공했기에 가능한 일이었다. 물론 이를 두고 준정부조직의 성격(quasi-governmental initiative)을 보인다고 평가하는 이들도 있다.[92] 전미민주주의기금이 미국정부 주도 하에 설립된 기관이라는 점에서 이런 비판에서 자유롭지 못한 것도 사실이다. 그러나 민주주의의 제도화를 고민하는 활동가를 지원하면서 세계민주주의를 강화하려고 한 노력만큼은 평가할 부분도 있다 할 것이다.

---

90) NED, homepage, http://www.ned.org/about/nedhistory.html (최종검색일: 2009년 5월 13일).
91) NED, *Annual Report 2007*, (2008) p.12.
92) Barry, Tom, *World Movement for Democracy-Made in the USA*, (2005.07.29). homepage, http://www.rightweb.irc-online.org/articles/display/World_Movement_for_Democracy-Made_in_the_USA (최종검색일: 2009년 5월 27일).

# 제 2 장
# 네덜란드

네덜란드다당제민주주의기구

알프레드 모저르 재단

마트라 프로그램

옥스팜 노비브

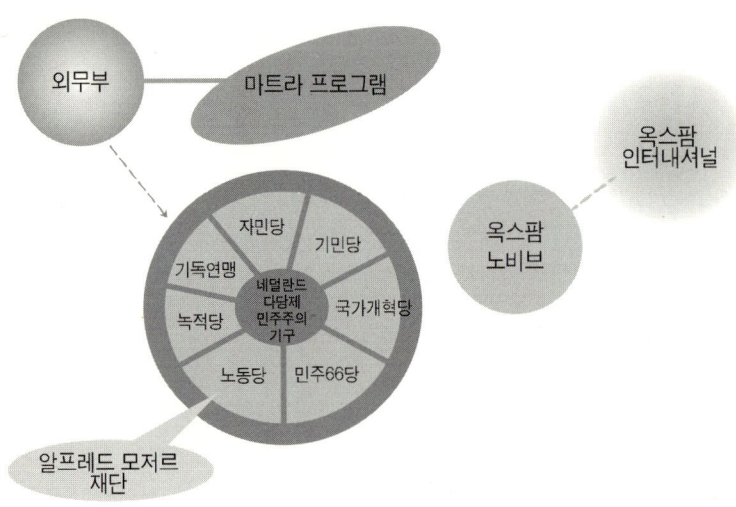

## 해외민주주의지원의 후발주자, '선택과 집중' 전략을 취하다

네덜란드의 민주주의 국제협력은 정부, 정당, 민간기구들이 다양하게 참여하는 과정에서 이루어졌다. 민주주의를 증진하고 확산하기 위해 노력하는 네덜란드의 주요기관으로는 네덜란드다당제민주주의기구(NIMD: Netherlands Institute for Multiparty Democracy), 마트라 프로그램(Matra Programme), 알프레드 모저르 재단(Alfred Mozer Stichting), 옥스팜 노비브(Oxfam Novib) 등이 있다.

네덜란드다당제민주주의기구는 정당 간 협력기구다. 네덜란드의 7개 주요정당은 다당제민주주의기구를 중심축으로 신생민주주의국가들이 다당제민주주의제도를 구축하도록 지원했다. 마트라프로그램은 네덜란드 외무부가 운영하는 해외민주주의지원 프로그램이다. 이 프로그램은 세계의 민수주의발전 관련 사업에 예산을 지원한다. 알프레드 모저르 재단은 네덜란드 노동당이 설립한 해외민주주의지원 기구다. 노동당 산하인 만큼 사회민주주의 이념을 공유하는 수원국의 정당을 중심으로 지원사업을 펼친다. 국제적인 비정부기구인 옥스팜 노비브는 구호·지원사업의 하나로 정치적 권리를 확보하고 소수자의 인권을 지지하는 활동을 벌이고 있다.

# 네덜란드다당제민주주의기구
(NIMD: Netherlands Institute for Multiparty Democracy)

http://www.nimd.org/

해외민주주의지원 분야의 낯익은 새내기[1]

네덜란드는 해외지원에 오랜 전통을 가지고 있으며, 민주주의 지원분야에서도 90년대 초반부터 부분적인 지원에 나섰다. 그러나 본격적인 지원에 나선 것은 네덜란드다당제민주주의기구가 만들어진 2001년 이후라 볼 수 있다.

네덜란드 정당들은 제3세계의 민주주의를 지원하는 전통을 보였다. 1994년 네덜란드 주요 정당들은 신(新)남아프리카재단(NZA: Foundation for the New South Africa)을 운영하며 남아프리카공화국의 모든 정당에 기금을 지원했다. 남아프리카공화국이 아파르트헤이트를 극복하고 다당제민주주의국가로 이행하는 기반을 만든다는 목적에 따른 것이다. 넬슨 만델라 전 남아공대통령은 재단의 활동이 긍정적이었으며 다른 신생민주주의국가에도 비슷한 형태의 지원이 효과적일 것이라 평가한 바

| 네덜란드 의회[2] |
|---|
| 네덜란드 의회는 상하양원제로 이루어졌다. 하원은 직접선거에 의한 비례대표로 구성된다. 의원의 임기는 4년이며 총 정원은 150명이다. 상원은 12개 주 지방의회에서 간접선거로 선출된 임기 6년의 의원 75명으로 이루어진다. 직접선거로 구성된 하원이 실질적인 입법기능을 수행한다. |

1) NIMD, *Support for Political Parties and Party Systems: the IMD Approach*, (2005) p.9.
2) Wikipedia, homepage, http://en.wikipedia.org/wiki/Netherlands#Government_and_administration (최종검색일: 2009년 5월 8일).

있다. 이에 힘입어 재단은 지원할 만한 국가를 연구·평가하면서 3개 대륙 11개 국가로 활동범위를 넓혔다.

2001년 네덜란드의 주요 7개 정당들은 규모가 커진 해외민주주의지원 활동을 전담하는 조직으로 네덜란드다당제민주주의기구(이하 다당제기구)를 설립했다. 네덜란드 의회에서 의석을 차지한 정당들은 기구의 정책결정에 참여하면서 지원사업에 동참했다. 다당제기구는 각 정당의 대표성을 반영하면서 각기 다른 다양한 의견을 포괄하는 방식으로 운영되었다.

다당제기구의 이사회와 감독위원회는 각 정당들이 파견한 대표로 구성되지만 의회대표성을 반영해 의결권은 하원의 의석비율에 의해 결정된다. 또한 외무부가 예산의 95% 가량을 지원, 정부재정을 주요자금원으로 운영되는 특징을 지닌다.

〈그림 21〉 다당제기구 조직도3)

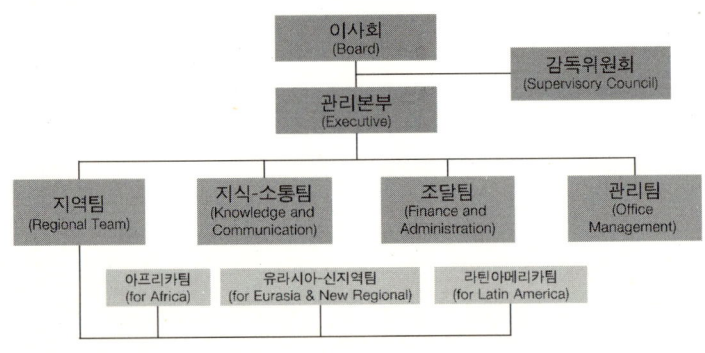

이사회와 감독위원회(Supervisory Committee)는 기구의 의사결정과정에서 최종책임을 지니고 있다. 기구의 활동방향을 결정짓는 이 두 조직은 형식적으로는 각 정당을 동등한 주체로 포괄하고 있다.

---

3) 연간보고서의 내용을 바탕으로 재구성한 그림이다. NIMD, *Annual Report 2007*, (2008) p.68.

이에 따라 이사회와 감독위원회는 각 정당들이 자율적으로 결정한 대표 1명 또는 2명씩으로 구성된다. 그러나 실제 운영과정에서 이사회 이사들은 하원의 의석비율에 따라 차등적으로 의결권을 보유한다. 각 이사는 자기가 대표하는 정당에 따라 최소 1표에서 최대 4표까지 행사할 수 있다.4) 이러한 대표방식은 각 정당의 지지도 즉, 국민의 의사를 정책결정과정에 반영하기 위한 것이다.

다당제기구의 사업 실행 주체는 정당이지만 활동자금은 개별 정당이 아닌 정부에서 충당하고 있다. 네덜란드 외무부는 다당제기구가 해외민주주의지원활동을 하는 데 필요한 재원의 대부분을 공급했다. 〈그림 22〉에서 확인할 수 있듯이 외무부는 2002년부터 2007년까지 매년 거의 95%이상의 예산을 다당제기구에 지원했다.

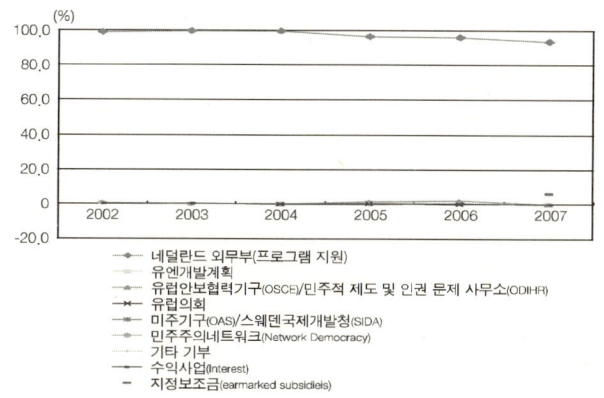

〈그림 22〉 2002~2007년 다당제기구 세입내역 비율 변화5)

---

4) 이사 또는 위원이 속한 정당이 하원에서 차지한 의석수가 1~10석이라면 1표를, 11~20석이면 2표를, 21~40석이면 3표를, 40석을 초과하면 4표를 행사한다.
5) 2007년 연간보고서(Annual Report 2007)에서 2007년 세입내역은 네덜란드 외무부와 지정보조금으로만 구분되었다. 지정보조금은 예년까지 각 기관이 지원하던 내역으로 구분되었던 것을 통합해 지칭한 것으로 추정할 수 있다. NIMD, *Annual Report 2003*, (2004) p.68.; *Annual Report 2004*, (2005) p.86.; *Annual Report 2005*, (2006) p.52.; *Annual Report 2006*, (2007) p.68.; *Annual Report 2007*, (2008) p.64.

다당제기구가 설립된 직후인 2002~2004년에는 외무부의 예산 공급이 거의 100%에 가까웠다. 그러나 최근에는 의존비율이 다소 감소해 2007년에는 93%수준을 보이고 있다.

외무부의 기금공여규모는 해가 갈수록 크게 늘었다. 다음의 〈그림 23〉은 다당제기구가 실질적으로 활동하기 시작한 2002년부터 2007년까지의 예산비율을 정리한 내용이다. 2002년 다당제기구가 외무부에서 지원받은 예산은 2,249,117유로였다. 2003년에는 약 4백 60만 유로, 2004년에는 7백 10만 유로, 2005년에는 약 9백 10만 유로 수준으로 매년 2백만 유로 이상 예산규모가 커졌다. 2006년에 규모가 다소 줄었지만 2007년 외무부 예산지원액은 8,939,761유로(추정치)로서 2002년의 약 4배에 이르렀다. 외무부의 지원규모가 급격히 늘어난 것은 네덜란드 정부가 다당제기구의 활동을 매우 중시하고 있음을 보여준다.

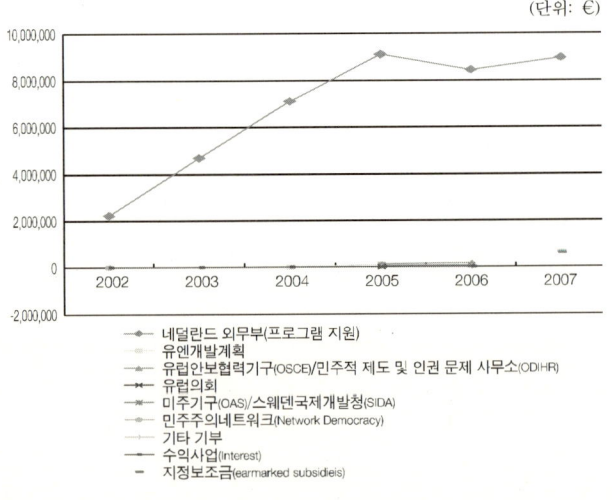

〈그림 23〉 2002~2007년 다당제기구 세입내역[6]

---

6) *Ibid.*

네덜란드 정부는 다당제기구의 자금줄을 쥐고 있지만 운영방향을 결정하지는 않는다. 앞에서도 살폈듯이 이사회가 조직의 최종의사결정을 내리고 이를 집행하는 권한을 가졌다. 이사회의 이사들은 각 정당에서 파견한 대표로서 행정조직인 외무부와 일정 부분 거리를 유지하면서 조직을 이끌었다. 네덜란드 의회도 기구의 정책이 정부정책과 조응하는지를 확인하는 수준에서 정책을 판단한 후 예산을 의결했다. 의원내각제로 운영되는 정부는 의회와 긴밀한 관계를 유지하며 의회에서 결의한 내용을 최대한 존중한다. 따라서 네덜란드 정당들이 기구를 움직이는 실질적인 주체라 할 수 있다.

다당제민주주의에 답이 있다[7]

다당제민주주의는 네덜란드 정치를 설명하는 핵심열쇠다. 네덜란드 의회는 100년 넘게 지속된 역사만큼이나 합의에 기초한 정당정치의 전통을 자랑해 왔다. 의원내각제인 네덜란드에서는 지금까지 의석의 과반수를 넘긴 정당이 나온 적이 없다. 따라서 정부를 구성하기 위해서는 정당들이 협력해 연정을 꾸려야만 했다. 과거에는 비슷한 이념성향의 정당들이 연정을 해 왔으나 1984년 자유당과 노동당이 자주색(Paars)연정을 꾸린 이후로는 전통적인 좌우개념에 관계없이 다양한 연정형태가 만들어지기 시작했다. 좌우성향을 폭넓게 아우르는 네덜란드 정당들은 이념이 달라도 연정을 꾸리고 운영하면서 갈등보다는 토론과 합의에 기초한 정치문화를 형성해 왔다. 주요 정당으로는 자민당, 기독민주당, 민주66당, 노동당 등이 있다.

---

[7] 주경철, 네덜란드-튤립의 땅, 모든 자유가 당당한 나라(2003), pp.368~370.; NIMD, *A Framework for Democratic Party-Building*, (2004) pp.10~20.; NIMD, (2008), p.5.

<표 10> 다당제기구 참여정당 및 그 특징[8]

| 정 당 | 특 징 |
|---|---|
| 국가개혁당<br>SGP (Staatkundig Gereformeerde Partij 또는 State Reformed Party) | 칼뱅주의에 기반, 영국국교회를 장려하는 보수당 |
| 자민당<br>VVD (Volkspartij voor Vrijheid en Democratie 또는 People's Party for Freedom and Democracy) | 보수적 자유주의 성향, 사회경제영역에 국가개입 옹호, 모든 개인의 자유 중시, 나토·미국 등과 협력·유대강화 추구 |
| 기독민주당<br>CDA (Christen Democratisch Appèl 또는 Christian Democratic Party) | 연립정부에서 가장 오랜 기간 수권한 중도 성향의 정당, 아시아·아프리카 지역에서의 빈곤추방·인권옹호에 관심을 쏟음 |
| 민주66당<br>D66 (Democrats 66) | 1966년 노동당에서 이탈해 민주적 개혁을 호소하며 창당, 노동당과 자민당의 중도노선을 견지 |
| 노동당<br>PvdA (Partij van de Arbeid 또는 Dutch Labour Party) | 19세기 후반 유럽에 널리 퍼진 사회 주의를 기반으로 창당, 나토보다 유엔과 협력하는 평화외교에 관심 |
| 기독연맹당<br>Christen Unie (Christian Union Party) | 다소 자유주의적 성향, 기독교적 가치를 사회에서 실행하는 것을 중시 |
| 녹색좌파당<br>Groen Links (Green Left Party) | 파시스트·급진천주교·진보적 복음주의·사회주의자 소수정당들이 연합해 창당, 환경, 다문화주의 관련해 활동 |

네덜란드는 자국의 다당제민주주의를 중요한 자산으로 여기고 있으며, 각 정당들은 정당수가 많은 만큼 다양한 유권자를 대변할 가능성도 높아진다고 생각했다. 물론 다당제민주주의가 제대로 작동하기 위해서는 전제조건이 필요하다. 의회에 진출한 정당들

---

[8] 네덜란드 9개 정당 중 현재 7개 정당이 기구에 참여하고 있다. 이들의 영어명칭은 홈페이지에 게시된 것을 기준으로 했다. NIMD, *NIMD Annual Report 2007*, (2008) p.6.; NIMD & Instituut voor Publiek en Politiek, edited by Peter Hesselink & Susan Parren, *The Dutch Political System in a Nutshell*, (2008), pp.13~16.; homepage, NIMD, http://www.nimd.org/page/political_parties (최종검색일: 2009년 4월 28일).

이 네덜란드처럼 '토론 후 합의'를 이끌어내는 소통역량을 키워야만 이견을 조정할 수 있는 것이다. 이념이 다른 정당들이 특정 정책과 관련해 때로는 협력하고 때로는 비판하면서 의회정치의 기반을 공고하게 만드는 것은 다당제기구가 지향하는 의회정치 지원의 역할모델이기도 하다.

다당제기구는 정당역량 증진과 정당체제 강화를 해외민주주의지원의 핵심으로 여겼다. 기구는 크게 세 가지 차원에서 신생민주주의국가의 정당발전전략에 접근했다. 기구는 수원국의 개별정당이 내부권력을 투명하게 운영하고 당원의 의견을 수렴하는 절차를 제도화해 정당내부체계를 공고화하는 전략을 취했다. 또한 정당들이 소통하는 통로를 마련해 정당들 간에 협력하는 발판을 마련하고자 했다. 아울러 정당이 대표해야 하는 시민사회의 정치적 의사를 확인하고 수렴할 수 있도록 정당이 시민과 소통하는 교육이나 회의를 개최하는 과정도 빼놓지 않았다. 다당제기구는 수원국의 정당 환경을 아우르면서 다당제민주주의를 구축하고자 하는 프로그램을 실행했다.

〈표 11〉 신생민주주의국가 정당발전전략[9]

| 정당의 제도적 발전<br>(Institutional party development) | 정당 간 관계<br>(Political party-party system nexus) | 정당과 시민사회 관계<br>(Party-Civil society relationship) |
|---|---|---|
| • 조직역량 강화<br>(Organizational Strength)<br>• 당내 민주주의<br>(Internal Democracy)<br>• 명확한 정치지향<br>(Political Identity)<br>• 당내 통일성<br>(Internal Unity)<br>• 선거당선능력<br>(Electioneering Capacity) | • 민주적 법제도<br>(Democratic Legal Framework)<br>• 극단적 대립 완화<br>(Moderate Polarization)<br>• 낮은 변동성<br>(Low Volatility)<br>• 민주적 정치관행<br>(Democratic Practice)<br>• 정당 간 차이 감소<br>(Moderate Fragment) | • 협력교류 및 대화<br>(Collaborative Exchanges & Dialogue)<br>• 역량증진<br>(Confidence Building)<br>• 시민교육<br>(Civic Education)<br>• 전문 대중매체<br>(Professional Mass Media)<br>• 제도연계<br>(Institutional Linkage) |

9) NIMD, (2004) pp.20~21.

현지화전략은 기구가 현지 활동의 효율성을 꾀하는 주요 방식이다. 기구는 관리본부 산하에 다당제민주주의센터(CDM: Center for Multiparty Democracy)를 설치해 수원국 현지에서 민주주의지원사업을 직접 총괄했다. 수원국 현지에 설치된 민주주의센터는 네덜란드와 수원국의 정당들이 국가의제를 논의하고 이를 정책에 반영할 수 있도록 정책·입법전문성을 키우는 장으로 기능해 왔으며, 수원국의 여당과 야당이 신뢰를 쌓고 국익관련 사안에 합의하는 자리도 만들어 왔다. 센터는 현재 볼리비아, 케냐, 말라위, 탄자니아, 잠비아에서 운영되고 있다. 케냐센터가 유엔여성개발기금, 유엔개발계획, 독일 하인리히 뵐 재단에서 후원을 받는 것처럼 각 센터는 네덜란드 외에서도 국제적인 지원을 받으며 활동하고 있다.

### 선택과 집중, 아프리카에 초점을 맞추다

해외민주주의지원사업의 후발주자인 네덜란드는 선택과 집중 전략을 구사했다. 민주주의가 취약한 지역에 민주주의정당제도가 효율적으로 정착되도록 자원을 집중한다는 의도에 따른 결과다. 이에 따라 다당제기구는 정국이 대체로 불안정한 아프리카에 초점을 맞춰 활동해 왔는데, 2007년에는 기구가 지원하는 전체 정당 중 절반이 아프리카국가에 있기도 했다.

프로그램에 지원되는 자금의 변화는 다당제기구가 아프리카에 지대한 관심을 쏟는다는 것을 보여주고 있다. 〈그림 24〉는 다당제기구가 지역별로 프로그램예산을 분배한 내역이다. 프로그램실행 첫 해인 2002년을 제외하면 기구는 아프리카에 예산을 가장 많이 투입했다. 다당제기구는 2002년부터 2007년(예상치)까지 아프리카지역에 전체 예산의 2/3가 넘는 67.2%를 지원했다. 라틴아메리카에는 지역프로그램 실행 첫 해인 2002년 프로그램예산의 절반이상이 투입되었지만 이후 연평균 20% 미만 수준의 예산이 사용되었다. 유라시아프로그램은 지난 5년 여간 다소 늘어나는 경향을 보였다. 이와 같은 프로그램예산의 분배는 다당제기구가 아프리카의 정당구조를 제도화하는 데 주력해 왔음을 보여주고 있다.

〈표 12〉 다당제기구가 운영하는 정당지원프로그램 참여정당[10]

| 지역 | 국가 | 정당 |
|---|---|---|
| 아프리카 | 가나 | 신애국당(New Patriotic Party) 외 3개 정당 |
| | 케냐 | 오렌지민주운동당(Orange Democratic Movement) 외 23개 정당 |
| | 말라위 | 민주인민당(Democratic Peoples Party) 외 6개 정당 |
| | 말리 | 말리 민주연맹(Adema/PASJ) 외 15개 정당 |
| | 모잠비크 | 모잠비크해방전선(Frelimo) 외 1개 정당 |
| | 남아프리카공화국 | 아프리카기독민주당(African Christian Democratic Party) 외 14개 정당 |
| | 탄자니아 | 혁명당(Chama Cha Mapinduzi) 외 4개 정당 |
| | 잠비아 | 민주연맹연합(United Democratic Alliance) 외 5개 정당 |
| | 짐바브웨 | 짐바브웨아프리카민족연합(Zimbabwe African National Union - Patriotic Front) 외 2개 정당 |
| | | 총 9개국 82개 정당 |
| 남아메리카 | 볼리비아 | 사회행동당(Movimiento al Socialismo) 외 2개 정당 |
| | 에콰도르 | 국민연합당(Alianza País) 외 11개 정당 |
| | 과테말라 | 희망당(Unidad Nacional de la Esperanza) 외 10개 정당 |
| | 니카라과 | 니카라과자유연합(Alianza Liberal Nicaraguense) 외 7개 정당 |
| | 수리남 | 수리남민족당(National Party of Suriname) 외 8개 정당 |
| | | 총 5개국 43개 정당 |
| 유라시아 등 | 그루지야 | 민족연합운동(United National Movement) 외 5개 정당 |
| | 인도네시아 | 골카르(Functional Groups Party) 외 6개 정당 |
| | 아프가니스탄 | 자미아티(Jamiat) 외 20개 정당 |
| | 부룬디 | 민주수호국가평의회-민주수호군(CNDD-FDD) 외 4개 정당 |
| | | 총 4개국 39개 정당 |

---

10) NIMD, (2008) pp.70~71.

〈그림 24〉 2002~2007년 지역별 프로그램 예산지원 비율변화[11]

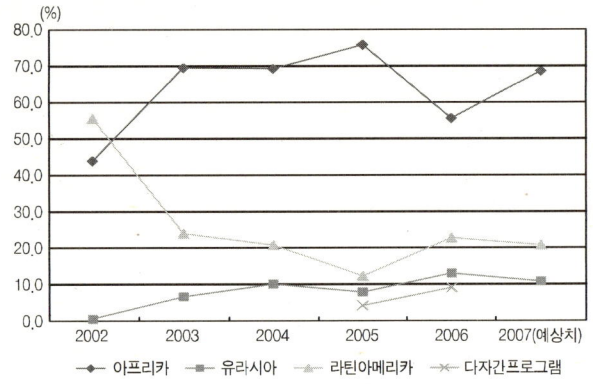

다당제기구는 아프리카대륙에 집중하면서 프로그램을 실행하는 수원국의 수도 크게 늘렸다. 2002년 7개에 불과했던 수원국 프로그램은 2007년에는 지역별·다자간프로그램을 포함해 22개로 늘었다. 사업비는 몇몇 프로그램을 제외하면 대체로 고르게 할당되고 있으며, 최근에는 특별히 많이 지원하는 국가도 거의 없다. 다당제기구는 아프리카대륙차원에서 민주주의 증진에 초점을 맞춰왔지만 개별국가수준에서는 크게 차이를 두지 않는 경향을 보이고 있다.

새로운 고민을 던진 케냐총선[12]

2007년 12월 케냐에서는 연말연시에 어울릴만한 덕담이 오고가지 않았다. 케냐국민들은 두 부류로 나뉘어 서로를 비방했고 심지어 폭력 사태가 일어나기도 했다. 2007년 12월 치러진 총선을 둘러싼 갈등은 근래 보였던 케냐의 정치안정이 실은 상당히 취약했음

---

11) NIMD, *Annual Report 2003*, (2004) p.68.; *Annual Report 2004*, (2005) p.86.; *Annual Report 2005*, (2006) p.52.; *Annual Report 2006*, (2007) p.69.; *Annual Report 2007*, (2008) p.64.
12) NIMD, (2008) pp.32~33.

을 드러냈다. 총선 후 개표과정을 두고 부정의혹이 불거지면서 잡음이 끊이지 않았다.

<그림 25> 지역별 프로그램 지출비중 세부내역 변화[13]

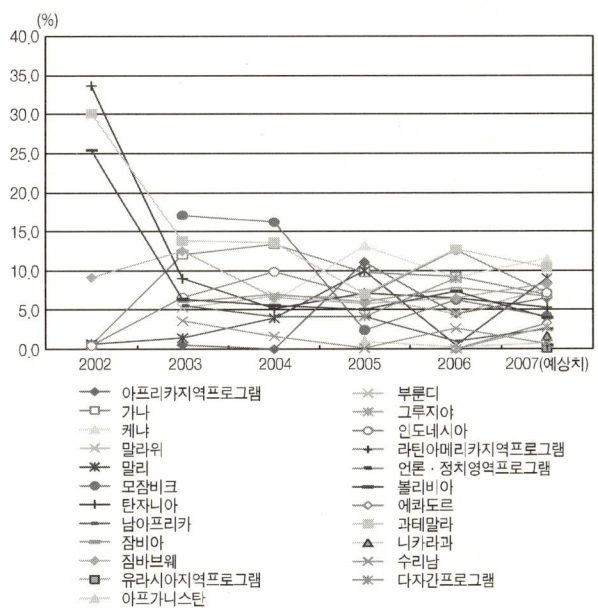

 개표결과 초반부에는 야당인 오렌지민주운동당의 압승이 예상되었지만 키바키 대통령이 다른 지역의 개표를 미룬 직후 선관위는 돌연 여당의 승리를 선언했다. 진상규명을 요구하는 시민들이 거리로 뛰쳐 나왔으나 경찰은 이들을 향해 발포했고 사망자가 나오기도 했다. 갈등의 골이 깊던 키쿠유족과 루오족 등은 다시금 대립하는 구도를 보여 정국을 더욱 불안정하게 만들었다.[14]

---

13) *Ibid.*
14) Project-syndicate, homepage, http://www.project-syndicate.org/commentary/sachs137 (최종검색일: 2009년 4월 28일).

케냐의 부정선거의혹사태를 두고 서방세계는 적잖이 당황했다. 네덜란드 역시 예외는 아니었다. 다당제기구는 2004년 설립한 케냐다당제민주주의센터(CMD-K)를 기반으로 현지프로그램을 실행해온 수원국 중 하나였다. 총선이 치러지기 전 케냐센터는 연간보고서를 통해 프로그램실행 결과 케냐의 정치개혁에 공헌했다는 평가를 내놓기도 했다. 실제로 센터의 성과는 적지 않았다. 센터는 정당과 시민사회가 정당법(Political Parties Act)개혁에 동의하도록 유도했고 12개의 청년정치조직(youth wing)이 참여하는 청년개발프로그램을 진행했다. 당내민주주의개선·정당발전 프로그램을 실행해 정당을 강화하고자 했음은 물론이다. 키바키 대통령 집권기간 동안 이룬 높은 경제성장률과 정국안정은 이를 뒷받침하는 듯 보였다.

그러나 순식간에 유혈사태로까지 번진 케냐사태는 케냐의 대표적 공여국인 네덜란드에 고민을 더했다. 성공적이었다고 자평한 프로그램의 내용을 반성하고 대안을 찾아야 하는 상황에 직면한 것이다. 정치개혁의지가 없는 지도자들을 감독하고, 합의한 정치질서 개선안에 구속력을 더하지 못했던 지점은 짚고 넘어가야 할 부분이다. 총선 이전에 키바키 정부를 비롯한 정당들은 헌법제도·선거제도를 개혁한다고 공언했으나 이를 지키지 않았다. 케냐다당제민주주의센터는 총선 이후 개혁의제초안을 지지하는 65개 조직연합과 평화적 갈등해결을 촉구했으나 실질적인 강제력은 없었다.

수원국의 복잡다단한 역사·문화적 맥락을 분석하는 과정을 심화하는 과정은 정당지원프로그램이 의미 있는 성과를 내는 데 기여할 것이다. 영국 옥스퍼드대학 아프리카연구소의 데이비드 앤더슨(David Anderson) 교수는 단순한 종족갈등의 틀로 케냐 문제를 접근해서는 안 된다고 조언했다. 앤더슨에 따르면 소말리아나 수단 등지에서 유입된 수많은 피난민은 키쿠유족과 루오족의 대립으로 설명할 수 없는 종족 간 대립구도를 형성하고 있다. 뿐만 아니라 아프리카 최대의 판자촌 지역과 높은 실업인구는 경제성장의 성과를 위협하는 불안요소로 작동했다.[15] 정당내부와 정당 간 제도 구축뿐만 아니라 사회와의 연결지점을 강화하는 노력이 절실히 요구되는 상황이다.

다당제기구의 해외민주주의지원 역사는 그리 길지 않지만 정당제도가 취약한 국가에서 의미 있는 활동을 벌여왔다. 그러나 좀 더 실질적인 성과를 이끌어 내기 위해, 다당제기구는 복잡한 인종갈등과 심각한 경제 불평등을 해결할 역량을 키우도록 정당제도를 개혁하고, 사회·경제개혁의 접점을 찾는 노력을 강화하고 있다. 다당제기구는 케냐센터 개소 이후 각 정당이 여성, 청년, 소수종족 등 사회적 약자들을 대표하도록 다양한 모임과 워크숍 등을 개최하며 시민사회와의 접점을 모색하는 발걸음을 뗀 바 있다. 이 같은 변화가 실질적인 성과로 이어질 수 있을지 긍정적으로 지켜볼 일이다.

---

15) Guardian, homepage, http://www.guardian.co.uk/commentisfree/2008/jan/14/kenya.world (최종검색일: 2009년 4월 28일).

# 알프레드 모저르 재단
(AMS: Alfred Mozer Stichting)

http://www.alfredmozerstichting.nl/

## 동유럽에서 유럽연합으로 영역 확대[16]

알프레드 모저르 재단은 1990년 네덜란드 노동당이 산하에 설치한 해외민주주의협력기구이다. 노동당은 베를린 장벽 해체 이전에 중동부유럽과 관계를 형성하고 유지할 목적으로 알프레드 모저르 재단을 설립하였다.[17] 재단은 노동당을 대신해 동유럽에서 10여 년 간 교육사업을 펼쳤다. 동구권 정당들은 민주주의체제로 이행하는 과정에서 서구의 지원을 받으면서 정당 제도를 배우려 하였다. 이에 따라 노동당은 재단을 설립해 사민주의를 지향하는 신생·개혁정당의 요구에 응하고자 했다. 노동당을 포함한 자국의 정당이 동구권의 자매정당을 지원하는 데 호의적이던 네덜란드 정부는 정당교육에 필요한 보조금을 지원해 정당 간 협력을 촉진하였다.

알프레드 모저르 재단은 사민주의정당을 지원하는 데 역점을 두고 활동해 왔다. 재단은 2006년 정책계획보고서에서 "민주주의가 약한 곳에서는 사회민주주의 역시 약하다.(Social democracy is weak

---

16) AMS, *Annual Report 2005*, (2005) p.5.; *AMS Policy2006*, (2006), p.1~2.; AMS, homepage, http://www.alfredmozerstichting.nl/renderer.do/clearState/true/menuId/24804/returnPage/24587/; http://www.alfredmozerstichting.nl/renderer.do/clearState/true/menuId/24812/returnPage/24804/ (최종검색일: 2009년 5월 8일).
17) 알프레드 모저르는 네덜란드노동당의 첫 국제서기관이었다. 재단은 그의 이름을 재단의 명칭으로 붙였다.

where democracy is weak.)"는 문구를 기치로 내세운 바 있다. 최근 활동 대상지역이 다소 바뀌긴 했지만 설립 초기부터 재단은 사민주의 성향의 자매정당을 지원한다는 원칙을 고수해 왔다. 재단은 세 가지 전략과 세 가지 활동분야를 기준으로 삼아 사업을 진행했으며, 수원국의 사민주의정당을 지원하면서 노동당의 경험과 지식을 공유하는 장을 만들어왔다.

〈표 13〉 2005년 알프레드 모저르 전략 및 활동계획

| | 전 략 | | 활 동 |
|---|---|---|---|
| 1 | 사회민주주의정당지원 | 1 | 정당·야당세력·시민운동 교육, 물질적 지원, 시국 토론회(topical seminars and conferences) 개최 |
| 2 | 사민주의자를 포함한 민주적 야당세력 지원 | 2 | 지속적인 관계를 만들어갈 교육자 양성 |
| 3 | 정치적 시민운동을 지원해 사민주의정당이 활동할 수 있는 민주사회를 형성하고자 함 | 3 | 정당과 시민운동이 보조를 맞추도록 지원하고 공동 목표 설정함으로써 연계 강화 |

2005년 재단은 조직의 위상을 새롭게 정립하였다. 노동당 산하 동유럽재단(Foundation for Eastern Europe of the Dutch Labour Party)이라는 기존의 정체성을 노동당 사회민주주의재단(Foundation for Social Democracy of the Dutch Labour Party)으로 대체한 것이다. 이는 외무부의 마트라 프로그램이 유럽연합근린정책에 속한 두 개 국가에서 재단의 활동을 승인한 데 따른 결과이다. 현재 재단은 '가입 전 단계(pre-accession)' 국가를 대상으로 동유럽과 동남부유럽에서 주로 활동하고 있다. 수원국이 민주주의정당체제를 갖춰 유럽연합 회원국의 조건을 갖추게끔 지원하는 것이 주요한 활동목표이다. 이를 실행하는 차원에서 재단은 유럽을 대상으로 활동하는 민주주의·연대유럽포럼(European Forum for Democracy and Solidarity)에서

2007년까지 프로그램을 진행하기도 했다.[18] 재단은 노동당과 더불어 포럼의 이사회 구성원으로 활동했으며 2005년에는 139,358유로를 포럼활동에 지원했다.

알프레드 모저르 재단의 변화는 외무부의 영향에 따른 것이기도 했다. 이는 재단이 노동당과 연계되었지만 재정은 대부분 외무부에서 지원받기 때문이다. 예를 들어 재단은 2005년 외무부의 마트라 프로그램에서 532,400유로를 받아 중동부유럽프로그램을 실행했지만, 같은 해 노동당으로부터는 8,100유로를 지원받아 국내 프로그램을 진행한 바 있다. 나머지 재원인 24,063유로는 자매정당과 노동당원의 소액기부로 충당되었다. 이 같은 재정구조로 인해 재단은 구체적인 사업집행에서는 자율성을 가지지만 외무부의 정책방향과 크게 벗어나지 않는 틀 안에서 활동하는 구조에 편입되었다.[20]

외무부는 재단에 보조금을 지급하는 대신 제약을 가하기도 한다.

> **유럽연합근린정책**
> (ENP: EU Neighbourhood Policy)[19]
>
> 유럽연합의 행정조직인 유럽위원회(European Commission)는 유럽에 인접한 국가들과의 관계 재정립을 목적으로 2004년 유럽연합근린정책을 발표했다. 유럽위원회는 동유럽과 지중해의 7개국(이스라엘, 요르단, 몰도바, 모로코, 팔레스타인, 튀니지, 우크라이나)을 정책대상 범위로 선정했다. 정치·안보·경제·문화협력을 증진함으로써 대상국가가 유럽연합활동에 참여할 기회를 제공하고자 한 것이다. 구체적인 활동영역으로는 1) 정치토론·개혁 2) 유럽연합시장의 내부 비중을 점진적으로 늘리는 무역·수단 3) 정의·내무(home affairs) 4) 에너지, 교통, 정보사회, 환경·연구·혁신 5) 사회정책·대인접촉(people-to-people contacts) 등이 있다. 유럽연합의 공동외교안전보장정책이행과 유럽 내 정치협력을 강화하려는 유럽연합근린정책행동계획을 바탕으로 프로그램의 우선순위가 선정되고 집행되고 있다.

---

18) European Forum for Democracy and Solidarity, homepage, http://www.europeanforum.net/organisation/the_european_forum_for_democracy_and_solidarity (최종검색일: 2009년 5월 8일).

19) Commission of the European Communities, *European Neighbourhood Policy STRATEGY PAPER*, (2004) pp.2~3.

20) AMS, homepage, http://www.alfredmozerstichting.nl/renderer.do/menuId/24587/clearState/true/sf/24587/returnPage/24587/itemId/272306/realItemId/272306/pageId/24638/instanceId/24672/ (최종검색일: 2009년 5월 9일).

외무부는 알프레드 모저르 재단을 비롯한 자국의 재단들이 중동부 유럽의 정당과 직접 연계하도록 지원하려는 취지에서 자금을 지원한다. 네덜란드 정치재단들은 이를 바탕으로 수원국의 자매정당에 보조금을 지급하며 정당지원프로그램을 진행했다. 그러나 사업 수행 시 상품이나 인력 등 직접적인 자금지원 금지원칙에 따라 보조금은 교육·훈련활동 등에만 쓸 수 있다. 한편 개별정치재단은 모(母)정당의 의석비율에 따라 외무부에서 보조금을 받기 때문에 보조금 규모는 정당별 의석비율에 따라 차등 지원된다.21)

재단은 현지프로그램을 실행하는데 중점을 두고 있는데, 현재 재단은 알바니아, 모로코 등 18개 국가에서 교육 프로그램을 진행하고 있다. '전도유망한 정치인 과정(Course for Promising Politicians, 구유고연방지역)', 칼란데르재단(몬테네그로, 보스니아-헤르체고비나 지역)과 협력해 진행한 프로젝트 등을 예로 들 수 있다. 〈그림 26〉은 2006년 재단이 마트라 프로그램의 지원을 받아 지출한 프로그램별 비율인데 국가별 프로젝트에 집중하고 있음을 보여준다.

〈그림 26〉 2006년 프로젝트별 지출비율(예상)22)

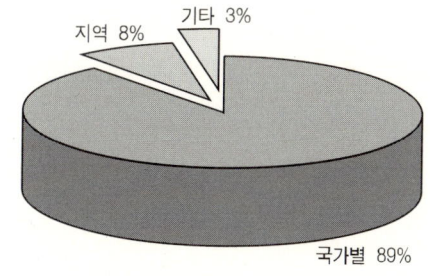

---

21) 기본적으로 각 재단별로 기본액수가 동등하게 지급된다. 여기에 정당이 하원에 차지한 의석수에 따라 추가금액규모가 결정된다. 2009년 현재 의석별로 7,000유로씩을 더하는 방식으로 각 재단에 지원금이 지급되는 방식을 취한다.
22) AMS, *AMS Policy2006*, (2006) pp.6~26.

〈표 14〉 2006년 지역프로그램 실행 지역[23]

| 지 역 | 국 가 |
|---|---|
| 중동부유럽 | 알바니아, 아르메니아, 아제르바이잔, 벨로루시, 보스니아, 불가리아, 크로아티아, 마케도니아, 그루지야, 코소보, 몰도바, 몬테네그로, 루마니아, 러시아, 세르비아, 우크라이나 |
| 기타 | 요르단, 모로코, 터키 |

우크라이나 오렌지혁명이 가져온 새로운 도전[24]

2004년 12월 우크라이나 수도 키예프의 거리는 온통 오렌지색으로 뒤덮였다. 오렌지 빛깔의 천을 휘날리며 오렌지를 주고받는 사람들이 야당 대통령 후보의 당선을 주장하며 거리로 나선 것이다. 광장을 오렌지 빛깔로 물들였던 시민들의 요구는 결국 재선거를 이끌어냈다.[25] 야당 대통령후보였던 빅토르 유셴코의 당선이 확정되기 전부터 우크라이나의 거리는 새로운 대통령의 등장에 대한 기쁨과 변화에 대한 기대로 가득 찼다.

유셴코 대통령의 승리는 알프레드 모저르 재단에 반가운 소식이었다. 재단이 여당에 대항할 야당단일후보를 세우는 데 힘을 보탰기 때문이다. 재단은 특히 노동당의 자매정당이자 사회주의 인터내셔널의 참관자격을 지닌 우크라이나사회당(SPU: Socialist Party of Ukraine)과 젊은이들의 저항조직인 포라(PORA)를 집중 지원했다. 혁명 후 새로운 정부가 꾸려질 때 우크라이나사회당은 내무부장관, 농무부장관, 교육부상관을 점하며 내각에 참여했다.

재단은 혁명의 성과를 바탕으로 사민주의의 기반을 넓히는 측면에서 활동을 계속했다. 재단은 우크라이나의 협력조직들이 캠

---

23) Ibid.
24) AMS, Annual Report 2005, (2005) pp.38~39.; pp.52~53.
25) 연합뉴스, 키예프는 유시첸코 대선 승리예보에 환호 분위기(2004.12. 27.), homepage, http://news.naver.com/main/read.nhn?mode=LSD&mid=sec&sid1=104&oid=001&aid=0000864252 (최종검색일: 2009년 6월 17일).

페인을 조직하는 능력을 고양하는 데 초점을 맞추고 2005년 지방선거와 2006년 총선을 대비하는 정치캠페인교육을 조직했다. 재단은 영국과 프랑스의 협력기관과 함께 우크라이나사회당과 관련 있는 청년매파(Falcon Youth)와 청년사회주의자연합(Union of Young Socialists)의 회원을 교육했다. 오렌지혁명 당시 24석을 차지했던 우크라이나사회당은 2006년 총선에서는 33석을 얻었다.

우크라이나사회당이 비교적 선전하는 모습을 보인 반면 오렌지혁명의 열기는 혼돈의 양상을 보이고 있다. 혁명 당시 민주주의를 외치던 시민들의 열망은 강렬했지만 이후 정국은 혼란을 겪고 있다. 오렌지혁명에서 힘을 모았던 유센코 대통령과 티모센코 총리를 비롯한 정치인들은 합종연횡을 거듭했다. 우크라이나 정부는 러시아와 유럽연합 사이에서 에너지공급과 외교정책의 방향을 두고 갈등을 겪기도 했다.[26] 부정부패 없는 선거를 치르는 것뿐만 아니라 서로 다른 정치의견을 포용하는 민주주의 기반을 마련하는 노력이 보다 절실하게 요구되고 있는 것이다.

모저르 재단이 우크라이나에서 활동하는 길이 평탄치는 않다. 재단이 정책보고서에서 밝힌 것처럼 민주주의가 취약한 곳에서는 사회민주주의 역시 약하다. 사회민주주의정당이 뿌리내리기 어려운 상황에서 다당제민주주의의 기반을 만드는 일은 결코 쉽지 않은 일이다. 이 때문에 재단이 2005년 민주주의·연대유럽포럼, 우크라이나사회당과 협력해 실시한 '오렌지혁명 이후의 우크라이나' 콘퍼런스 등을 통해 혁명 이후의 방향을 고민하는 장을 확대하고 있다. 우크라이나 민주주의 공고화와 유럽연합 가입이란 목표를 향한 재단의 노력은 앞으로도 계속될 것이다.

---

26) 프레시안, '혁명동지' 암투·부패로 얼룩진 '오렌지혁명'-우크라이나 내각 해산… '여걸' 티모센코 총리 불명예퇴진(2005.09.09), homepage, http://www.pressian.com/article/article.asp?article_num=40050909140811&Section=05 (최종검색일: 2009년 6월 17일).

# 마트라 프로그램
(Matra Programme)[27]

http://www.minbuza.nl/en/themes,european-cooperation/the_matra_programme_file/

동구권의 체제 전환 지원에 앞장서는 외무부[28]

동구권 공산주의체제가 붕괴되었을 때 서방사회는 양면적인 반응을 보였다. 서유럽은 냉전구도가 종식된 상황을 반가워하면서도 구공산권의 체제붕괴에 따른 혼란의 여파가 자국에 미칠까 걱정했다. 동구권에 대한 뒤섞인 감정은 중동부유럽에 가까운 지역일수록 더했다. 때문에 이들 국가들은 동구권을 지원하는 데 적극적으로 나섰다. 동구권 국가들이 혼란을 수습하고 민주주의 사회로 이행하는 것을 도움으로써 유럽의 안정을 도모하는 한편 자국의 우호적인 국제관계망도 넓히기 위한 공감대가 있었기 때문이었다.

네덜란드 정부는 유럽 국가들의 행보와 발을 맞췄다. 이를 위해 네덜란드 외무부는 1994년부터 마트라 프로그램을 운영하기 시작했다. 중동부유럽지역이 시장경제에 기반을 둔 민주주의체제로 전환하는 과정을 돕기 위해서였다. 외무부는 수원국이 법치로 운

---

[27] 마트라(matra)는 사회적 이행(Social Reform)을 뜻하는 네덜란드어 maatschappelijke transformatie의 앞머리를 따 만든 단어다.

[28] Dutch Ministry of Foreign Affairs, *Grants Manual for the Matra Projects Programme 2008*, (2008) pp.2~3.; homepage, http://www.minbuza.nl/en/themes,european-cooperation/the_matra_programme_file/matrax_the_programme_and_how_to_apply.html (최종검색일: 2009년 4월 30일).

영되는 다원적이고 민주적인 사회로 이행하도록 지원하기 위해 마트라 프로그램을 가동했다. 외무부는 프로그램 대상 국가를 꾸준히 평가하고 개선방향으로 모색하면서 2009년 현재까지도 프로그램을 진행하고 있다.

마트라 프로그램은 동구권의 체제전환과 유럽의 상황 변화에 조응해 그 성격을 변화시켜 왔다. 프로그램의 성격은 2009년 현재까지 크게 세 시기로 나뉜다. 첫 시기는 프로그램이 시작된 1994년부터 1998년 중반까지다. 당시 마트라 프로그램은 수원국의 시민사회와 지방정부에 초점을 맞췄다. 두 번째 시기는 2004년까지로 프로그램은 수원국의 중앙정부를 지원하는 동시에 가입 전 프로그램(PAP: Matra for Pre-accession)을 운영해 유럽연합에 가입할 수 있도록 하는 지원활동을 벌였다. 2004년부터 현재까지 프로그램은 마트라 유럽협력프로그램(Matra for European Cooperation)과 마트라 굿 거버넌스프로그램(Matra for Good Governanace)을 주요 축으로 삼아 유럽연합 확대와 유럽연합 근린정책을 추구하고 있다.

<표 15> 마트라 지원대상 분류 및 목표

| 분 류 | 국 가 | 목 표 |
|---|---|---|
| 유럽연합 신규 회원국 | 불가리아, 루마니아 | 정부부처 간 전략적 협력 강화 |
| 유럽연합 가입 후보국 | 크로아티아, 마케도니아, 터키 | 가입 전 지원 정부부처지원 시민사회 강화 |
| 잠재 후보국 | 알바니아, 보스니아-헤르체고비나, 코소보, 몬테네그로, 세르비아 | |
| 유럽연합 동부 인접국 | 아르메니아, 벨로루시, 그루지야, 몰도바, 러시아, 우크라이나 | 시민사회·지역정부 강화 정부부처 간 협력 시작 |
| 유럽연합 남부 인접국 | 알제리, 요르단, 레바논, 모로코, 시리아, 튀니지 | 소규모 대사관 프로젝트에 예산 지원 |

마트라 프로그램은 유럽연합의 경계지역에 재원을 지속적으로 투입했다. 마트라 프로그램은 수원국이 유럽연합에 가입할 수 있는 조건을 만드는 프로그램을 진행했고 일부는 긍정적인 성과를 올렸다. 이를 바탕으로 최근 마트라 프로그램은 유럽연합 울타리 밖의 인접국으로까지 지원영역을 확장하고 있다. 마트라 프로그램은 외무부의 여타 프로그램과 상호 보완하는 차원에서 동시에 진행되었다. 중동부유럽지역의 안정과 민주주의체제의 정립이라는 초기목표와 더불어 유럽연합의 외연확장을 목표로 하는 프로그램을 다각적으로 진행하고 있다.

양자간·다자간 네트워크 심화를 위한 자매결연 전략29)
자매결연(Twinning)은 유럽연합의 울타리를 튼튼히 엮는 매듭의 역할을 한다. 유럽연합은 자매결연을 중동부유럽의 체제이행을 꾀하는 주요 정책 중 하나로 인식했다. 유럽연합·네덜란드·수원국 3자가 결합함으로써 유럽연합의 내부결속을 다진다는 전략에 따른 것이다. 공여국과 수원국 양자관계가 끈끈해지는 것은 자매결연이 성공하는 데 필요한 선행요소다. 자매결연을 통해 깊어진 상호이해를 바탕으로 유럽연합 가입국과 가입희망국은 유럽연합의 외연을 넓히는 동시에 관계를 심화시키고 있다.30)
마트라 프로그램은 자매결연을 성사시키도록 지원하는 프로그램을 진행했다. 마트라 프로그램은 유럽연합내외국이 유럽국가

---

29) Dutch Ministry of Foreign Affairs, homepage, http://www.minbuza.nl/en/themes,european-cooperation/the_matra_programme_file/related_matra_documents/appendix_to_the_letter_to_parliament.html (최종검색일: 2009년 4월 30일).

30) Wikipedia, homepage, http://en.wikipedia.org/wiki/Town_twinning (최종검색일: 2009년 4월 30일); Dimitris B. Papadimitriou, *Exporting Europeanisation: EU enlargement, the twinning exercise and administrative reform in Eastern Europe*, (2002) p.9.

간 협력증진에 관심을 높이도록 활동했다. 마트라 프로그램은 수원국이 유럽연합 가입 전 조건(acquis communautaire)을 수용하고 민주적인 법·행정제도를 구축하도록 지원하면서 이에 동참했다. 네덜란드 외무부의 노력은 예산지출에서도 확인할 수 있다. 〈그림 27〉은 1998년부터 2003년까지 마트라 프로그램의 수원국별 프로그램예산지급내역을 나타낸 것이다. 1999년과 2000년 마트라 프로그램은 폴란드와 자매결연을 맺는 활동에 집중적으로 재원을 투입했다. 1999년 폴란드에 자매결연프로그램 예산의 94.1%를 지원한 마트라 프로그램은 1998년과 2001년에도 60%대의 예산을 폴란드에 투입했다. 하지만 이후 폴란드 지원액 규모가 줄어들면서 2003년에는 폴란드 지원프로그램이 종결되었고, 대신 체코와 슬로베니아에 각각 예산의 44.4%와 27.8%가 투입되는 변화를 보였다.31)

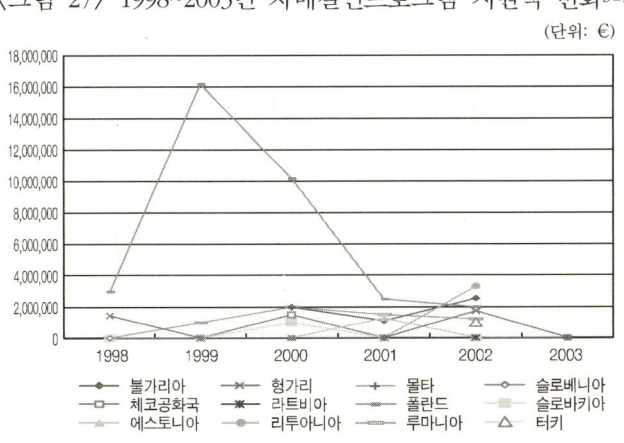

〈그림 27〉 1998~2003년 자매결연프로그램 지원액 변화32)
(단위: €)

---

31) 아쉽게도 2004년부터 현재까지의 자료는 홈페이지에 올라와있지 않아 수치화할 수 없었다. 향후 자료를 보강해 네덜란드 정부가 자매결연에 투입한 노력의 정도와 기간을 확인하는 과정이 필요하다.
32) Dutch Ministry of Foreign Affairs, homepage, http://www.minbuza.nl/en/europeancooperation/subsidies/EU_twinning.overview_eu__phare_twinning_projects_with_dutch_participation.html (최종검색일: 2009년 4월 29일).

네덜란드가 수원국과 자매결연으로 확보한 네트워크는 굿 거 버넌스를 구축하기 위한 발판이다. 마트라 굿 거버넌스 프로그램은 비정부기구 · 지역자치정부(local and regional government) · 환경보호단체 · 정당 · 중소규모공동체가 결합한 확대된 네트워크를 지원하고 공고화하고자했다. 때때로 수원국에 설치된 네덜란드 대사관들을 활용해 네트워크를 확대하기도 했다. 중앙정부를 비롯해 비정부기구와 시민사회단체와 더불어 외교통까지 참여함으로써 수원국의 민주주의 체질 강화를 도모한 것이다.

마트라 프로그램은 자매결연이라는 개념 안에 폭넓은 주체들을 포용하는 경향을 보였다. 그리고 유럽연합의 정책을 수행하는 정부부처로서 자매결연을 실행했다. 현재는 유럽연합 내부에 그치지 않고 확대된 네트워크를 지향하고 있다. 다양한 주체들이 접근할 수 있도록 보장하는 열린 참여를 통해 아래로부터의 민주주의 강화를 추구했다. 이같은 활동은 네덜란드의 이미지 제고라는 부수적인 효과를 노린 것이기도 하지만, 수원국 내부의 민주주의 동력을 강화하면서 민주적 거버넌스의 폭을 넓혔다는 점은 평가할 만하다.

유럽협력과 굿 거버넌스가 핵심이다[33])

마트라 프로그램은 2004년을 기점으로 유럽연합협력(Matra for European Cooperation)에 더욱 집중했다. 마트라 유럽협력프로그램은 유럽연합의 외연확대를 목표로 기존의 가입 전 프로그램(PAP)을 흡수 · 강화하면서 시작되었다. 이 프로그램은 크게 세 부분으로 구성되었다. 파트너십프로그램(Matra Partnership)은 2000년 시작되

---

[33]) homepage, Dutch Ministry of Foreign Affairs, http://www.minbuza.nl/en/themes,european-cooperation/the_matra_programme_file/related_matra_documents/appendix_to_the_letter_to_parliament.html (최종검색일: 2009년 4월 30일).

어 2007년 완료된 정부부처 간 공공제도협력프로그램이다. 역내 공조프로그램(Matra Good Neighbourliness Program)은 유럽연합위원회의 근린정책(Neighbourhood Initiative)과 결합하는 방식으로 운영되며, 유럽연합 동남부 국가의 정부와 협력하고 네트워크를 형성했다. 특히 마트라 가입 전 프로그램(MPAP)은 유럽협력을 추진하는 과정의 핵심이라 할 수 있다. 이들 영역은 네 개의 구체적인 프로그램으로 나뉘어 추진되었다.

〈표 16〉 마트라 유럽협력프로그램 세부분류

| 분 류 | 특 징 |
|---|---|
| 마트라 가입 전 프로그램<br>(MPAP: Matra Pre-Accession Programme) | • 수원국이 가입 전 조건(acquis communautaire)을 수용하고 수행하도록 지원<br>• 자매결연하는 네덜란드 공공기관과 수원국의 협력자들이 기술지원 |
| 마트라 유럽협력훈련프로그램<br>(MTEC: Matra Training for European Cooperation) | • 가입에 기초한 네덜란드 유럽숙련훈련(ADEPT: Accession-Oriented Dutch European Proficiency Training)과 마트라 훈련 프로그램(MOP: Matra Training Programme)을 통합한 결과물<br>• 단기훈련·교육과정 제공→파트너십, 가입 전 프로그램, 역내공조에 유용할 기반 조성 |
| 마트라 탄력프로그램<br>(Matra Flex) | • 정부간 부처간 교류에 필요한 자금 지원<br>• 정부인력, 인턴십, 교육방문, 동료평가(peer review), 콘퍼런스, 워크숍, 세미나 등을 승인하고 교환하는 활동 포함<br>• 담당부처는 재정경제부(EVD)산하로 이전 (과거 5개였던 주관부서가 하나로 통합되는 효과 노림) |
| 마트라 자매결연프로그램<br>(NCPT: National Contact Point for Twinning) | • 자매결연을 중심으로 다자간 네트워크를 형성해 유럽협력 증진 도모.<br>• 유럽연합과 양자간 자매결연전략 강화 |

마트라 굿 거버넌스(Matra for Good Governance) 프로그램은 유럽연합 기존 회원국들이 자부하는 민주주의제도를 신규회원국들이

수용하고 발전시킬 수 있도록 지원했다. 네덜란드 외무부 산하 정책수행평가부(IOB: Policy and Operations Evaluations Department)는 1999년 보고서에서 1994~1998년 동안 진행된 굿 거버넌스 프로그램이 성공적이었다고 자평했다. 설립 당시부터 지금까지 굿 거버넌스 프로그램은 중부·동남부·동부유럽의 수원국이 다원주의적 민주주의사회로 이행하도록 지원해 왔다. 이 프로그램은 비정부기구, 지역·광역정부단체(local and regional government organisations), 환경보호단체, 정당, 중소규모공동체의 확대된 네트워크 등 다양한 주체들과 협력하며 민주주의 심화를 도모해 왔다.

〈표 17〉 마트라 굿 거버넌스 프로그램 세부분류

| 분류 | 특징 |
| --- | --- |
| 마트라 프로젝트 프로그램 (마트라 보조금 요강)<br>(MPP: Matra Project Programme /Matra grants scheme) | • 동부·동남부유럽의 선정된 국가(selected countries)에서 사회전환이 원활히 이루어지는 지를 감시<br>• 북아프리카·서남아시아의 6개 아랍 국가에서 진행되는 개발도 감시<br>• 2004년 1천 6백만 유로가 연간 예산으로 책정됨 |
| 마트라 정당 프로그램<br>(Matra Political Parties Programme) | • 네덜란드와 중동부유럽 신생민주주의국가 내 정당들이 네트워크를 형성하도록 지원<br>• 2005년 2백만 달러 지원. 매년 지원예산액 증가 |
| 마트라 소규모지역활동기 프로그램<br>(KPA: Matra Small Local Activities Programme) | • 마트라 프로젝트 프로그램과 대사관 프로젝트 프로그램의 논리적 연결고리(소규모 비정부기구)를 형성<br>• 정보제공, 공공캠페인은 유럽연합 확대정책 인지도향상에 기여<br>• 연간 1백만 유로가 수년간 지원될 예정 |
| 마트라 소규모대사관 프로젝트 프로그램<br>(KAP: Matra Small Embassy Projects Programme) | • 관련 대사관들을 연결 → 수원국 주재 네덜란드 대사관과 매일 소통하는 것 가능<br>• 북아프리카·서남아시아 6개국에서 실시<br>• 연간 3백만 달러 지원. 각 프로젝트의 최대 합계액은 1만 1천 5백 유로에서 1만 5천유로까지 증가할 것 |

마트라 프로그램은 비정부기구 등 시민사회의 협조를 이끌어 내기 위해 12개의 세부분야에 개별 기구들이 참여할 수 있도록 기금을 요청하는 창구를 따로 마련했다. 이 기준에 따라 네덜란드의 비정부·비영리단체 또는 네덜란드에서 사무소를 운영하면서 네덜란드 상공회의소에서 독립법인으로 인정받은 국제기구들이 자금을 요청했다. 정부는 큰 틀을 마련하고 세세한 프로그램은 시민사회가 자율적으로 참여하도록 유도함으로써 효율성을 높이고자 한 것이다.

〈표 18〉 마트라 프로그램의 12가지 주제영역[34]

| 분 류 | 특 징 |
|---|---|
| 입법과 법<br>(Legislation and law) | • 입법 : 입법과정과 내용에 관한 초안과 수정안 및 입법 활동 지원<br>• 사법기구, 사법 독립성, 법 집행, 법률지원<br>• 교도소 개혁, 집행유예/출소 후 지도 관리 |
| 공공행정/공공질서/<br>경찰력<br>(Public Administration/<br>public order/police) | • 굿 거버넌스 : 시민사회기구를 거쳐 중앙·지방 정부정책에 영향을 끼침. 1) 책임성·적법성·투명성·정부행동의 민주화 증진 2) 정부와 공공사업기금의 분권화·규제완화 3) 정책결정과정 4) 공공사업개혁이 주요 목표<br>• 지역도시부처 간 협력<br>• 경찰-시민, 경찰-공공행정/검찰제도·예방·청렴·지역경비(district-based policing) 간 경찰력을 전문화 |
| 인권/소수자<br>(Human rights/minorities) | • 인권·소수자 통합 분야에서의 활동 |
| 환경<br>(Environment) | • 환경(보호)단체와 그 네트워크를 형성하고 강화<br>• 환경교육<br>• 환경당국의 위상·환경정책수행 지원 |

---

[34] Dutch Ministry of Foreign Affairs, *Grants Manual for the Matra Projects Programme 2009*, (2009) pp.7~10.

| | |
|---|---|
| 생물다양성<br>(Biodiversity) | • 생물다양성 손실을 멈추는 데 기여할 자연친화적인 시민사회기구 건설 및 지원<br>• 2008~2011년 네덜란드정부의 생물다양성정책 프로그램(Biodiversity works: for nature, for people, forever, the Dutch government's Biodiversity Policy Programme 2008~2011)의 주요정책을 따름 : 지속가능한 판매 과정, 해양생물다양성·지속가능한 어업, 생물다양성에 쓰일 자금투입, 생태네트워크창조, 농업을 포함한 생산과정에서 생물다양성 활용 |
| 주거<br>(Housing) | • 주거정책 개발 및 개혁 : 지속가능한 건설, 지불가능성, 거주환경개선, 도시재개발, 기금 및 계<br>• 주택조합·도시주거서비스 지원<br>• 법적 확실성, 지역 수준에서 접근과 참여 통합 |
| 정보/매체<br>(Information/media) | • 지역 수준에서 정부정보조항 마련<br>• 민주주의사회의 기능을 개선할 공공정보서비스<br>• 자유로운 매체 지원 : 라디오, 텔레비전, 저널리즘(신문, 잡지), 새로운 매체<br>• 비정부기구가 실시하는 인지도 향상 캠페인 |
| 문화<br>(Culture) | • 정부와 문화영역 사이의 새로운 관계를 밝힐 문화기반개발 : 문화관리<br>• 단단하면서도 혁신적인 문화 프로젝트 : 독립적인 문화 표현 지원 |
| 복지<br>(Human selfare) | • 자원봉사활동·개인적인 시도 지원 : 사회와 클럽<br>• 노인과 장애인을 전문적으로 돌보는 질의 개선<br>• '위험 속의 아이들(children at risk)' : 길거리의 아이들, 아이들과 에이즈, 아동성매매, 청소년범죄, 아동노동 |
| 공공의료<br>(Public health) | • 공공의료 : 공공의료제도 개선·평가, 인식제고 (교육, 정보, 예방)<br>• 주요의료<br>• 교외정신질환진료<br>• 중독진료<br>• 환자인권 |
| 노동·사회정책<br>(Labour and social policy) | • 노동관계와 입법, 노조와 사용사기구.<br>• 사회안전망 개선<br>• 노동시장 : 제도적 틀 강화, 재통합·재고용 서비스 개선<br>• 작업장에서의 건강·안전 : 노동 관점 |
| 교육<br>(Education) | • 교육관리·개신. 노동자와 부모 참여<br>• 교재개발, 교육기준·평가, 교사의 초기·재교육<br>• 직업교육 : 개발·평가·훈련·교사훈련·교육과 고용의 조정을 포함한 제도개발<br>\* 교육은 한 개 이상의 다른 주제들과 결합하는 방식으로 진행. |

# 옥스팜 노비브
(Oxfam Novib)

http://www.oxfamnovib.nl/

세계적인 민간 네트워크 옥스팜과 제휴한 노비브[35]

네덜란드는 1953년 발생한 홍수로 기록적인 피해를 입었었다. 당시 주변국들은 네덜란드가 복구하는 데 필요한 자금과 물품을 지원했다. 이를 계기로 국제적인 지원이 인명·재산피해를 극복하는 데 큰 힘이 된다는 인식이 네덜란드 내에 확산되었으며 국제구호기구에 관한 관심도 높아졌다.

네덜란드 시민들은 왕실의 후원을 받는 가운데 노비브(Novib: Netherlands Organisatie Voor Internationale Bijstand, 네덜란드국제원조기구)를 설립했다. 1956년 창립된 노비브는 비정부기구로서 국제구호사업을 추진해 왔다. 제3세계의 빈곤문제는 노비브가 국제구호사업 중에서도 관심을 가지

### 옥스팜(Oxfam)이란?[36]

옥스팜은 세계의 민간독립기구가 연합한 네트워크다. 옥스팜의 모태는 1942년 창설된 '빈곤구호옥스퍼드위원회(Oxford Committee for Famine Relief)'다. 위원회는 2차 대전 당시 나치가 봉쇄한 그리스 지역에서 빈곤구호 활동을 펼쳤다. 이후 해외단체들과 협력해 해외지원·국제구호사업을 이었다. 1995년에는 옥스팜 인터내셔널로 명칭을 바꾸면서 세계 각국의 비정부기구들과 연맹했다. 2007년 옥스팜은 세계 850여개 이상의 단체와 협력했다. 2009년 현재 오스트레일리아, 벨기에, 캐나다, 프랑스, 독일, 영국 등 13개국 비정부기구들이 옥스팜 인터내셔널의 회원으로 활동하고 있다. 옥스팜 노비브는 네덜란드 활동단체의 명칭이다.

---

35) Oxfam Novib, homepage, http://www.oxfamnovib.nl/id.html?lang=en&id=7912 (최종검색일: 2009년 5월 6일)
36) Wikipedia, homepage, http://en.wikipedia.org/wiki/Oxfam (최종검색일: 2009년 3월 17일)

고 활동한 분야다. 자연재해뿐만 아니라 불안정한 정치상황으로 인해 만성적이며 구조적인 빈곤에 시달리는 제3세계 주민들을 위해 노비브는 대대적인 캠페인을 벌여 국제구호자금을 모금했다. 설립 이후 노비브는 손님에게 저녁 한 끼를 대접하는 비용을 국제구호사업에 기부하자는 식사대접하기캠페인(A Guest at the Table, 1963년), 인도식량캠페인(Food for India Campaign, 1966년) 등을 전개했다.

노비브의 이같은 활동은 옥스팜과의 제휴를 통해 커다란 변화를 맞이하게 된다. 노비브는 1994년 옥스팜 인터내셔널(Oxfam International)과 제휴하기로 합의했으며, 8년 뒤인 2006년 '옥스팜'이라는 간판을 공식적으로 달았다. 그물망처럼 퍼진 옥스팜의 네트워크를 활용해 자원을 효율적으로 배분할 수 있다고 판단했기 때문이었다. 노비브는 옥스팜의 일원으로서 인권신장, 사회기반시설구축, 빈곤해결, 민주주의 증진 등의 가치를 추구하는 활동을 벌이고 있다.

옥스팜 노비브는 확대된 네트워크를 기반으로 민주주의지원사업으로 영역을 확대하였다. 구호활동만으로는 제3세계의 빈곤문제를 해결할 수 없기 때문이다. 옥스팜 노비브는 유럽을 제외한 세계 각지에 지원사업을 펼치고 있는데 특히 아프리카와 아시아에 초점을 맞췄다. 빈곤수준, 여타 공여국의 활동 여부, 협력 가능성 등을 고려한 결과다. 옥스팜 노비브는 2010년에 아프리카와 아시아에 각각 예산의 42.6%, 30.2%를 투입한다는 계획을 세워 실행하고 있다. 지원사업의 효율성을 꾀하기 위해 선정한 2007~2010년 핵심지원국가목록을 보면 절대다수가 아프리카와 아시아 지역이다.

〈그림 28〉 2010년 지역별 지출 예상 비율[37]

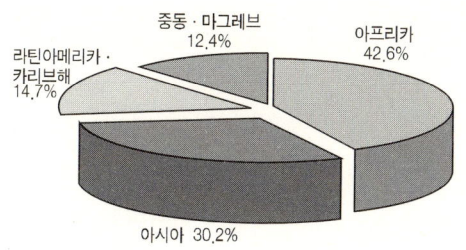

〈표 19〉 2007~2010년 핵심 지원국가[38]

| 지 역 | 국 가 |
|---|---|
| 아프리카 | 수단, 에티오피아, 소말리아, 말리, 니제르, 나이지리아, 콩고공화국, 우간다, 르완다, 부룬디, 앙골라, 모잠비크 |
| 아시아 | 아프가니스탄, 파키스탄, 인도, 방글라데시, 캄보디아, 인도네시아 |
| 중동·마그레브 | 팔레스타인 |

### 정부 지원으로 해결한 재정 부담[39]

옥스팜 노비브는 네덜란드의 독립 민간기구다. 옥스팜 노비브는 옥스팜의 일원이지만 옥스팜 인터내셔널과 무관하게 자율적으로 재정을 운영하고 있다. 노비브를 비롯한 옥스팜의 가맹기구들은 독립적으로 재정을 꾸리고 사업을 진행한다. 따라서 비정부기구인 옥스팜 노비브는 사업을 진행하기 위해 재원을 조달하는 창구를 마련해야 하는 상황에 직면할 수밖에 없었다.

---

37) Oxfam Novib, *Summary of the Business Plan 2007-2010*, (2007) p.12.
38) *Ibid.*
39) Oxfam Novib, *Annual Report 2001*, (2002) p.11.; *Annual Report 2002*, (2003), p.22.; *Annual Report 2003*, (2004) p.22.; *Annual Report 2004*, (2005) p.20.; *Annual Report 2005*, (2006) p.15.; *Annual Report 2006*, (2007) p.48.; *Annual Report 2007*, (2008) p.60.

결국 옥스팜 노비브는 정부라는 든든한 재원조달창구에 기댔고, 네덜란드 정부는 옥스팜 노비브가 필요로 하는 사업자금의 상당부분을 지원했다. 네덜란드 정부가 옥스팜 노비브에 지원한 금액은 연간예산의 약 70% 가량으로 대부분은 외무부가 지급한 것이다. 2007년 한 해 동안 외무부가 노비브에 지원한 재정은 전체 예산의 67.1%(123,500,000€)였다.40) 2005년을 제외하면 옥스팜 노비브가 자력으로 모금한 예산은 전체의 1/3에 미치지 못했다.

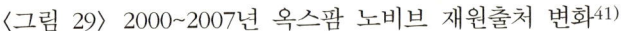

&lt;그림 29&gt; 2000~2007년 옥스팜 노비브 재원출처 변화41)

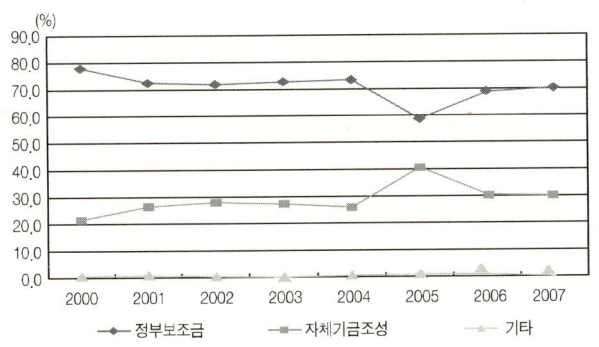

그러나 정부에 재정을 의존하는 구조는 옥스팜 노비브로 하여금 비정부기구로서 자율성을 잃지는 않는다 해도 네덜란드 정부와 호흡을 맞추도록 하고 있다. 콩고에서 벌인 구호사업이 대표적인 사례 중 하나이다. 옥스팜 노비브는 네덜란드 정부가 콩고의 빈곤문제를 개선하고 민주적 거버넌스를 증진하고자 하는 사업에 적극적으로 협력하였다.

---

40) Oxfam Novib, (2008) p.33.
41) 2001년부터 2007년까지 7년간 연간보고서의 세입 부분에서 Available from fundraising, Government subsidies, Other income을 모아 분석한 수치다. 2000년의 경우 보고서에 적시된 수치와 실제 계산된 결과 사이에 1,000유로의 오차가 발생했음을 밝힌다.

그럼에도 네덜란드 정부가 옥스팜 노비브의 재정을 지원하는 구조는 상호 원원전략으로 이해될 수 있다. 네덜란드 정부는 유엔이 결의한 새천년개발계획을 달성하는 차원에서 민주주의지원사업을 벌였는데, 민간기구에도 자금을 지원해 정부사업이 포괄하지 못하는 영역도 지원했다. 정부와 옥스팜 노비브가 각각 추구하는 새천년개발계획과 빈곤감소의 동시추구라는 맥락에서 보자면 네덜란드 정부의 재정지원은 양자에 모두 득이 되는 효과를 가져왔다고 볼 수 있다.

기본권(right based approach)을 확장해야 빈곤이 줄어든다[42]
'빈곤은 인권이 결여된 척도다.' 옥스팜 인터내셔널은 단순한 원조만으로는 빈곤이 만성화된 사회의 체질을 바꾸기 어렵다고 판단했다. 빈곤을 둘러싼 구조적인 문제에 포괄적으로 접근해야만 빈곤에 허덕이는 주민들의 삶을 근본적으로 바꿀 수 있다는 것이다. 제3세계의 주민들이 권력에 접근할 권리와 같은 기본권을 보장받아야만 스스로 빈곤과 불평등에서 벗어날 수 있다는 게 노비브를 비롯한 옥스팜 13개 가맹기구들의 생각이다.

옥스팜 노비브는 주민의 기본권을 확대해 '구조적인 빈곤감소'를 도모하고자 했다. 수원국 지원프로그램에 투입된 재원은 구조적 빈곤감소를 목표로 책정된 예산의 2/3 이상을 차지했다. 그만큼 옥스팜 노비브는 현지의 빈곤구조를 개선하는 활동을 지원하는 데 중점을 두고 있는 것이다. 하지만 프로그램예산은 점차 감소해 2000년 79%였던 예산비율이 2007년 67%수준으로 떨어졌다. 반면 정부나 정당 등 정책결정자들을 대상으로 한 로비는 꾸준히 늘었다. 수원국의 제도정치가 빈곤을 재생산하

---

42) Oxfam Novib, homepage, http://www.oxfamnovib.nl/id.html?ch=&dang=en&id=7911 (최종검색일: 2009년 5월 6일)

는 구조를 개선하도록 압력을 넣는 창구를 확대하는 것을 목표로 삼은 로비 관련 예산은 2007년 20%를 넘어섰다.

〈그림 30〉 2000~2007년 '구조적 빈곤감소' 추진 세부내역[43]

1) 지원액 추이

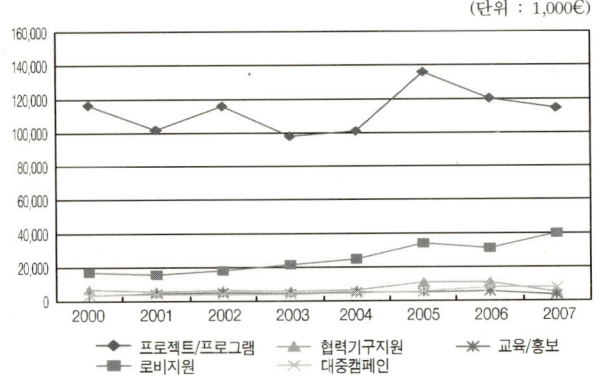

2) 지원비율변화

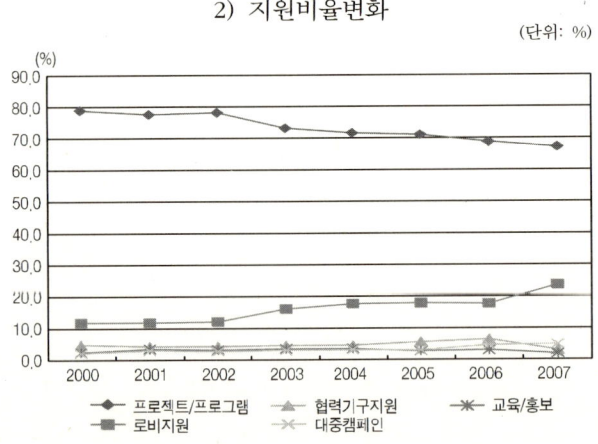

---

[43] Oxfam Novib, *Annual Report 2001*, (2002) p.11.; *Annual Report 2002*, (2003), p.22.; *Annual Report 2003*, (2004) p.22.; *Annual Report 2004*, (2005) p.20.; *Annual Report 2005*, (2006) p.15.; *Annual Report 2006*, (2007) p.48.; *Annual Report 2007*, (2008) p.60.

옥스팜 노비브는 현지프로그램을 실행해 수원국의 민주주의와 빈곤감소를 동시에 달성하고자 했다. 프로그램 실행기준은 크게 5개로 나뉘었다. 지속가능한 삶, 기본적 사회서비스, 생명과 안전, 사회정치에의 참여, 정체성이 그 내용이다. 옥스팜 노비브는 각 프로그램을 유기적으로 결합해 주민들이 안정적으로 경제활동을 하고 민주주의사회를 만드는 데 기여하고자 했다. 그 내용은 〈표 20〉과 같다.

〈표 20〉 5개 프로그램 영역[44]

| 분 류 | 내 용 | 2007~2010년 계획 |
|---|---|---|
| 지속가능한 삶 (Sustainable livelihood) | • 안정적인 식량·수입 보장<br>• 자연자원에의 접근<br>• 존엄성이 보장된 임금노동(paid labor under dignified conditions)<br>• 열린 시장 | • 소액융자(micro finance) 프로그램 예) 소액융자를 제공하는 에이에스엔-노비브(ASN-Novib)기금을 2006년 1천 7백만 유로에서 2010년 5천 9백만 유로로 확대해 운영 |
| 기본적 사회서비스 (Basic social services) | • 의료<br>• 공중위생(식수, 화장실, 하수시설, 쓰레기 처리, 위생)<br>• 기본교육 | • 공여국정부와 국제기구들이 의료, 보건, 교육에 자원을 배분하도록 압력. 예) 지구촌빈곤퇴치시민네트워크 (GCAP: Global Call to Action against Poverty). |
| 생명과 안전 (Life and security) | • 빈곤, 군사적 충돌로 인한 질병이나 죽음, 자연재해나 개인을 침해하는 집단폭력 종식 | • 적십자의 국제기준과 취약계층을 배려하는 기준에 따라 인도주의적 지원을 기관차원에서 제공. 예) 연간 5백만 유로 예치 |
| 사회·정치에의 참여 (Social and political participation) | • 시민권<br>• 정치적 권리<br>• 자립적인 민주주의 (inclusive democracy) | • 시민, 정부, 기업, 제도의 균형을 맞추는 민주적 문화 형성. 예) 지구촌빈곤퇴치시민네트워크와 협력 |
| 정체성 (성, 다양성) (Identity; gender, diversity) | • 여성, 인종·문화 소수자들에게 가해지는 학대, 무시, 차별로부터의 자유 | • 빈곤상황에서 더우욱 차별받는 여성, 원주민 등 소수자들의 권리 증진. 예) '여성에 가해지는 모든 폭력을 종식할 수 있다(WE CAN end all violence against women.)' 캠페인을 '우리는 자립적인 민주주의를 건설할 수 있다(WE CAN build inclusive democracies)'캠페인으로 확장 |

---

44) Oxfam Nivib, *Summary of the Business Plan 2007-2010*, (2007) pp.5~16.

옥스팜 노비브는 지속가능한 삶의 기반을 마련하는 일에 많은 관심을 기울였다. 옥스팜 노비브가 지속가능한 삶 프로그램에 지출한 예산은 단일영역으로는 비율이 가장 컸다. 2000년대 옥스팜 노비브가 지속가능한 삶 프로그램에 에 투입한 예산은 프로그램 전체예산의 1/3 수준을 유지했다. 옥스팜 노비브는 수원국 주민들의 정치 참여에도 관심을 보였는데 05~06년을 제외하면 프로그램 예산의 20%이상이 투입되었다. 2010년에도 이러한 프로그램별 예산지출경향은 크게 변하지 않을 것으로 예상된다. 다만 정체성 관련 프로그램 지출은 꾸준히 증가해 옥스팜 노비브가 사회적 소수자들의 정체성 문제에 관심을 확대하고 있음을 추정할 수 있다.

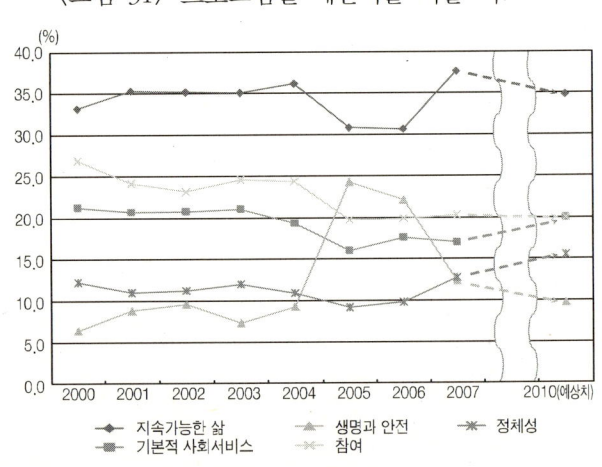

〈그림 31〉 프로그램별 예산지출 비율 비교[45]

---

45) 2002년의 경우 프로그램별 예산지출액이 반올림 수치로 표시되어 오차가 발생할 수 있음을 알린다. Oxfam Novib, *Annual Report 2001*, (2002), p.3.; *Annual Report 2002*, (2003), pp.8~16.; *Annual Report 2003*, (2004), pp.13~18.; *Annual Report 2004*, (2005), pp.12~15.; *Annual Report 2005*, (2006), pp.7~10.; *Annual Report 2006*, (2007), pp.12~25.; *Annual Report 2007*, (2008), pp.9~26.; *Summary of the Business Plan 2007-2010*, (2007) p.11.

옥스팜 노비브는 보조금 지급방식을 활용해 구조적 빈곤감소 활동을 벌였다. 2000~2007년 전체예산지출내역에서 보조금이 차지하는 비율은 평균 81.1%였다. 이러한 수치는 최근 노비브의 자체활동(대중캠페인 등)은 늘긴 했지만 전체예산의 10%에도 미치지 못하는 것과 크게 대비된다. 이는 옥스팜 노비브가 현지에 지부를 두기보다 기존 단체들과 협력하는 지원방식을 택하고 있음을 보여준다.

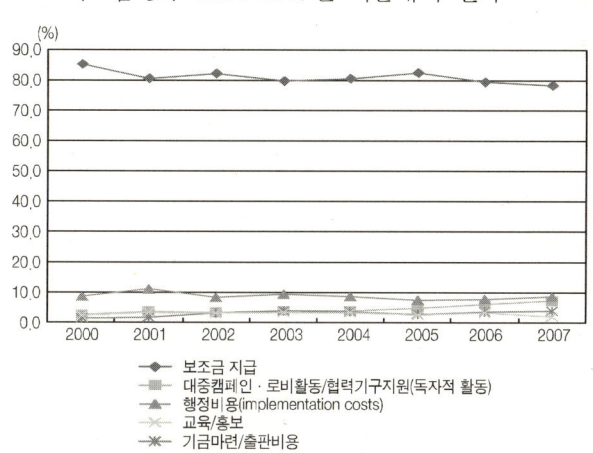

〈그림 32〉 2001~2007년 지출내역 변화[46]

### 소액융자만으로는 부족하다, 이제는 소액보험시대다[47]

2004년 쓰나미가 휩쓸고 지나간 자리에 남은 피해지역 주민들은 절망에 빠졌다. 하루하루를 근근이 이어갔던 주민들은 갑작스

---

46) Oxfam Novib, *Annual Report 2004*, (2005) p.21.; *Annual Report 2005*, (2006) p.16.; *Annual Report 2006*, (2007) p.45.; *Annual Report 2007*, (2008) p.56.
47) Oxfam Novib, (20008) pp.10~11.; MicroNed, homepage, http://www.micro-ned.nl/microned/about_microned (최종검색일: 2009년 5월 7일).; homepage, DHAN, http://www.dhan.org/aboutdhan/index.php (최종검색일: 2009년 5월 7일)

런 재해로 극심한 빈곤에 빠졌다. 정부 지원도 부족했을 뿐만 아니라 재해 발생 초기 집중되었던 외국의 지원도 시간이 지나면서 점차 줄어들었다. 피해지역은 황폐해졌으나 주민들의 생활은 나아질 기미가 보이지 않았다.

인도의 킬라이유르(Kilaiyur) 마을도 수마가 휩쓸고 지나간 피해지역 중 하나였다. 쓰나미가 덮쳤던 땅은 소금기가 빠지지 않아 농경지도 쓸 수 없는 상태였다. 하지만 마을 주민들 모두가 절망에 빠져있는 것은 아니었다. 인간행동개발재단(DHAN: Development of Human Action)의 회원이었던 농부 아비라미는 재단에서 소 한 마리를 받았다. 재단에 소속된 협동조합의 다른 농부들 역시 마찬가지였다. 인간행동개발재단은 인도신용법(Indian Trusts Act)에 통합·운영되는 기업(trust)으로서 농작물피해 등을 구제하는 보험을 판매했다. 옥스팜 노비브는 빈곤을 겪는 사람들이 맞닥뜨릴 수 있는 재난을 구제하도록 인간행동개발재단과 같은 소액보험(micro-insurance)을 지원했다. 소액보험은 빈곤으로 어려움을 겪는 주민들이 최소한의 사적 안정망을 구축할 수 있도록 지원하는 틀이다.

마이크로네드(MicroNed)는 옥스팜 노비브가 2006년 비정부기구인 코르다이트(Cordaid), 히포스(Hivos), 교회간개발협력기구(ICCC)와 협력해 발족한 네트워크다. 이 네트워크는 전 세계의 소액융자기구들에 투자했다. 인도의 인간행동개발재단은 마이크로네드가 지원하는 기구 중 하나다. 옥스팜 노비브는 에이에스엔-노비브 기금(ASN-Novib Fund)을 운영하면서 소액융자를 실시했다. 옥스팜 노비브는 소액융자관리자를 양성하는 세단뛰기(Triple Jump)과정을 진행하는 한편 소액보험을 별도로 운영했다. 전 세계 84개 소액융자기구들을 지원하는 옥스팜 노비브는 마이크로네드를 기점으로 소액보험의 기반을 넓혀 왔다.

# 제3장
# 독 일

독일개발원조기구
프리드리히 에버트 재단
콘라트 아데나워 재단
하인리히 뵐 재단
한스 자이델 재단
로자 룩셈부르크 재단
프리드리히 나우만 재단

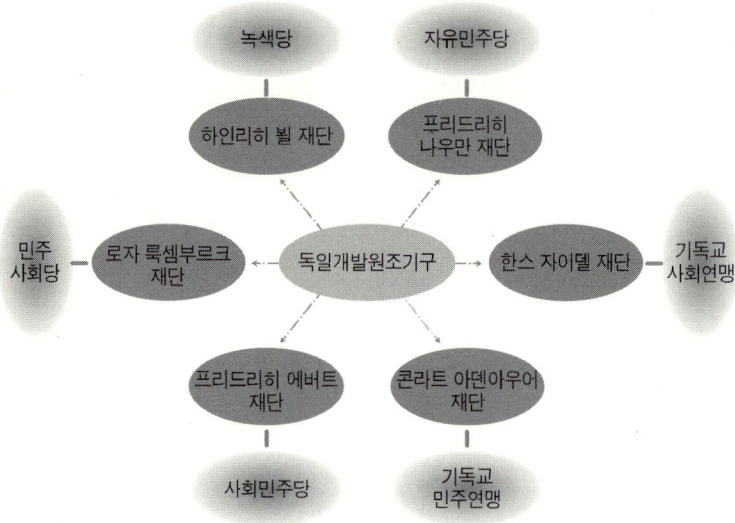

## 정당이 중심이 되어 만드는 무지개 빛깔의 해외민주주의지원

독일의 해외민주주의지원 담당주체는 크게 연방정부와 '정치재단(Stiftungen)'으로 나뉜다. 연방정부는 독일개발원조기구(DED)를 산하에 두고 양자간 원조활동에 노력을 기울였다. 6개의 정치재단은 각기 다른 정당을 기반으로 해외민주주의지원사업을 오랫동안 펼쳐 왔으며 독일의 민주주의지원 활동을 특징짓는 기능을 했다.

독일 연방정부와 정당들이 기울인 노력은 국제평화를 증진하고 민주주의를 확산하는 데 크게 기여했다. 양자적(bilateral)·다자적(multilateral)인 측면에서 독일의 활동은 모두 괄목할 만하다. 독일은 아프리카, 라틴아메리카, 아시아 지역에서 시민사회와 지역공동체에 기반을 둔 양자간 사업을 집중적으로 벌였다. 이 뿐만 아니라 독일은 유엔과 유럽연합의 일원으로서 민주주의 원칙을 지향하는 다자적 활동에도 적극적으로 참여했다. 현재 독일은 유럽헌장에 명시된 인권이슈를 유럽연합조약에 통합할 것을 주장하면서 유럽 내의 '민주주의 원칙 강화'를 추구하고 있다.

1999년 독일이 제안한 남동부 유럽의 정치·경제안정을 추구하는 '유럽안정성협약(European Stability Pact)'은 주목할 만하다. 이 협약에서 독일은 민주주의제도구축, 시민사회강화, 언론의 독립성 강화, 민주주의 교육확대를 실현하는 전략으로서 민주주의, 인권, 법치, 굿 거버넌스를 핵심요소로 거론했다. 향후 민주주의 관련 공적개발원조의 비중을 지속적으로 증대시킬 필요성도 이 협약에 함께 덧붙였다.

# 해외민주주의지원의 기반을 조성하는 독일연방정부

**해외민주주의지원업무를 분담하는 두 개의 정부부처**

독일연방정부 부처 가운데 민주주의지원사업을 담당하는 기관은 두 곳이다. 하나는 독일연방외무부(AA: Auswärtiges Amt 또는 Federal Foreign Office)[1]고 다른 하나는 독일연방경제협력개발부(BMZ: Bundesministerium Für wirtshaftliche Zusammenarbeit und Entwicklung 또는 Federal Ministry for Economic Cooperation and Development)다. 독일연방정부가 운영하는 이 두 부처는 정부의 대외정책과 부합하는 전략과 활동방침을 짰다. 내각이 방향을 잡은 대외정책을 실행하는 책임주체로서 두 부처는 각각 활동하고 있다.

독일연방외무부와 독일연방경제협력개발부는 활동내용에서는 차이를 보였다. 연방외무부는 인권, 선거감시, 위기예방 등 다소 보편적인 차원에 초점을 맞춘다. 연방외무부가 '인권위기 상황의 예방과 갈등 해결, 평화구축(peace building)'을 추진하는 것은 이러한 활동의 하나다. 반면 연방경제협력개발부는 개발원조분야를 실질적으로 책임진다. 경제협력개발부는 '지속적인 민주주의 강화, 시민사회발전, 공공행정제도발전(Democracy, Civil Society and Public Administration)'을 핵심전략으로 삼아 분권화와 행정개혁에 관

---

[1] 독일연방외무부는 Federal Foreign Office 또는 Foreign Ministry of Germany로 표기된다. 독립된 행정부처의 위상을 가지고 있기에 '부'라고 번역했다.

심을 쏟았다. 강력한 중앙정부대신 특색 있는 지역정부가 독립성을 지켜온 독일의 연방주의적인 전통을 민주주의 국제협력에 반영하려는 태도를 읽을 수 있다.

〈표 21〉 독일 민주주의 증진, 인권문제 전담 현황

| 부서명 | 주요 이슈 | 정책적 특징 |
|---|---|---|
| 독일연방외무부<br>(AA: Auswärtiges Amt) | 인권<br>선거 감시<br>위기 예방을 위한<br>민주주의 처방 | 단기<br>(직면한 정치적 문제) |
| 독일연방경제협력개발부<br>(BMZ: Bundesministerium Für wirtshaftliche Zusammenarbeit und Entwicklung) | "굿 거버넌스"<br>민주주의 강화<br>시민사회 발전<br>행정제도 발전 | 장기<br>(장기적 제도 확립) |

독일연방외무부와 독일연방경제협력부가 활동하는 분야가 다른 것은 공식적인 외교관계와 실질적인 지원을 아우르려는 의도에 따른 것이다. 한 분류에 따르면 연방외무부는 현지의 정치발전에 관련된 단기적인 대책을, 연방경제협력개발부는 제도구축과 관련된 장기적인 대책을 담당했다. 이 때 연방경제협력개발부는 수원국의 시민사회에 근간을 두고 적극적으로 지원정책을 추진한 반면, 연방외무부는 다소 신중한 태도를 보였다. 두 기관은 국제사회의 다양한 층위를 포괄하면서 독일의 국익에 부합하는 개발정책을 실행하려는 목적을 실현하고자 상호 협력 보완하는 관계를 형성했다.[2]

---

2) Youngs, Richard, (eds) "*Survey of European Democracy Promotion Policies 2000-2006*", Fundación para las Relaciones Internacionales y el Diálogo Exterior, Madrid, 2006, p.114.

해외민주주의지원 확대는 거부할 수 없는 대세

독일은 민주주의 지원에 꾸준히 관심을 쏟아왔다. 독일정부의 분야별 재정비율의 변화상은 이러한 관심증가를 반영한다. 연방경제협력개발부의 책임 아래 진행된 양자간 공적개발원조(bilateral ODA)에서 '민주주의, 시민사회, 공공행정 분야'에 투입된 기금은 2000년 이래 점차 늘어왔다. 절대적으로 큰 비중을 차지하는 것은 아니지만, 5년 새 약 2배로 비중이 늘어난 것(2000년 6.2%→2004년 11.8%)은 괄목할 만한 점이다. 독일이 개발원조와 민주주의 국제협력을 융합해 추진해온 지원양상은 후술하게 될 독일개발원조기구(DED)의 활동에도 그대로 반영되었다.

〈표 22〉 독일 양자간 공적개발원조에서
민주주의, 시민사회, 공공행정 분야 기금 현황[3]

| 연도 | 기금<br>(단위: 백만 유로) | 양자간 개발원조 자금 중<br>차지하는 비율 (단위: %) |
|---|---|---|
| 2000 | 180 | 6.2 |
| 2001 | 250 | 7.7 |
| 2002 | 290 | 8.3 |
| 2003 | 350 | 5.8 |
| 2004 | 360 | 11.8 |

독일연방정부는 개발협력기금 중 민주주의지원활동과 공적개발원조(ODA)정책을 밀접하게 연결시켜 왔다. 연방경제협력개발부가 지역별로 민주주의 관련 기금을 분배한 비율은 독일이 추진한 전체 공적개발원조의 분배경향과 일치한다. 연방경제협력개발부가 가장 중점을 둔 지역은 아프리카로, 다음 〈표 23〉에서도 확인할 수 있다. 한편 독일은 아시아지역에도 관심을 보였는데,

---

3) Youngs, (2006), Ibid, p.120

2001년 이전까지 가장 많이 지원을 받았던 지역이 바로 아시아였다. 아시아는 현재 독일이 아프리카 다음으로 집중해 활동을 벌이는 지역이다.

〈표 23〉 독일 양자간 공적개발원조 중
민주주의, 시민사회, 공공 행정 분야 기금의 지역적 현황(2004)

| 지 역 | 기금 (단위 : 백만 유로) |
|---|---|
| 아프리카 | 126 |
| 아시아 | 82 |
| 미주지역 | 58 |
| 유 럽 | 46 |

# 독일개발원조기구
(DED: Deutsche Entwicklungsdienst)

http://www.ded.de/

연방정부가 적극적으로 팔을 걷어붙이다[4]

세계 제2의 개발협력원조 공여국인 독일[5]은 독일개발원조기구(DED: Deutsche Enwicklungsdienst 또는 German Development Service)를 중심으로 민주주의지원사업을 수행했다. 독일개발원조기구는 후술할 정치재단들과는 색깔이 다르면서도 중요한 일을 맡아 왔다. 독일개발원조기구가 정치재단과 성격을 달리하는 근본적인 원인은 설립한 주체가 다른 데 있다. 정치재단과 달리 독일개발원조기구는 독일연방정부가 설립한 기관이다. 국제무대에서 개발협력사업을 책임지고 추진할 담당부서가 필요하다고 느꼈던 정부는 1963년 기구를 설립했다. 정치재단들이 각기 특색 있는 활동을 벌이고 있는 상황에서 정부 역시 마냥 손을 놓고 있을 수만은 없었던 것이다.

독일개발원조기구는 독일연방정부의 정책방향과 부합하는 활동을 펼쳤다. 독일개발원조기구는 법적으로는 독일연방정부가 지분을 소유한 비영리 유한책임회사(a non-profit-making, limited liability company owned jointly by the Federal Republic of Germany)다. 독일연방정부

---

[4] Hompeage, DED, http://www.ded.de/cipp/ded/custom/pub/content,lang,2/oid,5/ticket,g_u_e_s_t/~/Homepage.html (2008년 11월 11일)

[5] 주한독일대사관, OECD:개발협력의 선두주자 독일, http://www.seoul.diplo.de/Vertretung/seoul/ko/03/Aussenpolitik/oecd__s.html (2008년 11월 27일)

가 대주주로서 연방경제협력개발부는 독일개발원조기구의 지분 중 절대다수인 95%를 차지하고 있다.6) 주주총회가 기관의 최고의 사결정기구이며 총회의 의사결정은 지분에 따른다는 점에서 정부의 영향력이 절대적이라 할 수 있다. 주주총회는 독일개발원조기구의 활동에 관한 전반적인 원칙과 가이드라인을 결정하는 행정평의회의 위원을 지명한다.7) 주주총회라는 의사결정과정을 통해 대주주인 연방정부는 정부정책에 부합하는 인사를 조직에 참여시키는 운영구조로 활용하고 있다. 독일개발원조기구는 매년 연방정부에서 8천만 유로 상당을 지원받았는데, 2007년 예산 총액 8천 812만 5천 유로 중 연방정부에서 받은 금액은 8천 783만 7천 유로로서 전체의 약 99.7%에 달한다.8)

독일개발원조기구의 활동의 폭과 영향력은 그 자금력, 인력, 지원대상을 바탕으로 평가할 수 있다. 독일개발원조기구는 설립된 이래 정부에서 막대한 자금을 지원받아 개발협력사업을 진행해 왔으며 유럽기관들 중 가장 두드러진 활동을 펼친 기관으로 성장했다. 현재까지 15,000명 이상의 인력이 이 기구의 제3세계 주민들의 삶을 개선하는 사업에 동참했고, 현재 100여 명이 세계 45개국에서 활동하고 있다. 최근 독일개발원조기구는 개발도상국에서의 빈곤퇴치, 자기결정권 강화, 지속가능한 개발, 천연자원보존을

---

6) 나머지 5%의 지분은 민관기관인 '해외 학습 및 봉사 연합(Learning and Helping Overseas Association - AKLHU)'이 보유하고 있다. Deutsche Entwicklungsdienst (DED), The DED-mission, programmes, vision, Ed. by Maria Weitz, (Bonn, Germany: MediaCompanyGmbH, 2007), p. 5. http://www.ded.de/cipp/ded/lib/all/lob/return_download,ticket,g_u_e_s_t/bid,3195/no_mime_type,0/~/DEDpublic_Imagebroschuere_Englisch.pdf

7) *DED in brief*, DED, http://www.ded.de/cipp/ded/custom/pub/content,lang,2/oid,65/ticket,g_u_e_s_t/~/DED_in_brief.html (2008년 11월 13일)

8) Deutsche Entwicklungsdienst (DED), *The DED-mission, programmes, vision*, Ed. by Maria Weitz, (Bonn, Germany: Media Company GmbH, 2007), p.3. http://www.ded.de/cipp/ded/lib/all/lob/return_download,ticket,g_u_e_s_t/bid,3195/no_mime_type,0/~/DEDpublic_Imagebroschuere_Englisch.pdf

목표로 아프리카 지역에서 집중적으로 사업을 진행하고 있다.

### 변화의 성과를 이룩한 개발협력의 선두주자[9]

독일개발원조기구는 지역 수준의 활동에서 제3세계의 변화 가능성을 발견했다. 독일개발원조기구는 각 지역에 적합한 형태의 발전방안을 찾고자 노력했다. 특정 지역에 개발원조액을 집중적으로 투입하는 방식으로는 지역 전체의 빈곤문제와 정치 불안정을 해소할 수 없다고 판단했기 때문이다. 독일개발원조기구는 각 지역이 경제적으로 자립하고 사회적 안정을 이룰 때 지속가능한 발전이 이어진다고 생각했다.

지역 수준에서 지속가능한 발전을 도모하기 위해 독일개발원조기구는 농촌과 도시에 각기 다른 목표를 설정했다. 독일개발원조기구는 도시에서는 공업과 관련한 활동을 벌였다. 중소기업을 후원하면서 일자리를 창출하고 노동자들이 전문기술을 훈련받도록 직업교육제도를 지원했다. 농촌에서는 도시와 다른 방식으로 지원활동을 펼쳤다. 기구는 지역에서 주력하는 농업에 초점을 맞춰 기술을 전수했다. 예를 들어 커피와 같은 농산물이 시장에서 경쟁력 있는 상품으로 팔릴 수 있도록 생산·제조·판매 과정을 지원했다. 이와 더불어 향후 지역발전의 바탕이 될 자원을 관리하고 보존하는 일에도 소홀하지 않았다. 개발사업을 진행할 때 여성과 같은 사회적 약자들이 경제활동에서 배제되지 않도록 신경을 쓰는 것은 물론이다.

독일개발원조기구는 정치권력이 집중화되는 것을 예방하는 일

---

9) See DED-Deutsche Entwicklungsdienst gemeinnutzige Gesellschaft mbH, *Annual Report* 2007, Ed. by Jirka Vierhaus and Anne Wulff, (SZ-Druck, Sankt Augustin, 2008), pp.4~21. http://www.ded.de/cipp/ded/lib/all/lob/return_download, ticket,g_u_e_s_t/bid,3767/check_table,it_chap_downl_embed/~/DEDpublic_Jahresbericht_2007_englischLZ.pdf

에도 관심을 쏟았다. 분권화된 권력을 기반으로 민주주의 원칙을 다지려는 취지에서 시민사회를 강화하는 활동을 벌였다. 시민사회가 확립될 때 민주주의가 건강하게 유지될 수 있다는 판단을 바탕으로 독일이 역사적으로 축적한 정보와 지식을 이전하는 데 관심을 쏟았다. 지역에서 협력하는 기관에 개별적인 협력과 관련된 지식, 프로그램 및 프로젝트에 대한 경험을 제공하기 위해 46개국에서 1천 명 이상의 기술 자문가가 일하고 있다.

사회 불안정을 야기하는 요소인 분쟁을 예방하고 위험요소를 관리하는 활동 역시 독일개발원조기구가 지원하는 주요 분야 중 하나다. 기구의 활동가들은 갈등을 평화적으로 해결함으로써 내전을 예방하는 동시에 민주주의 사회로 진입하는데 조금 더 가까워질 수 있다는 공감대를 만들어갔다. 기구는 이러한 인식에 공감하는 지역의 젊은이들과 협력하여 공동체가 처한 갈등을 조정하고 화해하게끔 도왔다. '평화를 위한 방송(On Air for Peace)'의 하나로 발행된 헤자(Heza)신문이 분쟁 카운슬링 기능을 담당한 게 대표적이다. 독일개발원조기구는 분쟁예방을 포함해 법치강화, 지역 화해위원회강화 등을 평화증진의 일환으로 추진했으며 이 분야에 대한 지원을 꾸준히 늘렸다.[10]

독일개발원조기구는 최근 들어 '건강과 위생' 분야에 대한 관심을 높이고 있다. 의료는 기본적인 사회서비스 중 하나지만 제3세계의 주민들은 대체로 적절한 치료를 받고 건강할 권리를 제대로 누리지 못하고 있다. 그동안 독일개발원조기구는 농촌지역에서

---

10) See Deutsche Entwicklungsdienst (DED), *The DED-Brief information*, (Bonn, Germany;2003). http://www.ded.de/cipp/ded/lib/all/lob/return_download, ticket,g_u_e_s_t/bid,3200/no_mime_type,0/~/RZ_Kurzinfo_englisch05_2003_72dpi.pdf Deutsche Entwicklungsdienst (DED), *The DED-mission, programmes, vision*, Ed. by Maria Weitz, (Bonn, Germany: Media Company GmbH, 2007) http://www.ded.de/cipp/ded/lib/all/lob/return_download, ticket,g_u_e_s_t/bid,3195/no_mime_type,0/~/DEDpublic_Imagebroschuere_Englisch.pdf

의료시스템을 확충하고 임신과 출산에 관련된 의술을 펼쳐 왔다. 이에 더해 최근 아프리카 등지에서 급속히 확산되는 에이즈(HIV/AIDS)를 예방하고 환자를 치료하려는 프로젝트를 늘리고 있다. 기구는 이 분야를 분쟁관리 분야와 더불어 향후 지원규모를 늘릴 예정이다.11)

독일은 수원국 지역사회의 사회경제적인 조건이 성숙하도록 상당한 규모의 재정을 지원하면서 실질적인 성과를 거뒀다는 점에서 개발협력의 선두주자로 평가받을 만하다. 독일은 공적개발원조(ODA)의 규모를 지속적으로 늘리며 경제협력개발기구(OECD) 회원국 중에서도 국제개발협력의 선두주자로 자리를 굳혔다.12) 해당 자금 중 일부는 연방경제협력개발부를 통해 독일개발원조기구의 재정으로 지출된 것으로서 이는 세계 각지의 프로그램 운영비용으로 쓰였다. 독일개발원조기구를 필두로 한 독일정부의 지원 활동은 새천년개발계획이 진행되는 2015년까지 계속될 것으로 예상된다. 지역 분권화를 기반으로 민주주의의 동력을 강화하는 지원방식이 어떠한 결과를 내는지 주목할 만하다.

바이오 커피를 세계 시장으로13)

볼리비아 커피를 즐기는 사람이라면 커피를 마실 때마다 독일개발원조기구를 떠올려도 괜찮을 것이다. 독일개발원조기구와 협력기관들이 땀을 흘린 덕분에 전 세계 사람들이 즐길 수 있는 커피 공급 창구가 더 늘었기 때문이다. 독일개발원조기구가 농촌의 경

---

11) *Ibid.*.
12) *For a better world economy*, Organization for Economic Co-operation and Development, http://www.oecd.org/home/0,2987,en_2649_201185_1_1_1_1_1,00.html (2008년 11월 27일)
13) DED-Deutsche Entwicklungsdienst gemeinnutzige Gesellschaft mbH, *Annual Report* 2007, Ed. by Jirka Vierhaus and Anne Wulff, (SZ-Druck, Sankt Augustin, 2008), pp.10~11..

제자립도를 높이기 위해 시작한 프로그램이 점점 더 큰 결실을 보이고 있는 것이다. '바이오 커피를 세계 시장으로(Taking biocoffee to the world market)'라는 프로그램은 볼리비아 안데스 지역이 커피 산지로 거듭나게끔 힘을 보탰다.

융가스(Yungas)지역은 이 프로그램이 실행되는 곳 중 하나다. 이곳은 고급 커피를 재배할 수 있는 최적의 조건을 갖췄지만 생산결과는 한동안 형편없었다. 70년대 이곳으로 이주한 원주민들은 아열대지역, 그 중에서도 이처럼 경사진 지역에서 커피를 재배한 경험이 부족해 커피 재배에 어려움을 겪었다. 엎친 데 덮친 격으로 최근에는 땅이 황폐해지고 작물이 해충과 병해에 시달리기까지 했다. 하지만 독일개발원조기구와 협력기구의 노력으로 변화의 바람이 불었다. 독일개발원조기구의 협력기구인 수출커피생산자연합(FECAFEB: Federation of Exporting Coffee Producers)이 융가스 지역을 도왔다. 이 협력기구는 농민들이 커피를 재배하고 시장에 팔 수 있는 과정과 관련된 지식 및 커피작물이 해충에 견딜 수 있는 방법을 가르친다.

볼리비아 안데스 지역에서는 이와 같은 활동이 활발히 이뤄지고 있다. 회원 8,000여 명이 가입한 30개의 영세재배기관이 협력해 커피의 질을 높이고 판로를 확보하는 일에 힘을 모은다. 근래에는 세계적인 관심사가 모아지는 유기농 · 공정무역 커피(organic and fair trade coffee)를 생산하는 방향으로 관심을 넓히고 있는 상황이다. 많은 이들의 땀방울에 힘입어 사업은 성공적으로 진행되었고, 그 결과 볼리비아 커피가 국제시장에서 인정받는 품질로 향상될 수 있었다.

# 정치재단(Political Stiftungen)이 만드는
# 다원주의적인 해외민주주의지원

정치재단, 독일의 민주주의지원활동의 근간

독일의 정치재단(Political Stiftungen)은 독일의 민주주의지원사업을 특징짓는 존재다. 6개의 정치재단은 해외민주주의지원사업에서 가장 오랜 기간 활동한 주체로서 규모 또한 세계의 여타 지원단체들 중 가장 크다.[14] 〈표 24〉는 이들 정치재단과 그 기반이 되는 정당과 정치재단의 특성을 소개한 내용이다. 정치재단들이 기반을 둔 정당은 각기 다르지만 운영형태 면에서 공통점을 지녔다. 정치재단들은 연방정부에서 운영에 필요한 예산을 지원받지만 법적으로는 독립된 법인으로서 위상을 유지한다. 정부, 의회, 사법부 그 어디에도 속하지 않은 정치재단들은 독립적이고 자율적으로 사업을 기획하고 집행하고 있다.

정치재단은 운영자금의 상당액을 연방정부에서 받는데, 각 재단이 연계된 정당의 원내 의석진출 비율에 따라 차등적으로 예산을 지원받는다. 연방경제협력개발부는 정치재단의 예산배당을 책임지는 주체로서 한 회기에 집행되는 예산의 한도를 정하고 이에 따라 예산을 집행한다. 정치재단은 연방경제협력개발부의 지원에

---

14) Mair, Stefan, "Germany's Stiftungen and Democracy Assistance: Comparative Advantages, New Challenges," *Democracy Assistance: International Co-operation for Democratization*, ed. Peter Burnell, (New York and Oxon: Frank Cass Publishers, 2000) p. 128.

더해 연방외무부(Foreign Ministry)와 교육부(Ministry for Education)에서 교부금을, 민간으로부터의 기부금을 받아 각기 한 해 예산을 편성한다. 지난 십 여 년 동안 매년 약 1천 5백만 유로 정도가 각 재단들에 지급되었다.15)

<표 24> 독일의 정치재단과 기반 정당 및 특징

| 기 관 | 기반 정당 | 이념 성향 | 특 징 |
|---|---|---|---|
| 프리드리히 나우만 재단 (FNS: Friedrich Naumann Stiftung) | FDP (자민당: 자유민주당) | 보수적 자유주의 (Conservative Liberalism) | 민주주의 지원에서 법치주의와 시장경제, 언론자유를 강조하는 접근법 |
| 한스 자이델 재단 (HSS: Hanns Seidel Stiftung) | CSU (기사연: 기독교사회연합) | 기독교 민주주의 (Christian Democracy) 사회적 보수주의 | 민주주의 지원에 있어서 개인적 동기 유발과 자체적인 문제 해결 능력을 강화하는 사적 부문 중심 접근법 |
| 콘라트 아데나워 재단 (KAS: Konrad Adenauer Stiftung) | CDU (기민연: 기독교민주연합) | 기독교 민주주의 (Christian Democracy) | 공공선에 부합하면서도 자유로운 시장경제구조를 추구하는, 사회적 시장경제로의 이행과 민주주의 지원을 연계하는 접근법 |
| 프리드리히 에버트 재단 (FES: Friedrich Ebert Stiftung) | SPD (사민당: 사회민주당) | 사회 민주주의 (Social Democracy) | 사회적 관점에서 바람직한 세계화를 구상해 이를 민주주의 지원과 연계하는, 사회경제적 측면에서 민주적 발전에 집중하는 접근법 |
| 하인리히 뵐 재단 (HBS: Heinrich Böll Stiftung) | Greens (녹색당) | 녹색주의 (Green) | 세계화에 대한 대응과 생태적 지속가능성 문제, 전 지구적 젠더 문제를 민주주의 지원과 연계시키는 접근법 |
| 로자 룩셈부르크 재단 (RLS: Rosa Luxemburg Stiftung) | Left, Former PDS (민사당: 민주사회주의당) | 민주적 사회주의 (Democratic Socialism) | 유럽지역통합 과정에서 민주적 통제 이슈를 제기하고 극우주의의 발호를 경계하는 입장. 민주주의 지원에서 젠더와 지속가능한 개발을 중시하는 접근법 |

---

15) *Ibid.*, p.130

정치재단들은 연방경제협력개발부에서 매년 일정량의 예산을 고정적으로 지급받는다. 주요 프로그램과 프로젝트를 진행하는 데 차질이 생기지 않게 하려는 취지에서다. 각 정치재단들이 계획한 프로젝트의 규모에 따라 개발부에서 지급하는 고정예산규모가 결정된다.16) 재단들은 추진하려는 프로젝트의 기획안을 연방경제협력개발부에 제출한 후 승인을 받을 때 예산을 지원받는다. 연방경제협력개발부는 기획안을 승인하고 결제하는 주체이며, 연방외무부와 각국의 독일대사관은 재단의 사업계획서가 수원국의 상황과 충돌하는지 여부를 심사해 의견을 제출한다. 연방감사원은 정치재단이 비영리활동을 펼치는지 관리감독하면서 재정지원이 엄격히 집행되도록 지원하고 있다.

### 무지개빛깔을 이루는 정치재단의 지원활동

정치재단은 각기 뿌리를 둔 정당에 대해서도 독립적인 지위를 유지하고 있다. 정치재단은 정당과 일정정도 거리를 두면서 정치이념을 활동의 전면에 내세우지 않는다. 하지만 현실적으로 정치재단은 정당과 매우 밀접한 관계를 유지하고 있어17) 이를 준정당기구로 보는 견해도 존재한다.18) 실제로 정치재단은 각 정당과 핵심 가치를 공유할 뿐만 아니라 정당의 지도자가 재단 이사회 구성원으로도 활동한다. 때때로 각각의 정치재단들은 동일한 지역에서 정당의 성향을 반영하는 이질적인 지원활동을 벌이기도 한다. 예를 들어 아프리카에서 한스 자이델 재단이 보츠와나 본토의 권위주의정부를 지원한 반면 프리드리히 에버트 재단은 이

---

16) *Ibid.*
17) *Ibid.*
18) See Scott, James, "Transnationalizing Democracy Promotion: The Role of Western Political Foundations and Think-tanks," Democratization, (Vol. 6, No. 3H, 1999) p. 146-p. 170.

정부를 부정하는 범아프리카 의회(Pan-African Parliament)를 지원하기도 했다.[19]

여섯 개의 정치재단은 각기 다른 이념적 스펙트럼을 바탕으로 구체적인 해외민주주의지원활동을 펼쳐 왔다. 독일의 민주주의 지원사업은 정당의 이념만큼 다양한 민주주의 이념을 포괄해 다원주의적인 민주주의 발전에 기여할 수 있었다. 공여국으로서 자국의 이념이나 민주주의체제를 일방적으로 강요하기보다 수원국이 다원적인 민주주의를 형성하게끔 기반을 만들어왔다. 때때로 정치재단이 추구하는 이념과 우선시하는 전략이 차이를 보여 통합적인 정책을 저해하는 요인으로 비판받기도 하지만 정치적 다원성을 증진한다는 점에서 대체로 긍정적으로 평가받고 있다.

역사의 아픈 경험이 낳은 정치재단의 자율성

정치재단들은 각각의 국내정당이 지원하는 공공보조금을 집행하는 창구로 시작되었다. 설립 초기에 정치재단은 독일 내에서 정치제도와 정치문화를 교육하고 연구하는 일을 담당했다.[20] 당시에는 독일국민을 대상으로 시민교육을 실시한 후 정당이 그 성과를 향후 운영에 흡수할 수 있도록 지적·기술적으로 지원하는 것을 목표로 삼았다.[21] 그러다 냉전시대 이념선전활동의 필요성이 제고되고 정치재단이 독일의 외교정책에 부응해야 한다는 요구가 제기되기 시작했다. 여기에 반공정책을 지원하는 미국의 보조가 더해지면서 정치재단은 독일의 대외원조정책을 책임지는 주체로 부상했다.

독일이 국내 민주화의 결실을 외부로 전하는 데서 정치재단은

---

19) Mair, Stefan, (2000) p.132-p.133.
20) Pinto-Duschinsky, Michael, (1991) p. 33.
21) Mair, Stefan, (2000) p.129.

그 지위만으로도 순기능을 했다. 전후 독일의 이미지는 유럽을 공포에 몰아넣었던 나치즘으로 각인되어 있었고 독일정부의 활동은 주위의 따가운 눈총을 받기 십상이었다. 이런 면에서 정당에 뿌리를 둔 재단들이 자율적으로 대외사업을 벌이는 양상은 나치즘에 거부감을 가진 유럽의 경계를 누그러뜨리는 데 효과적이었다.22) 독일정부가 주도적으로 대외정책을 추진하는 것과 달리 정치재단들이 개별적으로 활동하는 것은 나치즘의 부활에 대한 우려와 불신을 누그러뜨리는 효과를 보였다.

자기만의 색깔을 바탕으로 해외민주주의지원사업에 앞장선 정치재단은 이후 국제사회에 지대한 영향을 미쳤다. 유럽 주변국들은 물론 대서양 건너 미국과 캐나다가 해외민주주의지원사업을 시행하고자 할 때 독일의 정치재단은 참고해야 할 기준이 되기도 했다. 정치재단들이 각각 특성 있는 사업을 시행한 결과 수원국에는 다원주의적인 민주주의의 스펙트럼이 뿌리내리는 기반이 조성될 수 있었다. 게다가 정치재단이 수원국의 시민사회나 풀뿌리조직들과 형성한 긴밀한 네트워크는 민주주의 지원정책을 안정적으로 추진하는 튼튼한 근간으로 기능했다. 정부 주도로 사업을 실행할 때 수원국의 기초단위들과 긴밀한 관계를 맺는 데 어려움을 겪는 결과를 내는 것과 크게 대비되는 지점이다.

전후 독일의 재건과정은 녹록치 않은 순간의 연속이었다. 경제성장을 이룩하고 사회 안정을 찾아가는 독일을 냉담하게 바라보는 주변국들의 시선을 변화시키는 것 또한 당시 독일인들에게는 쉽지 않은 과제였다. 이상 상황에서 독일을 전쟁 이전과는 다른 사회로 만드는 데 기여한 정당들이 주도한 정치재단의 활동은 국외의 시선을 바꾸는 데에도 크게 기여했다. 설립 당시 누구도

---

22) Pinto-Duschkinsky, Michael, (2000), pp.33~34.

의도하지는 않았지만, 냉전 해체 이후에는 이념과 정책면에서 더욱 자유롭고 자율적으로 사업을 꾸려 국제사회의 주목을 받기도 했다.[23] 저개발국과 빈곤국에서 효과적인 활동을 펼치기 위해 적극적으로 민주주의 지원정책을 시행하는 정치재단들의 활동이 평가를 받고 있는 것이다.[24]

어려움을 극복하고 성장한 정치재단들이지만 근래 들어 다소 난관에 부딪치고 있다. 독일 연방정부가 정치재단과 관련된 예산을 줄이려 하는 반면 국외에서는 해외민주주의지원기관들이 속속 등장하면서 이들과 경쟁해야 하는 상황이 도래한 것이다. 오랜 전통을 지닌 정치재단들이 현재의 어려움을 어떻게 극복할 지는 여타 세계의 관심 대상이기도 하다. 해외민주주의지원이 국제사회의 주요흐름인 상황 속에서 정치재단의 대처방식은 해외민주주의지원사업의 내실을 가늠하는 주요한 잣대로 기능할 것이기 때문이다.

---

23) Mair, Stefan (2000), pp.132~133.
24) *Ibid.*

# 프리드리히 에버트 재단
(FES: Friedrich Ebert Stiftungen)

http://www.fes.de/

### 사회민주주의로 통하다[25]

프리드리히 에버트 재단(Friedrich Ebert Stiftungen)은 사회민주당 (SPD: Sozialdemokratische Partei Deutschlands 또는 Social Democratic Party of Germany)에서 출발한 정치재단이다. 바이마르공화국의 초대 대통령이었던 에버트는 재직 당시 민주주의를 진작시키는 데 기여할 수 있는 재단을 설립해야 한다고 주장했다. 의회 밖으로 정당의 외연을 넓혀 아직은 기초가 약했던 민주주의를 공고히 하는 것이 국내외 발전에 기여한다는 게 그의 생각이었다. 에버트는 재단을 설립해 얻을 수 있는 세 가지 효과를 제시했다. 첫째, 민주주의와 다원주의 정신 아래 진행되는 정치·사회 교육을 모든 개인에게 제공할 수 있다. 둘째, 재능 있는 젊은이들에게 장학금을 제공해 대학교육을 받을 기회를 마련할 수 있다. 셋째, 국제적인 이해와 협력에 기여할 수 있다. 1925년, 에버트는 지병으로 사망했지만 그의 유지를 받들려는 취지에서 재단이 설립되었다. 당시 재단은 사회민주주의문화를 양성하는 교육기관으로서 학자를 양성하고

---

25) See Information in English, Friedrich Ebert Stiftung, http://www.fes.de/inhalt/ Dokumente_2008/fesenglish.pdf; Friedrich-Ebert-Stiftung, *Promoting Democracy, Creating Peace, Shaping Globalization: The International Cooperation of the Friedrich-Ebert-Stiftung*, Ed. by Armin Wertz, Translated by Annette Brinkmann and Wilfried Becker (Berlin: Friedrich-Ebert-Stiftung, 2005) pp.5~6.

노동자 계급 출신 학생들에게 장학금을 수여했다.

얼마 지나지 않아 재단은 일련의 부침을 겪게 된다. 나치가 집권하면서 재단의 재산을 압류하고 활동을 금지한 것이다. 하지만 제2차대전이 끝난 후 1946년 '독일학생사회주의자연합(Socialist Federation of German Students)'에 의해 재건되었다. 그리고 시간이 흘러 독일 국내의 민주주의 교육을 진작시킨다는 목적에 집중하고자 1954년 전국 차원의 민주교육을 실시하는 비영리·독립기관으로 인가를 받았다. 이를 기점으로 재단은 사업을 확장해 나갔으며, 국내에서 세계로 시야를 넓히며 다양한 이슈에 관심을 기울이는 기관으로 확장했다.

연방경제협력개발부의 창설은 에버트 재단이 변모하는 또 다른 계기가 되었다. 연방경제협력개발부가 중심이 되어 정부 지원금이 재단에 지원되면서 에버트 재단은 국제협력사업을 크게 확장할 수 있었다. 재단은 '민주주의의 정신 아래 국제협력을 증진시킨다'는 정신을 국제협력사업에 반영하고자 노력했다. 동구권 공산국가체제가 붕괴한 후에는 이 지역에서 협력 네트워크를 구축하는 등 활동영역을 확장하기도 했다.

에버트 재단은 사민당에 뿌리를 두고 있어 사회민주주의의 기본 가치와 이념을 추구하는 활동을 펼치

| 프리드리히 에버트(1871~1925)[26] |
|---|
| 프리드리히 에버트는 독일 제1공화국(바이마르공화국)의 초대 대통령으로서 1919년 독일 역사상 최초로 민주적으로 선출된 대표자다. 에버트는 의회민주주의와 법치국가를 공화국의 비전으로 제시했다. 에버트는 자유로운 선거가 진행되고 사회적인 법치국가를 실현하도록 정책을 펼쳤다. 에버트 재단은 그의 발언을 기리는 차원에서 설립·운영되었다. "자유와 정의는 한 쌍이다. 자유는 안정된 정부체제 안에서만 발전할 수 있다. 자유를 사랑하는 사람의 첫 번째 계명은 자유를 보호하고, 자유가 침해당하는 곳에 자유를 되돌려 주는 것이다." - 프리드리히 에버트[27] |

---

26) 이진모, 「독일의 첫 대통령 프리드리히 에버트」, 월간 『노동교육』(한국노동연구원, 2000), pp.16~18.
27) homepage, Fridriech Ebert Stiftungen, http://www.fes.or.kr/index_kor/ khome/ kFriedrich%20Ebert.htm (최종검색일: 2009년 3월 27일)

지만 사업을 결정하고 활동을 펼치는 과정은 사민당과 별개로 진행되었다. 〈그림 33〉은 재단의 조직도를 도식화한 것이다. 임원진은 조직의 실무를 총괄하는 책임을 지고 이사회는 연간사업을 승인하는 권한을 행사한다. 국제협력부는 대외사업을 실질적으로 실행하는 주체로서 국제협력사업을 주도적으로 진행한다. 정치교육부와 연구활동부는 학술연구지원 등을 담당했는데 이와 별도로 사민주의나 세계화 등을 의제로 다루는 포럼을 조직하기도 했다. 본부는 다른 기관과 소통하고 정책을 수립하며 일반행정은 조직운영에 필요한 업무를 맡고 있다.

〈그림 33〉 프리드리히 에버트 재단 조직도[28]

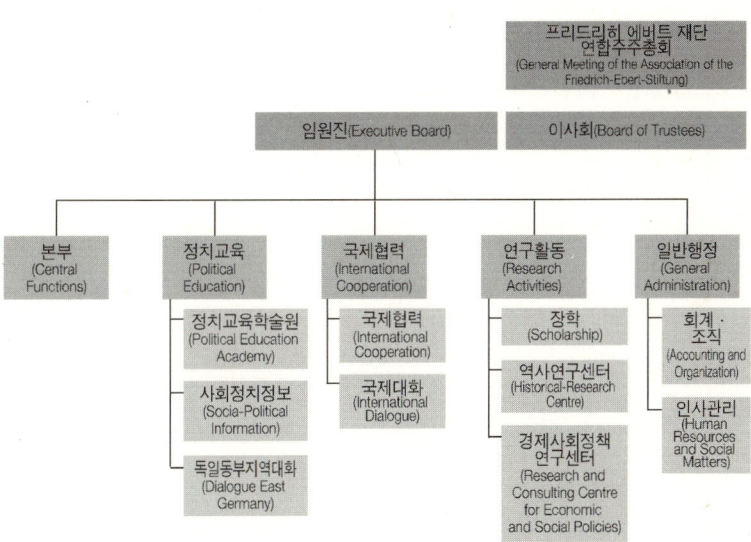

---

28) FES, *Promoting Democracy, Creating Peace, Shaping Globalization: The International Cooperation of the Friedrich-Ebert-Stiftung*, Ed. by Armin Wertz, Translated by Annette Brinkmann and Wilfried Becker (Berlin: Friedrich-Ebert-Stiftung, 2005) p.80.

시민사회 발전이 민주주의 성숙의 토대[29]

에버트 재단은 민주주의와 인권을 증진하기 위한 활동을 꾸준히 진행해 왔다. 세계 각지에서 민주주의의 저변을 확대하는 방편으로 재단은 해당 지역의 단체들과 협력관계를 구축했다. 에버트 재단이 추구하는 '협력에 기반을 둔 접근법(partnership-based approach)'은 협력관계를 활용하는 다른 재단들과 일정정도 차별성을 획득했다. 에버트 재단은 현지에서 설립되어 지역사회에 적합한 전략을 세워 활동하는 기관들과 협력해 지역정보와 네트워크를 십분 활용하는 방식을 선호했다. 에버트 재단은 수원국 현지를 기반으로 활동하면서 장기간 신뢰와 합의에 기초한 협력관계를 쌓는 효과를 얻었다. 현재 재단은 아프리카, 아시아, 서남아시아, 라틴 아메리카 약 70여 개국에 대표를 파견해 지역 인력들과 함께 국제 협력사업을 진행하고 있다.

에버트 재단은 관계를 형성한 현지 기관들과 함께 시민사회를 강화하는 작업을 진행했다. 절차적 민주주의와 같은 형식적 민주주의(formal democracy)를 넘어 실질적 민주주의(practiced democracy)로 도약하는 발판으로 기능하는 것이 바로 시민사회라고 판단했기 때문이다. 이러한 태도는 에버트 대통령이 생전에 의회 민주주의를 강화하는 방편으로 시민사회를 육성하는 데 관심을 보인 것과 일맥상통한다. 재단은 시민사회에서 민주주의가 성숙하는 기본 조건이 나온다는 신념을 공식적으로 표명했다.

시민들의 자발적이고 적극적인 참여는 민주주의를 강화하는 데 반드시 필요한 과정이다. 여기서 시민이 참여하는 대상은

---

29) See Information in English, Friedrich Ebert Stiftung, http://www.fes.de/inhalt/Dokumente_2008/fesenglish.pdf; Friedrich-Ebert-Stiftung, *Promoting Democracy, Creating Peace, Shaping Globalization: The International Cooperation of the Friedrich-Ebert-Stiftung*, Ed. by Armin Wertz, Translated by Annette Brinkmann and Wilfried Becker (Berlin: Friedrich-Ebert-Stiftung, 2005) pp.3~79.

단순히 선거만을 의미하지는 않는다. 에버트 재단은 시민들이 사회·문화·경제를 아우르는, 생활과 관계된 모든 영역에 자유롭게 참여할 가능성이 높아져야 한다고 간주했다. 이를 실현코자 재단은 정치과정에서 배제된 여성들의 참여를 끌어올리는 등 넓은 의미의 정치참여를 증진하여 헌법에 기초한 민주질서를 확립하고자 노력했다. 여기에 더해 각종 토론회를 지원하고 독립적인 언론구조를 지원하는 동시에 정당 간의 협력을 촉진하는 사업을 펼쳤다. 특히 재단은 노동조합과 토론회를 열고 네트워크를 공유함으로써 시민사회의 한 축인 노동자들의 역량을 강화하는 데에도 노력을 기울였다.

프리드리히 에버트 재단은 시민사회의 기반을 탄탄하게 만들어 현지 지역사회뿐만 아니라 세계화 또한 민주적으로 수용하는 흐름을 만들고자 했다. 에버트 재단은 세계화가 미치는 영향에 관심을 보이며 국제제도개혁과 관련한 프로젝트를 수행했다. 재단은 시민들이 주도해 국제사회의 다양한 지역들이 상호 교류하는 내용으로 채워진 세계화를 구상했다. 시민들의 삶을 풍요롭게 하는 세계화를 실현하기 위해 에버트 재단은 세계무역기구(WTO) 체제를 민주적으로 통제하려는 프로그램과 친환경 법률을 제정하려는 프로그램을 실행했다. 이 뿐만 아니라 국제노동기준을 옹호하고 준수할 것을 촉구하며 노조를 강화하는 프로그램과 노동안정성 확보를 추구하는 프로젝트도 수행해 왔다.

에버트 재단은 세계화를 거부할 수 없는 흐름으로 판단했다. 다만 재단은 '어떤 세계화인가'를 고민하면서 세계 시민들의 삶을 증진하는 방향으로 능동적으로 세계화를 이끌어가려고 애썼다. 에버트 재단은 세계화가 복합적인 요소들이 뒤섞인 이질적인 과정(heterogeneous nature of the globalization discourse)으로 이행하는데 재단이 촉진제(facilitator)로서 순기능을 꾀해야 한다고 생각했다.

신자유주의 성격의 세계화를 추구하는 다보스포럼에 반대하는 세계사회포럼(World Social Forum)을 지원하기도 한 에버트 재단은 다양한 시민사회주체들의 역량을 강화하여 건강한 민주주의 사회로 발전하는 가능성을 증진하고자 했다.30)

'인간안보'는 평화로 향하는 다리31)
'개발은 평화를 필요로 한다.(Development needs peace)'32)는 관점에서 에버트 재단은 평화활동의 필요성을 강조한다. 특기할 점은 재단이 평화를 추구하는 방편으로서 주목하는 요소가 '안보'라는 것이다. 이 때 재단이 추구하는 안보는 '인간안보(human security)'다. '인간안보'는 국가안보(national security)를 넘어선 안보 개념이다. 인간안보란 개인이 고문 등으로부터 안전하게 보호받고 정치적인 권리를 행사할 필요성에서 한 발 더 나아간 권리를 주장한다. 경제적·의료적·생태적으로 안전할 권리를 포함하는 포괄적인 권리가 바로 인간안보다. 인간안보는 즉각적인 안전뿐만 아니라 장기간에 걸쳐 모든 사람들의 역량(empowerment)강화를 보장하고자 한다.33)

'무엇을 안보문제로 볼 것인가'하는 인식의 차이는 재단이 활동을 벌이면서 반드시 넘어야 하는 산이다. 각각이 처한 상황에 따라 차이가 생기는데, 독일을 비롯한 북반구과 아프리카를 비롯한 남반구는 두드러진 차이를 보였다. 북반구에서는 9·11테러 이후 다양해지고 있는 새로운 위협들에 대처할 필요성과 함께 인간안보를 중시하는 인식이 확산되고 있다. 반면 1990년대부터 현재까지 최소 19회 이상의 전쟁과 분쟁이 일어났던 아프리카 지역의

---

30) *Ibid.*, p.56.
31) *Ibid.*, pp.39~54.
32) *Ibid.*, p.10.
33) *Ibid.*, p.9.

경우 아직 인간안보의 중요성을 느끼지 못하는 게 현실이다. 개개인의 역량을 강화하고 평화와 민주주의 확립의 교두보를 마련하기 위해 개인이 처한 인간안보의 문제를 해결하는 게 시급한 상황이다. 에버트 재단이 아프리카연합(AU: African Union)이 결성된 이후 독자적으로 인간안보정책프로그램을 실시한 것은 상호간 인식의 차이를 극복하고 민주주의를 확산하기 위한 일련의 조치였다. 이 외에도 재단은 제네바 발의안(Geneva Initiative)을 제안하고 평화와 분쟁영향평가(PCIA)를 실시하는 등 인간안보문제를 해결하기 위해 꾸준히 노력하고 있다.

"우리의 목소리가 들리겠죠(Our Voice Will Be Heard)"
'제3세계 여성'을 상상할 때 어떤 모습이 그려질까. 미디어로 접한 뉴스를 바탕으로 한다면 대다수의 사람들은 아이를 돌보고 밥을 지으며 김을 매거나 양을 치는 이미지가 그려질 것이다. 힘든 일을 하면서도 가정과 사회를 향해 자기의 목소리를 낼 기회조차 얻지 못할 것이라는 인식은 여성이 여전히 사회적 약자에 머무른다는 말이기도 하다. 여아살해, 염산테러로 악명이 높은 인도 역시 예외는 아니다. 인도여성들은 근래에도 여전히 사회에 참여할 기회를 얻지 못하고 정치참여에서 배제되고 있다. 하지만 인도여성들이 여성에게 가해지는 차별을 시정하고자 힘을 모으기 시작했다. 지방의회에서 여성할당제를 실행하고자 목소리를 높이고 일부나마 이를 쟁취한 것은 주목할 만한 대목이다.

프리드리히 에버트 재단은 인도 여성들이 정치의사 결정과정에 그녀들의 목소리를 반영하게 하려는 프로젝트를 진행했다. 에버트 재단은 이러한 목표를 공유하는 현지기관들과 협력관계를 맺고 이들 기관에 재정을 지원하면서 자문을 제공했다. 동시에 관계기관에 로비를 벌이는 등 다각적인 활동을 벌였다. 그 결과 지방정부에서 인원의 1/3(33%)을 여성으로 채우는 할당제를 실시하는 성과를 이끌어내기도 했다. 그리고 이 영향으로 선출직에 여성의 참여를 제도화하는 논의가 정치인들 사이에서 논의되기도 했다. 중앙의회와 정부에서 여성들이 진출하여 활동하는 것은 여전히 숙제로 남아 있지만 그녀들의 목소리가 들릴 때까지 재단과 현지 기관들의 노력은 계속될 것이다.

독일을 대표하는 민주주의 국제협력활동의 주체

80여 년의 역사를 자랑하는 에버트 재단은 독일의 대표적인 해외민주주의 협력 주체로 우뚝 섰다. 에버트 재단은 독일의 정치재단 중 규모면에서 가히 최고라 할 만하다. 2004년 한 해 동안 예산으로 1억 2천3백50만 유로를 집행했는데, 이는 독일개발원조기구(DED)의 2007년 예산인 8천8백12만 5천 유로를 능가하는 수치다. 한 해 예산의 절반 정도를 국제협력프로그램에 지출하는 에버트 재단은34) 예산 면에서는 독일 내에서 가장 영향력이 큰 정치재단이라 할 수 있을 것이다.

〈그림 34〉 프리드리히 에버트 재단의 지역에 따른 프로젝트 예산35)
(총 €123,500,000)

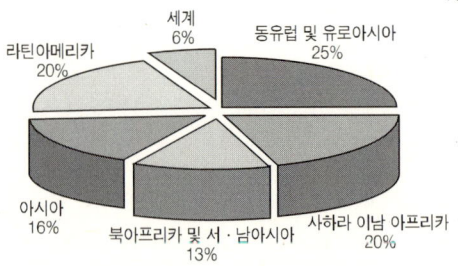

---

34) *Information in English*, Friedrich Ebert Stiftung, http://www.fes.de/inhalt/Dokumente_2008/fesenglish.pdf (2008년 11월 20일)
35) Jos van Wersch and Jeroen de Zeeuw (2005) p. 43.

에버트 재단은 대규모의 예산을 활용해 전 세계 곳곳에서 소외된 사람들의 삶의 질을 높일 민주주의발전을 꾀했다. 정치적 목소리를 내지 못하는 여성, 농민 등 사회적 약자들의 권리에 초점을 맞춰 이들에 대한 불합리한 배제를 해소하고자 노력했다. 이들이 시민사회의 주체로 성장하여 국가정책에 적극적으로 참여하는 장을 마련하는 일에 노력을 기울였다. 시민사회를 강화하려는 목적을 추구하는 과정에서 노동조합, 여성, 농민조합, 언론을 주요 협력기관으로 삼아 활동했다.[36] 사회적 약자의 목소리에 꾸준히 관심을 기울이고 자율적인 시민사회가 형성되는 데 노력을 기울여온 에버트 재단은 공공의 이익과 민주주의의 접점을 찾으려 한다는 점에서, 당에서 독립된 기관이기는 하지만 여전히 사회민주당과 많이 닮아 있다.

---

36) Mair, Stefan (2000) p.134.

# 콘라트 아데나워 재단
(KAS: Konrad Adenauer Stiftungen)

http://www.kas.de/

기독교민주주의를 구상하다[37]

콘라트 아데나워 재단(Konrad Adenauer Stiftungen)은 기독교민주연합(CDU: Christlich Demokratische Union 또는 Christian Democratic Union)에서 설립한 정치재단이다. 헤르만 엘러스(Hermann Ehlers), 로베르트 틸만스(Robert Tillmanns), 하인리히 크로네(Heinrich Krone) 등 기민연 정치인들은 기독교민주주의 이념에 기초한 시민교육을 체계적으로 실시할 기관의 필요성을 역설했다. 1955년 기민연은 기독교민주주의교육사업회(Society for Christian Democratic Education Work)를 설립해 시민을 대상으로 한 정치교육기관으로서 기능하게 했다. 이후 1964년 콘라트 아데나워(Konrad Adenauer) 수상의 이름

### 콘라트 아데나워(1876~1967)[38]

'라인 강의 기적'을 언급할 때 콘라트 아데나워 수상을 빼놓을 수 없다. 독일연방공화국(구서독)의 초대수상이었던 아데나워는 전후 독일재건사업을 성공적으로 이끌었다. 아데나워가 제시한 사회적 시장경제는 독일을 재건하는 거름이었다. 북유럽에서는 중도좌파정당이 사회적 시장경제를 추진한 것과 달리 독일에서는 중도우파정당인 기민연이 이를 이끄는 주축이었다.[39] 독일재건사업의 성과를 바탕으로 아데나워는 독일연방총리 중 두 번째로 긴 시간동안 재임한 총리로 남을 수 있었다.

---

37) *About-Us*, Konrad-Adenauer-Stiftung, http://www.kas.de/wf/en/71.3628/ (2008년 11월 12일).
38) Wikipedia, homepage, http://en.wikipedia.org/wiki/Konrad_Adenauer (최종 검색일: 2009년 4월 3일).
39) 정병기, 「독일 보수주의의 변천과 본질」, (『위클리 솔』, 14호, 2002).

을 따 명칭을 바꾼 재단은 아데나워의 원칙에 따라 업무를 수행하며, 국내정치교육을 포함한 해외 협력사업을 추진하며 외연을 넓혀왔다.[40]

콘라트 아데나워 재단은 기민연의 직접적인 지배를 받지는 않는다. 재단은 이사회를 설치해 재단의 활동을 독자적으로 기획하고 실행하도록 책임을 부여했으며, 감독위원회를 따로 설치해 재단의 활동을 지원하고 감독하는 기능을 수행토록 했다. 이러한 구조를 바탕으로 콘라트 아데나워 재단은 국제사업을 진행했다. 재단의 국제협력부는 재단이 수원국에서 시장경제구조와 사회구조를 형성하는 활동을 벌이고 인권을 증진하도록 민주주의와 법치를 강화하는 활동을 벌였다. 국제협력부는 특정 협력기관과 활동하는 국가프로그램과 프로젝트국가에서 장기간 법치와 자유롭고 독립적인 언론구조를 만드는 지역부문프로그램을 각각 진행했다. 2009년 현재 콘라트 아데나워재단은 세계 120여 개국에서 200여 개의 프로젝트를 실행하고 있다.

재단의 지역사무소는 현지의 상황을 알리는 창구이자 민주주의 협력사업의 거점으로서 기능했다. 각 지역사무소는 세 가지 방향을 목표로 운영된다. 먼저, 재단이 설정한 목표와 부합할 수 있는 정책 틀을 마련하고 문제 해결력을 높이고자 했으며, 협력기관들과 프로그램이나 프로젝트를 실행할 때 재단의 대표성을 높이는 방향을 모색했다. 다음으로, 독일의 정치경제적 이해를 대표할 수 있는 공공포럼을 꾸렸다. 지역사무소는 지역에서 활동하는 인적자원과 독일의 사회정치집단들이 연락할 수 있는 연결고리로서 이들이 교류하는 지반을 넓히도록 토론하는 자리를 지속적으로 마련했다. 마지막으로, 지역사무소는 독일과 세계 각지의 지식

---

40) *History*, Konrad-Adenauer-Stiftung, http://www.kas.de/wf/en/71.3716/ (2008년 11월 12일).

이 공유되고 확산될 수 있는 장치를 강화했다.

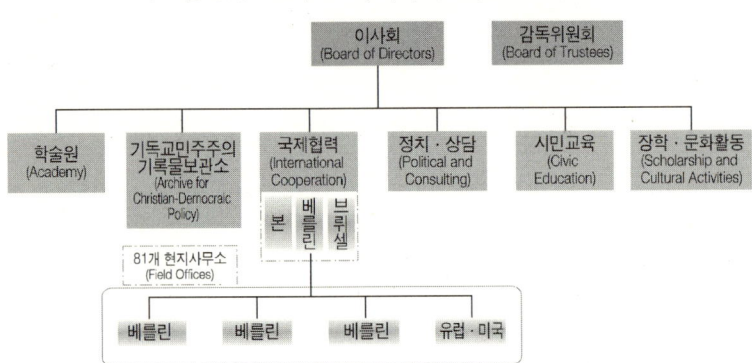

〈그림 35〉 콘라트 아데나워 재단 조직도[41]

　재단은 각 지역에 필요한 사안에 어울리는 컨설팅 네트워크를 운영했다. 재단의 지역사무소는 재단의 핵심가치는 공유하지만 각 지역에 따라 강조점을 달리하며 그에 맞춘 지식을 공유했다. 예를 들어 재단은 중동부유럽에서는 대서양 간 교류협력 증진과 안보정책협력에 초점을 맞춰 프로그램을 실시했다.[42] 남동부유럽에서는 각국의 민주주의 현황을 측정하고 평가하는 도구를 개발해 적용시키는 활동을 펼쳤다. 이와 달리 경제가 급속히 성장하는 중국과 인도에서는 법치주의를 확립하고 굿 거버넌스를 실행하는 활동을 진행했다.[43] 이러한 차이는 지역의 현안에 집중한다는 점에서 지역에서 적절한 수준의 활동을 벌이는 것으로 평가할

---

41) 홈페이지에 게시된 내용과 2008년 연간보고서의 내용을 바탕으로 정리·축약한 것이다. KAS, homepage, http://www.kas.de/wf/en/71.3691/ (최종검색일: 2009년 7월 29일); KAS, Annual Report 2008, (2009), pp.59~64.
42) Europe, Konrad-Adenauer-Stiftung, http://www.kas.de/wf/en/71.4785/ (2008년 11월 19일)
43) International Cooperation, Konrad-Adenauer-Stiftung, http://www.kas.de/wf/en/42.9/ (2008년 11월 13일)

수 있다.[44)]

아데나워 재단은 두 개의 연구조직을 별도로 설치해 설립 초기부터 시민들을 교육해 개도국에서 기독교민주주의의 가치를 확산하고자 꾀했다. 시민들을 대상으로 한 정치교육을 실시한 것은 대표적인 방식 중 하나다. 아데나워 재단은 국내의 젊은 전문가들을 대상으로 교육을 실시해 사회정치 그룹의 개발과정을 촉진했다. 독일을 비롯한 개도국의 젊은이 8,800여 명에게 장학금을 지급해 동문으로서 밀접한 관계를 유지하며 기독교민주주의 가치를 공유하는 네트워크를 형성하기도 했다. 이와 별도로 재단은 싱크탱크와 자문기관으로서 기능하며 주요이슈와 관련한 토론회를 개최하는 등 기독교민주주의의 가치를 현실사회에 적용시키는 일도 했다. 또한 기독교민주주의 정치기록물보관소를 운영하면서 독일과 유럽의 기독교민주주의의 역사를 연구하고 일반인에게 자료를 공개했다. 재단은 수원국의 엘리트를 지원하면서 형성된 인적 네트워크를 유지하면서 굿 거버넌스 정책을 유도했다.

재단이 실행한 정치교육프로그램은 일정한 성과를 보였다. 중동부 유럽의 정치행위자들에게 교육을 실시해 이들 국가가 유럽연합의 회원국이 되는 데 기여했다는 평가가 나왔다.[45)] 재단은 현재까지도 해당 국가에 지속적으로 지원사업을 펼치면서 재단과 기독교민주주의 가치를 공유할 수 있는 기반을 넓히려 지원정책을 펼치고 있다.

---

44) *Offices Worldwide*, Konrad-Adenauer-Stiftung, http://www.kas.de/wf/en/71.4782/ (2008년 11월 18일)
45) Mair, Stefan (2000), p.134.

민주주의를 튼튼하게 만드는 사회적 시장경제[46]

콘라트 아데나워 재단은 사회적 시장경제(social economy market)가 기독교민주주의 정신과 통한다고 판단했다. 사회적 시장경제는 냉전시기 콘라트 아데나워 정부가 실행에 옮긴 모델로서 자유로운 경쟁, 낮은 물가, 낮은 실업률, 양호한 노동조건, 복지제도를 조합한 형태를 띤다.[47] 재단은 사회적 시장경제가 유럽에서 상당한 결실을 이뤘다는 판단을 근거로 개발도상국에 그에 관련된 지식과 경험을 제공하는 프로그램을 계획했다. 사회적 시장경제가 개발도상국의 취약한 민주주의의 체질을 개선하는 밑바탕이 될 것이라는 관점은 모든 현지사업의 근간이다.

〈그림 36〉 2004년 콘라트 아데나워 재단 예산(총 €102,900,000)[48]

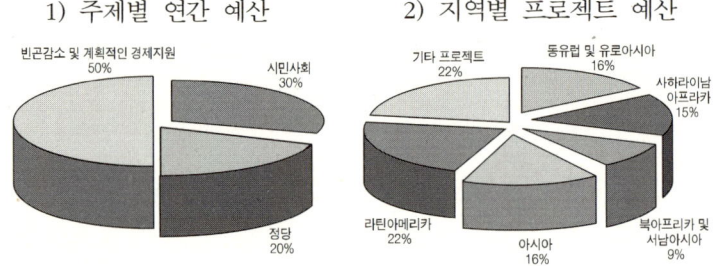

아데나워 재단은 시장경제가 뿌리내리지 않은 지역을 변화시

---

46) See Konrad-Adenauer-Stiftung, *KAS International* 1/2008, ed. By Gerhard Wahlers (Berlin: Konrad-Adenauer-Stiftung e.V., 2008) http://www.kas.de/wf/doc/kas_13323-544-2-30.pdf

47) *Wikipedia*, http://en.wikipedia.org/wiki/Social_market_economy (최종검색일: 2009년 3월 31일)

48) Jos van Wersch and Jeroen de Zeeuw, "Mapping European Democracy Assistance: Tracing the Activities and Financial Flows of Political Foundations," *Working Paper* 36 (Netherlands Institute of International Relations 'Clingendael', Conflict Research Unit, November 2005) p.44.

키는 프로젝트를 진행하는 데 주력했다. 아데나워 재단은 2004년 예산 총액 중 절반 가량을 빈곤을 감소시키고 경제구조를 개선하는 활동에 썼다. 시민사회의 민주화를 독려하는 분야에는 예산의 30%정도를 투입했다. 재단은 공공선에 부합하는 시장경제를 형성하는 활동에 주력하며 경제활동주체들의 의견을 교류하는 장을 만들었다. 콘라트 아데나워 재단은 2007년 부르키나파소에서 서아프리카국가들을 대상으로 자유무역을 의제로 다뤘고 같은 해 12월에는 신흥강대국인 중국과 인도가 지속가능한 발전에 동참하도록 유도하는 토론회에 참석했다. 시장경제의 범위를 확장하기 위해 주변부에 위치한 국가들의 입장을 확인하고 의견을 교류하면서 변화를 촉구하는 방식은 현재도 계속되고 있다.

미디어 발전이 민주주의의 기반[49]

콘라트 아데나워 재단은 미디어가 민주주의체제 안에서 수행하는 기능에 지대한 관심을 보였다. 재단은 미디어가 한 사회의 과거와 현재를 보는 인식에 영향을 끼친다는 문제의식을 가졌다. 민주주의사회에서 표현의 자유를 보장하는 중요한 창인 미디어가 독립성과 공정성을 얼마나 누리면서 해당사회의 민주주의과정에 영향을 끼치는지를 확인하는 연구를 지원했다. 재단은 2007년 미디어 관련 사업을 진행하면서 세부목표를 세워 독립성을 증진하고자 했다. 재단은 미디어의 역량과 언론의 사회감시기능을 강화하고 정치적 의견의 소통기능을 확대하려는 목적에서 기준을 마련했다. 이에 더해 언론인 간의 네트워크를 형성해 각자의 경험을 서로 교환하는 장을 마련하려는 계획도 세웠다.

아데나워 재단은 언론자유가 확립되지 않은 지역에서 민주적

---

49) See *International Cooperation*, Konrad-Adenauer-Stiftung, http://www.kas.de/wf/en/42.9/ (2008년 11월 13일)

인 언론이 활동할 수 있는 기반을 다졌다. 아프리카와 남동부유럽에서는 언론인들이 전문적인 역량을 키울 수 있게끔 훈련시켰고 라틴아메리카에서는 미디어가 빈곤문제를 해결하는 데 기여할 수 있는 방안을 연구했다. 이 중에서도 재단이 세르비아TV(Serbia TV)의 경제방송프로그램을 후원한 것은 흥미로운 사례로 꼽힌다. 이 방송은 세르비아의 민주주의 이행과정에서 나타나는 경제문제를 다뤘다. 이 때 세르비아 국내의 문제에 초점을 맞추면서도 다른 나라에 적용되는 정책을 비교분석함으로써 대안을 모색하고자 했다. 매주 평균 약 17.2%의 시청률을 보일 정도로 호응을 얻은 이 방송은 아데나워 재단의 관심사가 무엇인지를 함축적으로 드러냈다. 아데나워 재단이 미디어를 사회적 시장경제를 확립해 민주주의의 기반을 마련하며, 시민들이 정책결정의 합의를 이끌어내는 소통의 장으로서 기능하게 만들려는 의지를 읽을 수 있다.

# 하인리히 뵐 재단
(HBS: Heinrich Böll Stiftungen)

http://www.boell.de/

지속가능한 세계를 위한 시민사회 역량 강화[50]

하인리히 뵐 재단은 녹색정치운동(Green political movement)의 한 부분임을 자처했다. 녹색정치운동은 사회주의, 자유주의, 보수주의와 같은 전통적인 정치가 포착하지 못한 사안들에 목소리를 내며 뭉친 일련의 흐름이다. 하인리히 뵐 재단은 1987년 비영리재단으로 설립되었다. 하인리히 뵐 재단은 비슷한 시기에 각기 다른 지역에 기반을 두고 출범한 여성주의자그룹, 지역재단연합과 연합해 녹색당의 우산조직인 '무지개(Regenbogen)'로 통합되었다. 1988년 녹색당은 '무지개'를 정당에 연합한 재단으

### 하인리히 뵐(1917~1985)[51]

하인리히 뵐은 독일의 대표적인 작가다. 1967년 게오르크 뷔히너 상을, 1972년 노벨문학상을 수상한 바 있다. 1971년에는 국제펜클럽 회장으로 활동하기도 했다.
하인리히 뵐은 정치사회권력에 대한 비판적인 시각을 견지하고 입장을 표명하는 데 거침이 없었다. 제2차 대전 당시에는 전쟁의 비인간성을, 전후에는 불균등한 사회발전을 고발하고 비판했다. 뵐은 사회비판적인 입장으로 정치권력의 압력을 받기도 했지만 끝까지 약자의 편에서 사회를 변화시키려는 태도를 굽히지 않았다.

---

50) See *History of the Heinrich Böll Foundation*, The Heinrich Böll Foundation: The Green Political Foundation, http://www.Böll.de/foundation/history/history.html; *The Heinrich Böll Foundation-Mission Statement*, The Heinrich Böll Foundation: The Green Political Foundation, http://www.Böll.de/foundation/ 2188.html; (2008년 11월 20일)
51) Wikipedia, http://en.wikipedia.org/wiki/Heinrich_B%C3%B6ll (최종검색일: 2009년 4월 3일)

로 인정하면서 이에 재정지원을 받을 자격을 부여했다. 이후 1996년 녹색당이 재단의 사무소를 통합하면서 젠더, 이주, 문화다양성을 중요한 원칙으로 세웠다. 재단은 1997년 하인리히 뵐 재단의 이름을 대표 명칭으로 삼아 사업을 이어 나갔다.

하인리히 뵐 재단은 총회를 주축으로 독특한 방식으로 운영되고 있다. 하인리히 뵐 재단의 조직은 각각의 관심사나 소재지역에 따라 상당히 느슨한 형태로 연결되었다. 회원총회(Members Assembly)는 총 49인으로 구성되며 의사결정을 담당하고 이사회를 선출하는 책임을 졌다. 9인으로 구성된 전문가자문위원회(Expert advisory board)는 재단의 활동을 상담하고 교육프로그램에 포함된 의제들을 고려한 제안을 제시했다. 녹색학교(Green Academy), 군다 베르너 연구소(Gunda Werner Institute)는 재단의 교육사업을 각기 실시했다. 뵐 재단은 두 연구소를 주축으로 세계 곳곳에 설립된 지역사무소와 프로젝트 사무소를 중심으로 녹색정치운동의 전문성과 다양성을 증진시키고자 했다.

하인리히 뵐 재단은 스스로를 녹색 싱크탱크로 규정했다. 재단은 현재 지구촌에 산재한 민주주의, 폭력 등의 문제를 해결하기 위해서는 기존의 정치이념들이 배제했던 생태(ecology)적인 관점이 필요하다고 생각했다. 그동안 주목받지 않은 생태를 사회정치경제구조와 접목시켜 의제로 부각시키는 데 동감하는 사람들이 이를 정책에 반영시키려고 활동했다. 재단은 싱크탱크로서 다양한 생태적인 사고를 기르는 배양토 역할을 하며, 느슨한 조직은 창의적이면서 다양한 의견과 활동을 촉진하는 온실로 기능했다.

'맥 플래니트 프로그램(McPlanet.com)'은 그러한 활동 중의 하나다. 2년에 한 번씩 열리는 국제대회(international congress)인 이 프로그램은 2007년 5월 G8정상회담에 맞춰 기후정의(climate of justice)의 실현을 요구했다. 참가자들은 '우리는 소비자일 뿐만 아니라 유권자이자 정치적으로 능동적인 시민이기 때문에 기후변화에 책임져야 한다("We will take on our responsibility for our climate: not only as consumers, but also as voters and politically active citizens")'는 슬로건을 내걸며 기후변화에 대한 관심을 촉구했다. 이처럼 민주주의의 구성원으로서 환경문제에 책임을 느끼는 참여자들은 재생 가능한 에너지, 지속가능한 농업정책 등 다양한 이슈와 관련해서도 프로그램을 진척시켰다.52)

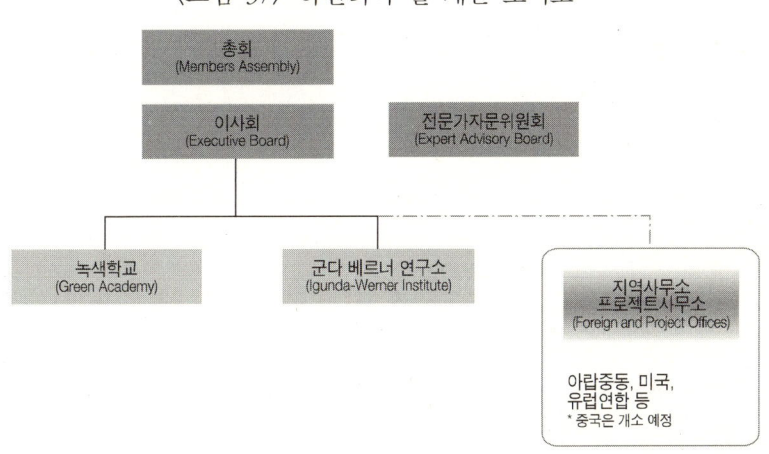

〈그림 37〉 하인리히 뵐 재단 조직도53)

하인리히 뵐 재단은 자유를 수호하고 시민성과 관용을 중시하며 열린 토론·열린 사고·열린 행위의 독립된 영역인 문화와 예술을 기본 가치로서 중시했다. 재단은 이러한 가치지향을 토대

---

52) See Heinrich Böll Stiftung, *Annual Report 2007*, Ed. by Susanne Dittrich and Bernd Rheinberg, Tran. By Barbara Agie Reeves and Kurt Klotzle (Berlin: Heinrich Böll Stiftung e.V., 2008) pp.2~5. http://www.Böll.de/downloads/press/annual_report_download3.pdf
53) HBS, homepage, http://www.boell.de/foundation/organisation/organisation-2202.html (최종검색일: 2009년 7월 29일).

로 생태와 민주주의와 인권을 활동의 중요한 지향으로 삼았다. 재단은 다양한 주체들의 인권을 다양한 생명과 생태시스템을 보호하는 차원과 동등하게 존중받아야 할 영역으로 여기며 활동한다. 이에 따라 여성, 이민자, 소수민족과 같은 문화적·인종적 소수자들의 권리를 보호하고 참여를 진작시키려 한다. 재단은 '통합을 위한 새로운 동맹(New Alliance for Integration)' 같은 토론회를 개최하고 문화예술 활동을 후원하며 시민교육 효과를 노렸다.[54]

하인리히 뷜 재단은 시민들의 자발적인 활동을 통해 지속가능한 세계로 가는 징검다리를 놓고자 했다. 이는 분권적인 지역재단에 뿌리를 둔 녹색당과 녹색정치운동의 영향에서 비롯된 것이다. 재단은 시민들의 자발적인 활동을 지원하는 데 중점을 뒀다. 2004년 예산 사용 비율은 이를 단적으로 보여준다. 재단은 전체예산에서 개별정당을 지원한 비율의 두 배에 이르는 38%를 시민사회프로젝트에 지원했다. 재단은 수원국의 활동가들이 직접 활동하는 역량을 키우도록 자문하고 기술을 지원하는 프로그램을 지원하는 데 치중했다. 자문·기술지원분야에 투입된 예산은 전체의 40%로서 단일분야 중 가장 큰 비중을 차지했다.

하인리히 뷜 재단은 스스로를 세계의 녹색 네트워크의 일부로 여겼다. 재단은 국제무대를 배경으로 활동하는 시민사회들 역시 국가 내부에서 활동하는 단체들과 마찬가지로 지원했다. 녹색정치운동이 중시하는 생태가 기본적으로 전 지구적 차원에서 바라볼 수밖에 없는 사안이기에 하인리히 뷜 재단이 세계적인 활동을 염두에 두는 활동은 당위적인 것이기도 하다. 재단은 생태를 보호하고 지속가능한 세계를 만들기 위해 전문성을 제고하고 녹색정

---

54) See Heinrich Böll Stiftung, *Annual Report 2007*, Ed. by Susanne Dittrich and Bernd Rheinberg, Tran. By Barbara Agie Reeves and Kurt Klotzle (Berlin; Heinrich Böll Stiftung e.V., 2008) pp.2~21. http://www.Böll.de/downloads/press/annual_report_download3.pdf

치운동을 확산하는 활동에 관심을 기울였다. 재단은 앞서 언급한 맥 플래니트 프로그램을 포함한 실질적인 활동과 더불어 콘퍼런스와 세미나를 열어 생태와 관련한 학술자원의 지반을 넓히고자 했다.

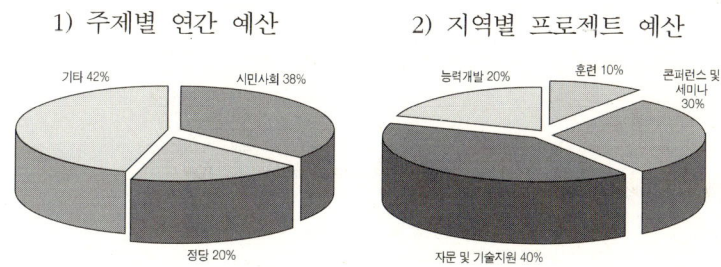

〈그림 38〉 하인리히 뵐 재단 2004년 예산(총 €37,200,000)[55]

1) 주제별 연간 예산

2) 지역별 프로젝트 예산

### 젠더의 관점에서 평화를 보다[56]

하인리히 뵐 재단은 세계의 지속가능성을 생태뿐만 아니라 민주주의에서도 발견했다. 재단은 종의 다양성이 생태계의 지속성을 강화하는 밑바탕인 것처럼, 여성을 비롯한 다양한 시민들이 참여하는 공동체가 보다 다양한 미래의 선택지를 가질 수 있다고 인식했다. 뵐 재단은 미래사회의 지속성을 담보하기 위해 여성들이 정치경제사회 분야에 참여할 기회를 얻어야 한다는 인식을 전제로 다양한 프로젝트를 실시했다. 2007년 워싱턴에서 '세계경제와 금융정책에서 젠더 정의 촉진'이라는 여름학교사업과 중국에서 '노동시장과 사회안전망에 접근할 여성의 권리' 프로젝트 등을 실시해 개도국의 인권수준을 높이고자 했다.

---

55) Jos van Wersch and Jeroen de Zeeuw (2005) p.44.
56) See Heinrich Böll Stiftung, *Annual Report 2007*, Ed. by Susanne Dittrich and Bernd Rheinberg, Tran. By Barbara Agie Reeves and Kurt Klotzle (Berlin; Heinrich Böll Stiftung e.V., 2008) pp.6~9.

분쟁 이후 국가재건에 관련한 사업을 펼칠 때에도 젠더의 관점은 재단의 근간을 이뤘다. 아프가니스탄에서의 활동은 대표적이다. 재단은 2007년 초반부터 아프가니스탄에서 활동했는데, 일반적인 의미의 체제전환(regime change)만으로는 평화를 이끌 수 없다고 보았다. 재단은 분쟁 이후에도 불안정한 상태인 지역의 민주주의를 증진하고 민주화를 이루기 위해 맞춤형접근(tailor-made approach)의 필요성을 역설했다. 현지 활동 이전에 실시한 사전연구서에서 젠더의 관점(gender perspective)을 중요한 축으로 전제한 것은 재단의 무게중심이 어디에 있는가를 단적으로 보여준다.[57]

젠더 관점은 재단이 목표로 하는 비폭력적이고 평화지향적인 태도와 맞아 떨어졌다. 하인리히 뵐 재단 산하 군다 베르너 연구소가 국제사면위원회와 협력해 주최한 1325로드맵(Roadmap to 1325) 토론회에서 그 성격을 확인할 수 있다. 토론회에서는 평화협상 및 합의이행과정에서 여성의 참여를 요구하는 '유엔안보리1325결의안'을 유럽에서 적용하는 방안을 모색했다. 재단은 이 외에도 앞서 언급한 아프가니스탄을 비롯해 이스라엘 등 정국이 불안정한 지역에서 더욱 열악한 환경에 처한 여성들의 목소리에 귀 기울임으로써 평화로 향하는 길을 모색하는 데에도 관심을 쏟았다.

'녹색'이 곧 브랜드다

시민사회에 초점을 맞추는 정치재단은 많지만 하인리히 뵐 재단은 자기만의 특색을 확연히 드러낸다. 하인리히 뵐 재단은 소외계층을 실질적으로 지원하는 데 집중했다. 재단의 지원을 받는 계층은 대부분 원주민, 사회적 소수자, 이주민 등이다. 다른 재단

---

[57] Shetter, Conrad etc., Heinrich Böll Stiftung, *Publication Series on Promoting Democracy under Conditions of State Fragility – Issue 1: Afghanistan*, Ed by Heinrich Böll Stiftung (Berlin: 2006), pp.5~6.

의 지원 대상이 대부분 이익집단이나 정당인 것과는 상당히 다른 지점이다.[58] 시민사회를 튼튼하게 만들기 위해서는 시민들의 참여가 필요한데, 일부가 아닌 어떤 누구라도 자기 목소리를 낼 수 있는 통로를 마련할 필요성에 대해 공감하기 때문이다. 기존 정치이념이 포괄하지 못한 다양한 목소리를 바탕으로 성립된 녹색당에 뿌리를 둔 배경이 하인리히 뵐 재단의 해외민주주의지원의 성격을 특징짓는다.

지구온난화가 가속화되는 요즘 지구환경의 지속가능성은 세계적인 화두다. 생태계와 인간의 조화를 모색하면서 민주주의의 발전방향을 모색하는 녹색정치의 가능성에 그만큼 관심이 모아지는 상황이다. 민주주의라는 생태계 안에서 다양한 정치의견이라는 종들이 어울리는 지속가능성을 찾는 방안은 녹색미래를 구상하는 하인리히 뵐 재단이 꾸준히 고민해야 할 과제로 남아 있다.

---

58) Mair, Stefan (2000), p.134.

# 한스 자이델 재단
(HSS: Hanns Seidel Stiftungen)

http://www.hss.de/

아데나워 재단과 비슷하면서도 다른 색깔[59]

한스 자이델 재단이 뿌리를 둔 기독교사회연합(기사연)은 독일 정치에서 독특한 위상을 가진다. 기사연은 기독교 민주주의를 지향하는 기민연의 자매정당이다. 기사연은 바이에른 주에만 후보를 내며 기민연은 이곳에만 후보를 내지 않는다. 가치를 공유하는 당이 연합은 하지만 통합하지는 않는 것은 독일의 뿌리 깊은 지방분권의 역사에서 비롯된 것이다. 비스마르크의 지휘아래 통일되기 전까지 독일은 연방국가로 나뉘어 지역별로 독자적인 통치체계를 이뤘고 현재까지 지역별 독자성을 지켜왔다. 기사연은 독일의 이러한 정치역사를 배경

> **독일의 의회[60]**
>
> 독일의회는 양원제다. 연방의회와 연방평의회로 이루어진 독일의회는 상하원의 형태를 띠는 일반적인 의미의 양원제와 성격이 다르다. 독일의 연방의회는 실질적인 입법기구다. 기본 정원은 656명으로 328명은 다수대표제로, 326명은 비례대표제로 뽑힌다. 정당명부제 방식을 적용하기 때문에 유권자는 지지하는 의원과 정당을 따로 선택할 수 있다. 이에 따라 정원을 넘는 초과의석이 발생하기도 한다.
> 연방평의회(Bundaresrat)는 독일의 오랜 지방자치의 역사를 배경으로 한 독일의 고유한 기구다. 연방평의회는 각 주를 대표하는 상징기관으로서 이를 통해 연방의 각 주는 입법, 연방행정, 유럽연합과 관련된 사안을 심의하는 과정에 참여했다. 연방평의회는 때때로 연방 상원으로 번역되지만 일반적인 상원과 같은 입법기구는 아니다.

---

59) *Institute for International Contact and Co-operation*, Hanns Seidel Foundation, http://www.hss.de/4359.shtml (2008년 11월 20일)
60) 권세기 외, 『독일의 대의제 민주주의와 정당정치』(1999), pp.14~15.; pp.39~40.

으로 하며 주(州)정당으로서의 특색을 보이는 독특한 사례다.61)

한스 자이델 재단은 '민주주의, 평화, 발전'에 기여하는 것을 기치로 삼고 있다. 물론 밑바탕은 기독교적 가치다. 재단은 기독교 정신을 근간으로 한 시민성을 계발하고자 한다. 재단은 시민을 교육하는 사업을 기독교민주주의를 계발하는 중요한 방식으로 여긴다. 이는 바이에른 주정부 총리를 역임했던 한스 자이델의 신념에 따른 것이기도 하다. 한스 자이델은 야당 대표를 역임하던 시절 민주시민교육을 민주주의 국가 건설의 필수 요소로 인식하고 시민교육을 강조했다.62)

〈그림 39〉 한스 자이델 재단 조직도63)

한스 자이델 재단은 독립법인(legal form of a registered association)의 위상을 가지고 있다. 재단은 총회에서 이사장을 선출하며 운영위원들은 법률자문, 언론 등과 관련해 자문하고 실무를 총괄적으로

---

61) *Ibid.*, p.173.
62) HSS, homepage, http://www.hss.or.kr/introductionKorean.html (최종 검색일: 2009년 4월 2일)
63) 한스 자이델 재단의 연간보고서와 홈페이지의 내용을 종합·정리한 내용이다. HSS, Annual Report 2008, (2009) p.2.; homepage, http://www.hss.de/index.php?id=3425 (최종검색일: 2009년 7월 30일).

책임졌다. 재단은 정치시사학교와 시민회계감사교육연구소 등을 산하에 설치해 시민들의 정치교육을 실시했다. 대외관계국과 연락국을 설치하고 국제교류협력연구소를 운영하면서 국제협력사업의 책임성과 전문성을 높이고자 했다. 자이델 재단은 이같은 구조를 바탕으로 운영에 필요한 재원을 독일연방정부와 바이에른 주정부에서 지원받으며 기사연으로부터 일정정도의 독립성을 확보했다.

### 스스로 돕는 자를 돕는다[64]

인적자본은 재단이 가장 관심을 두는 분야다. 한스 자이델 재단은 개개인이 자발적으로 문제를 인식하고 해결하는 방식에 초점을 맞췄다. 소위 '스스로 돕는 자를 돕는다(help to self-help)'는 전략이다. 이는 한 사회의 발전 가능성은 그 구성원들의 잠재력을 강화함으로써 이룰 수 있다는 인식을 바탕으로 한 것이다. 개별 행위자인 개인의 중요성을 정치경제문화구조에 버금가거나 혹은 그 이상으로 인식하는 재단은 개인의 변화를 도모하는 사업을 벌였다.

재단은 개인의 변화에 초점을 맞춘 국제협력사업을 지난 30여 년 간 펼쳐왔다. 재단 산하 국제교류협력연구소는 개인의 동기를 유발하고 이를 바탕으로 현지인 스스로 개발을 주도하도록 역량을 키우는 방식을 선호했다. 재단은 시민을 대상으로 교육을 실시해 개인적인 동기를 고취시키는 데 주력했다. 개인들을 변화시켜

---

64) *Highlights of cooperation in development policies*, Hanns Seidel Foundation, http://www.hss.de/4359.shtml (최종검색일: 2008년 11월 20일); Hanns Seidel Foundation, Annual Report 2006:shosrt version English, Translated by Christofer La Bonte, (Munich: Hanns Seidel Foundation, 2006) pp.1~16. http://www.hss.de/downloads/JB2006_engl.pdf; Hanns Seidel Stiftung, Responsibility in the World: Development Cooperation at the Hanns Seidel Foundation, (Munchen: Hanns Seidel Stiftung, 2007), p. 1~p. 18. http://www.hss.de/downloads/IBZ-Broschuere.pdf (최종검색일: 2008년 11월 20일)

빈곤을 퇴치하고 지속가능한 개발을 이룰 수 있다고 판단했기 때문이다. 재단은 여성과 같은 사회적 약자들에게 관심을 쏟으면서 성인교육과 경영수업을 실시했다. 일례로 재단은 인도 여성들이 직업교육을 마친 후 기업에서 일을 하고 에콰도르 토착민들이 부족 외부 사회에서 적응할 수 있게끔 지원함으로써 개인들의 역량을 계발하고자 했다.

수원국 주민들이 사회발전의 필요성을 느끼고 사회변화에 참여하고자 할 때에도 사회공동체가 이를 실질적으로 포용해야 효과가 발생한다. 한스 자이델 재단은 개인의 활동성과가 수원국에 반영되고 지원받을 수 있도록 수원국의 역량을 키우는 사업을 펼쳤다. 재단은 시민사회를 형성하며 능력을 함양한 개인들이 자유롭게 활동하는 공간을 만드는 일에 관심을 쏟았다. 재단이 크로아티아에서 사회경제교육을 실시하면서 중동부유럽의 사회변화를 꾀하고 콜롬비아에서 참여민주주의 프로젝트를 진행하며 라틴아메리카 민주주의의 공고화를 증진시키려 한 것은 이 같은 활동의 일환이다.

한스 자이델 재단은 민주주의 정치제도 틀을 확립하는 것과 함께 개인들의 활동을 제도적으로 보장하는 활동도 펼쳤다. 재단은 헌법을 근간으로 한 법치국가를 건설하는 활동을 지원했다. 몽고에서 의회민주주의를 지원하기 위해 정보교환프로그램을 진행한 것은 하나의 예다. 여기서 더 나아가 재단은 자율적인 지방정부를 수립하는 활동도 벌였다. 지방행정과 지방자치가 효율적이면서도 투명하게 이뤄질 수 있도록 인도, 키르기스스탄 등에서 교육을 실시해 노하우를 전수했고 훈련, 회의, 연구, 장학사업, 출판업무 등을 전반적으로 지원했다. 이는 지방 주정부에 뿌리를 둔 지역 정당인 기사연을 배경으로 한 재단의 특색을 반영한 것으로 독일의 지방자치경험을 공유하는 계기를 제공했다.

한반도 평화 구축에 통일의 경험을 보태다[65]

평화는 기독교민주주의를 표방하는 재단이 추구하는 목표 중 하나다. 세계평화에 관심을 쏟는 재단이 현재 세계의 유일한 분단국가이자 동북아 안보의 최대 쟁점인 한반도에 관심을 보이는 것은 어찌 보면 당연한 일이다. 한스 자이델 재단은 한반도, 그 중에서도 강원도에 초점을 맞췄다. 남북한의 접경지역을 이루는 곳이자 분단을 상징적으로 나타내는 강원도에서 자이델 재단은 독일통일의 경험을 공유하는 활동을 펼쳤다. 재단은 '한반도에서의 남북화해를 위한 촉진' 프로젝트를 비롯해 '비무장지대(DMZ) 주변 접견지역의 평화적 이용' 프로젝트에 참여했다.

한반도에서 국경지역과 관련해 재단이 벌인 활동은 긍정적인 평가를 받았다. 독일연방경제협력개발부는 한반도에서 진행한 재단의 활동을 가장 잘 추진된 국제개발협력의 사례로 꼽고 있다. 2006년에는 강원도에서 벌인 환경보존 평화노력을 인정받아 제2회 '비무장지대(DMZ)평화상' 대상 수상자로 선정되기도 했다. 이처럼 한스 자이델 재단은 지방분권, 분단, 통일이라는 정치사의 경험을 자산삼아 활동하고 있다. 독일의 독특한 제도와 문화를 다른 지역의 평화와 민주주의 확립의 자원으로 활용하는 재단은 한반도에서처럼 소기의 성과를 올리기도 했다. 한스 자이델 재단을 통해 해외민주주의협력사업을 펼칠 때 기관이 뿌리를 둔 사회 공동체의 역사와 문화가 활동의 중요한 자산이 된다는 점을 짚어볼 수 있다.

---

65) Hanns Seidel Foundation, *Annual Report 2006: shosrt version English*, Translated by Christofer La Bonte, (Munich: Hanns Seidel Foundation, 2006) p.13, http://www.hss.de/downloads/JB2006_engl.pdf; Hanns Seidel Stiftung, *Responsibility in the World: Development Cooperation at the Hanns Seidel Foundation*, (Munchen: Hanns Seidel Stiftung, 2007), p.17, http://www.hss.de/downloads/IBZ-Broschuere.pdf

# 로자 룩셈부르크 재단
(RLS: Rosa Luxemburg Stiftungen)

http://www.rosalux.de/

좌파적 대안정치의 확산 추구[66]

로자 룩셈부르크 재단은 독일의 정치재단 중 가장 최근에 설립된 조직이다. 1990년 베를린에서 사회분석·정치교육연합(Social Analysis and Political Education Association)으로 창설된 재단은 독일지역의 여러 지역재단이나 교육기관과 공동으로 네트워크를 형성해 활동했다. 그러던 중 1996년 민주사회당[67]은 로자 룩셈부르크 재단을 당과 관련된 정치재단으로 승격·승인했다. 이후 현재까지 재단은 독립적인 지역재단들과 네트워크를 형성하며 긴밀하게 협력했다.

로자 룩셈부르크 재단은 정치적 자유(political freedom)와 사회적 평등(social equality)을 결합시키는 것을 목적으로 삼았다.[68] 재단은 사회주의 이념에 기초한 개발이슈를 생산하고 사회진보를 분석하는 연구를 수행했다. 로자 룩셈부르크 재단은 사회주의 가치를

---

66) RLS, homepage, http://www.rosalux.de/index.php?id=rls-engl; http://www.rosalux.de/index.php?id=4658 (최종 검색일: 2008년 11월 26일).
67) 동독의 집권당이던 통일사회당(SED)은 독일이 통일되며 민주사회당(PDS)으로 이름을 바꿨다. 2005년 사민당에서 분리한 선거대안당(WASG)과 연합해 선거를 치른 후 2007년에는 좌파/민사당(Die Linke.PDS)으로 통합했다. Wikipedia, homepage, http://en.wikipedia.org/wiki/Party_of_Democratic_Socialism_(Germany) (최종 검색일: 2009년 4월 2일).
68) RLS, Annual Report 2006/2007, (2007) p.2.

현실의 민주주의 제도와 결합하는 방안을 모색했다. 급진적인 성향을 띠는 민사당과 로자 룩셈부르크 재단은 중도좌파 성향인 사민당, 에버트 재단과 차이를 보였다.

로자 룩셈부르크 재단은 독자적인 의사결정 구조를 바탕으로 운영된다. 총회는 최고의사결정기구로서 경영진과 관리위원회를 선출하는 권한을 행사한다. 이사회는 재단에 자문하는 기능을 하며 지역재단과 지역연합들이 투표로 이사들을 선출한다. 이들 기구들이 재단의 정책방향을 결정한 뒤에는 정치교육학교 등이 실제 프로그램을 구체적으로 기획하고 실행에 옮긴다. 로자 룩셈부르크 재단은 근간조직인 좌파·민주사회당과 비교적 가까운 거리를 유지하고 있다. 재단은 사회개발 등과 관련된 다양한 사안들을 다뤘는데 좌파·민주사회당에 관한 분석과 자료들을 바탕으로 연구를 실행하는 일도 주요한 축으로 여겼다. 당의 직접적인 지배를 받는 것은 아니지만 당의 평가를 활동자료로 쓸 만큼 정체성을 하나로 하려는 의지를 확인할 수 있다.

재단의 여러 부서 중 비판사회분석연구소는 급진적인 정책을 낳는 산실로서 주목할 만하다. 이 부서는 현대자본주의사회와 관련된 담론을 검토했다. 기존 권력관계를 변화시키고 신자유주의에 저항하고자 좌파·노동조합·사회운동의 전략을 점검하는 것을 목표로 삼았다. 이를 실현하고자 연구소는 신자유주의 민영화 정책이 사회공

**로자 룩셈부르크(1871~1919)[69]**

20세기 초 유럽을 휩쓴 사회주의혁명의 소용돌이에서 로자 룩셈부르크의 이름을 발견하는 것은 어렵지 않은 일이다. 폴란드 유대계인 룩셈부르크는 1905년 러시아 혁명에 참여했고 폴란드와 리투아니아 사회민주당의 공동설립자로 활동했다. 독일에서는 사회민주당(SPD)의 일원으로서 좌파 사회주의(left-wing socialist), 반군국주의(antimilitaristic), 국제공산주의(internationalist)의 입장을 견지했다. 1919년 베를린에서 혁명을 기도했으나 우파 파시스트 집단에 체포되어 살해되었다. 룩셈부르크는 레닌과 필적할만한 좌파 이데올로그로 회자되고 있다.

---

69) RLS, homepage, http://www.rosalux.de/cms/index.php?id=4551 (최종 검색일: 2009년 4월 2일).

공성에 미치는 부정적인 영향을 분석하는 데 심혈을 기울여왔다. 이에 더해 좌파 활동가 개인과 이들의 조직 역량을 강화하려는 기술자문과 이론을 제공했다.

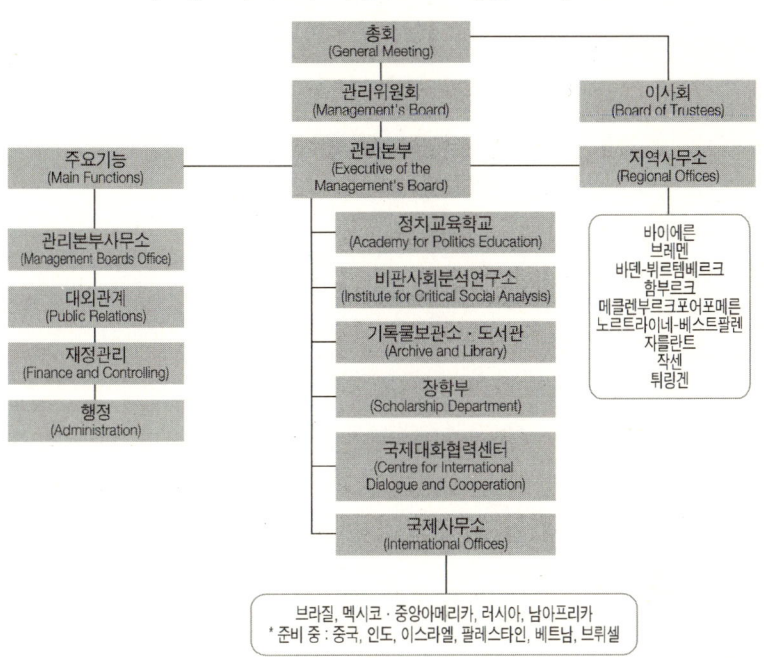

〈그림 40〉 로자 룩셈부르크 재단 조직도[70]

재단은 주류이념인 자본주의뿐만 아니라 근래 극단주의 우파가 발호하는 데에도 촉각을 세우고 있다. 1945년 이전의 나치즘, 파시즘 같은 전체주의적 사고와 현대의 극우파의 근간이 연결되었다는 평가에 따른 것이다. 재단은 극우파가 보이는 인종주의, 외국인혐오주의, 반유대주의, 민족주의 등이 곧 현대 자본주의의 내재된

---

[70] 로자 룩셈부르크 재단의 연간보고서와 홈페이지 내용을 종합·정리한 내용이다. RLS, Annual Report 2006/2007, (2007), p.90.; homepage, http://www.rosalux.de/cms/index.php?id=4658 (최종검색일: 2009년 7월 30일).

모순이기 때문에 이를 효과적으로 통제하는 제도를 마련해야 한다고 역설했다. 전 세계에서 빈번히 발생하는 분쟁 사례에서 극우파의 문제를 연구하고 유럽의 대중들을 대상으로 출판물을 기획하는 연구출판활동은 극우주의에 대응하려는 활동의 하나다.[71]

연구 성과물을 현실사회에 적용하는 응용작업은 현실에 부합하는 대안을 산출하는 과정에서 반드시 거쳐야 하는 일이다. 로자 룩셈부르크 재단은 정책연구결과물을 재료로 삼아 정치교육을 활발히 실시했다. 재단 산하 정치교육학교는 이를 추진하는 중추다. 정치교육학교는 공공정치교육을 조직하고 후원했다. 또한 콘퍼런스, 세미나, 워크숍 등 다양한 토론회를 개최하고 출판·교육사업을 벌이면서 관련 활동가를 지원했다. 재단은 지역의 수많은 주민들과 활동가들이 민주적인 사회주의 정책에 관심을 높이는 것을 목적으로 정치교육을 진행했다.

로자 룩셈부르크 재단은 유럽 내에서 좌파이념을 공유하는 집단들과 연대하며 유럽 내 국제협력을 도모했다. 재단은 유럽 통합을 지향하는 유럽연합을 무대로 좌파의 정치적 대안을 모색하는 일련의 활동을 벌였다. 로자 룩셈부르크 재단은 유럽 내 좌파들의 다원적인 특성을 확보하는 방향을 모색했다. 일례로 재단은 유럽의 좌파운동 간 네트워크를 조직한 후 민주적 사회주의의 관점에서 유럽연합과 개별회원국을 연구하면서 얻은 정보를 네트워크에 제공하고 공유하는 프로그램을 운영했다. 단일국가를 넘어 유럽지역으로 관점을 넓히려는 태도는 사회주의국제주의(인터내셔널)를 지향했던 과거 좌파의 흐름을 잇는 동시에 세계화와 지역통합이라는 현대의 흐름을 접목시키려는 의도로 볼 수 있다.

---

[71] homepage, Left Europe, Rosa Luxemburg Foundation, http://www.rosalux.de/index.php?id=4687 (최종검색일: 2008년 11월 26일); Right Wing Extremism, Rosa Luxemburg Foundation, http://www.rosalux.de/index.php?id=6133 (최종검색일: 2008년 11월 27일)

로자 룩셈부르크 재단은 유럽연합을 비롯한 세계 각지에서도 활발히 활동했다. 예산지출을 보면 재단이 연구사업을 벌이면서도 국제협력사업을 활발히 벌였음을 알 수 있다. 2006년 예산 (총 €11,479,500) 중 국제협력에만 예산의 약 38.9%가 쓰였는데, 이 수치는 회의·출판·연구프로젝트에 쓰인 예산을 모두 합해도 전체의 5%에 불과한 것과 크게 대비된다.[72] 국제협력사업에서 재단이 비중을 크게 두는 곳은 라틴아메리카지역이다. 미국패권에 도전하는 흐름이 존재할 뿐만 아니라 세계화로 인한 변화에 취약한 계층이라고 판단했음을 짐작할 수 있다.

〈그림 41〉 로자 룩셈부르크 재단 2004년 예산(총 €11,479,500)[73]

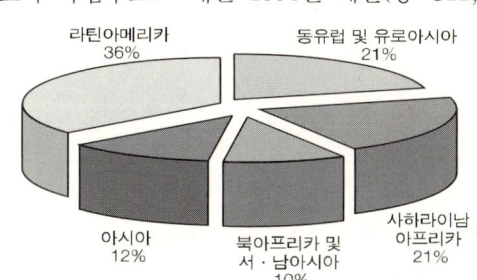

누구나 평등하게 공유·활용하는 자원정치[74]

현재 우리가 유례없이 누리고 있는 풍요가 언제까지 계속될까. 근래 들어 석유생산정점(peak oil)을 비롯해 다양한 자원이 고갈되는 상황을 두려워하는 목소리가 높아졌다. 희소성이 높아지는 자원을 차지하려는 경쟁이 치열해지는 가운데서 로자 룩셈부르크 재단은

---

72) RLS, (2007) p.103.
73) Jos van Wersch and Jeroen de Zeeuw (2005) p. 45.
74) RLS, (2007) pp.46~48.; homepage, http://www.rosalux.de/index.php?id=4687 (최종검색일: 2008년 11월 26일).

자원을 둘러싼 갈등을 '자원정치(resource politics)'의 문제로 인식했다. 재단은 자원의 고갈과 관련된 문제를 자원분배권·접근권 그 이상으로 판단했다. 재단은 자연환경을 이용하는 사회적 방식은 사회평등과 경제경영의 대안적 모델과 떨어질 수 없다고 생각했다. 재단은 정치교육활동을 실시해 세계의 취약계층들도 평등하게 자원을 공유하고 활용할 수 있는 방식의 필요성을 역설했다.

기후변화로 인한 물 부족 문제는 물을 둘러싼 다양한 정치적 문제를 유발했다. 멕시코도 예외는 아니다. 멕시코의 구에레로(Guerroro)주 라 파로타(La Parota)에 건설하려는 댐은 재단이 관심을 쏟는 대표적인 사례다. 국제주거연맹(HIC-AL: Habitat International Coalition)은 댐 건설로 홍수위기에 취약해진 지역의 거주자들을 대상으로 교육활동과 출판사업을 펼쳤는데 재단은 이를 지원했다. 국제주거연맹은 원주민의 권리를 옹호하기 위해 현 상황 및 법정치적 과정에 관한 지식을 유엔특별대사에게 전하고 그에 관한 조언을 다시 전달했다. 이 외에도 재단은 가격상승, 깨끗한 물을 얻지 못하는 현실 등 물 사유화로 인해 발생하는 문제들을 '사회분석·정보·대중조직센터(CASIFOP: Centro de Análisis Social, Información y Formación Popular)' 등과 협력해 연구 및 교육활동을 진행했다.

구공산권 체제 붕괴 이후 좌파의 시각은 시대에 적합하지 않은 것으로 여겨졌다. 하지만 2008년 금융위기 등 신자유주의에 대한 경보음이 커진 시점에서 좌파가 주장하던 평등권을 부각시키는 목소리가 점차 커지는 상황이다. 환경문제와 자원문제를 사회경제적 권리와 접목시켜 해결방안을 찾는 로자 룩셈부르크 재단의 민주주의지원활동은 대안을 모색하는 이들에게 함의를 줄 것이다. 시장경제운영에서 발생하는 소외 문제를 해결하고자 연구교육활동을 이어온 로자 룩셈부르크 재단이 앞으로 세계의 변화에 목소리를 보탤 수 있을지 주목된다.

# 프리드리히 나우만 재단
(FNS: Fiedrich Naumann Stiftungen)

http://www.fnst-freiheit.org/

자유주의를 바탕으로 한 민주주의[75]

프리드리히 나우만 재단은 자유주의를 활동의 밑바탕으로 삼아 출범했다. 독일연방 초대대통령인 테오도르 호이스가 1958년 설립한 나우만 재단은 독일정당 중 가장 보수적인 성향을 띠는 자유민주당과 관계를 맺고 있다. 한 가지 짚고 넘어가야 할 것은 유럽에서 활동하고 있는 자유주의의 성격이다. 근대 유럽에서 형성된 자유주의는 개인들이 국가로부터 소유권(right to private property)을 포함한 시민권을 침해받지 않을 자유를 중시했다. 이런 전통을 이어받아 나우만 재단은 자유로운 선택에 따른 책임을 중시하면서 자유를 공기와 같은 영역으로 생각했다 (Our mind needs freedom just like our body need air to breathe).[77]

> **프리드리히 나우만(1860~1919)[76]**
>
> 프리드리히 나우만은 목사 출신 정치인으로서 독일 자유주의의 선구자 중 하나다. 보수주의자로서 군주제주의자이기도 했던 나우만은 자유적 제국주의(Liberal Imperialism)를 지지했다. 나우만은 당시 군주였던 빌헬름2세를 비판했던 친구 막스 베버의 영향을 많이 받은 것으로도 알려져 있다.
> 1919년 나우만은 독일민주당(DDP: German Democratic Party)을 설립했고 얼마 지나지 않아 세상을 떴다.

---

75) FNS, homepage, http://www.fnfasia.org/about-us.php?sub_name=1; http://www.fnfasia.org/ principle.php?sub_name=4&page=1 (최종검색일: 2008년 11월 25일).

76) Wikipedia, homepage, http://en.wikipedia.org/wiki/Friedrich_Naumann (최종검색일: 2009년 4월 3일)

'자유에 대한 생각, 자유를 훈련하기(Ideas on Liberty, Training in Freedom)'
는 재단이 추구하는 목적이다. 민주적인 절차와 규범을 이해하는
것뿐만 아니라 개인이 이에 능동적으로 참여하는 환경이 만들어
질 때 민주주의가 성공할 수 있다는 판단에 따른 것이다. 시민들이
분석적인 사고를 바탕으로 능동적으로 토론에 참여해 합리적인
결과를 산출하며 다른 의견을 존중하는 관용을 보여 갈등을 해결
하는 것은 재단이 추구하는 이상 중 하나다. 재단은 시민들을 교육
해 스스로 자유를 향유하고 책임질 줄 아는 개인들이 늘어나면
자유무역과 자유시장 경제를 이뤄 정의로운 민주주의 사회를 실
현할 수 있을 것으로 판단한다.

프리드리히 나우만 재단은 시민교육에 중점을 둬 활동해 왔다.
생전 프리드리히 나우만이 민주주의가 제대로 운영되기 위해서는
정치적인 교육을 받은 시민을 육성해야 한다고 주장했던 유지를
받드는 차원에서다. 이 때 교육을 받은 시민이란 정치적인 논쟁
대상이 되는 사안에 참여하는 방법을 알고 국가운영방향에 관한
자신의 입장을 개진할 수 있는 주체를 뜻한다. 재단은 개인의 의사
를 표명하는 자유를 누릴 수 있는 역량을 갖춘 시민들이 늘어날수록
민주주의의 기반이 튼튼해진다는 판단에 기초해, 시민들의 범위를
넓히고 그들의 역량을 높이는 방향으로 재원을 활용하고 있다.

재단은 시민들을 교육해 정치개혁을 도모함으로서 민주주의를
강화할 수 있다고 판단했다. 재단이 가장 활발히 활동하는 아시아
지역에서 나우만 재단의 의지를 살필 수 있다. 나우만 재단은 시민
교육과 자유포럼을 주요 수단으로 삼아 이를 지원했다. 재단은 자유
주의에 기반을 둔 민주주의사회를 지향하는 회의와 학술회의 등을
지원하는 자유포럼을 운영했다. 학생과 교사를 비롯한 현지 사회의

---

77) FNS, homepage, http://www.africa.fnst-freiheit.org/webcom/show_article.php/_c-1492/_nr-2/i.html (최종검색일: 2009년 4월 3일)

구성원들이 자유주의에 대한 이해를 높일 수 있는 학술활동은 필리핀, 말레이시아 등 지역사무소가 있는 지역에서 전방위적으로 진행되고 있다. 2007년 자유포럼이 태국에서 시민들을 대상으로 민주주의와 관련한 교육용 안내서를 발간하고 단편영화를 제작하는 활동을 펼치는 태국선거위원회(Election Commission of Thailand)와 협력사업을 벌인 것은 재단의 대표적인 활동 중 하나로 꼽힌다.

〈그림 42〉 프리드리히 나우만 재단 조직도[78]

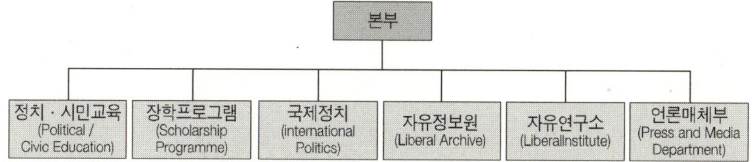

〈그림 43〉 프리드리히 나우만 재단 2004년 예산(총 €40,000,000)[79]

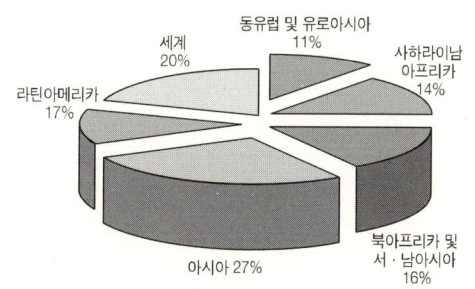

자유시장이 민주주의를 강화하는 발판이다[80]

개인의 자유를 말할 때 빼놓을 수 없는 권리 중의 하나가 소유권

---

78) 프리드리히 나우만 재단의 홈페이지에 게시된 내용을 바탕으로 재구성한 내용이다. FNS, homepage, http://www.africa.fnst-freiheit.org/about-us/ fields (최종검색일: 2009년 7월 30일).
79) Jos van Wersch and Jeroen de Zeeuw (2005) p.45.
80) FNS, homepage, http://www.fnfasia.org/our-projects.php?sub_name= 7&page= 1 (최종검색일: 2008년 11월 25일).

이다. 개인이 일한 결과물을 정당하게 소유하고 자유롭고 공정하게 거래하려는 욕망은 근대 자유주의를 추동한 원동력 중 하나다. 유럽 근대 역사에서 시장의 자유를 보호하고 개인의 소유권을 보장해온 과정은 절대군주정 몰락과 민주주의 확립이라는 결과와 맞물려 있다. 유럽이 그러했던 것처럼 현대 개발도상국들도 자유시장을 확립하면서 민주주의를 꾀할 수 있다는 재단의 생각은 이러한 맥락 위에 서 있다.

  나우만 재단은 수원국 현지에서 프로그램을 실행하면서 자유시장을 확대하고자 노력했다. 재단이 활발하게 활동하고 있는 필리핀에서 이를 쉽게 확인할 수 있다. 프리드리히 나우만 재단 산하 필리핀지역사무소는 가치를 공유하는 단체들과 함께 시장자유의 지반을 넓히고자 했다. 재단은 시장 친화적 정책개혁을 촉진하는 기관인 경제자유재단(Foundation for Economic Freedom)과 공동으로 경제자유에 관한 포럼에 여러 번 참여했다. 또한 재단은 세계경제에 관한 2007년 보고서를 필리핀 편으로 편집해 출판했다. 이에 더해 재단은 네트워크인 필리핀경제사회(Philippine Economic Society)의 일원으로서 경제성장과 발전에 관한 토론회에도 참석했다. 재단은 자유시장의 기반이 약한 아프리카 등지에서도 이와 유사한 활동을 벌이고 있다. 프리드리히 나우만 재단은 근대 유럽의 역사를 자산삼아 자유주의의 이상을 현실에 적용하려는 행보를 멈추지 않고 있다. 개인의 권리를 중시하고 이들의 자유를 진작시키려는 사업은 현지의 발전과 민주주의 제도화에 기여하는 바가 있을 것이다. 다만 2008년 세계금융위기는 자유시장을 신봉하는 개인의 자유만을 중시하는 정치경제체제의 안전성에 관한 의문을 제기했다. 자유시장에서 배제되거나 도태된 개인들이 발생했을 때 이들을 다시금 자유시장의 능동적인 일원으로 흡수할 대안을 마련하는 것은 재단이 풀어야 할 과제로 남았다.

# 제4장
# 스웨덴

스웨덴국제개발청

정당연계기구

올로프 팔메 국제센터

기타 정당연계기구
얄 옐마르손 재단 / 기독교민주주의국제센터 / 좌파국제포럼

민주주의·선거지원국제연구소

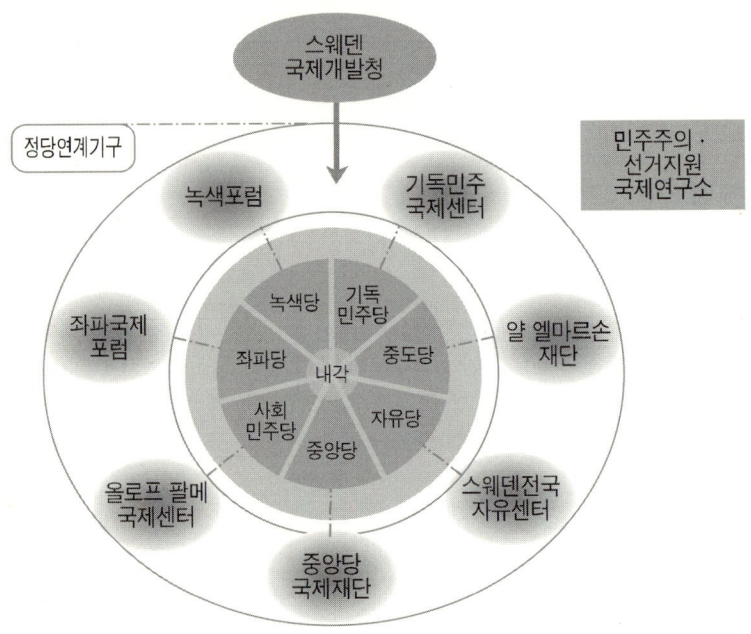

## 정당들이 손에 손을 잡고 협동하는 해외민주주의지원

북유럽 스칸디나비아에 위치한 스웨덴은 해외민주주의지원사업에 있어 서만큼은 추운 변방에 위치하지 않는다. 스웨덴은 해외민주주의지원에서 오랜 전통과 역사를 자랑하며 21세기인 오늘날에도 활발하게 활동하고 있다. 사회복지제도 외에도 해외민주주의사업은 스웨덴이 자랑할 만한 공공활동 영역이다.

스웨덴은 정당을 중심으로 사업을 진행했다. 스웨덴국제개발청(SIDA)은 각 정당과 연계된 해외민주주의지원재단을 지원한다. 올로프 팔메 국제 센터(Olof Palme International Center)는 사민당에, 얄 엘마르손 재단(Jarl Hjalmarson Foundation)은 중도당에, 기독민주 국제센터(Christian Democratic International Center)는 기민당에, 좌파국제포럼(Left International Forum)은 좌파당에 뿌리를 뒀다. 본문에서 다루지는 않지만 녹색당은 녹색포럼과 중앙당은 중앙당국제재단과 자유인민당은 스웨덴 전국자유센터와 관련을 맺고 있다. 스웨덴은 정당이 지원활동이 중심이 되는 측면에서 독일과 종종 비교되기도 하지만 자기만의 개성을 오롯이 담아내고 있다.

# 스웨덴국제개발청
(SIDA: Swedish International Development Cooperation Agency)

http://www.sida.org

일관되게 지켜온 민주주의와 인권의 가치[1]

스웨덴은 자국의 사회복지제도만큼 국제개발협력활동의 기반을 튼튼하게 다져왔다. 스웨덴은 국제적으로 대규모의 자금을 수원국에 지원하는 공여국 중 하나다. 스웨덴은 몬테레이 합의를 이미 1980년대에 초과달성한 바 있다. 2002년 유엔이 새천년개발계획의 일환으로 공적개발원조(ODA)규모를 국민총생산량(GNP)의 0.7%까지 늘리자고 결의한 내용이 몬테레이 합의의 요체다. 스웨덴은 1968년 공적개발원조 규모를 총국민생산량의 1%까지 확대하기로 계획한 지 불과 십여 년 만에 이러한 성과를 이뤘다. 이후 스웨덴은 90년대 초중반 경제위기를 겪으며 규모를 0.7%까지 줄이기도 했지만 이후 꾸준히 늘려 다시 1%에 근접했다.

> **스웨덴은 왕정국가다[2]**
>
> 세계에서 가장 안정적인 복지제도를 운영하는 국가인 스웨덴에는 왕이 있다. 1973년 즉위한 칼 구스타프 16세는 2009년 현재까지 국왕의 자리를 지켜왔다. 헌법의 일부분인 왕위계승법이 국왕의 지위를 보장한다.
> 스웨덴의 국가수반인 국왕은 세계에 현존하는 국왕들 중에서 가장 상징적인 존재일지 모른다. 국왕의 업무는 의회를 개원하는 것처럼 상징적인 일을 하는 데 그친다. 네덜란드 등 여타 입헌군주국과 달리 총리임명권조차 국왕이 아닌 의회의장이 행사하고 있다.

---

1) Information from the UU(Ministry for Foreign Affair), *"Democracy and Human Rights in Swedish development cooperation"*, (1998); from the SIDA, *"SIDA Annual Report 2006"*, (2007).
2) 남궁근 외, 『스칸디나비아 국가의 거버넌스와 개혁』, (2006) pp.51~52.

스웨덴이 공여하는 막대한 자금은 민주주의와 인권을 증진하는 사업에 널리 쓰였다. 스웨덴 스스로도 해당 분야를 개도국의 개발협력사업의 핵심으로 꼽는다. 스웨덴은 기준을 마련해 재원을 효율적으로 활용하고자 했다. 1998년 발행된 외무성 백서에 따르면 스웨덴은 개발협력정책이 수원국 주민의 인권을 증진하고 지속가능한 발전에 기여하는 방향으로 쓰이는 조건을 기준으로 내세우고 있다. 이 뿐만 아니라 스웨덴의 개발정책 전반이 인권에 기반을 둔 접근(human right based approach)을 바탕으로 실행되어야 한다고 강조한다. 스웨덴은 공언(公言)을 공언(空言)으로 남기지 않을 수준으로 실질적인 노력을 기울였다. 〈표 25〉에서 보듯이 스웨덴 공적개발원조 자금의 사용분야 중 민주적 거버넌스와 관련된 기금은 1999년부터 2003년 사이에 약 1.5배로 정도로 규모가 커졌다.

〈표 25〉 1999~2003년 스웨덴 공적개발원조 자금 중 민주적 거버넌스 분야[3]

| 연도 | 기금 (단위: 백만 유로) | 총 공적개발원조 중 차지하는 비율 |
|---|---|---|
| 1999 | 123 | 15% |
| 2001 | 163 | 13% |
| 2003 | 189 | 17% |

〈그림 44〉는 스웨덴국제개발청이 2006년 진행한 프로그램을 분야별로 구분한 내역이다. 인권과 민주적 거버넌스 분야는 한 해 동안 프로그램예산의 24%를 지원받아 단일분야로는 가장 큰 규모다. 그 다음으로는 인도주의적 지원에 예산의 13%를, 자연자원·환경과 건강분야에 각각 예산의 12%를 투입했다. 인권과 민주적

---

3) Young, Richard (eds) (2006), p.188.

거버넌스 분야는 다른 분야의 거의 두 배 수준으로 예산지원을 받은 셈이다. 스웨덴이 국제협력사업을 진행하면서 인권과 민주적 거버넌스 지원에 가장 관심을 많이 쏟았음을 확인할 수 있다.

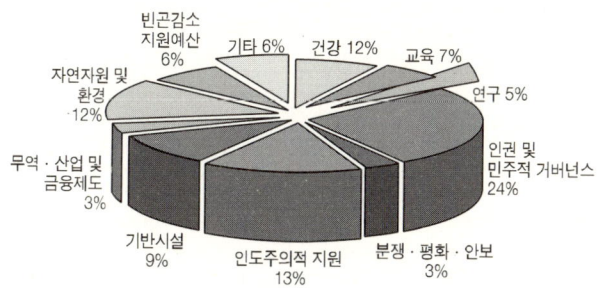

〈그림 44〉 2006년 스웨덴국제개발청 분야별 예산진출[4]

스웨덴국제개발청은 유럽지역의 민주주의증진을 목표로 프로그램을 진행했다. 〈그림 45〉는 개발청이 2006년 지역별로 실시한 프로그램비율을 정리한 내용이다. 개발청은 2006년 한 해 동안 예산의 55%를 유럽지역에 집중적으로 투입했다.

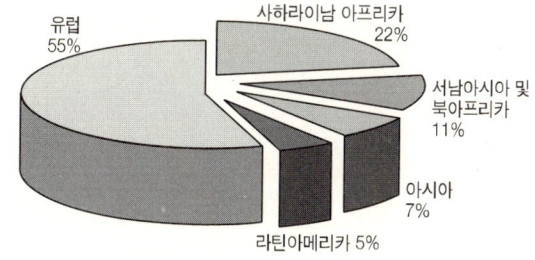

〈그림 45〉 2006년 스웨덴국제개발청 지역별 지원 현황[5]

---

4) SIDA, *Annual Report2006* (2007), pp.164~169..
5) *Ibid*..

〈표 26〉 2006년 스웨덴국제개발청
'인권 및 민주적 거버넌스' 분야 지역별 지원현황 비교[6]

|  | 인권 및 민주적 거버넌스 | 전 체 |
|---|---|---|
| 사하라이남 아프리카 | 1,206,808,000 | 6,199,993,000 |
| 서남아시아 및 북아프리카 | 700,351,000 | 3,021,506,000 |
| 아시아 | 517,841,000 | 2,061,040,000 |
| 라틴아메리카 | 538,801,000 | 1,330,642,000 |
| 유 럽 | 3,814,409,000 | 15,683,533,400 |
| 전 체 | 6,778,210,000 | 28,296,714,400 |

1980년대까지 영연방 식민지 국가를 원조하는 데 집중했던 스웨덴이었으나 냉전 이후 현재까지 중동부유럽의 체제전환을 지원하는 방향으로 초점을 옮겼다. 스웨덴과 인접한 지역인 중동부유럽의 정치적 안정을 꾀하려는 목적을 반영하는 차원에 따른 결과다. 스웨덴국제개발청은 신생민주주의국가가 많은 아프리카와 아시아를 그 다음으로 중시했으며 이들 지역에 각각 예산의 22%와 11%가 투입되었다.

개발 원조를 총괄하는 스웨덴국제개발청

스웨덴국제개발청은 국제무대에서 활동하는 스웨덴의 팔이자 다리다. 개발청은 외교부 산하 정부기관으로 정부와 의회가 설정한 틀 안에서 독립적으로 사업을 집행한다.[7] 스웨덴국제개발청은 수원국의 소외계층이 실질적으로 삶의 질을 향상하는 데 지원사업의 초점을 맞췄다. 2003년 12월 스웨덴 의회가 채택한 세계개발정책(PGU: Sweden's Policy for Global Development와 government bill Our

---

6) Ibid.
7) SIDA, homepage, http://www.sida.org/sida/jsp/sida.jsp?d=115&danguage=en_US (최종검색일: 2009년 4월 7일).

Common Responsibility 스웨덴의 보편적 책임에 관한 정부법안)에 그러한 목적이 잘 녹아들어 있다. 세계개발정책은 스웨덴의 개발협력 결과 수원국이 지속가능한 경제기반을 마련하고 인권을 항구적으로 보호하며 소외계층의 삶의 질을 향상시켜야 한다고 역설했다. 이 때 민주적 거버넌스는 단순원조 이상의 결과를 내는 데 필요한 핵심요소다. 새 정책은 '권력·안전·선택할 자유의 결여'가 물질자원의 부족과 더불어 빈곤을 재생산한다는 문제를 조명하며 민주주의 정책의 필요성을 재차 강조했다.

<그림 46> 스웨덴국제개발청 조직도[8]

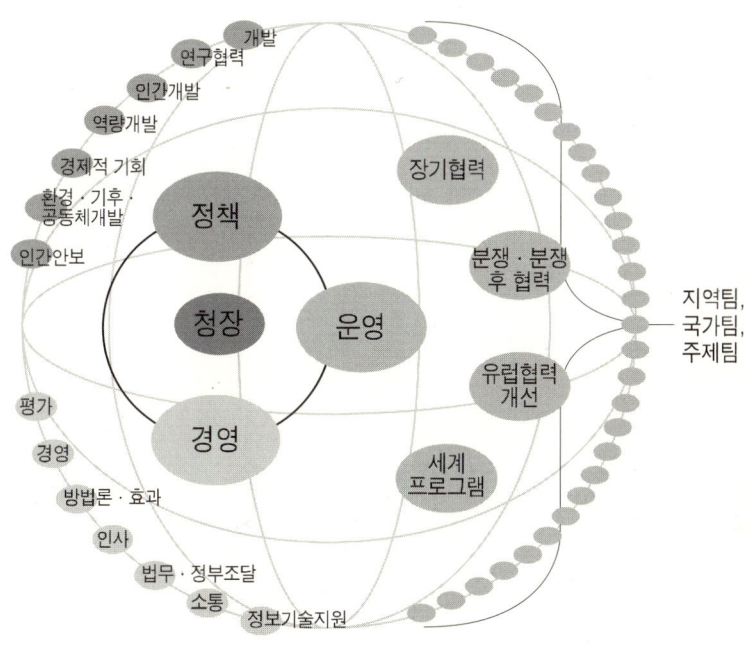

---

[8] SIDA, homepage, http://www.sida.se/English/About-us/Organization/ (최종 검색일: 2009년 4월 7일).

스웨덴국제개발청은 민주주의 지원정책을 효과적으로 수행하기 위해 산하에 전담부서를 설치했다. '민주주의와 사회개발(Democracy and Social Development)'이라 불리는 부서들은 인권문제를 포함한 민주적 거버넌스와 교육·문화·의료 등 사회영역을 지원했다. 민주주의와 사회개발부(DESO: Department for Democracy and Social Development), 성평등분과(Gender Equality Division), 민주적 거버넌스분과(Division for Democratic Governance)가 관련 사업을 수행했다.

민주적 거버넌스분과는 2003년 채택된 새로운 세계개발정책의 정신을 실현하는 중추로 기능하고 있다. 이 분과는 민주주의·인권·대중참여·굿 거버넌스·법치와 관련된 사안을 포괄한다. 입법기구와 같은 민주제도를 형성하고 다층적인 공공행정을 지원함으로써 수원국의 변화를 꾀했다. 민주적 거버넌스분과는 아프리카, 아시아, 라틴아메리카 등 30여 개국에서 실행할 활동을 준비하고 총괄 운영했다. 더불어 국가별 프로그램에 자문하고 아동과 장애인을 고려한 정책을 추진할 수 있는 방안도 찾았다. 이 외에 민주주의와 사회개발부는 정보통신기술을 활용한 지속가능성을, 성평등분과는 여성문제를 국제개발청의 정책 전반에 반영하는 방향을 모색했다.

현재 스웨덴 국제협력사업의 중심을 잡는 곳은 스웨덴국제개발청이지만 처음부터 지금과 같은 형태를 띤 것은 아니었다. 1952년 스웨덴원조중앙위원회(Central Committee for Swedish Aid)로 출범한 스웨덴의 국제원조기구는 1965년 스웨덴국제개발청으로 대체되었다. 이후 1995년 스웨덴국제개발청은 네 개의 준정부·비정부 원조기구들을 통합하면서 원조체제의 일원화를 꾀했다. 다양한 개발협력사업 간의 조정을 원활히 하면서 효율성을 높이기 위함이다. 정부는 원조기구를 통합해 정책을 조직적으로 사업에 반영하는 통로를 마련했다.

〈그림 47〉 스웨덴국제개발청 설립·발전 과정

| 1952년 |
| --- |
| 원조중앙위원회<br>(Centralkommittén för svenskt bistånd 또는 Central Committee for Swedish Aid) |
| • 스웨덴 정부 및 국내 비정부기구 간 협력 구축<br>• 교육에 초점 맞춘 활동 |

| 1962년 |
| --- |
| 국제개발원조이사회<br>(NIB: Nämnden för internationellt bistånd 또는 Board for International Development Assistance) |
| • 개도국 빈곤층의 생활조건 개선이 목표<br>• 60년대 사민주의복지국가 체제가 안정되며 제3세계 탈식민주의·민주주의 운동 지원 |

| 1965년 |
| --- |
| 스웨덴국제개발청<br>(SIDA: Swedish International Development Agency) |
| • 스웨덴 개발협력을 책임짐<br>• 1977년 정부의 주요지침(경제성장, 경제사회적 평등 및 독립, 민주적 개발, 젠더평등) 반영 |

| 1995년 |
| --- |
| 스웨덴국제개발청<br>(SIDA) |
| • 네 개의 소규모 기구(SAREC, SwedeCorp, BITS, Sandö Course Centre)를 흡수통합하며 강화됨 |

### 입체적인 접근이 수원국을 변화시킨다

세계개발정책은 2000년대 스웨덴의 국제협력활동을 특징짓는다. 스웨덴국제개발청은 민주주의 증진 전선에서 한 발 물러난 상태로 지원사업을 벌였다. 개발청은 정부가 마련한 큰 틀 안에서 활동하지만 전면에 나서지는 않았다. 대신 다원적인 원조주체들을 중심으로 개발협력을 추진하는 방향으로 활동해 왔다.

스웨덴국제개발청은 자율적인 결사체에서 민주주의 증진의 가능성을 발견했다. 정당과 시민사회단체는 민주주의사회의 대표적인 결사체로서 스웨덴국제개발청의 주요 관심사다. 국제개발청은 정당과 시민사회단체가 국가라는 사회공동체를 변화시키는 원동력으로 상정하고 이를 지원했다. 국제개발청은 스웨덴의 정당과 시민사회를 수원국의 결사체들과 연결시키는 과정을 다원적인 사회세력을 육성하는 효과적인 방법으로 고려했다.

스웨덴은 스웨덴의 사회제도(institution)가 전반적으로 개발협력에 기여해야 수원국 또한 총체적으로 변한다고 판단했다. 개발청은 스웨덴 정부부처를 비롯해 정당, 비정부기구, 지방자치단체(municipalities), 교육기구, 대중운동단체, 기업 등을 개발협력사업에 유인하는 방안을 모색했다. 협력 대상인 수원국에서도 마찬가지로 스웨덴은 수원국 정부당국을 비롯해 시민사회를 협력주체로 맞이했다. 시민단체들이 주도적으로 현지에서 활동할 수 있도록 일반적인 운영 및 활동역량강화 프로그램을 지원하는 동시에 법률 및 지식기반 서비스를 제공했다.

스웨덴국제개발청은 스웨덴의 다양한 결사체 중에서도 시민사회단체들이 참여하는 데 관심을 보였다. 2007년 민주주의지원활동에 참여하는 주체들 중 비정부기구에 집행된 예산이 총 1억 2천만 유로에 이르렀다. 비정부기구 지원 분야에 배치된 기금은 전 세계 100여개 국가 1,000여개 조직으로 배분되었다. 지원을 받는 시민사회단체들은 자체적으로 프로젝트를 계획해 독립적으로 사업을 집행했다. 개발청의 지원을 받는 핵심협력조직은 14개로 프레임조직, 우산조직, 인도주의적 지원기관이 이에 해당한다.

장애인에게 더 나은 조건을(Better conditions for persons with disabilities)
스웨덴국제개발청은 장애인권에 주목했다. 스웨덴은 사회적 약자들이 처한 상황을 실질적으로 변화시키려는 차원에서 장애인권에 접근했다. 따라서 국제개발청은 단순히 생활비를 지원하는 데서 나아가 장애인들이 한 사회의 구성원으로서 목소리를 낼 수 있는 방안을 모색했다. 또한 장애인권에 초점을 맞춰 활동하는

〈표 27〉 스웨덴국제개발청의 기금지원을 받는 주요 협력단체

| 프레임조직<br>(Frame<br>Organization) | 다양한<br>분야에<br>네트워크<br>형성 | • 스웨덴아프리카그룹 (Afrikagrupperna 또는 Africa Groups of Sweden)<br>• 디아코니아 (Diakonia 또는 봉사)<br>• 스웨덴협력센터 (Kooperation Utan Gränser 또는 Swedish Cooperative Centre)<br>• 플랜 스베리예 (Plan Sverige 또는 스웨덴계획)<br>• 스웨덴자연보호회 (Naturskyddsföreningen 또는 Swedish Society for Nature Conservation)<br>• 세이브더칠드런 스웨덴 지부 (Rädda Barnen 또는 Save the Children, Sweden)<br>• 스웨덴교회 (Svenska kyrkan 또는 Church of Sweden)<br>• 민주주의지원훈련 (UBV: Utbildning för Biståndsverksamhet 또는 Training for Development Assistance) |
|---|---|---|
| 우산조직<br>(Umbrella<br>Organization) | 산하조직<br>운영 | • 스웨덴개발협력비정부기구센터 (Swedish NGO Centre for Development Cooperation 또는 Forum Syd)<br>• 국제무역연합협력 (LO/TCOs Biståndsnämnd 또는 LO/TCO Council of International Trade Union Cooperation)<br>• 올로프 팔메 국제센터 (Olof Palmes Internationella Centrum 또는 Olof Palme International Centre)<br>• 스웨덴 펜테코스테코 선교회 (PMU Inter Life 또는 Swedish Pentecostal Mission)<br>• 스웨덴장애인국제원조기구협회 (SHIA: Swedish Organizations of Disabled Persons International Aid Association)<br>• 스웨덴선교회(Svenska missionsrådet 또는 Swedish Mission Council) |
| 인도주의<br>지원중심<br>조직 | | • 스웨덴적십자(Svenska Röda Korset 또는 Swedish Red Cross) |

국내외 조직과 네트워크를 지원하는 방향으로 재원을 투입했다. 스웨덴국제개발청이 장애인권향상을 목표로 지원하는 곳은 크게 세 곳이다. 국제장애인연합(IDA: International Disability Alliance)은

장애인권 증진을 도모하는 조직과 네트워크다. 국제개발청은 국제장애인연합을 지원하면서 국제개발협력을 장애인의 권익향상과 결합시키고자 했다. 토론토 요크대학에서 운영하는 국제장애인권리증진(DRPI: Disability Rights Promotion International)도 국제개발청의 지원을 받는 프로젝트 중 하나다. 이 프로젝트는 장애인에게 가해지는 차별을 전 세계적으로 감시하는 체계를 만들려는 목적을 띠고 활동하고 있다. 국제개발청은 스웨덴장애인국제원조기구협회(SHIA: Swedish Organizations of Disabled Persons International Aid Association)에도 기금을 지원해 왔다. 국제개발청의 우산조직이기도 한 이 협회는 국제개발협력에서 장애인의 권리와 평등을 증진하는 활동을 벌이고 있다.

비장애인 중심으로 운영되는 사회구조를 바꾸는 일이 쉬운 일은 아니다. 하지만 스웨덴국제개발청은 장애인권에 주목하며 민주주의와 개발을 실질적으로 이루려는 길을 모색했다. 전 세계적인 조직과 네트워크를 기반으로 한 지원활동은 한 걸음씩 장애인권을 향상하려는 발걸음을 내디뎠다. 느리지만 의미 있는 다음 행보를 기대할 만하다.

# 정당연계기구
(PAO: Party Associated Organizations)

'정당'이 핵심이다

스웨덴은 다원적인 민주주의 사회를 형성하는 데 기여하려는 포부를 지녔다. 정부는 정부가 포괄하지 못하는 영역에서 시민들이 자율적으로 활동하는 것을 지원했다. 정부가 자율적인 결사체들을 지원하면 다원적인 사회가 형성된다는 판단에 따른 것이다. 정당은 그 중에서도 가장 중요한 부분이라 할 수 있다. 스웨덴사회는 정당을 민주주의의 선행조건으로 판단했다. 정당이 시민과 정책결정제도를 연결하는 통로로서 기능하기 때문이다. 스웨덴이 내세우는 확립된 정당체계(established political party system)를 수원국에 구축함으로써 현지의 민주질서를 형성하겠다는 포부는 이러한 인식에 기초해 있다.

정당연계기구는 해외민주주의지원분야에 스웨덴만의 색깔을 칠했다. 스웨덴은 정당연계기구라는 협의체기구를 두어 정당들이 서로 의견을 조율하는 과정을 제도적으로 보장했다. 정당연계기구는 정당지원프로그램을 운영하는 실질적인 주체다. 정당연계기구는 정당들이 '따로 또 같이' 전략을 구사하는 장으로서 스웨덴 해외민주주의지원사업에 개성을 불어넣었다. 이 점에서 스웨덴은 정치재단들이 제각각 활동하는 독일과 차이가 있다.

정당연계기구가 실행하는 민주주의 국제협력은 1990년대 중반에 처음 시작되었다. 정당연계기구에 바탕을 둔 민주주의 국제협력은 1995년부터 2002년까지 중동부유럽을 대상으로 한 파일럿 프로그램으로 시작되었다. 관련성과를 검토하고 대안을 연구하는 과정도 동시에 진행되었다. 그 결과 스웨덴의 7개 정당이 수원국의 민주주의 정당정치 체제 확립에 기여한 바가 미미하다는 결론이 도출되었다. 지원이 무계획적으로 이뤄져 이념·정책지향을 공유하는 자매정당(sister party)을 지원하는 데만 집중했다는 지적이 뒤따랐다. 각 정당의 활동을 조율하고 부적절한 내용을 적절히 제한할 제도가 부족하다는 비판도 그 뒤를 이었다.

2000년 이후 정당연계기구는 본격적으로 2차 성장단계에 돌입했다. 2001년부터 스웨덴외무부는 개혁프로그램을 구축하면서 총체적인 '정당정치체제의 강화'를 목표로 설정했다. 외무부는 개별적인 정당의 해외지원역량을 강화하고 제도화하며 한 국가의 정당정치체제를 공고화하겠다는 포부를 밝혔다. 정당연계기구는 정당지원기준을 이전보다 강화하고 정당연계기구가 협력하는 프로그램을 개발하는 데 재원을 투입했다. 이로부터 둘 이상의 정당이 합작하는 이른바 '연합프로젝트(joint project)'가 시행되었다. 연합프로젝트는 지금까지 꾸준히 비중이 늘어났으며, 2005년 해외정당지원사업예산은 전체의 8%에 이르기도 했다.

스웨덴국제개발청은 의회에 의석을 확보한 모든 정당의 정당연계기구에 자금을 지원한다. 〈표 28〉에서 확인한 정당연계기구들은 국제개발청에서 자금을 지원받아 프로그램을 진행한다. 자원배분방식은 크게 세 가지로 나뉜다. 일단 모든 정당연계기구들은 기본재원을 받는데, 사업을 벌일 수 있는 기초적인 재원을 지원하는 의미를 띤다. 하지만 대부분의 예산은 정당의 의석배분비율을 따라 차등적으로 배분된다. 정당지지도에 따른 배분은 자국국민의 의사를 반영하려는 의미로 해석할 수 있다. 이 외에 정당연계기구는 연합프로젝트의 자금을 받아 사업에 보탰다.

〈표 28〉 정당연계기구의 연계정당과 특징

| 정당연계기구 | 기반 정당 | 이념성향 |
|---|---|---|
| 올로프 팔메 재단<br>(Olof Palme Foundation) | 사민당 | 사회민주주의 |
| 얄 엘마르손 재단<br>(Jarl Hjalmarson Stiftelsen) | 중도당 | 자유주의와 보수주의의 결합 |
| 중앙당국제재단<br>(Centre Party's International Foundation) | 중앙당 | 중도주의, 농본주의, 사회적 자유주의 |
| 스웨덴전국자유센터<br>(SILC: Swedish National Liberal Center) | 자유당 | 자유주의와 사회적 자유주의의 결합 |
| 기독민주 국제센터<br>(Christian Democratic International Center) | 기민당 | 기독교민주주의 |
| 좌파국제포럼<br>(VIF: Left International Forum) | 좌파당 | 사회주의, 페미니즘 |
| 녹색포럼<br>(Green Forum) | 녹색당 | 환경 |

정당연계기구를 주축으로 한 스웨덴의 민주주의지원활동은 계속 성장하고 있다. 정당연계기구는 스웨덴 외무부, 스웨덴국제개발청과 의견을 조율하고 활동을 조정하며 수원국의 민주주의 증진사업을 꾸준히 진행했다. 1998년 외무부가 여성의 정치참여를 독려하려는 취지로 개발한 프로그램을 정당연계기구가 실행하고 필요한 재원을 국제개발청이 제공한 것은 대표적인 사례 중 하나다. 각 정당연계기구의 자율성을 보장하는 가운데 협력을 꾀하는 방법을 구사하는 것은 스웨덴이 민주주의 협력의 효율성을 도모하는 방식으로 평가할 수 있다.

이처럼 수원국의 정당지원은 스웨덴 정당연계기구들의 주요 활동이다. 스웨덴국제개발청은 정당체제지원이라는 큰 밑그림을 그려놓고 자금을 지원했다. 스웨덴의 정당연계기구들은 이러한 바탕 위에서 각 기구와 이념과 가치를 공유하는 수원국의 정당의 역량을 강화하는 활동을 수행했다. 다만 민주주의 지원 역사가 짧은 정당연계기구들은 앞으로 살필 팔메센터만큼 적극적으로 활동을 벌이지는 못했다. 팔메센터 이외의 정당연계기구들이 해외민주주의지원활동을 좀 더 적극적으로 진척시키는 것이 앞으로 스웨덴의 과제이기도 하다.

# 올로프 팔메 국제센터
(OPIC: Olof Palme International Center)

http://www.palmecenter.se

### 스웨덴 정당연계기구의 맏형[9]

올로프 팔메 국제센터(이하 '팔메 국제센터')는 스웨덴 정당연계기구의 맏형 격이다. 팔메 국제센터는 국제협력사업을 가장 오랜 기간 실행해온 기관으로, 스웨덴국제개발청이 해외정당지원체제(political party assistance structure)를 구축하기 이전부터 해외민주주의 지원사업을 벌여 왔다. 센터의 오랜 역사와 경험은 이후 정당연계기구들이 협력해 해외지원사업을 펼치는 데 도움이 되었다.

68혁명 전후 시기 유럽에 확산된 사회주의 운동의 부흥은 팔메 국제센터가 설립되는 단초였다. 당시 서구에서는 제3세계의 탈식민화와 유럽의 제국주의 역사 청산을 목표로 삼은 연대운동(solidarity movement)이 일어났다. 이 바람은 스웨덴모델을 바탕으로 사회민주주의 정치경제모델을 확립해 가던 스웨덴에도 불어 닥쳤다. 스웨덴의 사민주의운동주체들은 자국의 노동운동을 세계적으로 확산시키려는 목적에서 노동운동국제센터(AIC: Workers' Movement International Center)를 설립했다. 노동운동국제센터는 세계 각국의 노조건설과 노동운동을 지원했다. 1979년 니카라과의 산디니스타 혁명과 남아프리카공화국의 아파르트헤이트 반대운동 등을 지원

---

[9] homepage, http://www.palmecenter.org/AoutUs.aspx;
http://www.palmecenter.org/ProjectHandeling.aspx (최종검색일: 2009년 4월 9일)

한 게 대표적이다. 1989년 동유럽 공산체제가 붕괴하자 이 지역에 독립노조를 건설하기 위한 활동을 벌이기도 했다.

올로프 팔메 국제센터는 대중적인 노동운동의 성과를 바탕으로 노동운동국제센터를 계승했다. 스웨덴 사민당을 비롯해 스웨덴 노조총연맹과 스웨덴 협동조합연맹이 센터의 설립을 주도했다. 현재 센터와 관계된 협력조직으로는 노동운동과 관련된 27개 단체가 있다. 센터는 이들 단체들과 의견을 조율한 후 이에 재정을 지원했다. 센터는 발칸을 비롯한 몇 개 프로젝트를 제외하면 국제개발프로젝트를 직접 수행하지는 않았다. 센터의 협력단체들은 수원국 현지에서 활동하는 협력단체들과 기획·실행·평가를 공동으로 책임지며 상호간의 긴밀성을 높이는 방식을 추구했다. 협동프로젝트가 끝난 이후에는 현지단체들이 독자적으로 프로젝트를 실행하는 능력을 증진시키기도 한다.

센터는 스웨덴노동운동국제연대기금(Swedish Labour Movement's International Solidarity Fund)을 운용하는데 이 기금은 센터의 협력조직들을 실질적으로 돕는 재원 창구로서 그 역할을 톡톡히 해냈다. 센터의 재원은 산별노조와 정당을 개발하는 활동을 지원하는 데 광범위하게 쓰였

> **스벤 올로프 요아심 팔메(1927~1986)[10]**
>
> 미국에서의 짧은 체류기간이 스웨덴의 현대사를 바꿨다. 올로프 팔메는 2차대전 직후 미국에 1년 남짓 건너가 있었다. 당시 팔메는 미국 사회가 겪고 있는 경제 불평등과 인종차별문제에 눈떴다. 빅포르스─엘마르손 논쟁에 참관하고 제국주의의 잔재에 고통 받는 아시아지역을 여행하면서 팔메는 사회민주주의자로 거듭났다.
> 귀국 이후 팔메는 사회민주주의를 추구하는 활동에 두 팔을 걷어붙였다. 1953년 정계에 데뷔한 그는 1969년 스웨덴의 수상으로 선출되었다. 그는 '스웨덴식 모델'의 존폐가 실업문제해소 여부에 달렸다고 보았다. 국외적으로는 미국의 베트남전·소련의 프라하의 봄 탄압 등을 강력히 반대하면서 비판적인 입장을 견지했다.
> 재임에 성공한 팔메는 그 임기를 다 채우지 못했다. 1986년 그는 암살당했다. 종종 경호원 없이 외출했던 그는 부인과 영화를 보고 돌아오던 중 범죄의 표적이 되었다. 이 사건은 현재까지도 미제로 남았다.

---

10) homepage, http://www.palmecenter.org/OlofPalme.aspx; Wikipedia, http://en.wikipedia.org/wiki/Olof_Palme (최종검색일: 2009년 4월 9일)

다. 팔메 국제센터 이사회가 기금의 관리감독을 맡으며 지원목표 및 대상을 선정하는 책임을 지고 있다.

〈표 29〉 올로프 팔메 국제센터 관련 조직

| 창립조직 | 연맹 또는 연합 조직 | 노조 연맹 조직 |
|---|---|---|
| • 스웨덴사회민주당 (SAP: Swedish Social Democratic Party)<br>• 스웨덴노동조합총연맹 (LO: Swedish Trade Union Confederation)<br>• 스웨덴협동조합연맹 (KF: Swedish Co-operative Union) | • 노동자교육협회 (ABF: Workers' Educational Association)<br>• 스웨덴기독사회민주당원협회 (SKSF: Swedish Association of Christian Social Democrats)<br>• 스웨덴 사회민주적 여성전국연합 (National Federation of Social Democratic Women in Sweden)<br>• 스웨덴사회민주청년연맹 (SSU: Swedish Social Democratic Youth League)<br>• 스웨덴사회민주학생 (Social Democratic Students of Sweden)<br>• 스웨덴노동운동유소년기구 (Unga Örnar 또는 Children and Youth Organization of the Swedish Labor Movement)<br>• 노동자금주회 (Verdandi 또는 Workers' Temperance Society)<br>• 노동운동공동체센터 전국연합 (National Federation of Labor Movement Community Centers)<br>• 스웨덴거주민연합 (Tenants' Union in Sweden)<br>• 코피 (Koopi) | • 농업노동자노조 (Agricultural Workers)<br>• 시설관리노조 (Building Maintenance Workers)<br>• 건설노동자노조 (Building Workers)<br>• 상업노조 (Commercial Employees)<br>• 전기기사노조 (Electricians)<br>• 식품노조 (Food Workers)<br>• 임업노조 (Forest and Wood Workers Union)<br>• 그래픽노조 (Graphic Workers)<br>• 요식업노조 (Hotel and Restaurant Workers' Union)<br>• 공업금속노조 (IF Metall = Industrial Union + Metal Workers)<br>• 시립노조 (Municipal Workers)<br>• 음악인노조 (Musicians)<br>• 화가노조 (Painters)<br>• 제지노조 (Pulp and Paper Workers)<br>• 서비스통신노조 (SEKO: Service and Communications Employees)<br>• 사회보험 및 보험대리점 노조 (Social Insurance Employees and Insurance Agents)<br>• 운송노조 (Transport Workers) |

정당이 곧 발칸 평화를 꽃피울 씨앗[11]

'세계의 화약고', 어느 때부터인가 발칸반도는 치열한 분쟁의 상징적인 장소가 되었다. 수많은 민족과 종교가 뒤엉킨 발칸에서는 불과 몇 년 전 세계를 경악케 한 인종청소가 자행되기도 했다. 일부 국가들은 잘게 쪼개졌고, 그 속에서도 여전히 인종·종교 갈등이 벌어져 내부적으로 곪고 있다. 평화의 기반이 취약한 발칸에서 인권과 민주주의가 뿌리를 내리기란 너무나 어려운 일이었다.

올로프 팔메 국제센터는 발칸에서만큼은 직접 프로젝트를 실행했다. 민주주의가 취약한 발칸의 민주주의 체질을 강화하겠다는 목적에서다. 센터는 민주주의-인권-평화라는 연결고리가 끊어진 발칸을 심각한 문제지역으로 인식했다. 이 가운데서도 알바니아, 보스니아-헤르체고비나, 코소보, 세르비아 등 서발칸 지역에 집중적으로 관심을 쏟았다. 스웨덴의 다양한 조직

**데이튼 협정(Dayton Agreement)[12]**

발칸에서 공산주의 역사의 종식은 곧 급속한 국가분열의 시작이었다. 구 유고슬라비아공화국의 분열은 특히나 파국적이었다. 과거 하나였던 공화국은 현재 6개 국가(세르비아, 몬테네그로, 크로아티아, 슬로베니아, 보스니아헤르체고비나, 마케도니아)와 2개 자치주(보이디아, 코소보)로 나뉘었다. 인종과 종교는 주민의 피를 제물로 삼아 땅을 갈랐다. 슬로베니아와 크로아티아 다음으로 1992년 보스니아도 독립을 인정받았다. 하지만 이 독립은 내전을 알리는 신호탄이었다. 밀로세비치 대통령이 세르비아계를 탄압하며 유혈사태가 이어졌다.
데이튼 평화협정은 3년이란 시간이 피비린내에 전 후에야 체결되었다. 보스니아-헤르체고비나와 크로아티아-유고슬라비아 사이에 상호 주권인정 및 평화적 전후재건이 주요 골자였다. 하지만 코소보를 다루지 않아 종합적인 대책을 마련하는 데 한계를 보였다. 1998년 전 세계는 코소보 인종청소라는 비극적 뉴스를 한 번 더 접하게 된다.

---

11) homepage, http://www.palmecenter.org/FocusTopics/Democracy.aspx;
http://www.palmecenter.org/FocusTopics/HumanRights.aspx;
http://www.palmecenter.org/FocusTopics/Peace.aspx;
http://www.palmecenter.org/PartySupport2/OurProjects/WesternBalkans.aspx;
http://www.palmecenter.org/RegionsAndCountries?Western%20Balkan/BosniaHerzegovina.aspx (최종검색일: 2009년 4월 9일)

12) 최진욱, 평화조약의 역사적 변천과 사례: 한반도 평화체제에 주는 시사점 (통일연구원, 2007), pp.31~35.

들은 현지의 정당이나 시민단체와 협력해 발칸의 변화를 꾀하는 활동을 벌였다.

스웨덴은 정당이 기반인 민주주의를 지원했다(The party-oriented democracy support programme). 정당과 관련 조직들은 시민들이 일할 기회를 만들고 이들을 조직해 정치적 의견을 수렴한다는 생각으로 협력했다. 센터는 서발칸 지역 국가들의 여러 사민당을 비롯해 기타 현지 조직들과 함께 보조를 맞췄다. 센터는 인권을 사회경제적 권리와 시민적·정치적인 것으로 정의하고 사민당을 중심으로 인권실현을 지향했다.

보스니아-헤르체고비나에서도 예외는 아니다. 팔메 국제센터는 보스니아-헤르체고비나 사민당(SDP BiH)과 협력해 프로젝트를 실행했다. 당원 대부분이 보스니아 무슬림이지만 인종과 종교 갈등을 벗어나 민주주의의 기반을 확립하는 일을 중시했다. 팔메 국제센터는 향후 시민사회를 형성하고 투표권을 행사할 젊은이들을 대상으로 한 사업에 집중해 프로그램을 실행했다. 발칸의 젊은이들이 시민권을 자각하고 정치에 참여하며 노조의 중요성을 인지하도록 교육훈련프로그램을 실시했다. 센터는 이 외에도 정당 지도자를 교육하고 여성네트워크를 만들었으며 컴퓨터 같은 실용적인 분야를 교육하기도 했다. 이 뿐만 아니라 경제구조자체가 시장경제로 원활히 이행하도록 지원하는 프로그램을 운영했다. 유럽민주주의연대포럼, 스웨덴사민당 플렌 지부 등 여러 조직들이 해당 활동에 동참했다.

민주주의증진사업을 펼치는 조직은 많았지만 갈등으로 얼룩진 발칸반도에 들어온 조직은 그리 많지 않다. 그러나 팔메 국제센터를 포함한 스웨덴 정당연계기구들은 특별히 발칸지역에 집중해 차이를 보였다. 발칸의 평화정착이라는 명분은 중요한 이유 중의 하나다. 지리적으로 가까운 발칸의 안보를 증진함으로써 스웨덴

인근지역의 평화를 증진시키려는 지정학적 의도 또한 중요한 고려 사항 중 하나였다. 발칸의 평화와 민주주의 정착에 관심을 기울이는 스웨덴의 노력은 의미 있다. 다만 그 결과 역시 의미 있기 위해서는 여전히 풀리지 않는 인종·종교 갈등을 해소하고 내전의 아픔을 치유하는 방법을 찾아야 할 것이다.

# 기타 정당연계기구

얄 옐마르손 재단[13]

얄 옐마르손 재단(Jarl Hjalmarson Stiftelsen)은 스웨덴 중도당(Moderate party)의 정당연계기구다. 1994년 설립된 옐마르손 재단은 자유주의적 민주주의를 지향하는 중도당과 가치를 공유하고 있다. 재단이 자유, 민주주의, 시장경제를 기반으로 하는 개발협력을 추구하고 중도당과 관련된 개발이슈를 제기하는 까닭은 이 때문이다. 옐마르손 재단은 대의제 민주주의를 확립하기 위한 목적에서 해외정당프로그램을 운영했다. 수원국 정치단체의 역량을 강화해 다양한 정치행위자들이 적극적으로 논쟁하는 기반을 마련하려는 의도를 실현하려는 취지에서다. 설립 초기 발트 해 연

> **얄 옐마르손(1901~1993)[14]**
>
> 카바레에서 마술사로 일하며 학비를 벌었던 가난한 학생은 소련에 대항하는 정치인으로 성장했다. 어릴 적 아버지를 여읜 후 어려운 환경에서 자란 얄 옐마르손은 대학에서 법학을 전공하며 정치활동을 시작했다.
> 옐마르손은 1950년부터 1961년까지 중도당의 전신인 우파당(Rightist Party)의 당수로 활동했다. 그는 자영업자가 금융과 사회안전망을 얻을 때 민주주의적 이상이 실현된다고 믿었다. 퇴임 후 도뫼의 행정관으로 재직하며 노동자와 경영진 간의 갈등을 해결하는 성과를 올리기도 했다.

---

13) homepage, http://www.hjalmarsonfoundation.se/page.asp?pageID=2037; http://www.hjalmarsonfoundation.se/page.asp?pageID=2038; http://www.hjalmarsonfoundation.se/item.asp?itemID=1467 (최종검색일: 2009년 4월 10일)

14) homepage, http://www.hjalmarsonfoundation.se/page.asp?pageID=2050; *Wikipedia*, http://en.wikipedia.org/wiki/Jarl_Hjalmarson (최종검색일: 2009년 4월 10일)

안국에서 주로 활동했던 재단은 현재 중동부유럽에서 유럽연합의 신규회원국을 늘리려는 활동을 진행했다. 민주주의지원 관련 프로그램은 교육 부문에 초점을 맞췄다. 수원국의 협력단체들이 자국 상황에 맞게 활동함으로써 스스로 자국의 민주주의를 개척하는 통로를 마련하고자 했다.

〈그림 48〉 얄 옐마르손 재단의 해외정당지원전략

| | |
|---|---|
| 1) 조직구조 수립 | • 정당제도화의 일환<br>• 정책결정 과정에서 다양한 이익을 반영하도록 수준별 실무교육 실시 |
| 2) 커뮤니케이션, 캠페인, 미디어운용기술 | • 새로운 정당기반 창출하려는 목적<br>• 정당관련 정보 제공 |
| 3) 자유주의적 민주주의 이념 | • 스웨덴 중도당의 가치지향 추구<br>• 시장경제, 사유재산권에 기초한 민주주의 추구 |
| 4) 실효성 있는 정치자문 | • 중도당의 자매정당이 다른 정당들과 공동전선을 형성할 때 쓰일 실용적인 내용 제공 |

발칸의 최빈곤국 중 하나인 보스니아-헤르체고비나에서 재단은 팔메 국제센터와 별도로 프로젝트를 실행했다. 실업률이 높고 지하경제가 광범위하게 퍼져 있는 상황을 개혁하기 위해 재단은 역시 정당체제의 기반 확립에 초점을 맞췄다. 이 지역에서 재단은 민주진보당(PDP: Partija demokratskog progresa 또는 Party of Democratic Progress)과 더불어 민주행동당(SDA: Stranka Demokratske Akcije 또는 Party of Democratic Action)과 협력했다. 재단과 협력하는 두 정당은 모두 보수적인 성향을 바탕으로 의정활동을 추진했다.

옐마르손 재단의 프로젝트는 크게 세 부분으로 나뉜다. 첫째, 민주적인 정당 제도를 만들고 개발하는 것이다. 민주진보당과 함께 여성의 정치참여를 독려하는 프로그램을 진행한 사례가 대표적이다. 둘째, 유럽연합의 회원국이 되도록 견인하는 것으로, 이를 위해 발칸이 직면한 문제를 해결하는 길을 모색하는 포럼을 실행했다. 셋째, 사회 안정을 꾀하고자 사회적 약자들을 지원했다. 앞서 살핀 팔메 국제센터를 비롯해 옐마르손 재단 등은 스웨덴국제개발청의 큰 그림 위에서 발칸의 민주주의를 확립하려 노력했다. 이런 활동이 실제로 성과를 올릴 수 있기 위해서는 지원과정과 결과를 꾸준히 주시하고 평가하는 작업이 필요하다.

### 기독교민주주의국제센터[15]

기독교민주주의국제센터(KIC: Kristdemocratiskt Internationellt Center 또는 Christian Democratic International Center)는 스웨덴 기독민주당의 정당연계기구다. 중동부유럽과 제3세계의 민주주의를 지원하려는 차원에서 1995년 설립되었다. 센터는 발칸반도에서 주로 사업을 벌이다 라틴아메리카 등지로 활동반경을 넓혔다.

기독교민주주의국제센터는 민주주의제도가 취약한 곳에서 정당과 정치관련 세력에 자원을 제공해 그 역량을 키우고자 조력했다. 정당과 같은 정치세력을 주축으로 비정부기구 등 시민사회의 기반을 다져 사회발전의 토대를 구축하려는 의도를 구현하고자 프로그램을 실행했다. 민주주의 경험과 지식이 일천하고 대중의 지지를 얻는 노하우가 부족한 신생 민주주의국가의 정당과 비정부기구들을 지원하는 데 집중했다. 벨로루시, 쿠바 등지의 자매정당들이 주된 협력대상이다. 케냐, 우간다 등 다른 지역에서는 지역 정치인들을 교육하고 세미나를 개최하고, 국제이슈 관련 서적을 출판해 시야를 넓히는 활동에도 열심히 나섰다.

케냐는 센터가 활발히 활동하는 지역 중의 하나다. 센터는 미국

---

15) homepage, http://www2.kicsweden.org/; http://www2.kicsweden.org/ourprojects.aspx; http://www2.kicsweden.org/ourprojects/Kenya/kenyarapport.aspx (최종검색일: 2009년 4월 13일)

의 민주당국제문제연구소(NDI)와 협력해 케냐 정당 중 상당수가 참여하는 프로젝트를 진행했다. 동시에 '여성정치참여확대' 프로젝트를 실행하고 '정치과정에 젊은층의 참여확대' 프로젝트를 추진하기도 했다. 현재 기독교민주주의국제센터는 정당을 강화해야 장기적 관점에서 인권과 법제도를 개선할 수 있다는 믿음을 바탕으로 세계 각지의 민주주의를 증진하는 활동을 모색하고 있다.

### 좌파국제포럼16)

좌파국제포럼(VIF: Vänsterns internationella forum 또는 Left International Forum)은 좌파당(Left Party)에 기반을 둔 정당연계기구다. 좌파국제포럼은 다른 정당연계기구와 마찬가지로 스웨덴 정당지원체제의 한 부분으로 기획되어 1995년 설립되었다. 설립목적을 실현하기 위해 포럼은 중동부유럽에서 민주주의지원활동을 펼쳤다. 또한 포럼은 좌파당이 남반구(the South)에서 지원하는 좌파활동 관련 프로젝트를 총괄하기도 했다. 좌파국제포럼은 좌파당의 가치를 반영하는 프로젝트를 실행하고 있다. 좌파당은 과거 계급문제에 치중했지만 근래 들어 여성·소수자·녹색정치를 주요사안으로 부각하는 경향을 보이고 있다. 포럼은 당의 변화를 프로젝트에 반영했는데, 참여민주주의 증진, 계급차이 감소, 여성의 참여 강화, 지속가능한 개발, 억압·착취·성적 학대 철폐, 자체 조직 역량강화가 프로그램의 주요 기준으로 적용되었다. 스웨덴의 관련 기구들과 밀접한 관련을 맺은 수원국의 정당과 협력하는 프로젝트를 주로 실시한 포럼은 좌파당과 함께 1995년부터 현재까지 약 10여 개국 정당에 재정을 지원했다. 이 외에 참여민주주의를 촉진하기 위해 2004년 포럼을 조직하는 등의 활동도 벌였다.

---

16) VIF, homepage, http://www.vansternsinternationellaforum.se/?LID=3 (최종 검색일: 2009년 4월 13일).

# 민주주의 · 선거지원국제연구소[17]
(IIDEA: International Institute for Democracy and Election Assistance)

http://www.idea.int

세계 여러 정부가 머리를 맞댄 논의의 장[18]

스웨덴 스톡홀름에는 민주주의를 지원하는 독특한 기구가 있다. 정부간기구인 민주주의 · 선거지원국제연구소(International IDEA, 이하 연구소)가 그 주인공이다. 이 기구에서는 어떤 국가도 일방적인 지배력을 행사할 수 없다. 개별 회원국들이 연구소의 정책결정과 예산집행에 참여하면서 의사를 반영하는 절차를 밟는다. 각국의 정부가 회원의 주체로 등장하지만 실제 활동은 좀 더 개방적으로 이뤄진다. 연구소는 세계의 비정부기구들과 협력하며 프로그램을 진행한다. 1995년에 설립된 이 기구는 현재 25개국의 회원국과 한 개의 공식참관국(일본)을 확보하고 있다.

민주주의의 방향을 두고 혼란에 휩싸였던 1990년대는 새로운 주체들을 잉태한 시기이기도 했다. 연구소 역시 난세에 세상에 나온 국제행위의 존재 중 하나였다. 공산권 붕괴 이후 체제전환기 국가들과 공고화 단계의 국가들은 민주주의제도와 절차와 관련한 문제에 부딪혔다. 대표자를 선출하는 선거는 그 중에서도 가장

---

17) 정부간기구인 민주주의 · 선거지원국제연구소(International IDEA)는 스웨덴의 민주주의 지원기구로 분류하기 어려운 면이 있다. 그러나 기구 설립에 스웨덴이 앞장섰고 본부가 스톡홀름에 있어 스웨덴 편에서 기술한다.

18) International IDEA, *Annual Report 2007*, (2008) p.6.

논란이 되는 부분이었다. 선출방식뿐만 아니라 선거의 공식기준과 운영방식 등도 논쟁의 대상이었다. 인종문제를 선거에 반영해 국내 갈등을 해소하는 데 기여하는 방안도 논쟁의 양상을 더욱 복잡하게 했다. 각국이 축적한 경험을 공유하고 의견을 나눔으로써 이런 난관을 극복할 필요성이 제기되었다. 민주주의와 선거에 관한 논의를 심화하고자 스웨덴을 포함한 14개국이 연구소를 설립하는 데 힘을 모았다.

〈표 30〉 민주주의와 선거를 지원하는 국제연구소 회원국 명단[19]

| 가입연도 | 명 단 |
|---|---|
| 1995 | 남아프리카공화국, 네덜란드, 노르웨이, 덴마크, 바베이도스, 벨기에, 스웨덴, 스페인, 인도, 칠레, 코스타리카, 포르투갈, 핀란드, 호주 |
| 1997 | 나미비아, 보츠와나, 캐나다 |
| 1999 | 모리셔스 |
| 2002 | 독일 |
| 2003 | 멕시코, 우루과이, 카포베르데 |
| 2004 | 페루 |
| 2006 | 스위스 |
| 2008 | 가나 |

\* 일본 - 공식 참관국(official observer)

민주주의·선거지원국제연구소가 지향하는 민주주의와 선거는 다양한 모습을 보였다. 특정한 형태의 민주주의만을 정석으로 여기는 태도는 지양해야 할 대상으로 분류되었다. 연구소는 각국이 스스로 자국에 가장 적합한 형태의 민주주의를 형성하는 과정이 반드시 선행되어야 한다고 강조했다. 연구소의 기본원칙에 그

---

19) International IDEA, homepage, http://www.idea.int/about/members.cfm (최종검색일: 2009년 4월 13일)

러한 의도가 잘 담겨있다. 첫째, 민주화는 오랜 기다림을 전제로 한다. 민주주의는 선거제도를 확립한 순간 성공하는 쉬운 과정이 아니다. 둘째, 민주주의는 지속성은 자생력 여부에 달렸다. 외부에서 강압적으로 추진한 제도는 생명력이 짧다. 셋째, 보편적인 가치는 있지만 보편적인 민주주의는 존재하지 않는다. 각국의 상황에 맞는 특수한 민주주의가 있을 뿐이다. 자유·평등선거, 다당제, 인권보장, 언론독립 등을 바탕으로 각 공동체의 특수성을 반영한 민주주의를 세우는 것은 각국 시민들의 몫이다. 연구소는 그러한 논의를 활성화하는 제안기능을 맡고자 했다.

### 온오프라인을 넘나드는 싱크탱크이자 활동가[20]

지식과 정보는 물리적 장벽에 구애받지 않는다. 민주주의·선거지원국제연구소가 생산하는 민주주의와 선거 관련 지식과 정보도 마찬가지다. 지식을 행동으로 옮기는 것은 물리적인 활동으로 가능하지만 그 기반을 이루는 지식은 세계 어느 곳으로든 갈 수 있다. 지식자원제공을 주요한 과제로 생각하는 연구소는 접근성을 높이는 창구를 마련했다. 온라인은 연구소가 활동하는 주요무대다. 각 프로젝트는 웹 사이트를 개설해 이를 기반으로 운영되고 있다. 오프라인에서 유통될 책을 출판하는 일도 중요한 업무 중 하나다. 그 외에도 전문가 네트워크 등 활용할 수 있는 자원을 적극 활용하면서 연구소는 질이 높은 정보를 전 세계에 공급했다.

정책개발과 민주적 개혁지원도 연구소가 중시하는 영역이다. 지식과 정보를 생산하는 것만큼이나 이를 실제 정책에 반영하는 과정 또한 중요하다. 보편적인 가치들이 개별적인 정치사례와 결합하는 방식은 다양하기 때문에 정책이 수많이 개발될 수 있다.

---

20) International IDEA, (2008), p.6.

개발된 정책을 개별 지역이나 국가에 직접 결합하는 과정도 종종 꾀해 왔다. 연구소는 특정한 국가나 협력기관 등이 요구하면 이에 응했다. 현지에 직접 인력을 파견해 민주주의제도의 문제점을 파악하고 개선할 방향을 모색하며 선거를 지원하는 등 적극적으로 활동했다. 민주주의를 개발하는 싱크탱크이자 활동가로서의 면모를 동시에 갖춘 연구소는 세계의 전문가들로부터 공신력을 인정받고 있다.

선거 지식과 경험을 공유하는 에이스 프로젝트[21]

대의민주주의의 필수요소는 선거다. 대부분의 국가가 민주주의체제를 띠는 현재 세계에서는 다양한 선거가 끊임없이 치러진다. 하지만 선거 자체가 민주주의를 완성하는 것은 아니다. 선거가 치러지는 방식과 정치제도와 공동체 구성원의 참여 등 선거를 둘러싼 환경이 총체적으로 조응할 때 선거결과의 성패가 갈리기 마련이다. 선거제도를 정교하게 설계하는 것은 민주주의 제도를 원활하게 운영하는 밑거름이다.

에이스프로젝트(ACE Project)는 선거운영비용(Administration and Costs of Elections)과 관련한 지식을 제공한다. 2006년 출범한 이 프로젝트는 선거가 일회적 사건에 머물지 않도록 선거를 지속적으로 관리하고 운영하는 과정을 지원했다. 장기프로젝트인 선거운영비용(에이스)프로젝트는 크게 온라인과 오프라인 활동으로 나뉠 수 있다. 온라인 영역은 상시적으로 운영되는 정보포탈이다. 에이스 선거지식네트워크(ACE Electoral Knowledge Network)는 세계 어디에서나 실시간으로 접속해 전문지식을 접할 수 있는 선거관련정보의 보고다. 오프라인 활동은 2007년 출범한 9개 지역선거자원센터

---

[21] Ace Electoral Knowledge Network, homepage, http://www.aceproject.org/ (최종검색일: 2009년 4월 16일)

(Regional Electoral Resources Centre)에 기초해서 이루어졌다. 민주주의·선거지원국제연구소 주재로 출범한 지역조직은 민주주의건설영역에서 활동하는 선거조직으로서 유럽연합집행위원회(European Commission)와 유엔민주주의기금(UNDEF)에서 재정지원을 받았다. 각 지역조직은 선거활동가와 선거지원제공자들에게 유용한 정보를 제공한 것으로 평가받고 있다.

에이스프로젝트는 선거관련 공직자, 시민사회활동가들이 경험과 지식을 공유하는 장이다. 온오프라인에서 이들은 적극적으로 논의를 하거나 역량을 강화하는 교환프로그램 등을 운영했다. 민주주의·선거지원국제연구소와 같은 다국적 활동기구들과 더불어 캐나다선거관리위원회가 마련한 이 네트워크에서 전 세계의 선거지식과 경험이 공유되고 재생산되고 있다. 지식생산과 토론의 장으로서 에이스프로젝트는 선거를 지원하는 새로운 영역을 개척한다는 점에서 주목할 만한 모습을 보여주고 있다.

여성의 참여를 높이는 접근법, "난 알아요"22)

'여성의 정치참여를 증진하는 국제지식네트워크(iKNOW Politics: International Knowledge Network Of Women in Politics)'는 정치참여 방법론을 몰라 고심하는 여성들을 위해 "난 알아요(I Know)"라는 정보네트워크를 만들었다. 온라인에 기반을 둔 해당 네트워크는 여성의 정치참여 증진에 관심이 있는 국회의원, 선거후보, 정당대표와 당원, 연구자 등에 필요한 정보를 제공한다. 성 문제에 세심하게 접근하는 거버넌스(gender-sensitive)와 여성정치인의 수를 늘리는 것 등에 관한 자료들을 구할 수 있다. 2007년 2월 유엔여성지위위원회(UN Commission on the Status of Women) 회기에 출범한 이 네트워

---

22) International IDEA, (2008), pp.16~17.; iKnow, homepage, http://www.iknowpolitics.org/en/node/220 (최종검색일: 2009년 4월 16일)

크는 같은 해 12월 '정치에서 여성에 가해지는 폭력(Violence against women in politics)'을 주제로 온라인 회의(e-conference)를 성공적으로 치렀다. 현재 여성정치국제지식네트워크에는 '민주주의와 선거를 지원하는 국제연구소'를 비롯해 유엔개발계획, 유엔여성개발기금, 미국민주당국제문제연구소(NDI), 국제의원연맹(IPU) 등이 참여하고 있다.

　선거지원에 일가견이 있는 연구소는 다양한 기구들과 네트워크를 이루면서 국제적인 활동을 벌였다. 여성의 차별을 실질적으로 해소하는 민주주의 제도를 이루려는 현지인들에게 도움이 될 것이다. 여성문제뿐만 아니라 선거지원 등 다양한 분야에서 활동하는 세계의 활동가들은 연구소의 자료를 접하며 필요한 자료를 찾을 수 있다. 연구소가 지식과 정책을 결합하는 활동을 강화할수록 세계의 다원적인 민주주의를 지원하는 힘도 커질 것으로 예상된다.

# 제 5 장
# 캐나다

민주주의협의회

캐나다국제개발청

캐나다선거관리위원회

인권과 민주주의 기구

국제개발연구소

연방포럼

기타기구
캐나다의회기구 / 국가사법연구소

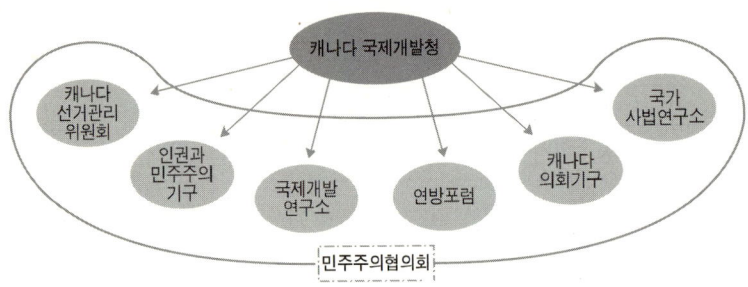

## 정부가 다자주의 틀 안에서 국내 민주주의협의회를 움직이다

국내외 다자적인 관계망은 캐나다가 민주주의 국제협력을 실행하는 기반이자 원동력이다. 캐나다는 다자주의를 오랫동안 강조하며 국제공조를 모색했다. 캐나다는 수십 년간 해외지원활동을 벌였는데 매 순간 미국 등 다른 국가들과 협력해 왔다. 여러 주체가 합동해 지원사업을 펼치는 양상은 캐나다 국내 기관들 사이에서도 비슷하게 펼쳐졌다. 외교통상부 산하 캐나다국제개발청(CIDA)을 중심으로 6개의 기관들이 민주주의협의회(Democracy Council)를 구성해 사업을 벌였다. 캐나다선거관리위원회, 국제개발연구소, 인권과 민주주의 기구, 캐나다의회기구, 연방포럼, 국가사법연구소는 캐나다 정부와 보조를 맞춰 사업을 추진했다.

캐나다의 해외민주주의지원은 정부를 중심으로 이루어졌다. 정당이 중심인 독일, 스웨덴 등과 현격한 차이를 보인다. 그리고 6개의 기관이 독자적으로 사업을 진행하는 측면에서 역시 전미민주주의기금을 축으로 일사분란하게 움직이는 미국과도 성격을 달리했다. 국제관계망 안에서 이루어진 논의와 합의를 충실히 반영하기 위해 노력하면서 효율성을 꾀하려 했다.

# 민주주의협의회
(Democracy Council)

다자주의의 바탕 위에서 개발과 결합된 민주주의를 추진하다

캐나다는 국제관계에서 자기만의 독특한 위상을 찾으려 애써 왔다. 캐나다는 여타 공여국들이 처한 조건과 다른 상황에 놓여 있었다. 캐나다는 미국처럼 패권을 행사할 만큼 국제적인 위상이 높지도 않았고 유럽연합처럼 미국에 대항할 처지도 아니었다. 캐나다는 패권을 형성하거나 이에 대항하는 것과는 다른 길을 찾아야 했다. 캐나다는 자기만의 지원방식을 찾기 위해 미국, 유럽뿐만 아니라 중남미나 아시아 등과 협력하며 포괄적인 관계를 형성하고자 노력했다. 이에 더해 유엔, 미주기구(OAS), 영연방, 프랑코포니 등 다양한 다자

### 영연방[1]

영연방(Commonwealth of Nations)은 영국을 비롯해 과거 영국의 식민지였던 캐나다, 뉴질랜드 등이 주축이 되어 만든 국제기구다. 본래 기구는 영국 국왕에 충성을 서약하는 것을 기본으로 출발했다. 그러나 인도, 파키스탄, 말레이시아 등 정치체제와 종교가 다른 국가들도 가입하며 열린 형태를 띠었다.

### 프랑코포니[2]

쉽게 풀이하면 '프랑스어 사용국 기구'다. 프랑코포니(La Francophonie)는 프랑스어를 모국어·일상어로 사용하는 국가가 가입한 국제기구다. 대체로 과거 프랑스 식민지였던 국가들이 주 회원국이지만 이집트나 불가리아 등도 회원으로 가입했다. 회원국들은 문화·과학·경제·사법·평화 등 다양한 분야에서 협력한다.

---

1) Wikipedia, http://en.wikipedia.org/wiki/Commonwealth (최종검색일: 2009년 4월 14일).
2) Wikipedia, http://en.wikipedia.org/wiki/La_Francophonie (최종검색일: 2009년 4월 14일).

간 기구에 참여하며 발을 넓혔다. 캐나다는 국제사회에 다양한 접촉면을 만듦으로써 의제를 설정하고 논의를 주도하는 통로를 마련하고자 했다. 다자주의(multilateralism)는 캐나다가 자국의 위상을 높일 가장 좋은 열쇠였다. 다자간 기구에서 캐나다의 활동은 자못 화려하다. 캐나다는 양자간 관계보다 다자간 기구를 바탕으로 민주주의 국제협력을 추진해 왔다. 일례로 캐나다는 미주기구에서 민주주의증진단(Unit for the Promotion of Democracy)의 설립을 주도했다. 캐나다는 민주주의증진단을 연결고리로 삼아 미주기구 회원국들이 민주주의 제도와 절차를 강화하는 것을 지원했다. 또한 캐나다는 미주기구 회원국이 민주주의 위기상황에 대응할 자원을 확보하도록 기금을 조성하는 데 나섰다. 더불어 영연방과 프랑코포니 회원국이 민주주의를 지원하는 정책을 제안해 왔고 주요 국제기구가 설립되고 국제조약이 체결되는 데도 앞장섰다.

캐나다는 국제사회에서 논의된 의제를 자국의 정책에 적극 반영해 국제적으로 목소리를 높이고자 시도했다. 1990년대 이후 국제사회는 민주주의가 지속가능한 개발을 이끄는 필수 요소라는 데 동의하는 지반을 넓혀 왔다. 유엔 등 다자기구들은 민주적 거버넌스(democratic governance)를 개발협력의 핵심의제로 설정했다. 이런 배경을 바탕으로 캐나다는 해외민주주의증진과 국제개발협력(international development cooperation)을 유기적으로 연결시키려 노력했다. 민주적 개발(democratic development)을 추진함으로써 민주주의 지원(democracy support)을 달성하겠다는 목표를 세웠다. 미국과 유럽 등지에서도 비슷한 시도를 하고 있는데 캐나다는 그 중에서도 가장 적극적인 편이었다. 캐나다의 개발협력을 담당하는 캐나다국제개발청은 민주적 개발을 전략적 최우선 순위로 설정하고 민주주의와 개발이슈를 접목시켜 왔다.

다자주의는 캐나다의 지원활동을 설명하는 핵심어다. 국제사회에서 대표적인 공여국인 캐나다는 수원국에 자국의 민주주의체제를 일방적으로 제공하지 않는 점에서 긍정적으로 평가받았다. 다자적인 접근법으로 수원국의 거부감을 줄이고 수원국 정부·시민단체들과 원활하게 협력한다는 이유에서다. 하지만 한편으로 캐나다의 지원방식에 대한 긍정적인 평가 못지않게 반론도 제기되고 있다. 캐나다가 다자주의 틀에 갇혀 자국의 민주적 가치와 특징을 정책에 반영하지 못한다는 게 그 이유다. 심지어 일부에서는 다자적 민주주의지원은 수원국을 실질적으로 지원하지 못하기 때문에 새로운 방향을 모색해야 한다는 주장이 나오기도 했다.[3] 캐나다의 민주주의협력을 둘러싼 이러한 논란은 현재까지도 진행형이다.

### 정부가 주도하는 민주주의협의회

정부와 의회는 은막 뒤에서 캐나다의 해외민주주의지원사업을 이끌었다. 특히 정부의 역할이 지대하다. 수십여 년 간 외교통상부와 그 산하 캐나다국제개발청은 캐나다 민주주의 국제협력의 핵심 축으로 기능했다. 정당과 비정부기구가 전면에 나선 유럽 국가들에 비해 캐나다는 정부주도적인 성격을 강하게 드러냈다. 캐나다는 통합적인 지원정책을 펼 수 있었지만 한계도 발생했다. 다양한 행위자들을 포괄하기 어려운 탓이다.

캐나다정부는 민주주의협의회(Democracy Council)라는 그물망으로 두 마리 토끼를 잡고자 궁리했다. 캐나다정부가 주도해 사업의 효율성을 꾀하는 동시에 다양한 주체들을 포괄하려는 의도를 실현하고자 했다. 캐나다정부는 정부와 의회가 설립한 독립기관들을 전폭적으로 지지했다. 각기 발전해온 기관들이 원활하게 협력

---

[3] Kopstein, Jeffrey, *EU, American and Canadian Approached to Democracy Promotion: Are They Compatible?*, (Eurocluster Workshop Paper: Carleton University, 2006), pp.5~6.

하면서 동시에 다양한 성격의 활동을 행하는 것을 지원하기 위함이다. 더불어 시민사회 등지의 다양한 행위자들을 포괄함으로써 캐나다 민주주의의 특징을 정책에 반영하는 효과도 부수적으로 얻고자 했다. 캐나다정부는 이를 실현하려는 목적으로 2007년 새로운 외교정책을 발표했다. 여기에서 민주주의협의회를 민주주의 지원사업의 주체로 부각시키겠다는 의지가 명백히 드러났다.[4]

〈표 31〉 캐나다 민주주의협의회 참여기관 및 설립주체

| 참여기관 | 설립주체 |
| --- | --- |
| 캐나다선거관리위원회<br>(EC: Elections Canada) | 캐나다정부 |
| 국제개발연구소 (IDRC: International Development Research Centre) | |
| 연방포럼<br>(Forum of Federation) | 캐나다정부 + 일부 국가(필리핀, 호주, 멕시코, 독일, 에티오피아 등) |
| 인권과 민주주의 기구<br>(Rights and Democracy) | 캐나다의회 |
| 캐나다의회기구<br>(Parliamentary Centre of Canada) | |
| 국가사법연구소<br>(NJI: National Judicial Institute) | 의회가 설립한 캐나다사법협의회<br>(Canada Judicial Council)가 사법교육 기관으로 설립 |

캐나다정부와 의회는 은막 뒤로 물러났지만 무대 위 연기자들의 동선과 행위를 조정하는 연출가로 기능했다. 각 기관은 독립적인 배역을 맡지만 정부와 의회가 그 구체적인 내용을 결정했다. 재원배분은 그 중 가장 실질적인 개입방식이다. 캐나다국제개발청은 법적 기준에 따라 정부의 지원을 받는다.[5] 인권과 민주주의

---

[4] CIDA,. *A New Focus on Democracy Support*. (2007) pp.7~8.
[5] 이 외에 외교통상부는 글린 베리 평화 안보프로그램(Glyn Berry Peace and Security Program)에서 민주적 이행기금(Democratic Transitions Fund)을 운영한다. 세계 평화 안보기금(Global Peace and Security Fund)의 일부였던 이 기금은 안보문제와 관련된 개발을 지원한다.

기구의 재정 대부분은 정부에서 충당되었다. 선거관리위원회는 국제개발청과 외교통상부의 요청에 따라 대외프로그램을 실행할 때 관련 재원을 직접 지원받았다. 캐나다의회기구, 연방포럼, 국가사법연구소도 협력프로젝트별로 국제개발청의 자금을 받아 이를 실행했다. 정부뿐만 아니라 연방의회에 의존하는 비율이 높고 사기업 등 후원단체가 다양하다는 점에서 국제개발연구소 정도가 다소 차이를 보이는 정도다.

### 선거지원과 기술지원에 집중하다

선거관리위원회와 국제개발연구소는 캐나다 국제협력활동의 주연이다. 캐나다는 각 기관이 담당하는 선거지원과 기술지원을 캐나다의 주요활동으로 추진했다. 다른 국가들이 정당체제 공고화나 시민단체 지원 등에 집중하는 것과 차이를 보이는 대목이다. 캐나다는 선거지원과 기술지원에서 비교우위를 점하며 해외민주주의지원활동을 펼쳤다. 민주주의협의회의 두 기관이 이 영역에서 강점을 보였다. 선거관리위원회는 국제개발청이 요청한 선거를 지원한다. 국제개발연구소는 빈곤퇴치와 지속가능한 개발을 꾀하는 연구를 진행해 세계 각국에 이슈를 제기한다.

'인권과 민주주의기구'는 최근 주연급으로 부상하고 있다. 국제사회에서 민주주의지원에 관한 관심이 증가한 경향에 따른 것이다. 기관명에서 알 수 있듯 '인권과 민주주의기구'는 수원국의 인권상황개선에 초점을 맞춘다. 수원국 시민사회의 민주적 리더십을 확대하는 데 목적을 두고 있다. 캐나다 정부는 '인권과 민주주의기구'가 민주주의협의회 안에서 인권향상의 중심을 잡도록 지원을 대폭 늘리는 추세다. 캐나다는 선거지원과 기술지원을 바탕으로 인권과 민주주의를 적극적으로 제기하는 방향을 모색하려는 목표를 상당기간 지속할 것으로 보인다.

# 캐나다국제개발청
(CIDA: Canadian International Development Agency)

http://www.acdi-cida.gc.ca/cidaweb/acdicida.nsf/En/Home

캐나다국제협력사업 연출의 주역

캐나다의 해외민주주의지원사업에서 정부가 총감독이라면 캐나다국제개발청은 실질적인 연출자이다. 캐나다국제개발청은 캐나다정부의 외교정책과 긴밀하게 협력한다. 정부부처인 외교통상부 산하기관이라는 법적 지위가 국제개발청의 성격을 규정한다. 국제협력장관[6]의 관리감독 아래서 국제개발청은 예산을 지원받고 정부와 보조를 맞춘다. 개발청은 스스로를 "개발 및 인도주의적인 정책과 프로그램을 책임지는 정부의 주요기구"로 규정하면서 "캐나다의 외교정책과 연동된 빈곤감소, 인권증진, 지속가능한 개발을 목표"로 삼고 있다.[7]

기획이 끝나면 실제 연출 단계에 들어간다. 무대를 실질적으로 꾸리고 관리하는 것은 연출자인 국제개발청의 몫이다. 전후 캐나

---

[6] 캐나다 외교통상부에는 장관이 세 명이다. 외교장관(Minister of Foreign Affairs)은 수석장관으로서 외교통상부의 총책임을 맡는다. 통상장관(Minister of International Trade)은 통상을, 국제협력장관(Minister of International Cooperation)은 특정하게 위임된 외교문제를 다룬다.

[7] "The Canadian International Development Agency(CIDA) is the Government's principal organization responsible for development and humanitarian policy and programming. Its aim is to reduce poverty, promote human rights, and support sustainable development in a manner consistent with Canadian foreign policy." {CIDA, Canadian International Development Agency Estimates 2008-09 Part Ⅲ: Report on Plans Priorities, (2008) p.3.}

다는 공여국으로 세계 재건과정에 참여했고 이를 관리하는 부서를 설치했다. 1950년에 설립된 후 변화·발전한 이 부서는 1968년 캐나다국제개발청으로 거듭났다. 캐나다국제개발청은 개도국을 지원하는 프로그램을 전담하는 상징으로서 캐나다의 국제위상을 높이는 길을 모색해 왔다.[8] 설립 후 국제개발청은 아프리카, 중앙아시아, 아메리카, 아시아 등지에서 공적개발원조(ODA) 프로그램을 운영했다. 현재 캐나다국제개발청은 캐나다의 대외원조사업을 책임지며 지출규모 또한 국내기관 중 최고를 자랑한다. 2005~2006년 개발청의 총지출은 약 27억 8천 2백만 캐나다 달러로 전체 대외원조자금의 78%에 이르렀다.

〈그림 49〉 캐나다국제개발청 성립 과정[9]

| 1950년 |
| --- |
| 기술협력지원 (Technical Cooperation Service) |

⇩ 흡수

| 1951년 |
| --- |
| 국제경제기술협력과 (International Economic and Technical Cooperation Division) |

⇩ 강화

| 1958년 |
| --- |
| 경제기술지원국 (Economic and Technical Assistance Branch) |

⇩ 대체

| 1960년 |
| --- |
| 대외원조청 (External Aid Office) |

⇩ 흡수·대체

| 1968년 |
| --- |
| 캐나다국제개발청 (CIDA) |

---

[8] Kopstein, Jeffrey, (2006) p.1.
[9] Morrison, David R., *Aid and Ebb Tide : A History of CIDA and Canadian*

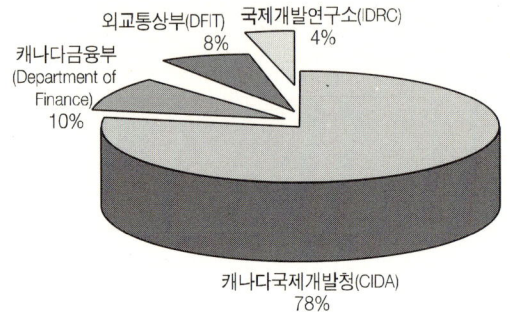

〈그림 50〉 2005~2006년 캐나다국제개발청 지출규모[10]

캐나다국제개발청은 단순한 공적개발원조를 민주주의와 결합하는 방식으로 진화시키며 발전해 왔다. 냉전이 해체되면서 이념에 얽매일 필요가 사라진 것이 이를 가능하게 만든 배경이기도 했지만 이보다 더 큰 계기가 있었다. 캐나다국제개발청이 이제까지 자국의 공적개발원조를 근본적으로 평가한 뒤 이에 대한 반성적 대안으로 새로운 지원방향을 모색하기 시작한 것이다. 인권에 무관심했던 과거의 단순원조를 탈피하자는 문제의식이 꾸준히 제기되었다. 이에 따라 개발청은 '우리의 미래를 공유하기(Sharing Our Future)'를 새로운 전략으로 삼았다. 남반구 빈곤국을 북반구 국가들이 지원하는 흐름이 강화된 것에 동참하는 것이 새로운 전략의 주 내용이다.[11]

'세계 속의 캐나다(Canada in the World)'는 세계의 해외민주주의지원 대열에 캐나다가 본격적으로 발을 내딛었음을 알리는 신호였다. 1995년 집권한 장 크레티엥(Joseph Jacques Jean Chrétien) 내각은

---

  *Development Assistance*, (Waterloo: Wilfrid Laurier Press, 1998) p. x vi.
10) CIDA, "CIDA in brief", (CIDA, Catalog No.CD4-46, 2007).
11) Cameron, Geoffrey, "Between Policy and Practice: Navigating CIDA's Democracy Agenda", (public policy paper #47, 2006) p.7.

'세계 속의 캐나다'를 해외지원사업의 비전으로 삼았다.12) 이는 크게 두 지점에서 이전의 캐나다 정책과 차이를 보였다. 하나는 공적지원(Official Assistance) 프로그램을 담당하는 주체의 변화다. 과거 외교부 소관이던 중동부유럽과 구소련연방의 프로그램을 캐나다국제개발청이 담당하기 시작했다.13) 또 다른 변화는 지원영역의 무게중심이 이동한 것이다. 인권, 민주주의, 굿 거버넌스(good governance)가 국제개발청의 중심으로 부각되었다. 1990년대 초반 정부의 지원이 줄어들고 기존 대외원조방식의 효율성에 의문이 제기되던 상황을 타개해야 할 필요성이 이런 변화를 이끌었다. 민주적 정권을 특별한 구성요소로 삼은 프로그램이 대안으로 제시되었다.14) 이 때부터 국제개발청은 민주적 개발과 경제자유화를 증진하는 활동을 펼쳤다.15)

'세계에서의 긍지와 영향력의 임무(A Role of Pride and Influence in the World)'는 21세기 캐나다의 정책방향을 알렸다. 캐나다는 해외민주주의지원에 주력하려는 입장을 2005년 4월 발표된 이 국제정책선언(Canada's International Policy Statement)에 담았다. 유엔이 2015년까지 달성하고자 계획한 새천년개발계획을 개발지원의 우선순위로 삼는다는 게 이 선언의 골자다. 수원국이 민주적 거버넌스를 확립하며 민주적 개발을 진척하도록 돕는다는 내용이다.16) 유엔이라는 다자간 기구와 긴밀하게 협력하면서 캐나다가 민주주의 증진에 더욱 접근하는 방향으로 접근하고 있음을 보이는 표지다.

---

12) homepage, DFAIT, http://www.dfait-maeci.gc.ca/foreign_policy/cnd-world/summary-en.asp (최종검색일: 2008년 11월 22일).
13) CIDA, *CIDA in brief* (Catalog No. CD4-46, 2007).
14) Cameron, Geoffrey, (2006) p.10.
15) Morrison, David R., (1998), p. x vi.
16) homepage, CIDA, http://www.acdi-cida.gc.ca/CIDAWEB/acdicida.nsf/En/JUD-13175444-H69 (최종검색일: 2008년 11월 17일).

새천년은 캐나다의 정책전환이 시작된 기점이었다. 2000년부터 민주주의 증진을 도모하기 위한 국제적 움직임이 캐나다가 정책선언을 하는 바탕을 이뤘다. 2000년 캐나다는 새천년개발계획을 수용하기로 한 191개국 중 하나로 참여했다.17) 2002년 총국내생산량(GNP)의 0.7%를 공적개발원조자금으로 쓰기로 결의한 몬테레이합의(Monterrey Consensus)가 도출된 후 캐나다는 2010~2011년까지 원조규모를 종전보다 두 배 늘린다는 계획을 세웠다. 2005년에는 '국제원조의 효과를 제고하려는 파리 고위급회담(High Level Forum on Aid Effectiveness)'이 열렸고 2010년까지 효과적인 5대 개발원칙을 강조한 파리선언(Paris Declaration on Aid Effectiveness)이 도출되었다. 캐나다는 이에 동참할 의사를 밝혔다.18)

2000년 이후 숨 가쁘게 이어진 일련의 국제합의는 캐나다를 민주주의증진 활동으로 이끈 발판이다. 민주적 거버넌스와 민주적 개발을 결합하는 캐나다의 해외민주주의지원은 2015년까지 꾸준히 지속될 전망이다. 캐나다국제개발청은 다자간 틀 안에서 새천년개발계획을 실현하기 위해 캐나다 민주주의협의회 기관들이 결합하는 방향을 한동안 계속 고민할 것이다.

### 새천년개발계획이 목표다

새천년개발계획은 새천년 이후 캐나다국제개발청이 가장 우선시한 정책목표다. 유엔은 빈곤과 민주주의를 선후문제가 아닌 동시에 성취해야 할 사안으로 보는 새천년개발계획을 결의했다. 캐나다정부의 의중을 반영하는 국제개발청은 2015년까지 새천년개발계획을 적극적으로 추진하고 있다. 빈곤감소를 줄이려는 목적

---

17) homepage, CIDA, http://www.acdi-cida.gc.ca/CIDAWEB/acdicida.nsf/En/JUD-13175444-H69 (최종검색일: 2008년 11월 18일).

18) CIDA, *Canadian International Development Agency Estimates 2008-09 Part III: Report on Plans Priorities*, (2008) p.8.

에서 실행하던 개발원조에 민주적 거버넌스를 결합시키는 것은 캐나다가 실천해야 할 몫이다. 민주주의 선거제도를 시행하는 과정 이상의 무언가가 필요했다. 지난 수십 년 동안 민주주의체제로 전환한 국가는 많지만 개도국 중 상당수에서는 아직도 갈등과 혼란이 끊이지 않고 있기 때문이다.

캐나다국제개발청은 새천년개발계획을 효율적으로 진행하고자 여러 채널을 동원했다. 민주적 거버넌스부(Office for Democratic Governance)를 설치한 것은 특히나 주목할 만하다. 개발청은 새천년개발계획을 책임지고 실행할 전담부서로서 민주적 거버넌스부를 2006년 개설했다. 국제개발청의 중추인 이 부서는 개도국에 민주주의·인권·법치·책임지는 공적기구를 확대하려는 목적을 띠고 활동한다. 이와 성격은 조금 다르지만 다자간프로그램사무국(Multilateral Program Branch)도 한몫을 하고 있다. 빈곤감소, 특히 건강·교육·여성·지속가능한 환경 분야에서 활동하는 다자간기구의 역량증진을 꾀한다. 캐나다가 전통적으로 중시하는 다자간기구에 다른 개별국가들도 참여해 일종의 규모의 경제를 이루려는 의도에서다. 이 외에 캐나다 시민사회조직과 협력하고 새천년개발계획 달성을 목표로 기금을 지원하는 캐나다협력국(Canadian Partnership Branch)도 운영하고 있다. 이처럼 캐나다국제개발청은 국내외자원을 적극적으로 활용하면서 민주적 개발을 추진한다.

캐나다국제개발청은 두 개 프로그램에 집중해 새천년개발계획의 실현을 모색하고 있다. 지역프로그램은 개발청이 가장 주력하는 분야로 전체 재원의 절반이 투입된다. 세계 각지에 설립된 지역사무국은 이를 재원으로 현지 프로그램을 진행한다. 수여국 현지인들이 세운 기관들에 프로그램을 일임하기보다 캐나다 지부가 직접 프로그램을 운영하는 데 주력하고 있음을 드러낸다. 다자간프로그램 역시 개발청이 집중하는 분야다. 전체 재원의 1/3 정도가 이에 쓰인다. 다자주의를 중시하는 캐나다의 전통이 지속되고 있음을 알 수 있다.

〈그림 51〉 2006~2007년 캐나다국제개발청 프로그램별 지출[19]

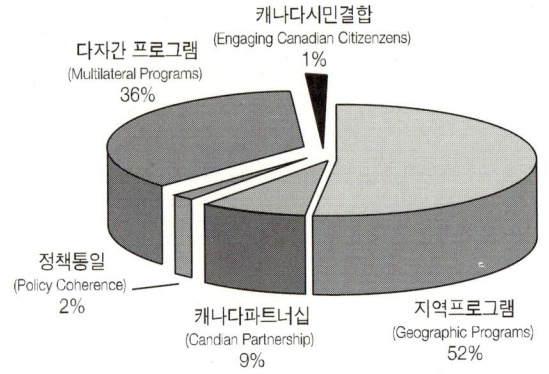

〈그림 52〉 2005~2006년 캐나다국제개발청의 지역별 기금배분[20]

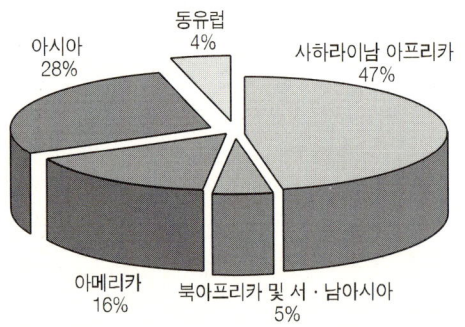

아프리카 남쪽 지역은 캐나다가 현지 활동에 집중하는 곳이다. 아프리카사무국을 중심으로 사하라이남 지역의 프로그램 진행에

---

19) CIDA, *Canadian International Development Agency Departmental Performance Report 2006-2007*, (C2007) pp.120~121..
20) CIDA, (2007).

재원을 쏟고 있다. 끊임없는 내전으로 정국이 불안정하고 빈곤이 만성화된 상황이 이 지역에 관심을 쏟게 하는 배경이다. 새천년개발계획을 실시할 대상 지역이 많은 만큼 매력적인 지역으로 느껴질 만하다. 이와 더불어 아프리카대륙이 최근 천연자원의 보고로 각광받는 현실도 캐나다의 행보를 이끄는 매력요인일 수 있다. 중국을 비롯한 세계 유수 공여국은 자원고갈위기에 대처하려는 방편으로 아프리카를 개발하고 자원개발권을 획득하는 추세다. 캐나다가 현지의 민주주의 정착과 자원 확보라는 두 마리 토끼를 잡으려 하는 목적을 두고 있음을 짐작할 만하다

### 아프리카의 모범사례를 강화하라[21]

가나는 아프리카국가로는 드물게 비교적 정치가 안정되었고 경제성장률도 높다. 국가최저빈곤선(national poverty line) 이하 인구 비율이 1991~1992년 51.7%에서 2005~2006년 28.5%로 절반 가까이 줄어들기도 했다. 연합지원전략(Joint Assistance Strategy)은 이 같은 성과를 올리는 데 크게 기여했다. 가나정부는 세계 공여국들과 협력할 장을 만들어 빈곤해결을 목표로 사업을 벌였고, 캐나다는 조인국(signatory)으로서 이에 참여했다.

거버넌스는 캐나다가 가장 관심을 보이는 분야다. 캐나다국제개발청은 사적영역 개발활동에 있었던 무게중심을 굿 거버넌스와 시민사회의 책임성 분야로 옮겼다. 2007~2010년 기금지원방안에 따르면 캐나다국제개발청은 이 분야에 지원의 대부분을 투입할 계획을 세웠다. 캐나다는 민주주의와 법치활동, 분권화, 공공정책관리, 여성역량, 경제 거버넌스, 의사결정과정을 강화하려는 의지를 공식적으로 밝혔다. 2008년 12월 치러진 선거를 염두에 두고

---

21) CIDA (2008) pp.19~21.; African Development Bank Group, *Ghana Joint Assistance Strategy*, (2007), pp.41~45.

여성조직의 참여를 증진하는 데 초점을 맞추고 성평등 제고 관련 예산을 확대 편성한 것은 캐나다가 민주적 거버넌스를 지향하고 있음을 보이는 한 예다.

민주적 거버넌스는 빈곤문제를 해결하는 과정과 맞물려 있다. 캐나다국제개발청은 무게중심을 민주적 거버넌스로 옮긴 뒤에도 빈곤을 줄일 사적영역 개발에 꾸준히 자금을 지원하고 있다. 캐나다는 크게 두 개의 기금지원프로젝트를 세웠다. 하나는 식량안보를 확보할 지역주도형 개발(Community Driven Initiatives in Food Security)로 5년간 1천 2백만 달러를 지원할 계획이다. 다른 하나는 정부의 연간 농업성장개발 목표치의 6%를 지원하는 프로젝트로 5년간 2천만 달러를 투입할 예정이다. 이 외에 인적 자원을 개발할 목표로 상수도시설을 개선하는 프로젝트에도 지금을 지원하고 있다.

가나는 민주적 거버넌스와 사적영역 개발이 잘 조화를 이룬 사례로 다른 아프리카 국가에 귀감이 될 만하다. 가나의 대표적인 공여국 중 하나인 캐나다는 이 부분에 자부심을 느끼고 있다. 하지만 2008년 12월에 치러진 대선은 가나의 상황이 안심하기에는 이르다는 경고음을 보냈다. 야당후보가 근소한 차이로 이길 정도로 박빙이었던 대선 결선투표 당시 부정선거의혹이 불거졌고 일부 흥분한 사람들이 선거투표소를 습격하기도 했다. 존 쿠포르(John Kufuor) 전 대통령의 중재 등으로 마무리되기는 하였으나 가나 민주주의의 취약성이 드러났다.[22] 정치 불안이 경제성장을 방해하지 않도록 거버넌스와 개발을 조율하는 방안이 좀 더 세밀하게 고안될 필요가 제기되었다. 가나의 주요 공여국인 캐나다 역시 이러한 고민에서 자유롭지 않은 것이 현실이다.

---

22) Economist, *Uncomfortably close in Ghana*, (2009.1.3), http://www.economist.com/world/mideast-africa/displaystory.cfm?story_id=12844974 (최종검색일: 2009년 4월 15일).

다자주의만큼이나 중요한 원칙, 정부부처 간 유기적 협력[23]

9·11이후 인간안보는 세계인의 주요 관심사로 떠올랐다. 민주주의가 취약한 국가에서 인간의 생명과 안전을 위협하는 테러와 인권침해는 반드시 해결해야 할 과제로 남았다. 테러와의 전쟁을 선포한 미국을 비롯한 다자간 기구는 테러로 몸살을 앓는 서남아시아지역에 특히 관심을 보였다. 그 중에서도 아프가니스탄은 뜨거운 감자다. 아프가니스탄에 가해지던 미국의 폭격은 끝났지만 치안은 더욱 불안정해졌고 주민들의 삶은 피폐하다. 아프간의 재건과 개발을 도모하는 아프가니스탄 협정을 지지하는 국가 중 하나인 캐나다는 이 지역의 안정을 확립하는 데 기여하고자 프로그램을 진행하고 있다.

캐나다의 지원활동은 다자주의의 전통 위에 서있다. 이 때 다른 공여국들과 협조하는 것만큼 중요한 원칙이 하나 더 있다. 경제협력개발기구가 언급한 '정부부처 간 유기적 협력(whole-of government)'이 바로 그것이다. 경제협력개발기구는 정치·경제·안보·인도주의적 지원이 상호의존적이므로 이와 관련된 모든 정부부처가 협력해야 한다는 취지를 역설한 바 있다. 캐나다국제개발청은 외교통상부, 국방부, 기마경찰(RCMP: Royal Canadian Mounted Police) 등 정부부처들과 협력해 안보문제에 접근한다. 다양한 정부부처들이 협력함으로써 지역문제를 해결하는 데 총체적인 시각에서 접근할 여지가 생기기 때문이다.

캐나다는 이처럼 정부부처의 전방위적 접근을 바탕으로 아프가니스탄의 민주주의를 지원한다. 치안이 불안정한 곳에서는 신속하면서 강도가 센 안보개발프로그램을 실행한다. 지뢰를 제거하는 데 4년 간 8천만 달러를 투입할 예정이다. 하지만 안보프로그

---

23) CIDA, (2008) pp.26~29.

램의 성공여부는 사회경제적 개발에 달려있기도 하다. 캐나다국제개발청은 유엔개발계획과 세계은행, 세계식량계획, 세계보건기구 등과 협력해 아프가니스탄정부를 지원한다. 아프가니스탄 교육부에 평등한 교육에 접근할 기회를 제공하는 데 필요한 조언을 하고 양귀비 재배를 대체할 소득원을 농가에 제공한다. 여성과 같은 사회적 약자들에게 소액신용대출을 지급하는 것을 돕기도 한다. 또한 국가연대프로그램(National Solidarity Program)을 지지함으로써 아프간 사람들 스스로 개발에 참여토록 유인하고 있다.

캐나다국제개발청을 위시한 캐나다정부는 해외민주주의를 증진하는 활동을 역동적으로 벌여 왔다. 빈곤과 민주주의를 동시에 추구하는 새천년개발계획을 목표로 상당한 규모의 원조액을 지원한다. 캐나다는 해외민주주의지원을 평가할 때 성실성과 적극성 면에서 최우수등급을 받을 자격이 충분하다. 하지만 개성과 독창성 면에서도 역시 최우수등급을 받을 수 있을지 여부는 미지수다. 캐나다는 자국 민주주의를 일방적으로 주입하지 않았다는 것 이상의 평가를 받지 못하는 편이다. 독일이나 미국과는 다르면서도 개성이 드러나는 캐나다 모델을 세계무대에서 인정받기 위해서는 캐나다국제개발청을 비롯한 정부부처가 더욱 고민해야 할 것이다. 이는 앞으로 살펴볼 민주주의협의회의 구성기관들이 제 몫을 얼마나 다 하느냐에 달려 있는 문제기도 하다.

# 캐나다선거관리위원회
(EC: Elections Canada)

http://www.elections.ca/home.asp

캐나다의 선거전통을 국제무대에 올리다

캐나다는 오랜 시민법 전통을 자랑한다. 영국의 식민지 시절부터 입법 활동이 이뤄졌던 캐나다는 독립국가로 출발한 1867년부터 근대적인 의회를 운영하기 시작했다. 100여년이 지난 1982년 영국 의회가 캐나다에 대한 영국의 모든 권한을 포기하고 캐나다 국민들만이 개헌권을 포함한 모든 권한을 갖도록 하는 헌법개정안을 승인함으로써 캐나다는 명실상부한 주권국가가 되었지만, 그보다 훨씬 이전부터 캐나다는 자체적인 입법전통을 키워 왔다. 미국이 영국에 반기를 들면서 자국민주주의의 틀을 마련한 것과 달리 캐나다는 영연방으로서 법치국가의 틀을 마련하며 캐나다 입법의 특성을 다졌다.

캐나다는 150년 가까이 되는 입

> **캐나다 의회[24]**
>
> 캐나다 의회는 상원, 하원 그리고 영국 국왕의 세 부분으로 구성된다. 영국국왕, 구체적으로는 국왕을 대리하는 총독(govern-general)은 영연방의 하나인 캐나다를 대표하는 상징적인 존재다.
> 캐나다의회의 핵심은 실질적인 입법 기능을 담당하는 하원이다. 하원의원은 개별 지역구에서 직접선거로 선출된다. 상원은 총리가 추천한 인물을 총독이 공식적으로 임명하는 과정을 거쳐 구성된다.
> 하원의 의석배분은 내각의 성격을 결정한다. 캐나다는 의원내각제로서 총리가 장관을 임명한다. 총리는 총독이 제청한 인물을 의회가 승인함으로써 임명된다.

---

24) Wikipedia, http://en.wikipedia.org/wiki/Canada_Parliament (최종검색일: 2009년 4월 17일).

법 역사를 자산으로 삼아 해외민주주의지원에 나섰다. 캐나다선 거관리위원회는 선거활동을 지원하는 핵심 기관이다. 캐나다선 거관리위원회는 독립적이고 비당파적인 선거기구로서 1920년 설 립되었다. 선관위는 설립 이후부터 현재까지 캐나다연방선거와 지방선거를 중요한 업무영역으로 총괄했다. 하지만 선관위의 활 동범위는 국내에 국한되지 않는다. 캐나다의 선거제도가 민주주 의이행국가에 도움이 된다는 판단에 따른 것이다. 1980년대부터 지금까지 캐나다선관위는 국제적인 선거지원활동을 펼쳐왔다. 선관위는 현재 100여 개국 400여개 이상의 프로젝트에 참여하며 선거활동을 지원한다.

캐나다선관위는 캐나다정부의 해외지원활동에 부합하는 쪽으 로 활동한다. 캐나다 외교통상부와 국제개발청은 국외에서 선거 지원사업을 요청받는 일종의 창구다. 이들 기관은 캐나다선거관 리위원회를 활용해 캐나다의 민주주의지원활동을 수행한다.[25] 선관위가 해외선거를 지원하는 데 필요한 기금은 캐나다국제개발 청이 지급한다. 캐나다선관위가 국내 선거를 꾸릴 때 선거법에 따라 독립적으로 운용되는 통합세입기금(Consolidated Revenue Fund) 에서 자금을 충당하는 것과 차이를 보인다.[26] 캐나다 정부처럼 민주적 거버넌스를 추구하고자 하는 유엔, 유럽연합안보협력기 구, 영연방 등의 국제기구가 선관위의 지원활동을 요청한다. 선거 를 치르는 데 어려움을 겪었던 개별국가들 역시 캐나다에 도움을 요청해 왔다.[27]

---

25) Sundstrom, Lisa McIntosh, *Hard Choices, Good Causes: Exploring Options for Canada's Overseas Democracy Assistance*, (IRPP Policy Matters, Vol.6, No.4, 2005) pp.10~12.
26) 중앙선거관리위원회, 캐나다연방선거법(Canada Elections Act), (2004) p.303.
27) homepage, EC, http://www.elections.ca/content.asp?section=gen&document= ec90770&dir=bkg&dang=e&textonly=false (최종검색일: 2008년 11월 25일).

기술지원은 캐나다선관위가 강점을 보이는 지원 분야다. 선거를 치르는 과정에서 투입되는 인력과 자본뿐만 아니라 선거진행 절차와 관련된 지식과 정보를 제공한다. 해외민주주의를 지원하는 전담부서를 따로 두지는 않은 대신 유동적으로 인력을 활용한다. 외부전문가를 초빙하기도 하고 필요에 따라 선거를 관장하는 산하기구를 따로 세우기도 한다. 때때로 국제기구와 협력해 공동으로 사업을 진행하기도 한다. 캐나다의 선거제도를 일방적으로 이식하기보다 수원국의 법제도나 문화를 적절하게 고려하는 지원책을 구체화하는 방향으로 사업을 벌인다.[28]

캐나다선관위는 국내외를 종횡무진하며 선거지원영역에서 활동한다. 보통 자국의 선거만을 관리하는 각국의 선관위들과 차이를 보인다. 캐나다선관위는 현재 거의 유일하게 선거지원네트워크에 참여하는 국내선거관리단체다. 에이스프로젝트는 이를 입증하는 하나의 사례다. '민주주의와 선거를 지원하는 국제연구소', 유엔개발계획 등 세계 유수의 국제기구들이 참여하는 이 네트워크에서 캐나다선관위는 이들과 어깨를 나란히 하며 해외 선거지원활동을 활발히 벌이고 있다.

민주적 거버넌스와 선거의 접점을 찾다[29]

새천년개발목표를 지향하는 민주적 거버넌스는 캐나다가 해외 민주주의지원에서 지향하는 목표다. 캐나다선관위 역시 민주주의협의회의 구성체로서 민주적 거버넌스를 활동목표로 삼는다. 수원국에 선거제도가 정착되는 것은 기본적 단계이며 이후 선거를 거치면서 수원국이 실질적인 민주화를 달성해야 한다는 인식

---

28) homepage, EC, http://www.elections.ca/content.asp?section=gen&document=ec90770&dir=bkg&lang=e&textonly=false (최종검색일: 2008년 11월 25일).
29) homepage, EC, http://www.elections.ca/content.asp?section=int&document=index&dir=bil&lang=e&textonly=false (최종검색일: 2008년 11월 25일).

이 제고되었다. 주민들이 직접 대표를 선출하는 과정과 정치의사 결정과정에 참여하는 과정이 결합하는 방식은 캐나다선관위가 활동하는 데 주요한 문제의식으로 자리 잡았다. 2000년대에 들어서는 자유롭고 공정한 선거를 정착시키는 것뿐만 아니라 선거과정에서 인권을 실현하려는 노력이 함께 진행되었다.

캐나다선관위가 장애인의 선거권에 주목한 것은 이러한 변화를 알린 사건이다. 2002년 12월 세계 24개국의 대표들이 스웨덴에 모여 장애인선거권리장전(Bill of Electoral Rights for People with Disabilities)을 선언했다. 캐나다선관위를 비롯해 '민주주의와 선거를 지원하는 국제연구소', 선거제도국제재단(IFES: International Foundation for Electoral System) 등이 이에 동참했다. 이 선언은 국제인권규약(International Covenant on Civil and Political Rights)을 바탕으로 장애인이 비장애인처럼 비밀선거권 등을 존중받고 투표장에 접근할 수 있어야 한다는 내용을 골자로 한다. 이 모임은 세계 각국이 장애인의 선거권과 관련해 거의 처음으로 입을 모은 것으로 의미가 있었다. 특히 스웨덴과 더불어 캐나다는 선진국에서도 장애인이 투표소에 접근할 권리를 보장해야 한다는 인식을 이끌었다. 자유·평등·보통·비밀선거라는 기본원칙을 실제 현실화하려는 점에서 높이 살만한 일이다.

캐나다선거관리위원회는 국제 활동에서도 앞장서고 있다. 캐나다국제개발청에서 받은 기금을 선거제도국제재단에 지원해 아프가니스탄선거·등록프로젝트(ERA: Elections and Registration in Afghanistan Project)를 이끌었다. 선관위는 멕시코의 연방선거관리위원회(IFE: Instituto Federal Electoral)와 양자간기술협력협정(Bilateral Technical Co-operation Agreement)을 맺어 서로 정보를 교환하며 선거지원활동을 강화하기도 했다. 선거제도지원에 초점을 맞춘 활동이 눈에 많이 띄기는 하지만 장애인선거권리장전 선언 같은 변화가 보이기도 했다. 이처럼 선관위가 선거지원을 민주적 거버넌스와 결합하는 활동은 향후 계속될 것으로 전망된다.

지속가능한 선거의 기초를 닦는 전문가의 손길30)

이전투구가 벌어지는 현장을 직접 몸으로 부딪치는 과정은 후방에서 이를 참관하는 일과 성격을 달리한다. 선거도 마찬가지다. 실제 현장에 내려가는 일은 기금을 지원하고 관련 단체들과 정보를 교환하는 과정과는 차원이 다른 일이다. 더욱이 분쟁과 갈등이 끊이지 않는 곳이라면 실제 행동의 중요성은 더욱 커진다. 2004년 '공식적으로' 전쟁이 끝나긴 했지만 혼란과 갈등이 지속되는 이라크는 그 중요성을 입증하는 하나의 사례다. 이라크의 특성과 보편적인 가치를 결합하는 민주주의를 정착시키는 연결다리로서 선거의 정착은 매우 긴요하다.

대의제민주주의의 핵심인 선거를 정착시키는 일은 이라크의 안정을 꾀하는 데 힘을 보탤 수 있다. 캐나다선관위가 꾸린 이라크 선거감시단(IMIE: International Mission for Iraqi Elections)은 독재정치종식 '이후'에 초점을 맞춘다. 민주주의제도가 뿌리내리면서 국내갈등을 해결하는 길을 모색할 수 있다는 생각에서다. 감시단은 이라크독립선거위원회(IECI: Independent Electoral Commission of Iraq)와 협력해 2005년 국민투표, 총선, 지방선거를 치렀다. 감시단은 국제기준을 준거로 이라크의 선거를 열 가지 측면에서 평가하고 보고서를 아홉 차례 발간하기도 했다. 2004년 12월 이라크선거감시포럼을 거치며 실행기구로 설립된 감시단은 2006년 4월 최종보고서를 발간할 때까지 활동했다.

국제선거감시단(International Monitoring Missions)은 캐나다선거관리

---

30) EC, (2007) p.23.

위원회의 독특한 성격을 나타낸다. 개별국가의 선거기구가 국제적인 감시단을 꾸리고 '처음부터 끝까지 지원(peer support)'하는 경우는 드물다. 현재 국제사회가 지향하는 민주적 개발에 캐나다가 적극 동참하려는 취지는 이러한 활동의 동인이다. 캐나다정부는 수원국의 선거제도를 정착시키면서 민주주의와 경제개발의 기반을 닦고자 한다. 캐나다선관위는 아이티에서도 선거감시단을 꾸렸으며 활동종료 후 긍정적인 평가를 받은 바 있다.

 수원국의 전통과 문화를 존중하려는 취지를 살리는 일은 향후 감시단의 성패를 가를 것이다. 이라크처럼 종교·인종·국제정치가 얽힌 분쟁지역에 평화가 뿌리내리려면 캐나다의 선거제도를 이식하지 않는다는 소극적인 태도 그 이상이 필요하다. 현지의 문화와 역사를 이해하고 분석한 후 민주주의제도와 결합할 수 있는 지점을 찾아내는 고성능 현미경이 필요하다. 이라크선거감시단이 전쟁 이후에 주목한 것처럼, 선거 그 이후에도 관심을 지속하는 태도야말로 긍정적인 평가가 일회성에 그치지 않게 하는 원동력일 것이다.

# 인권과 민주주의 기구
(Rights and Democracy 또는 International Centre for Human Rights and Democratic Development)31)

http://www.ichrdd.ca/site

논란을 딛고 캐나다 해외지원정책의 중심으로 부상32)

1980년대 해외민주주의 증진 기류가 흐르면서 캐나다도 인권과 대외원조의 결합에 눈뜨기 시작했다. 캐나다는 미국이 민주주의 증진프로그램(democracy promotion program)에 대대적으로 투자한 것에 영향을 받았다. 캐나다정부는 특별조사관(special rapporteur)을 선발해 캐나다 외교·원조정책 전반을 평가했는데, 그 결과 상당한 활동을 벌이고 있음에도 캐나다의 특색을 반영하지 못한다는 결론을 도출했다. 이를 바탕으로 연방의회는 민주주의제도와 인권의 중요성을 알리려는 취지로 1988년 비당파적인 '인권과 민주주의 기구'를 설립했다. 기구는 하원 직속기관으로 정부에 대해 독립적으로 운영된다.

한동안 '인권과 민주주의 기구'는 애물단지 취급을 받았다. 국제사회에서 민주주의 증진에 관한 논의가 막 시작한 때였지만 캐나다 국내에서는 이에 관한 논의가 걸음마 단계에 머물렀기 때문이

---

31) 본래 기관은 '인권·민주적 개발 국제기구(ICHRDD: International Centre for Human Rights and Democratic Development)'라는 명칭으로 설립되었다. 1990년대 후반부터 '인권과 민주주의 기구(Rights and Democracy)'라는 약칭이 병행 사용되었다. 본고에서는 약칭으로 표현한다.
32) Schmitz, Gerald J., *The role of international democracy promotion in Canada's foreign policy*, (IRPP Policy Matters, Vol.5, no.10, November 2004), pp.13~17.

었다. 인권과 민주주의를 외교정책과 결합하는 방식을 둘러싼 논쟁도 수렴되지 않았다. 게다가 정부도 소극적인 태도를 보였다. 기구는 미국의 민주주의기금(NED)이나 독일 정당재단을 모델로 구성되었지만 비당파성을 근간으로 하기 때문에 집권당이 지원주체로 나서기 힘들었다. 정부 역시 인권과 민주주의에 관한 논란이 정리되지 않은 상황에서 정부 산하기관처럼 지원해야 한다는 필요를 크게 느끼지 않았다.

'인권과 민주주의 기구'는 유아기를 혼자 힘으로 이겨낸 아이처럼 오랜 시간 어려움을 겪었다. 정부의 무관심은 외교통상부나 캐나다국제개발청에서 지급받은 예산규모로 충분히 짐작할 수 있다. 기구는 예산의 대부분을 정부에 의존한다. 〈그림 53〉에서 확인할 수 있듯이 정부의 예산지원비율은 연간 80%를 웃돈다.[33] 정부의 지원이 적으면 기구를 운영할 수 있는 규모 또한 작을 수밖에 없다. 오랜 기간 정부가 무관심한 탓에 기구는 허리띠를 졸라매야 했다. 기구는 연방예산에서 국제개발연구소가 지원받는 5%수준에도 미치지 못하는 500만 달러를 연간 예산으로 받았다. 인권과 민주주의가 상당히 포괄적인 영역임에도 재원이 충분치 않아 활동하는 데 제약이 컸다.

새천년을 기점으로 기구의 예산은 크게 증가했는데, 2005년에는 10여 년 간 변함없던 예산이 전년에 비해 60% 가량 늘어났다. 캐나다가 새천년개발계획을 결의한 데 동참하면서 생긴 변화다. 기구는 재원규모가 커지면서 안정적으로 사업을 실행할 수 있게 되었다. 2005년부터 2010년까지 장기 프로젝트를 진행할 계획을 세워 운영하고 있다. 현재 '인권과 민주주의 기구'는 다른 기관에

---

[33] 설립된 1988년 이후 10여 년 간 연간 보고서가 홈페이지에 올라와 있지 않아 최근 자료를 바탕으로 재원지원비율을 추정했다. 이 부분과 관련해서는 추후에 구체적인 사실 확인 작업이 이루어져야 할 것이다.

비해 여전히 작은 규모로 재원을 운영하는 편이지만 민주주의협의회의 중추기관으로서 무게를 지닌다.

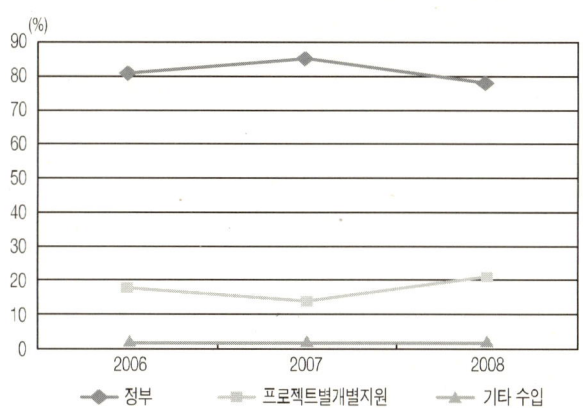

〈그림 53〉 2005~2008년 예산출처비율변화34)

## 민주적 개발에 무게를 두다35)

'인권과 민주주의 기구'는 캐나다의 외교정책과 맞물리는 지점에 초점을 맞춘다. 민주적 개발은 정부가 새천년개발계획의 일환으로서 집중하는 영역이자 기구가 방점을 찍는 부분이다. 2000년부터 2008년까지 프로그램별 예산지출 변화양상을 보면 이를 확인할 수 있다. 연간 비율은 다소 유동적이지만 연평균 28%의 재원이 투입되었다. 특히 2007년을 기점으로 민주적 개발 부분이 급증해 2008년 현재 37%에 이르렀다. 전체 예산의 1/3을 웃도는 수준이다. 민주적 개발은 비율뿐만 아니라 지원규모액수도 크게 늘어

---

34) Rights and Democracy, *Annual Report 2005~2006*, (2006) p.34.; *Annual Report 2006~2007 - The Struggle for Democracy: Human Rights Defenders on the Frontlines*, (2007) p.43.; *Annual Report 2007~2008*, (2008) p.34.

35) homepage, Rights and Democracy, http://www.dd-rd.ca/site/what_we_do/index.php?subsection=programme&dang=en (최종검색일: 2008년 11월 20일).

2008년은 2001년 대비 3배 정도로 늘었다. 민주적 개발과 관련한 프로젝트는 여성인권, 원주민권리 등 다른 주제영역과 결합하는 방식으로 진행된다.

여성인권 역시 기관이 중시하는 영역이다. 2001~2008년 동안 투입된 재원은 연간 평균 22%로 민주적 개발의 뒤를 이었다. 2003년부터 2006년 사이에는 대체로 민주적 개발보다 재원이 조금 더 투입되기도 했다. 다만 민주적 개발이 2007년부터 급증한 데 비해 여성인권 지원 비율은 다소 감소했다. 기관은 이 외에도 경제·사회권리(세계화, 거버넌스·인권 포함), 원주민권리, 특별의제(special initiatives)를 주제로 프로젝트를 운영한다.

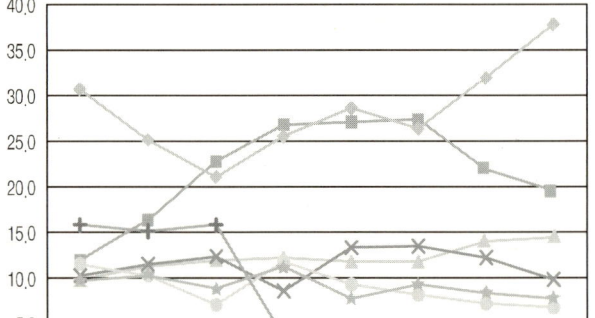

〈그림 54〉 2001~2008년 프로그램별 지출비율변화[36]

---

36) Rights and Democracy, *Annual Report 2001~2002*, (2002) p.23.; *Annual Report 2002~2003*, (2003) p.24.; *Annual Report 2003~2004*, (2004) p.28.; *Annual Report 2004~2005*, (2005) p.31.; *Annual Report 2005~2006*, (2006) p.40.; *Annual Report 2006~2007*, (2007) p.50.; *Annual Report 2007~2008*, (2008) p.40.

시민사회와 민주적 개발의 연결고리를 만들다[37]

아이티 주민들은 진흙으로 만든 쿠키를 먹을 정도로 상상 이상의 생활고에 시달리고 있다. 한국 돈 40원 정도 되는 진흙쿠키가 시장에서 버젓이 팔릴 정도다. 정국이 파국을 맞으면서 경제기반이 송두리째 무너졌다. 20세기 아이티의 정치역사는 민주주의와 정반대 방향으로 나아갔다. 30년 독재정치가 이어졌고, 대통령 선거와 쿠데타라는 정국 혼란이 이어달리기처럼 계속되었다. 2006년 치러진 선거 이후 정국이 비교적 안정되긴 했지만 민주주의 기반이 취약한 탓에 경제발전이란 탑이 세워지지 못하는 실정이다.

'인권과 민주주의 기구'는 시민사회와 정부를 잇는 데서 문제해결의 실마리를 찾는다. 기구 산하 지역사무소는 아이티정부와 시민사회를 잇는 가교역할을 자임한다. 2006년 아이티 수도 포르토프랭스에 설립된 사무소는 시민사회가 공공정책에 인권을 반영하는 활동을 하게끔 지원했다. 캐나다국제개발청이 지원한 아이티 지역개발기금(local development fund in Haiti)이 활동 재원으로 쓰인다. 기구는 현장에서 활동하는 시민사회활동가와 정당인을 지원하는 프로그램을 진행해 상호 교류할 교두보를 마련했다. 350여명의 시민사회활동가들을 훈련하고 여러 정당들의 모임인 정당회의(Political Party Convention)를 지원하는 등 지역사무소가 발 벗고 나서고 있다.

아이티인권위원회(OPC: Office de la protection du citoyen)도 빼놓을 수 없는 부분이다. 1995년 헌법기관으로 설립된 인권위원회는 현재 아이티에서 정부기구로는 유일하게 독립기관으로서 인권활동을 벌이고 있다. '인권과 민주주의 기구'는 기관설립당시부터 이를 적극 지원했으며 현재까지 인권위와 협력활동을 지속하고 있다.

---

37) Rights and Democracy, (2008) pp.8~9.

기구는 아이티인권위원회가 유엔의 원칙에 따라 인권활동을 이끌 수 있는 능력을 함양하는 과정을 도움으로써 공공정책결정자들이 인권증진의 중요성을 인지하도록 하고 있다.

'인권과 민주주의 기구'는 라틴아메리카에서 아이티 외에도 콜롬비아, 볼리비아에서 활동하고 있다. 각 국가별로 양자간 지원활동을 벌이는 동시에 미주기구와 같은 지역기구를 적극 활용하기도 한다. 캐나다가 미주기구를 통해 시민사회의 참여를 강화하는 활동을 오랜 기간 벌여온 것이 그 바탕이다. 기구는 라틴아메리카 뿐만 아니라 아프리카, 아시아 등지에서도 지역기구나 국제기구와 연합해 프로젝트를 활발히 진행한다. 다자주의 전통 안에서 민주적 개발을 이루려는 모습은 캐나다 원조정책의 맥락을 잇는 것이다.

### 분쟁 속에서 유린된 여성인권보호에 앞장서다[38]

분쟁은 모든 사람에게 트라우마를 남긴다. 하지만 트라우마의 정도는 균질하지 않다. 어떤 사람들은 더욱 끔찍한 상흔을 입는다. 여성은 분쟁의 소용돌이 속에서 유린되는 대표적인 희생양이다. 민간인으로서 무고하게 목숨을 잃는 것 외에도 인권을 유린당하는 경우가 허다하다. 총칼을 든 이들이 여성을 성적으로 학대하는 일은 드물지 않게 벌어진다. 2009년 현재도 내전으로 몸살을 앓고 있는 콩고는 여성인권유린의 실상을 극명하게 보여준다. 두 차례 내전을 치르는 동안 후투족과 투치족을 가릴 것 없이 군인들은 성인여성과 소녀들을 강간하고 강제로 임신시켰다. 콩고 여성들은 2차대전 당시 일본군에 끌려갔던 성노예처럼 몸과 마음에 큰 상처를 입었다.

---

38) Rights and Democracy, (2008) pp.20~22.

'인권과 민주주의 기구'는 콩고 여성들의 비극을 알리는데 적극 나섰다. 기구는 콩고의 여성인권모임과 협력해 인권침해사례를 기록했다. 국제형사재판소 검찰청(Office of the Prosecutor)에 이미 고소된 성범죄를 입증하는 데 앞장서기도 한다. 콩고의 한 여성단체 (SOFEPADI: Solidarité féminine puor la paix et le développement intégral)와 협력해 인권옹호자들이 사법영역에서 콩고시민들의 인권을 보호하는 역량을 강화토록 지원했다. 이 뿐만 아니라 콩고에서 성폭력반대콩고여성운동(Congolese Women's Campaign Against Sexual Violence in the DRC)을 지지하기도 했다. 콩고에서 자행된 성범죄를 알리고 국제사회의 지원협력을 불러오고자 하는 의도에서다. 기구는 운동을 활성화하기 위해 여성폭력근절유엔특별조사관(UN Special Rapporteur on Violence against Women)이 파견되는 때에 맞춰 여성단체들의 협력을 독려하기도 했다.

과거의 상처가 아물 새도 없이 콩고는 또다시 내홍을 겪고 있다. 2008년부터 다시 시작된 내전은 여전히 끝날 기미를 보이지 않고 있다. 여성인권의 취약함을 적나라하게 보인 전력이 있기에 '인권과 민주주의 기구'가 콩고를 예의주시하는 과정은 상당기간 지속될 것으로 보인다. 기구는 콩고 외에도 아프가니스탄, 인도네시아, 중국 등지에서 캐나다국제개발청이나 다자간기구들과 협력하거나 때때로 특별조사관을 급파하기도 한다. 이처럼 기구가 활발히 활동하는 것은 그만큼 세계의 인권상황이 열악하다는 것을 반증한다. 군사주의와 근본주의가 기승을 부리며 여성인권을 위협하는 상황에서 '인권과 민주주의 기구'의 여성인권프로그램은 상당기간 중심 영역으로 다뤄질 것이다.

# 국제개발연구소
(IDRC: International Development Research Center)

http://www.idrc.ca/index_en.html

국제개발협력 방안을 연구하는 공기업[39]

'기업은 이윤을 창출한다'는 명제가 참이 아닌 경우도 있다. 캐나다의 국제개발연구소는 대표적인 반증사례다. 국제개발연구소는 '비영리'를 내세운 캐나다의 공기업(Crown Corporation)이다. 일반적인 의미의 공기업이 최소한의 영리활동을 하는 것과 차이를 보인다. 연구소는 주로 연방의회에서 활동기금을 지원받으며 연구프로그램을 진행한다.

'이윤'을 다르게 정의하면 위의 명제는 참이 된다. 연구소는 비록 현물자산은 아니지만 향후 국익에 도움이 될 무형자산을 열심히 생산한다. 연구소가 생산하는 지식과 기술은 국익에 부합하는 국가적 차원의 이윤이다. 연구소는 국제개발

> **공기업[40]**
>
> 캐나다의 공기업은 불리는 이름부터 독특하다. 용어는 'Crown Corporation' 인데, 영연방에 속하는 다른 국가들 중에도 이 용어를 쓰는 데가 더 있다. 캐나다의 공기업은 재화를 분배하고 사용하는 거의 모든 영역에 있다. 연방, 주, 지역 수준에서 다양한 형태로 운영된다.
> 국제개발연구소는 외교통상부 산하에 있다. 외교통상부 산하에는 캐나다수출진흥청(Export Development Canada), 캐나다사업개발공사(Canada Commercial Corporation)가 공기업으로 소속되어 있다. 단, 국제개발연구소는 외교부장관 산하에, 나머지 두 곳은 통상장관(Ministry of International Trade) 산하에 있다.

---

39) IDRC, *The International Development Research Centre A Brief History*, (2005), pp.1~12.
40) Wikipedia, http://en.wikipedia.org/wiki/Crown_corporations_of_Canada (최종검색일: 2008년 11월 24일).

협력과 연계되는 연구프로젝트를 실시하면서 수원국의 현황을 파악하고 분석한다. 연구소가 뽑아낸 연구자료와 기술지원프로젝트는 캐나다국제개발협력의 중요한 밑천이다.

국제개발연구소는 캐나다의 공기업이지만 그 영향력은 캐나다의 국경을 넘어선다. 새천년개발계획이 부상하며 국제개발연구소가 행하는 지역연구가 전 세계적으로 주목받았다. 연구소가 배출한 탄탄한 기초조사와 분석은 수원국에 실질적으로 도움이 되는 프로그램을 도출하는 밑바탕이다. 민주적 개발이 가능하려면 수원국 현지의 민주화와 개발을 결합하는 연결고리를 찾아야하기 때문이다. 이런 이유로 캐나다 당국뿐만 아니라 미국, 영국 등 다른 나라도 연구소를 지원하고 여기서 생산된 지식을 활용한다. 국제개발연구소는 캐나다 정부에 의해 설립되었지만 국제적인 연구센터로서 기능하고 있는 것이다.

국제개발연구소는 다자주의를 중시하는 캐나다의 전통을 반영해 민주적 개발과 연구 성과를 연결하는 방법을 고심한다. 2004년 마틴(Martin) 총리는 지식을 기반으로 저개발국지원활동을 펼치기 위해 연구개발예산을 5%이상 사용할 예정이라고 밝혔다. 연구소는 저개발의 영향을 가장 크게 받는 사회적 소외계층의 권익을 향상시키는 것이 민주적 개발을 실질적인 성과로 연결 짓는 고리라고 파악한다. 빈곤, 인간안보, 질병 등으로 고통을 받는 개도국의 주민들의 삶을 조명함으로써 '권리에 기반을 둔 접근(Right-based Approach)'을 추구하는 것이다.

국제개발연구소는 개도국이 스스로 과학기술을 적절히 활용하는 방법을 연구한다. 연구소는 대외지원업무가 남반구와 북반구 국가들이 단순히 자금을 교환하는 것 이상을 구상해야 한다는 피어슨보고서(Pearson Report)를 바탕으로 1970년에 설립되었다. 연방의회는 국제개발연구소법을 제정하면서 수원국의 사회발전에 기여할 과학·기술·지적 수단을 활용한다는 취지를 밝혔다.[41] 이를 근거로 연구소는 설립 직후 아프리카, 아시아, 중앙아시아, 라틴아메리카에 각각 지역사무소를 설치해 운영했다.

국제개발연구소는 설립취지를 살릴 방안을 꾸준히 모색해 왔다. 연구소는 초기에 수원국에 선진기술·과학을 전파하는 데 집중했다. 그러나 이같은 방식이 수원국 입장에서 볼 때는 '자기주도적 실행(self-executing)'과 거리가 있다는 평가가 내려진 후 적절한 수준의 사회혁신을 주요한 과제로 인식했다. 1990년대 들어서는 '지역문제를 해결하는 지역연구(local research for local problem- solving)'를 대신해 '지식을 통한 역량강화(empowerment through knowledge)'를 새로운 전략으로 채택했다. 현지주도성을 강화하려는 의도에서다. 이에 더해 전문가들의 모임인 프로그램안(PIs: Program Initiatives)을 출범시켜 학제적인 논의를 이끌면서 분과별 연구에 갇혔던 지식생산의 한계를 뛰어넘고자 했다. 연구소는 공여국의 국제개발협력의 효율성을 높이려는 문제의식을 가지고 연구를 지속하면서 스스로 변화했다. 국제개발연구소의 노력은 민주적 개발이라는 인식을 불러일으키는 데 일정정도 기여했다.

투자의 성과는 지식 생산

국제개발연구소의 위상은 독특하다. 앞에서 살폈듯이 공기업이지만 교환가치가 있는 생산물 대신 지식과 기술을 생산한다. 활동에 필요한 재원은 대부분 국가가 지원한다. 연방의회는 연구소재원의 80%를 상회하는 금액을 지원한다(〈그림 55〉). 정부는 국제개발연구소법에 따라 운영되는 기금으로 1백만 달러를 예치해둔다.[42] 이 외에 캐나다국제개발청과 외교통상부를 비롯해 산

---

41) Clause 1, Art. 4, *International Development Research Center Act and General- By law.*

업부 등 국가기관과 미국·프랑스·스웨덴·네덜란드 같은 외국 정부, 마이크로소프트 같은 사기업 등이 후원기관으로서 재원을 마련한다(〈그림 56〉). 2007년 이후 외교통상부의 지원 비중이 크게 증가하고 후원기관의 공여비율도 늘어나 정부가 연구소활동에 관심이 크다는 것을 짐작할 수 있다.

연구소의 국제적인 성격은 프로그램 운영방식에서도 드러난다. 국제개발연구소는 개별적인 수원국과 관련해서 프로젝트를 진행하기도 하지만 지역을 포괄하는 활동도 벌인다. 인근의 여러 지역을 포괄하거나 범지구적인 활동을 펼치는 데 프로그램 지출 내역의 1/3 이상을 지출한다. '다지역적·세계적 활동'은 연간비율로 05/06년에는 35.4%, 06/07년에는 30.0%, 07/08년에는 39.3%에 이르렀다. 나머지 프로그램들은 지역별로 행해졌으며 서남아시아·북아프리카를 제외한 나머지 지역들에서는 비슷한 수준에서 지원활동을 벌인다.

〈그림 55〉 2003~2009년 국제개발연구소 재원출처 연간비율변화[43]

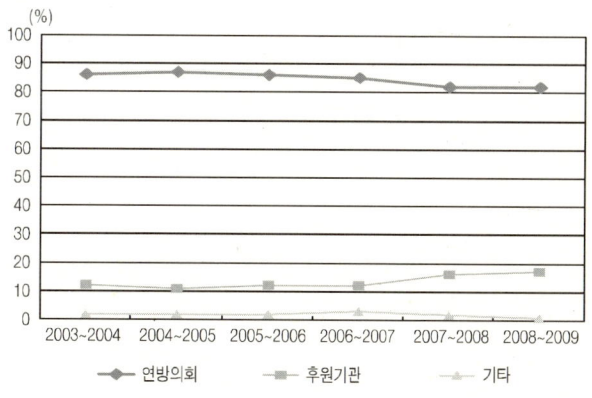

---

42) Clause 4, Art. 20, *International Development Research Center Act and General-By law*.
43) 03/04년~07/08년까지는 실제집행비율을, 08/09년은 예상 집행비율을 나타낸다. IDRC, *Annual Report 2007~2008* (2008), p.62.

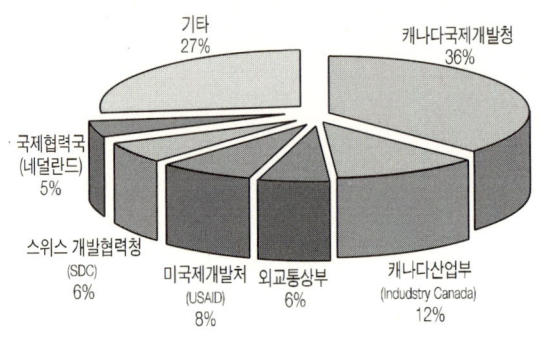

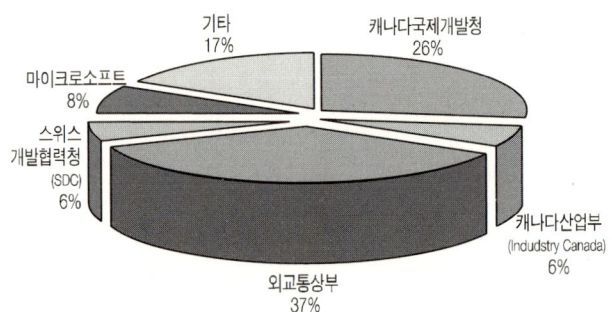

〈그림 56〉 후원기관 내역 비교[44]

　　연구소의 국제적인 성격은 프로그램 운영방식에서도 드러난다. 국제개발연구소는 개별적인 수원국과 관련해서 프로젝트를 진행하기도 하지만 지역을 포괄하는 활동도 벌인다. 인근의 여러 지역을 포괄하거나 범지구적인 활동을 펼치는 데 프로그램 지출 내역의 1/3 이상을 지출한다. '다지역적 · 세계적 활동'은 연간비율로 05/06년에는 35.4%, 06/07년에는 30.0%, 07/08년에는 39.3%에 이르렀다. 나머지 프로그램들은 지역별로 행해졌으며 서남아시아 · 북아프리카를 제외한 나머지 지역들에서는 비슷한 수준에서

---

44) *Ibid.*, p.63.

지원활동을 벌인다.

〈그림 57〉 05/06~07/08년 지역별 프로그램 운영비 연간지출비율[45]

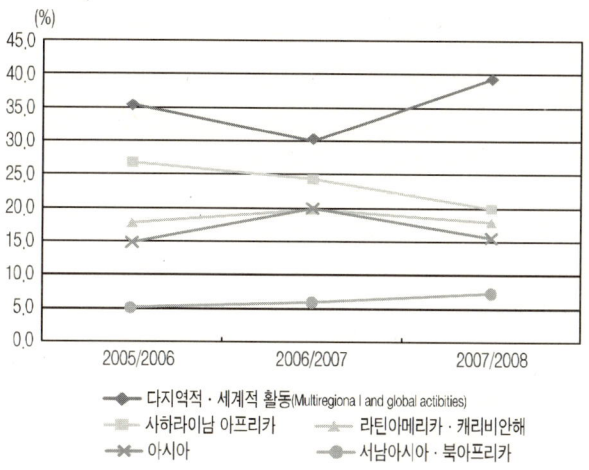

### 빈곤 타파와 민주적 개발의 연계

국제개발연구소는 개발연구프로그램을 진행한다. 전체 재원의 2/3가 개발연구프로그램에 쓰인다. 나머지 1/3은 다른 기관의 연구를 지원하거나 행정적인 비용으로 쓰인다.[46] 연구소가 연구를 진행하는 주제영역은 크게 네 분야로 나뉜다. 환경과 천연자원 관리(Environment and Natural Resource Management), 개발에 활용할 정보통신기술(Information and Communication Technologies for Development), 혁신·정책·과학(Innovation, Policy and Science), 사회경제정책(Social and Economic Policy)이 그 내용이다. 연구소는 네 영역 중에서도 사회경제정책과 환경·천연자원관리에 좀 더 집중한다. 두 영역에 투입되는 재원

---

45) IDRC, (2006), p.6.; (2007), p.6.; (2008), pp.8~9.
46) IDRC, *Annual Report 2001~2002* (2002), p.59.; *Annual Report 2002~2003* (2003), p.52.; *Annual Report 2003~2004*, (2004) p.53.; *Annual Report 2006~2007*, (2007) p.72.; *Annual Report 2007~2008*, (2008) p.65.

을 더한 비율은 연구소가 진행하는 프로그램운영비에서 연간 2/3를 웃돈다. 수원국이 처한 상황이 너무나 열악해 기본적인 사회경제기반을 다지는 활동이 선행되어야 하기 때문이다.

<그림 58> 05/06~07/08년 프로그램별 운영비 연간지출비율[47]

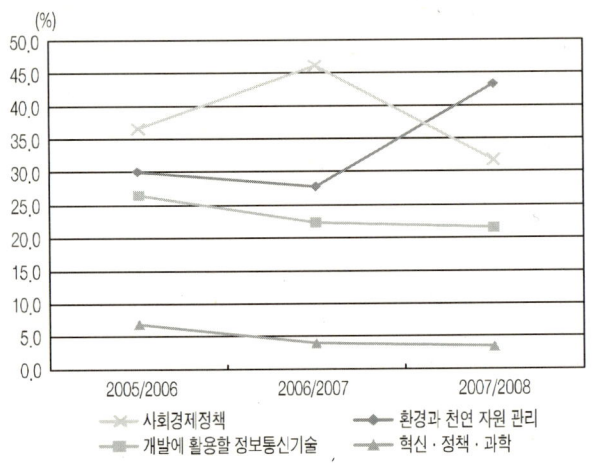

프로그램별 세부운영내역을 살피면 연구소가 지향하는 민주적 개발을 확인할 수 있다. <그림 59>는 05/06년부터 07/08년까지 3년 동안의 프로그램별 연간 지출내역을 분석한 그래프다. 사회경제정책프로그램에서는 4개 세부영역 중 '거버넌스·평등·보건/국제금연연구'와 '세계화·성장·빈곤'의 비중이 크다. 두 영역은 사회경제정책프로그램 중 평균 70%이상의 비율을 차지한다. 환경과 천연자원관리프로그램에서는 '농촌빈곤과 환경' 및 '보건문제에의 생태적 접근'이 역시 프로그램 내역에서 70%이상에 이른다.

---

47) IDRC, (2008) pp.16~22.

지속가능한 환경은 국제개발연구소가 지향하는 분야다. 연구소는 자연환경과 사회·경제·정치 환경이 향후 지속적으로 발전할 발판을 만드는 일에 관심을 두고 있다. 기본적인 의식주문제와 보건의료문제가 만연한 개발도상국은 대체로 정치경제기반 자체가 무너져 있다. 극단적인 빈곤은 정치공동체의 기반을 흔들기 때문에 현지인들이 빈곤을 이겨낼 새로운 기반 구축이 필요하다. 민주주의와 개발과 관련한 프로그램을 농촌빈곤과 보건문제에 연계시켜 동시에 집중하는 것은 연구소의 고민을 반영한 결과다. 수원국의 기초체질을 변화시킴으로써 현지인들의 삶의 질을 개선하는 것을 추구하는 것이다.

〈그림 59〉 05/06년~07/08년 연간지출비율변화 세부내역(IDRC 직접실행)[48]

(단위: 1,000CA$)

1) 사회경제정책프로그램

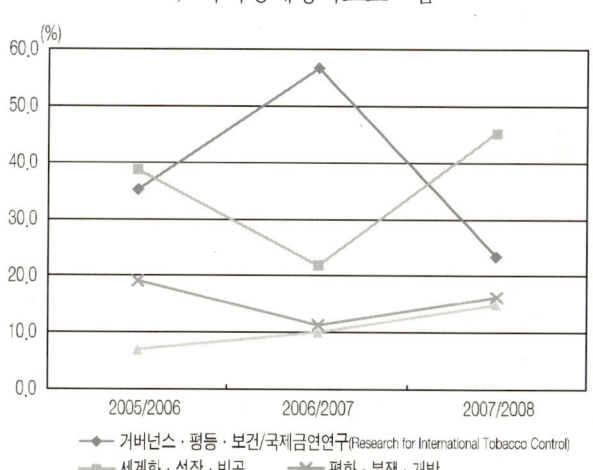

---

48) *Ibid.*

2) 환경과 천연자원관리프로그램

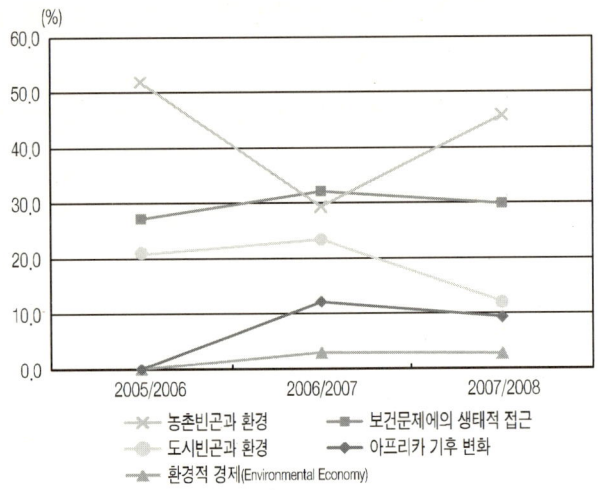

### 수원국 스스로의 역량 강화에 집중[49]

허약한 체질을 개선하는 방법은 크게 두 가지다. 약을 꾸준히 복용하는 게 하나고 식이요법이나 운동을 꾸준히 하는 게 다른 하나다. 체질이 허약한 국가와 사회도 이와 비슷하다. 외부에서 지원을 꾸준히 받거나 자체기반을 강화하는 노력을 기울이면 된다. 캐나다 국제개발연구소는 후자에 초점을 맞춘다. 연구소는 수원국, 특히 남반구의 수원국에서 활동하는 연구자들과 연구소를 직접 지원한다. 수원국 현지의 상황을 누구보다 잘 이해하고 분석할 이들을 지원함으로써 가장 필요한 개발정책을 도출하는 것을 꾀한다. 연구소가 1990년 대부터 비전으로 삼은 '지식을 통한 역량강화(Empowerment through knowledge)'는 현재까지도 활동의 준거가 되고 있다.

쿠데타로 정국이 어지러웠던 아이티에 평화를 정착시킬 연구

---

49) homepage, IDRC, http://www.idrc.ca/en/ev-56874-201-1-DO_TOPIC. html#idrc_cida (최종검색일: 2009년 4월 22일). ; IDRC, (2008), p.27.

활동을 펼치는 것은 하나의 예다. 캐나다 국제개발연구소는 07년부터 09년까지 아르헨티나, 멕시코, 브라질, 칠레의 연구자들을 지원하는 프로그램을 진행하고 있다. 네 개 국가가 아이티 재건노력을 증진하고 효과적인 개입방안을 모색하도록 하는 연구를 지원하는 것이다. 실제 연구 활동은 네 국가의 연구자들이 진행하며, 연구소는 큰 틀을 짠다. 이로써 네 나라의 연구자들뿐만 아니라 라틴아메리카와 캐나다연구소 사이의 관계 또한 돈독해지는 것을 꾀한다. 엄청난 규모의 재원이 일방적으로 투입되기보다 수원국 스스로 발전할 수 있는 기반을 만드는 것을 모색하는 연구소의 지원방식은 장기적인 관점에서 체질개선에 도움이 될 것이다. 힘들더라도 몸을 움직여 근력을 키운 사람이 약에 의존한 사람보다 건강해지는 것처럼, 빈곤과 혼란에 허덕이는 수원국도 천천히 자기 힘을 만들어갈 수 있을 것이다.

# 연방포럼
(Forum of Federations)

http://www.forumfed.org/en/index.php

캐나다의 연방제 전통을 세계에 알리다[50]

캐나다는 대표적인 연방제 국가 중 하나다. 세계에는 북미대륙의 미국, 유럽의 스위스·독일 등 적지 않은 수의 연방제 국가가 있다. 각각의 특색을 지닌 주정부가 일정정도 자율성을 누리며 연방정부와 공존하는 연방제는 중앙정부가 전국적인 의사결정을 주도하는 정부와 차이를 보인다.

연방포럼은 캐나다의 연방제 전통을 드러낸다. 캐나다 정부는 연방제 전통을 지닌 일부 국가들과 협력해 연방포럼을 설립했다. 이름에서 알 수 있듯 연방포럼은 연방제를 바탕으로 민주주의사회와 정부를 형성하는 데 관심을 둔다. 포럼은 국제적인 네트워크를 형성하고 연방정부의 경험을 교환하는 것을 목적으로 삼는다. 이와 더불어 연방주의 활동가들이 상호 지식을 교류하고 연방제 거버넌스를 지향하는 국가들에 도움이 될 만한 지식도 전파하고자 한다.

캐나다정부는 연방포럼을 이끄는 주체다. 캐나다정부는 연간예산의 절대치를 지원한다. 외교통상부와 국제개발청의 기여비율이 다소 변동하긴 했으나 이 두 기관은 대체로 연간예산의 80~

---

50) Forum of Federation, *Annual Report 2007~2008*, (2008) pp.2~7.

90%를 지원한다. 심지어 2003년부터 2005년까지는 캐나다정부의 재정지원이 전체의 95~99%에 이르렀다. 스위스, 독일, 미국 등 다른 연방제 국가들도 프로젝트 비용을 일부 부담하지만 캐나다의 역할을 따라가지는 못한다. 연방포럼은 독립기구지만 설립주체이자 최대 재원공여국인 캐나다와 밀접한 관계를 유지하는 구조에 있다. 연방포럼은 민주주의협의회의 구성체로서 캐나다연방제의 특성을 캐나다 국제개발협력정책과 연결하는 임무를 맡고 있음을 짐작할 수 있다.

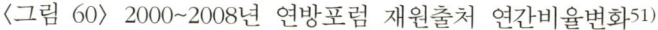

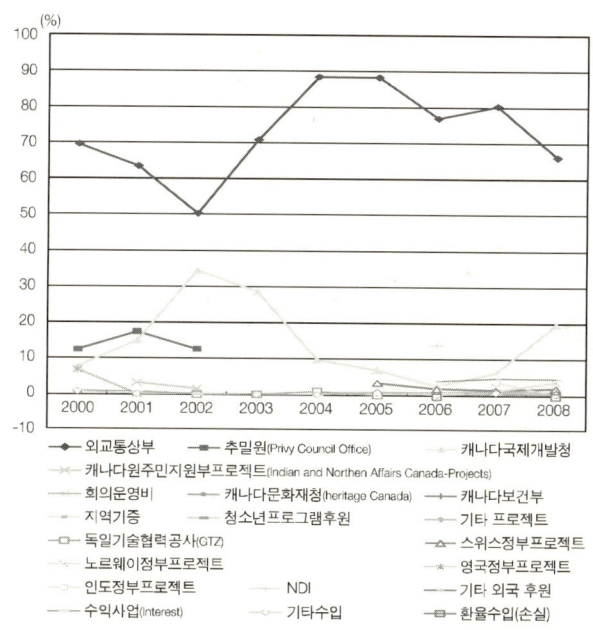

〈그림 60〉 2000~2008년 연방포럼 재원출처 연간비율변화[51]

---

[51] 2000~2007년은 실제 집행비율을, 2008년은 예상 지출비율을 나타낸 것이다. Forum of Federation, *Annual Report 2000~2001*, (2001) p.15.; *Annual Report 2001~2002*, (2002) p.19.; *Annual Report 2002~2003*, (2003) p.2(an annexed paper).; *Annual Report 2003~2004*, (2004) p.18.; *Annual Report 2004~2005*, (2005) p.19.; *Annual Report 2005~2006*, (2006) p.23.; *Annual Report 2006~2007*, (2007) p.25.; *Annual Report 2007~2008*, (2008) p.29.

<표 32> 연방포럼 프로그램 내용[52]

| 세계 프로그램 (Global Programs) ||  |
|---|---|---|
| 목적 | 연방제가 겪는 문제를 평가한 내용과 연방제도와 관련해 진행한 각각의 활동을 공유 ||
| 세부 프로 그램 | 전 지구적 대화 (Global Dialogue) | 다양한 연방제국가의 전문가들이 한 자리에 모여 연방제의 구조적 주제들을 평가하고 비교한 후 출판물로 내용 정리 |
| | 국제토론회 (International Conferences) | 연방포럼의 핵심활동, 주제별 활동가들을 주축으로 운영됨. |
| | 젊은 전문가 대상 (Young Professionals) | 젊은 활동가를 선별해 새로운 각도에서 연방주의를 사고하는 방법을 지원 |
| | 주제별 프로그램 (Thematic Programs) | 여러 연방제국가의 전문가들이 주제별로 공공정책을 평가하고 경험을 비교 |
| 거버넌스 프로그램 (Governance Programs) |||
| 목적 | 연방정부와 주정부가 법을 만들고 운용하는 방법, 의료보험이나 환경보호 등 공공정책과 관련된 이슈를 해결하는 협력활동 ||
| 세부 프로 그램 | 지역정부의 회계제도 - 밴쿠버(캐나다) ||
| | 조세전쟁의 대안 - 상파울루(브라질) ||
| | 인도의료제도의 분권화 - 뉴델리(인도) ||
| | 연방정부의 정부간관계 - 멕시코 ||
| | 스리랑카의 '연방제의 이상(idea)' 과정 ||
| | 이라크 언론인을 대상으로 한 캐나다에서의 학습과정 ||

　　연방포럼은 다자주의와 연방제라는 캐나다의 특성이 접점을 이룬 기구다. 연방제는 캐나다 국내정치의 요소인 동시에 세계국가들과 공통점을 지니는 공통분모다. 캐나다 국내정치와 세계정

---

52) homepage, Forum of Federation, http://www.forumfed.org/en/global/index. php (최종검색일: 2009년 4월 23일).; http://www.forumfed.org/en/ governance/ index.php (최종검색일: 2009년 4월 23일).

치가 만나는 연방제를 다자주의 성격을 띠는 포럼에서 논의한다. 이는 세계 여러 나라들과 협력하는 전통적인 국제개발협력사업을 이끌면서 동시에 캐나다의 특성을 살려야 한다는 캐나다의 고민을 해결하기 위한 방안이기도 하다.

# 기타기구

### 캐나다의회기구[53]

캐나다의회기구(Parliamentary Centre of Canada)는 의회역량강화를 목표로 활동한다. 1968년 설립되었을 당시에는 캐나다 연방의회가 활동 대상이었으나 현재는 다른 나라 의회의 역량을 강화하는 데 초점을 맞추고 있다. 의회기구는 주로 수원국의 문제를 파악하고 이를 해결할 지식과 기술을 제공한다. 수원국과 형성한 네트워크로 의회관련 행위자들을 모으고 연구, 토론회, 출판이라는 결과물을 이들에게 제공한다. 캐나다의회기구는 파탄국가와 취약국가(failed and fragile states)가 평화를 이루는 데 기여하고자 한다. 여러 지역 중 수단처럼 정국이 혼란한 국가가 많은 아프리카는 기구가 가장 활발하게 프로그램을 운영하는 지역이다. '2005~2010년 전략계획'을 수립해 수단이나 아이티 같은 국가에서 사업을 꾸리는 것은 그러한 예다.

민주주의협의회는 캐나다의회기구의 민주주의지원활동을 설명하는 데 빼놓을 수 없는 부분이다. 의회기구는 외교통상부, 국제개발청과 더불어 나머지 기구들과 협력하는 틀 안에서 민주적

---

53) homepage, Parliamentary Centre, http://www.parlcent.ca/aboutus_e.php (최종검색일: 2008년 11월 25일); *37th Annual Report of the parliamentary centre for the year ending 30 septembre 2005*, (2006) pp.5~12.

개발과 인권을 증진하는 사업을 벌인다. 이로써 캐나다 국제개발협력의 일원으로서 정부외교정책과 보조를 맞추는 것이다. 국제개발연구소가 캐나다국제개발청 등과 협력해 운영하는 경제정책 네트워크인 '거시경제와 정책조정의 미시적 영향(Micro Impacts of Macroeconomic and Adjustment Policies)'에서 캐나다의회기구가 워크숍을 개최한 것은 그러한 사례 중 하나다. 캐나다의회기구는 대외적으로도 협력대상을 찾는다. 기구는 다자주의 전통을 반영해 '민주주의와 선거를 지원하는 국제연구소(International IDEA)', 유엔개발계획(UNDP) 등과 협력해 워크숍을 진행했다. 2004~2005년에는 재원 출처를 미 국제개발처(USAID)나 영국 외무성(DFID) 등으로 협력국가를 다변화해 다자주의적 경향을 한층 강화했다.

 캐나다의회기구는 수원국의 의회정치 안정과 경제개발을 동시에 추구한다. 국내외기관들과 협력해 워크숍과 포럼을 개최하고 결과물을 발행하면서 의회제도 확립 및 빈곤극복 방안을 찾는다. 이런 활동규모는 점차 확대되어 왔다. 2002년에 2백 80만 달러였던 예산규모가 2004년에는 6백만 달러로, 2005년에는 약 7백만 달러로 늘어났다. 큰 규모는 아니지만 기구 자체적으로는 비약했다고 평가할 만하다. 이는 캐나다가 의회정치의 안정을 새천년개발계획의 하나로 인식했기에 가능한 일이었다. 캐나다의회기구의 활동이 수원국 의회정치 안정에 얼마나 기여하느냐는 향후 기구의 활동반경을 결정할 것이다. 기구가 꾸린 다양한 토론회와 네트워크가 단순한 말로 그치지 않고 실질적인 정책을 산출할 때 기구는 수원국의 평화와 민주적 개발이라는 목표에 다가설 수 있을 것이다.

〈그림 61〉 프로그램 분류

| 평가 · 전략수립 | • 성과측정도구 개발 → 현황파악 후 적절한 평가 도출<br>• 국내외 전문가의 조언 |
|---|---|
| 역량증진 | • 의원들을 대상으로 워크숍, 세미나 등을 개최 → 실용적인 정보제공<br>• 특정한 필요를 충족시키는 맞춤형기술지원 병행 |
| 연구 · 출판 | • 의정활동 연구<br>• 반부패, 빈곤감소, 성평등, 분쟁관리와 같은 주요 이슈를 주제로 소책자 등 실용적 도구 생산 |
| 의회네트워킹 | • 의회 간 네트워크 형성 → 민주적 거버넌스의 핵심 이슈와 관련해 상호학습 · 경험공유 |

〈그림 62〉 캐나다의회기구가 개발한 보고카드[54]

| | | 입법기능 | 감시기능 | 대표성 | 예산 |
|---|---|---|---|---|---|
| 평가기준 | 활동수준 활동범위 | | | | |
| | 개방성 투명성 | | | | |
| | 참여도 | | | | |
| | 책임성 | | | | |
| | 정책 · 프로그램 영향 | | | | |
| | | | | | |

---

54) homepage, Parliamentary Centre, http://www.parlcent.ca/indicators/index_e.php (최종검색일: 2008년 11월 25일).

국가사법연구소[55]

캐나다는 국제개발협력사업에서 법치의 전문성 제고에도 관심을 기울이고 있다. 국가사법연구소(National Judicial Institute)는 민주주의협의회의 한 축으로서 수원국의 사법개혁에 기여하고자 한다. 국가사법연구소는 의회가 설립한 캐나다사법협의회(Canada Judicial Council)가 1988년 사법교육기관으로서 창설한 기구다. 국가사법연구소는 연방·주·지역 단위에서 실체법, 기술훈련, 사회이슈에 초점을 맞춘 사법교육프로그램을 실시했다. 연구소는 국내활동을 기본줄기로 삼아 해외프로그램이란 가지를 뻗치고 있다.

연구소 산하의 국제협력팀(International Cooperation Group)은 연구소에서 국제개발협력사업을 전담한다. 국제협력팀은 캐나다를 비롯한 여러 국가에서 판사와 사법교육자들과 협력해 국제사업에 참여하는 네트워크를 형성한다. 법조인의 참여를 이끌어내기 위해 캐나다 판사들이 효율적으로 국제사업에 참여하는 의전초안을 작성하기도 한다. 연구소는 캐나다 내부에서도 국제협력활동을 벌인다. 캐나다법원이 개최한 외국인초청연구회의(reception of study tours from abroad)에서 효과적인 결과가 나오도록 실무적으로 지원하는 것이다.

국가사법연구소는 캐나다 국제협력에서 사법의 전문성을 제고한다. 연구소는 법을 다루는 전문가들을 교육하고 이들이 지식과 경험을 공유하는 장을 마련함으로써 수원국의 법치 운용에 기여하고자 한다. 연구소는 민주주의협의회의 한 축으로서 수원국의 사법제도 개혁이 민주적 개발의 과정으로 기능할 수 있도록 활동한다. 사법 관련기관이 국제개발협력의 일부를 전담하는 것은 캐

---

[55] NJI, homepage, http://nji.ca/nji/Public/NJI.cfm; http://www.nji.ca/nji/Public/cooperation_group.cfm; http://www.nji.ca/nji/Public/projects.cfm (최종검색일: 2008년 11월 26일).

나다만의 독특한 형태라 할 만하다.

〈표 33〉 세부 프로젝트

| | |
|---|---|
| 법(JURIS) | 필리핀에 5년 동안 12개의 모의법원(model court)을 설치해 운영한다. 대체적 분쟁해결 (ADR: Alternative Dispute Resolution)을 시험하려는 목적에서다. 캐나다국제개발청이 활동기금을 지원한다. |
| 중국 사법연계 프로젝트 (China Judicial Linkage Project) | 중국과 캐나다 최고법원들의 왕성한 교류증진을 목표로 한다. 제도적인 법 개혁과 관련된 다양한 문제를 다루는 것은 물론이다. 역시 5년 단위로 캐나다국제개발청이 기금을 지원한다. |
| 법 교육자 네트워크 (JEDNET: Judicial Educators' Network) | 캐나다 판사들과 국제사법협력활동을 연결시킨다. 또한 국제사법개혁과 관련된 자원을 공유한다. 웹 사이트에는 교육자원과 지식을 축적한다. |

# 제 6 장
# 영 국

영국국제개발부
웨스트민스터민주주의재단

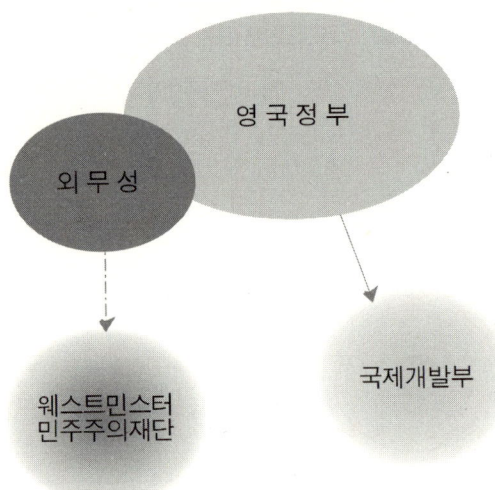

## 국제사회의 실력자, 해외민주주의지원 계의 늦둥이로 등장하다

영국은 국제사회의 위상에 비해 해외민주주의지원사업에 비교적 늦게 참여했다. 영국은 냉전이 종식된 직후부터 미국이 해외민주주의사업에 본격적으로 뛰어들자 그 영향을 받아 1990년대 들어 자국의 해외민주주의 지원기관을 설립하면서 걸음마를 뗐다. 영국은 유럽의 대표적인 국가 중 하나지만 해외민주주의지원분야에서는 미국적인 성격을 보인다는 점도 특징적이다.

영국은 다른 공여국과 마찬가지로 정부기관과 비정부기관이 각각 해외민주주의지원정책을 운영했다. 외무성 산하 국제개발부와 독립기구인 웨스트민스터민주주의재단이 영국의 대표적인 활동주체다. 국제개발부는 국제사회와 공조하며 제3세계의 빈곤감소와 민주주의정착을 동시에 도모하는 활동을 펼쳤다. 미국의 전미민주주의기금을 본떠 만든 웨스트민스터민주주의재단은 영국의 정당들이 실질적인 지원주체로서 나설 수 있도록 자금을 지원했다. 웨스트민스터민주주의재단은 자금지원과 워크숍 등 몇몇 사업에 집중하는 모습을 보여 다른 유럽국가와 차이를 보였다.

2000년대 초반 미국 중심의 질서에 더욱 밀착했던 영국은 국내외의 저항을 받았다. 무슬림세계를 비롯한 국제사회와 국내반전세력에게서 명분 없는 전쟁에 참여했다는 비판을 받았고 블레어총리는 쓸쓸히 퇴임했다. 영국정부의 대외정책이 국제사회에서 환영받지 못하는 상황에서 영국의 해외민주주의지원정책이 어려움을 겪고 있다.

## 영국의 민주주의 국제협력

미국 중심의 국제질서를 지지하며 해외민주주의지원에 뛰어들어

대영제국의 시대는 끝났지만 국제무대에서 영국은 여전히 상당한 실력자로 남아 있다. 제2차 세계대전 이후 미국 중심의 자본주의진영에서 영국은 2인자 중의 하나로 활약했다. 영국은 유엔 상임이사국으로서 냉전시대 자본주의진영의 주요한 축으로 기능했다. 또한 북대서양조약기구와 같은 지역기구에도 참여하며 국제사회와 협력했다. 영국은 과거 대영제국 시절 구축했던 식민지 독립국 중 일부와 영연방(Common Wealth)을 이루며 현재까지 우호관계를 유지하고 있다.

국제사회에서 전방위적으로 활동하던 영국이었지만 해외민주주의지원활동은 비교적 늦어 1990년대 중반 노동당정부가 집권한 후 해외민주주의지원사업이 본격적으로 시작되었다. 1997년 외무성장관인 로빈 쿡(Robin Cook)은 '윤리적 외교정책(ethical foreign policy)'을 추진했다. 이를 계기로 외무성은 영국정부가 '인권, 시민의 자유, 민주주의의 가치를 확산하는 국제포럼과 양자간 관계를 통해 활동해야 한다'는 것을 목표로 내세웠다. 하지만 블레어정부는 군사개입과 윤리적 외교정책이 갈등할 때 군사개입을 더 중시하는 경향을 보였다. 2001년 잭 스트로우(Jack Straw)가 새 외무성장관으로 발탁되면서 쿡의 윤리적 외교정책은 초기에 비해 동력

을 잃기도 했다.[1]

　해외민주주의지원정책의 중요성은 머지않아 다시 부각되었다. 2003년 외무성은 '민주주의로 강화된 지속가능한 발전, 굿 거버넌스, 인권'을 비롯해 법치, 세계에너지공급 등을 우선순위전략으로 제시했다.[2] 이어 2005년에는 스트로우 장관이 세계의 민주주의증진이 정부외교정책의 '핵심(central part)'이라고 언급했다.[3] 장관은 또한 의회청문회에서 인권, 민주주의, 굿 거버넌스가 지속가능한 개발의 핵심요소라고 언급하면서 민주주의지원에 대한 의지를 드러냈다.[4] 외무성은 2008년 인권보고서에서도 인권을 주요정책목표로서 확인했다.[5] 해외민주주의지원을 실행하려는 영국정부의 의지는 현재진행형이다.

　2000년대 영국의 해외민주주의지원을 둘러싼 환경은 우호적이지만은 않았다. 영국은 국제사회의 주요한 활동주체 중 하나지만 해외민주주의지원의 역사는 비교적 짧다. 시행착오를 겪어가며 영국의 특성이 담긴 해외민주주의지원사업이 확립될 것으로 예상된다. 한편 영국은 9 · 11사태 이후 대테러전쟁을 천명한 미국정부에 적극 동참하면서 국제사회의 비판을 받기도 했다. 하지만 해외민주주의지원에서 상당한 성과가 있다는 평가도 있는 만큼[6] 군사행동과 구분되는 해외민주주의지원성과를 살펴볼 필요도 있다.

　영국의 해외민주주의지원사업은 두 개의 대표기관이 담당하고

---

1) Youngs, Richard(ed.), *Survey of European Democracy Promotion Policies 2000-2006*, (2006) pp.210~211.
2) FCO, homepage, http://www.fco.gov.uk/resources/en/press-release/2003/12/fco_npr_021203_strawfcostrategy# (최종검색일: 2009년 6월 16일).
3) Youngs, (2006) p.212.
4) Secretary of the FCO, *Human Rights Report 2005 (First Report from the Foreign Affairs Committee Session 2005-06)*, (2006) p.4.
5) FCO, *Human rights Report 2008*, (2009) p.9.
6) Youngs, (2006) p.209.

있다. 하나는 외무성 산하의 국제개발부로서 해외지원업무를 행한다. 다른 하나는 웨스트민스터민주주의재단으로 국제개발부와 달리 독립기구로 운영된다. 이들 기관의 특성을 살핌으로써 영국이 행한 해외민주주의지원사업의 밑그림을 그릴 수 있다. 미국과의 동맹을 중시하는 한국이 향후 해외민주주의지원사업을 펼치는 데 영국이 처한 상황은 어느 정도 시사점을 제공할 것이다.

# 영국국제개발부
(DFID: Department for International Development)

http://www.dfid.gov.uk/

빈곤감소를 지향하는 영국의 정부부처

국제개발부는 1997년 영국내각의 독립된 부처로서 위상을 정립했다. 국제개발부는 극심한 빈곤을 겪고 있는 국가들을 원조하는 것을 목표로 설립되었다. 국제개발부가 설립되기 이전에 대외업무를 전담한 부처는 해외개발부(Overseas Development Department)였다. 1964년 외무성의 일부로 설치된 해외개발부는 과거 영국의 식민지였거나 영연방에 속한 국가들만을 지원대상으로 삼았다는 점에서 종종 비판받았다. 이런 한계를 극복하고자 노동당 정부는 국제개발부를 설립했다.[7]

국제개발부는 내각의 관료인 국제개발부장관(Secretary of State for International Development)을 정점으로 조직되었다. 국제개발부는 독립된 정부부처로서 총리실 산하에 설치되었다. 부처의 내부구조는 〈그림 63〉과 같다. 국제개발부의 각 부서는 내부운영을 관리하는 협력사무국을 제외하면 수원국과 관련된 업무를 맡았다. 국가프로그램사무국은 수원국에서 지원사업을 실제로 집행하고 국제사무국은 국제기구와 협력한 다자간 활동을 꾸렸다. 정책연구부는 수원국에서 실행할 사업의 의제를 연구하고 있다. 이들 부처는

---

7) Crawford, Gordon, (2001) p.59.

수원국에서 굿 거버넌스를 달성하기 위한 직간접적 활동을 벌였다.

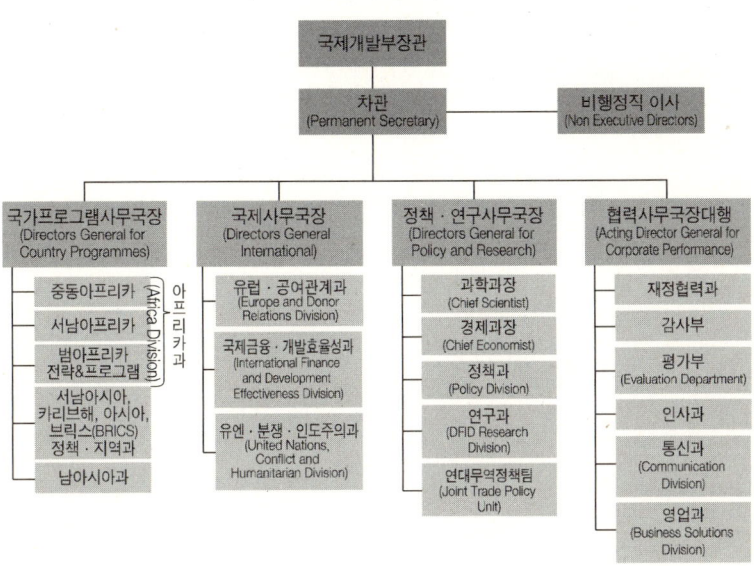

〈그림 63〉 국제개발부 조직도[8]

국제개발부는 세계빈곤감소를 최대 관심사안으로 삼았다. 설립된 당시부터 지금까지 국제개발부는 수원국의 경제개발을 목표로 지원사업을 펼쳐 왔다. 2002년 제정된 국제개발법(International Development Act)은 빈곤감소를 원조의 목적으로 명시했다. 국제개발법은 수원국의 지속가능한 발전을 장기간 지원한다는 방향을 제시해 적극적으로 수원국의 빈곤문제를 해결하려는 의지를 보였다.[9]

새천년개발계획은 국제개발부가 적극적으로 빈곤감소사업을 추진하게 한 동력이었다. 유엔이 수원국의 거버넌스가 민주적으

---

8) 국제개발부 홈페이지에 게시된 조직도(Organization Chart, 2009년 4월 버전)를 축약·정리한 내용이다.
9) DFID, homepage, http://www.dfid.gov.uk/About-DFID/Quick-guide-to-DFID/Who-we-are-and-what-we-do (최종검색일: 2009년 5월 29일).

로 변해야 빈곤감소를 달성할 수 있다는 새천년개발계획을 결의한 후 영국은 이를 따랐다. 영국정부는 1997년 설립당시 21억 파운드였던 공여액을 2005년 29억 파운드로 증액했다. 뿐만 아니라 공여액을 연 11%씩 늘려 2010~2011년까지 79억 파운드로 늘릴 계획도 세웠다. 2013년까지 영국의 공여액 규모를 국민총소득(GNI) 대비 0.7%까지 높이기 위해 영국정부는 계속 노력하고 있다.[10] 국제개발부는 경제성장(growth), 분쟁지역의 평화와 안보(peace and security), 기후변화(climate change)에 대처, 국제사회개혁(global community reform)에 동참하는 것을 우선순위로 삼아 세부추진계획을 세우고 이를 추진하고 있다.

국제개발부는 빈곤감소예산(Poverty Reduction Budget Support)을 마련해 원조의 효율성을 꾀했다. 국제개발부는 공여국이 수원국에서 행하는 빈곤감소활동프로그램에 빈곤감소예산을 지급했다. 국제개발부는 2000~2001년부터 2002~2003년 3년 동안 20여 개국에 평균 2억 5천만 파운드를 빈곤감소예산 명목으로 지원했다. 이는 같은 기간 국제개발부가 투자한 양자간 지출금액에서 전체의 15%에 해당하는 수치다.[11] 이 규모는 시간이 지날수록 커져 2003~2004년에는 3억 4천 5백만 파운드, 2005~2006년에는 6억 파운드로 증가했다. 국제개발부는 빈곤감소예산을 2007~2008년에는 12억 파운드로 약 2배 정도 증액할 계획을 세웠다.[12]

---

10) DFID, homepage, http://www.dfid.gov.uk/About-DFID/Quick-guide-to-DFID/Who-we-are-and-what-we-do (최종검색일: 2009년 5월 29일).
11) DFID, *A DFID policy paper: Poverty Reduction Budget Support*, (2004) p.6.
12) DFID, homepage, http://www.dfid.gov.uk/About-DFID/Finance-and0performance/Making-DFIDs-Aid-more-effective/How-we-give-aid/Poverty-Reduction-Budget-Support/ (최종검색일: 2009년 6월 1일).

<표 34> 새천년개발계획 실천 방안 계획[13]

| 새천년개발계획 세부내역 | 영국정부와 국제개발부의 실천계획 |
|---|---|
| 극빈층·기아 감소 (Eradicate extreme poverty and hunger) | 현금, 식량, 종자·비료를 제공해 아프리카의 기아 감소. 예) 2007년 말라위에 종자와 씨를 제공해 옥수수 초과공급 달성 |
| 초등보통교육달성 (Achieve universal primary education) | 영국정부는 2006년부터 10년간 개도국에 85억 파운드 지원했는데 국제개발부는 아프가니스탄재건신용기금(Afghanistan Reconstruction Trust Fund)을 지원해 약 5백 40만의 어린이들이 학교교육을 받도록 지원 |
| 성평등 지원, 여성 역량강화 (Promote gender equality and empower women) | 모든 국제개발활동에 여성 지원전략 포함. 예) 예멘의 아동들이 성별과 무관하게 기본교육을 받도록 지원(여아가 남아보다 교육 못 받는 비율이 감소: 2002년 30% → 2006년 19%) |
| 아동사망감소 (Reduce child mortality) | 공공의료서비스(health services)로 아동건강증진. 예) 파키스탄 공공의료제도(National Health Programmes)에 자금을 지원해 영아의 백신접종률을 2001년 53%에서 2005년 71%로 높임. 5년간 약 4만 명 살림 |
| 산모건강증진 (Improve maternal health) | 유럽위원회(EC), 세계은행, 국내외시민사회단체 및 유엔의 프로그램에 자금지원. 예) 인도연방·지역정부가 54만 명 이상의 의료노동자들을 고용하고 교육하도록 지원 |
| HIV/AIDS, 말라리아 등 질병 퇴치 (Combat HIV&AIDS, malaria and other diseases) | 세계보건기구(WHO)와 의료협력기구를 지원해 HIV&AIDS 등 질병 감소에 기여. 예) 2007년 잠비아에서 12만 명이 항바이러스제로 목숨을 건지고 양성반응인 산모의 35%가 출산할 때까지 계속 치료를 받음 |
| 환경의 지속가능성 보전 (Ensure environmental Sustainability) | 국가빈곤계획을 반영해 환경보전지원활동 펼침. 예) 사하라이남 아프리카에서 4년간 7백만 명 이상이 상하수도를 이용하도록 지원 |
| 국제개발협력개발 (Develop a global partnership for development) | 2007년 말 아프리카·카리브해 국가들이 유럽연합과 경제협력협정(Economic Partnership Agreements). 2005년 세계은행, 아프리카개발은행, 국제통화기금에 빚진 4백 20억 달러(2백 9억 1천만 파운드) 전액을 제하는 다자간부채탕감안(Multilateral Debt Relief Initiative)에 동참 |

[13] DFID, *Annual Report 2008*, (2008) pp.7~11.

국제개발부는 빈곤감소예산을 효율적으로 활용하는 데 관심을 보였다. 국제개발부는 2000년에 발행한 백서(Eliminating World Poverty: Making Globalisation Work for the Poor)에 기초해 시작한 빈곤감소예산 정책을 2004년 평가한 바 있다. 여기에서 국제개발부는 빈곤감소예산의 효율성을 꾀하는 방식으로 두 가지를 제안했다. 하나는 기술협력지원과 같은 다른 형태의 지원방식과 결합하는 것이다. 또 다른 하나는 세계은행과 같은 국제금융기구와 협력하는 방안이다.[14] 빈곤감소예산이 적절하게 쓰이도록 효용성을 높여 빈곤감소에 실질적으로 기여하고자 하는 취지이다.

'굿 거버넌스'가 '빈곤감소'의 성패를 좌우한다[15]

자금지원은 개도국의 빈곤을 감소하는 데 필요하지만 문제를 해결하는 유일한 수단은 아니다. 국제개발부는 굿 거버넌스를 개도국의 빈곤을 감소하는 데 거쳐야 할 과정으로 여겼다. 국제개발부가 굿 거버넌스를 중시한 시각은 1990년대 초반에 잉태되었다. 1990년 외무성장관인 더글라스 허드(Douglas Hurd)는 굿 거버넌스의 여부에 따라 경제개발의 성패가 결정된다고 선언했다. 다음해인 1991년 해외개발부장(Minister of Overseas Development)인 초커(Chalker)는 건강한 경제사회정책, 정부제도의 능력, 인권과 법치 존중을 좋은 정부의 상으로 제시했다.[16] 1997년 새로 집권한 노동당 정부는 수년 동안 논의된 굿 거버넌스를 반영해 국제개발부를 설치했다.

국제사회에서 논의된 새천년개발계획을 국내정책으로 구체화하면서 국제개발부는 굿 거버넌스를 구체화했다. 2005년 개최된

---

14) Ibid.
15) DFID, *DFID 2006 White Paper – Eliminating world poverty: making governance work for the poor*, (2006), pp.22~29.
16) Crawford, Gordon, (2001) pp.59~60.

'국제원조효과를 제고하는 파리고위급회담(High Level Forum on Aid Effectiveness)'에서 결의한 파리선언(Paris Declaration)이 대표적인 사례다.17) 영국정부는 새천년개발계획을 효과적으로 수행하기 위해 공여국과 수원국이 모인 이 자리에 동참했다. 이후 국제개발부는 중장기계획(Midium term action plan) 안에서 이를 확인했다.18) 국제개발부는 이듬해 발행한 백서 등에서 끊임없이 이를 재확인하면서 굿 거버넌스를 중요한 영역으로 천명했다.

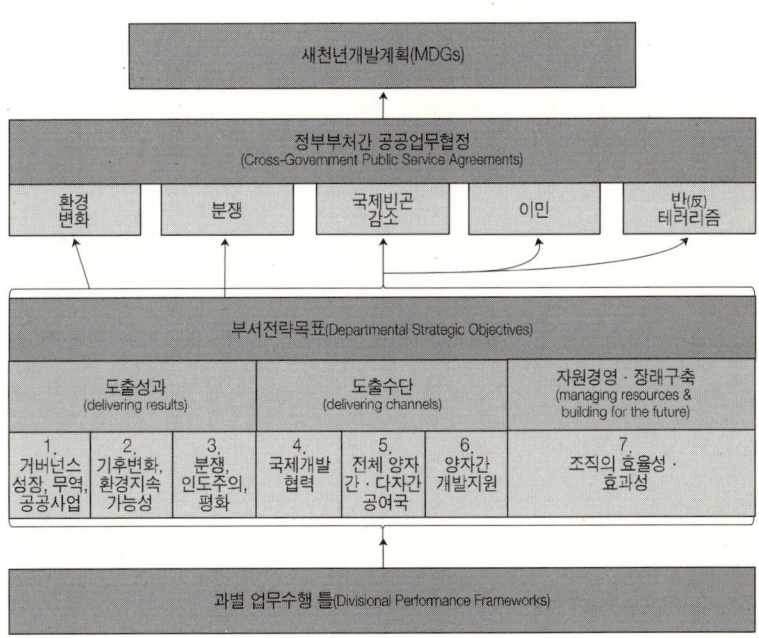

〈그림 64〉 국제개발부 사업계획도19)

---

17) 파리선언은 소유권(Ownership), 제휴(Alignment), 조화(Harmonization), 성과관리(Managing for results), 상호책임성(Mutual accountability)의 5개영역에서 공여국과 수원국 사이의 양자적·다자적 협력을 꾀했다.
18) DFID, *DFID's midium term action plan on aid effectiveness - Our response to the Paris Declaration*, (2006) pp.12~16.
19) DFID, *2008 Autumn Performance Report*, (2008) p.4.

국제개발부는 세 가지 요소를 굿 거버넌스의 바탕으로 봤다. 국제개발부가 제시한 기준은 국가역량(State capability), 응답성(Responsiveness), 책임성(Accountability)이다. 지도자와 정부가 정치를 안정시키고(국가역량) 공공정책·제도가 시민들의 요구에 응하는 공공재화정책을 펼치며(응답성) 언론·신념·결사체의 자유 등 시민·시민사회·민간영역이 정부의 정책을 감시하는 기회를 보장받아야(책임성) 굿 거버넌스가 구축된다는 내용이다. 국제개발부는 2008~2011년 전략목표에서도 이 세 기준을 포함한 굿 거버넌스를 중요한 요소로서 다시금 언급했다.[20]

국제개발부는 모두 세 단계로 수원국의 거버넌스의 질을 평가('quality of governance' assessment)하고 결과에 따라 달리 지원했다. 국제개발부는 거버넌스가 양호한 국가에는 자금을 장기간 직접적으로 지원하고 수원국의 자율성을 보장했다. 반면 취약국가(Fragile states)처럼 거버넌스가 불안정한 곳에서는 지원예산이 쓰이는 기준을 엄격히 적용했다. 시민권을 무시하는 국가에서는 정부와 교류하지 않는 선에서 빈민을 지원했다. 다만 특정 국가의 환경이 개선되면 이를 재평가하고 지원방향을 수정했다. 거버넌스의 질 평가는 수원국이 개별적인 개발전략을 갖도록 독려하는 국가계획(Country Plans)의 일환으로 실행된다. 국제개발부는 수원국에 원조를 결정할 때 거버넌스의 질 평가내용을 3개 원칙[21]과 동시에 활용한다.

국제개발부는 부패근절을 굿 거버넌스의 중요한 과정으로 여

---

20) DFID, *DFID'S DEPARTMENTAL STRATEGIC OBJECTIVES*, (2008).
21) 국제개발부는 빈곤감소(reducing poverty), 인권과 국제적 의무 존중(upholding human rights and international obligations), 국가재정운용개선·굿 거버넌스와 투명성증진·부패척결(improving public financial management, promoting good governance and transparency, and fighting corruption)을 주요 원칙으로 삼는다.

겼다. 국제개발부는 수원국의 다양한 행위자들의 참여를 거버넌스를 변화시키는 과정으로 여겼다. 국제개발부는 수원국의 시민, 시민사회단체, 국회의원(parliamentarians), 언론의 참여를 중시했다. 국제개발부는 거버넌스·투명성기금(Governance and Transparency Fund)을 운영해 시민사회가 정부를 감시하고 정책결정과정에 참여하도록 독려했다. 국제개발부는 1억 파운드를 출자해 기금을 마련했으며 이를 2007년 1년간 한시적으로 운영했다. 국제개발부는 영국, 유럽본토, 북아메리카, 아프리카, 아시아 라틴아메리카에 걸쳐 272개의 지원서를 받아 평가한 지원여부를 결정했다.[22]

국제개발부는 수원국의 제도변화를 이끌 지원방안도 동시에 추진했다. 부패를 줄여 투명성을 확보하려는 접근방향은 크게 네 가지다. 첫째, 영국의 원조가 의도대로 쓰이도록 제도를 마련했다. 모든 원조프로그램에 회계·정부조달·감사과정을 엄격히 적용시키고 감사기관의 독립성과 기술 관료의 전문성을 높이도록 지원했다. 둘째, 사법제도의 감시를 강화했다. 영국의 경제범죄수사부(UK Serious Fraud Office)가 잠비아, 말라위, 시에라리온 등지에서 법적 지원을 벌이는 등의 지원을 펼쳤다. 셋째, 수원국 정부의 거버넌스의 질을 평가한 내용을 바탕으로 국가지원계획을 세우고 실행했다. 넷째, 거버넌스 개선 정도에 따라 인센티브의 수준을 다르게 적용했다.

국제적인 협조를 바탕으로 수원국의 부패근절에 나서다[23]

영국 국제개발부는 국제기관과 협력해 굿 거버넌스를 달성하

---

[22] DFID, homepage, http://www.dfid.gov.uk/Working-with-DFID/Funding-Schemes/Closed-funds/Governance-and-Transparency-Fund-GTF-/ (최종검색일: 2009년 6월 3일).

[23] DFID, *DFID 2006 White Paper - Eliminating world poverty: making governance work for the poor*, (2006) pp.30~36.

는 데도 관심을 보였다. 국제개발부는 국제사회의 행위자들이 협력해 굿 거버넌스를 고양시켜야 한다고 판단했다. 부패근절을 굿 거버넌스의 핵심요소로 여긴 국제개발부는 뜻을 모은 국제행위자들과 협력했다. 국제개발부는 다자간기관 등 다른 조직들과 협력해 수원국을 감시하고 규제하는 움직임을 보였다. 국제개발부는 세계은행, 경제협력개발기구, 유럽연합 등이 도출한 안을 따르거나 새로운 안을 결의하면서 수원국의 부패근절프로그램을 줄곧 실행했다.

국제개발부는 국제적인 합의를 따르는 데 적극적이다. 국제개발부는 경제협력개발기구의 다국적기업지침(OECD Guidelines for Multinational Enterprises)을 따른다는 의사를 밝혔다. 국제개발부는 무역산업부, 외무성, 독립전문가와 함께 다국적기업신고센터(National Contact Point)를 혁신시켰다. 부정한 방식으로 거래하는 기업들을 감시하고 견제하는 창구를 넓힘으로써 거버넌스가 취약한 국가에서 기업의 책임을 제고하는 길을 마련했다. 또한 국제개발부는 뇌물의 고리를 끊으려는 국제협력에도 동참했다. 국제개발부는 2000년 협의된 경제협력개발기구의 뇌물제공방지협약(OECD Convention Combating Bribery of Foreign Officials in International Business Transactions)을 바탕으로 2006년 갱신된 행동지침(action statement)을 이행했다.

국제개발부는 다수의 공적 주체들과 협력하기도 했다. 공공지출재무책임성(Public Expenditure and Financial Accountability Framework)이 대표적인 사례다. 국제공조를 강화해 개발도상국의 재정을 튼튼하게 만든다는 것이 이 프로그램의 목표다. 공공지출재무책임성은 국제개발부가 국제기구(세계은행, 국제통화기금, 유럽위원회)와 외국의 대외담당부처(프랑스외교통상부, 노르웨이외무부, 스위스경제담당주사무국Swiss State Secretariat for Economic Affairs, 아프리카전략적동반자관계Strategic Partnership with Africa)가 공동으로 후원하는 협력프로그램이다. 이 프로그램은 일반적인 평가정보를 제공하고 프로그램의 개선을 감시하며 일상적인 대화창구를 마련하는 활동을 펼쳤다.24)

국제개발부는 다른 주체와 협력해 수원국을 지원하는 데 상당히 관심을 쏟았다. 〈그림 65〉는 국제개발부의 프로그램지출내역 중 양자간지원과 다자간지원의 비율 차이를 나타낸다. 국제개발부는 양자간지원프로그램에 전체 예산의 절반 이상을 투입했다. 다자간지원프로그램에 쓰인 예산 비율은 이보다 낮다. 하지만 전체예산의 40% 남짓한 비율은 결코 무시할 수 없는 수치다. 이는 네덜란드다당제민주주의기구가 2005~2006년 평균 6.5%를 다자간프로그램에 투입한 것과 비교해 상당히 큰 규모에 이른다. 영국 정부가 다자간 협력프로그램을 상당히 중시하고 있음이 드러난다.

〈그림 65〉 2003~2008년 양자간·다자간 프로그램별 지출비율 변화25)

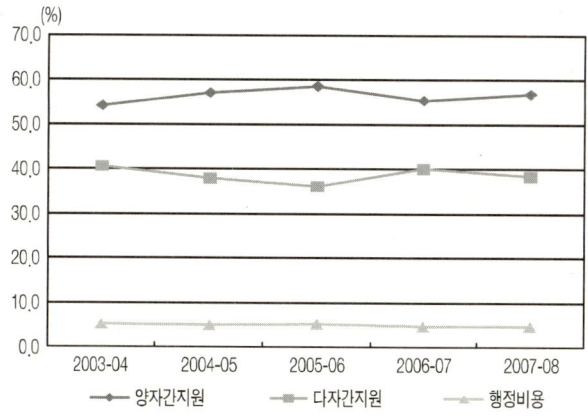

---

24) PEFA, *Public Financial Management Performance Measurement Framework*, (2005, reprinted 2006) pp. ii~iii.
25) DFID, *Statistics on International Development 2003/04-2007/08*, (2008) p.13.

### 아프리카와 남아시아에 집중 지원

국제개발부는 국가프로그램사무국과 국제사무국을 중심으로 프로그램을 실행했다. 양자간·다자간 프로그램을 전담하는 이들 부서를 중심으로 부처의 프로그램예산이 집행되었다. 전체 예산의 90%정도가 매년 현지프로그램을 집행하는 데 쓰였다. 단일 분야로는 국가·지역프로그램에 쓰인 예산이 가장 많지만 유엔, 유럽, 국제금융과 관계된 예산을 합치면 다자간 프로그램에 쓰인 금액과 큰 차이를 보이지 않았다. 특히 2007년 이후에는 국제금융 프로그램에 투입하는 재원비율이 높아지는 반면 국가·지역프로그램 지원비율은 다소 낮아지는 추세다. 국제개발부가 다자간프로그램, 특히 금융개선프로그램을 향후 중시할 것임을 추측할 수 있다.

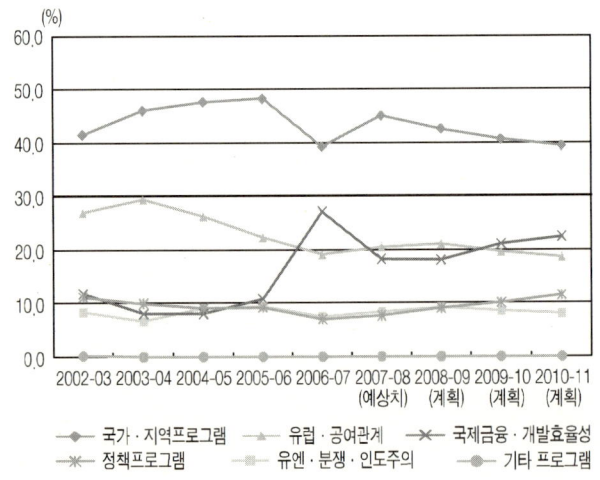

〈그림 66〉 국제개발부 실행 프로그램별 지출변화[26]

---

26) DFID, *Annual Report 2008*, (2008) pp.244~247.

국제개발부는 아프리카와 아시아에서 프로그램을 진행하는 데 관심을 쏟았다. 프로그램예산 지출세부내역을 정리한 〈그림 67〉을 보자. 아프리카지역프로그램은 중동부아프리카 · 서남부아프리카 · 범아프리카로 나뉘어 각각 운영되었다. 아시아지역프로그램도 남아시아 · 동남아시아 등지로 각각 나뉘었다. 이 중에서도 국제개발부는 아프리카에 지대한 관심을 보였다. 아프리카지역 전체에 투입된 예산은 매년 50%를 상회했다. 아프리카분과와 남아시아분과를 설치한 국제개발부가 이들 부서를 중심으로 프로그램을 실제 집행했음을 확인할 수 있다.

〈그림 67〉 국가 · 지역프로그램별 세부지출 비율[27]

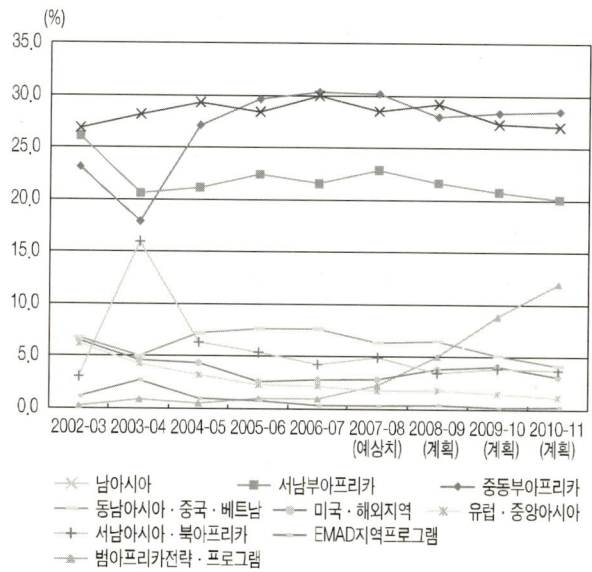

---

27) DFID, (2008) pp.244~245.

영국정부는 아프리카의 빈곤감소를 새천년개발계획을 달성하는 과정으로서 인식했다. 국제개발부는 영국정부의 의향을 반영해 민주주의지원사업을 벌였다. 2005~2008년 새천년개발계획을 실행하는 동안 국제개발부는 아프리카에서 주요 16개국을 선정해 프로그램을 실행했다. 9개국을 선정한 아시아와 2배 가까운 차이를 보였다.[28] 아프리카에 사업을 집중하는 양상은 향후 수년간 지속될 것으로 보인다. 국제개발부는 2004년 아프리카에 지원했던 13억 파운드를 2010년까지 두 배 가까이 늘려 30억 파운드를 지원할 계획이다.[29]

영국은 대표적인 대외원조국 중 하나며 국제개발부는 주요한 실행부처 중 하나다. 2007년 영국은 경제협력개발기구 산하 개발원조위원회국가 중 공적개발원조액 4위를 차지했다.[30] 국제사회의 주요한 행위자로서 국제개발부의 위상을 조명할 수 있다. 하지만 원조규모와 실질적인 목표달성은 다른 차원에서 접근해야 하는 문제다. 새천년개발계획을 달성하기 위해 대규모의 원조액을 지원하는 국제개발부가 수원국의 민주주의 향상에 얼마만큼 기여했느냐에 대한 면밀한 검토가 필요해 보인다. 국제개발부가 굿거버넌스라는 민주주의의 목표를 실질적으로 달성할 때 짧은 역사에도 불구하고 국제사회에서 제대로 한몫을 하는 기관으로서 위상을 정립할 수 있을 것이다.

---

28) DFID, *Annual Report 2008*, (2008) p.13.
29) *Ibid.*, p.3.
30) DFID, Statistics on International Development 2003/04-2007/08, (2008) p.16.

# 웨스트민스터민주주의재단
(WFD: Westminster Foundation for Democracy)

http://www.wfd.org/

## 정부와 연결된 독립법인[31]

웨스트민스터민주주의재단은 중동부유럽의 체제이행기에 태동했다. 1989년부터 구공산권국가들이 자본주의체제로 급속히 변했지만 민주주의 경험이 부족한 탓에 혼란과 갈등이 이어졌다. 영국정부는 불안정한 중동부유럽사회에 유연하게 대처하는 동시에 불필요한 마찰을 줄이려는 목적으로 비정부민간지원방식을 구상했다. 1992년 영국정부는 외무성과 연결된 웨스트민스터민주주의재단을 설립해 정당 간 지원사업을 꾸렸다. 이후 수원국이 민주주의로 이행하면서 재단은 발칸과 아프리카의 취약국가(weak countries)를 비롯해 민주주의제도가 취약한 국가들로 지원대상을 확대했다.[32]

웨스트민스터민주주의재단의 위상은 자못 독특하다. 재단은 보증책임회사(company limited by guarantee)로서 주식자본을 갖지 않는다. 대신 외무성이 일종의 보증인으로서 주주의 역할을 대신한다.[33] 재단은 매년 재원의 약 98%(2008년 제외)에 해당하는 410만 파운드

---

31) WFD, homepage, http://www.wfd.org/pages/standard.aspx?i_PageID=111 (최종검색일: 2009년 6월 9일).
32) WFD, *Working for a Freer World – WFD's response to the River Path Associates Report*, (2005) p.4.
33) WFD, homepage, http://www.wfd.org/pages/home.aspx?i_PageID=1811 (최종검색일: 2009년 6월 9일).

정도를 외무성에서 지급받았다.34) 재단은 행정적으로는 비정부독립기관이지만 회계(for national accounts purposes)상으로는 중앙정부에 속한다.35) 결국 정부와 떼놓고 생각하기 어려운 구조인 것이다.

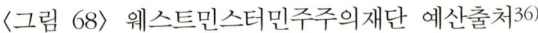

〈그림 68〉 웨스트민스터민주주의재단 예산출처36)

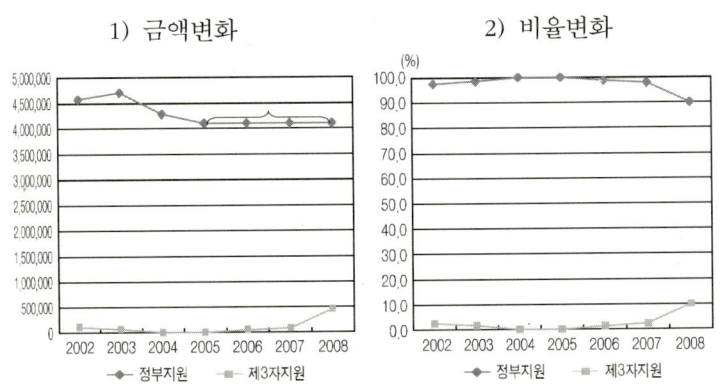

1) 금액변화　　　　　　　2) 비율변화

　재단은 외무성과 공공업무협정(Public Service Agreements)의 영향을 받는다. 외무성장관은 재단이 수행할 정책과 전략목표를 승인하고 이에 관해 의회에서 책임을 진다. 외무성차관(Permanent Under Secretary) 역시 재단의 최고회계담당자(principal Accounting Officer)로서 조직 전체의 활동과 재무를 책임지며 재단의 최고경영자(Chief Executive)를 지명한다. 외무성의 인권정책부(Human Rights Policy Department)는 장관에게 조언하고 재단과 장관이 소통하는 가교로서 재단의 활동을

---

34) 재단은 영국국제개발부와 외무성의 전략적 프로그램기금(Strategic Programme Fund, 구 세계기회기금 Global Opportunities Fund)에서도 일정부분을 지원받고 있어 정부에의 의존비율이 거의 절대적이다.

35) WFD, *Management Statement for The Westminster Foundation for Democracy*. (London, 2004) p.2.

36) WFD, *Annual Review 2002-03*, (2003) p.16.; *Annual Review 2003-04*, (2004) p.17.; *Annual Review 2004-05*, (2005) p.17.; *Annual Review 2005-06*, (2006) p.17.; *Annual Review 2006-07*, (2007) p.2.; *Annual Review 2008*, (2008) p.14.

감시하는 부서로 기능한다. 다만 외무성에 져야 할 의무가 재단의 활동과 충돌할 때 이사장은 이사회를 우선시함으로써 나름의 자율성을 확보하고자 한다.37)

재단은 외무성의 전략 틀 안에서 활동하지만 구체적인 활동계획은 이사회의 결정을 따른다. 이사회는 외무성이 지급한 자금을 포함한 연간예산을 실질적으로 활용할 방안을 결정한다. 이사회는 총 14명이며 외무성의 장관이 최종 임명한다. 중립적인 전문가 6명은 공무원인사심사관(Commissioner for Public Appointment)이 제시한 실천강령(Code of Practice)에 따라 개방적으로 선택된다.38) 나머지 8명은 정당추천인으로 구성된다. 2009년 현재 구성원은 노동당과 보수당에서 각각 3명씩, 자유민주당(Liberal Democrat)과 기타 군소정당에서 각각 1명씩 추천한 결과로 구성되었다.39)

〈그림 69〉 웨스트민스터민주주의재단 조직도40)

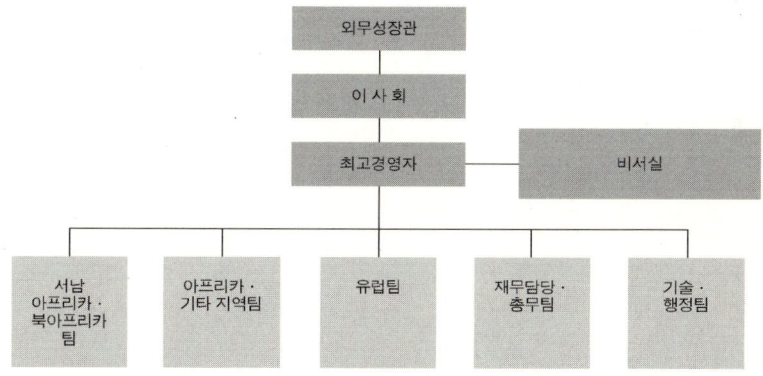

---

37) WFD, *Management Statement for The Westminster Foundation for Democracy*. (London, 2004) pp.1~6.
38) *Ibid.*, p.7.
39) WFD, homepage, http://www.wfd.org/pages/standard.aspx?i_PageID=11158 (최종검색일: 2009년 6월 9일).
40) 웨스트민스터민주주의재단의 홈페이지를 참조해 2009년 현재 조직도를 재구성한 내용이다.

웨스트민스터민주주의재단은 조직을 소규모 형태로 운영했다. 15명 안팎의 직원이 행정업무와 프로그램운영을 실행했다. 재단은 수원국에서 프로그램을 실질적으로 집행하는 현지기관과 협력해 소규모 인원으로도 프로그램을 운영할 수 있었다. 재단은 직원들이 협력기관을 선정하고 협력기관과 의견을 조율하며 자문을 구할 국내전문가를 선정하는 역량을 키우는 데 집중했다. 재단은 재단직원-협력기관직원-전문가가 조화하는 3박자로 사업을 꾸렸다. 이러한 운영방식을 바탕으로 재단은 수원국 프로그램에서 기동성과 유연성을 가질 수 있었다.

웨스트민스터민주주의재단은 비정부기관이라는 특성상 수원국의 저항을 적게 받을 수 있다. 재단이 정부산하가 아니라는 점에서 민주주의를 이식한다는 인식을 남기지 않는 데 유리하다. 다만 관건은 재단이 정부에 실질적인 지배를 받지 않는 독립성을 확보하고 이를 수원국에 설득할 수 있느냐에 달려 있다. 재단이 확보한 비당파성과 독립성의 범위는 프로그램의 원활한 수행을 가르는 척도가 될 것이다.

'선택과 집중'으로 '협력'의 효과를 높인다[41)]

웨스트민스터민주주의재단은 2000년대 들어 작고 유연한 조직으로 거듭났다. 새천년 초반기에 재단은 기존의 사업을 전면적으로 평가하면서 지원방식의 문제점을 정리했다.[42)] 재단은 기존사업이 일회성으로 그쳐 실질적인 파급효과가 적었고 조직이 비대

---

41) WFD, homepage, http://www.wfd.org/pages/print.aspx?i_PageID=11101 (최종검색일: 2009년 6월 10일).
42) 외무성과 웨스트민스터민주주의재단 사이의 정관에 따라 외무성은 5년마다 재단의 운영평가·향후전략에 관한 용역보고서를 작성할 의무를 진다. River Path Association이 작성한 용역보고서는 최근 5년간의 활동내역을 바탕으로 재단의 문제점을 진단했다. River Path Association, *Review of the Westminster Foundation for Democracy Volume 1 – Final Report*, (2005).

해져 효율성이 떨어졌으며 영국의 민주주의자산이 활용되지 못한 점을 한계로 지적했다. 프로그램의 효율성과 결과의 파급력을 높이는 것을 목표로 재단은 대대적인 조직개편을 단행했다. 재단은 수원국 현지기관에 자금을 지원하는 방식으로 변화를 꾀하며 인력을 감축·재편하면서 위와 같은 조직도를 구축했다.

설립 10주년을 기점으로 단행한 조직개편은 '선택과 집중'으로 요약된다. 적재적소에 자원을 배치해 수원국의 민주주의를 공고화한다는 포부를 내세웠다. 2005년 재단 이사회는 외무성의 활동목적에 부합하는 활동을 펼친다는 의사를 밝혔다. 외무성은 "민주주의와 법치·경제·환경거버넌스·장기간에너지공급을 지원함으로써 영국과 국제사회에서 지속가능한 개발을 지향하는 세계화"를 추구한다고 이미 선언한 바 있다. 보조금지원단체(grant-maker)인 재단은 자매정당과 시민사회단체(비정부기구, 자유언론, 인권기구, 노조 등)에 각각 예산의 절반씩을 배분하면서 목표를 추구했다.

2003년 재단이사회는 새로운 전략을 강화하는 세 가지 원칙을 정립했다. 첫 번째 원칙은 소수의 주제별 프로그램과 수원국에 집중하는 것이다. 재단은 사전에 연구·분석한 결과를 바탕으로 각각의 프로그램에 적합한 목표를 개별적으로 설정한다. 두 번째 원칙은 목표를 공유하는 기관과 협력하는 것이다. 정당, 시민사회 등 다양한 성격의 조직 중 가장 적절한 기관과 유기적으로 협력한다. 세 번째 원칙은 유연성을 높이는 것이다. 재단의 이익 안에서 정치적 영역을 개발함으로써 긴급한 수요에 반응하는 능력을 키운다. 재단은 2009년 현재까지 이 원칙을 유지하고 있다.

재단은 수원국의 현지협력기관을 꼼꼼히 살피는 태도를 강화했다. 협력기관을 따져보는 자세는 현지에서 지원사업을 실행하기 전부터 끝날 때까지 계속된다. 지원사업 이전에 재단은 현지기관과 접촉해 선정가능성을 타진한다. 두 번에 걸친 사전심사를 실시한 후 해당기관과 협력할 지 여부를 결정한다. 사업추진이 결정된 후에는 예산을 분할 지급해 사업의 지속성과 투명성을 높인다. 전체 예산의 20%는 재단이 최종보고서를 검토한 후 지급여부를 결정한다. 최종 보고서는 가급적 외부에서 평가하는 것으로 원칙을 삼는다.

재단은 이와 같은 기준을 따라 지원프로그램을 실행했다. 까다로운 사전심사를 거친 만큼 재단이 실제 지원프로그램을 진행하는 수원국 수는 그리 많지 않았다. 2006~07년에는 총 7개국에, 2007~08년에는 총 8개국에 보조금을 지급했다. 소수에 자원을 집중하는 태도는 지역별로 시행된 전체 프로그램의 지원액 비율에서도 나타난다. 〈그림 70〉에서처럼 재단은 유럽과 아프리카지역에 특히 예산을 집중적으로 투입했다. 근래 들어 재단은 서남아시아 지역에 관심을 보였으며, 이를 반영하듯 해당지역 지원액이 크게 늘었다.

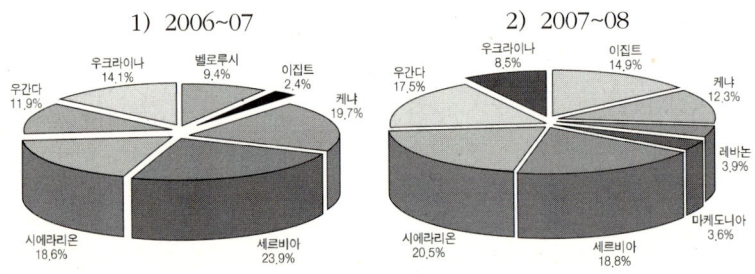

〈그림 70〉 2006~2008 국가별 예산지출비율[43]

웨스트민스터민주주의재단은 지원대상은 줄이되 지원대상의 성격은 다각화했다. 설립당시 재단은 정당에 초점을 맞춰 활동했고 현재도 이 영역을 중시하고 있다. 하지만 근래 들어 변화가 일었다. 재단은 민주주의의 기반을 넓힐 수 있도록 원외에서 활동하는 조직도 지원하기 시작했다. 선거를 비롯한 민주주의제도를

---
43) *Ibid.*

〈그림 71〉 2003~2008년 지역별 프로젝트지출비교

1) 2003~2006년[44]

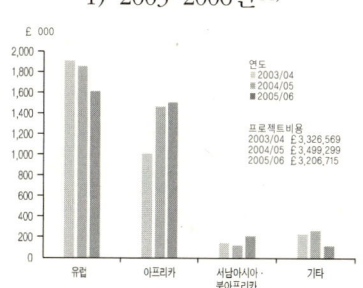

2) 2006~2008년[45]

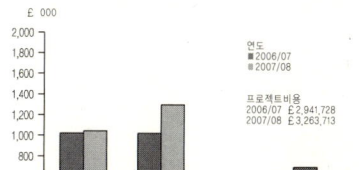

강화하는 것 외에 주민들이 능동적으로 참여하는 통로를 확보함으로써 수원국의 민주주의를 공고화한다는 의도다. 특히 의회 바깥에서 활동하는 비정부기구 등의 영향력이 커지면서 재단은 다양한 영역에서 활동하는 단체들과 협력하는 방안도 모색했다. 재단이 관심을 갖는 분야는 다음 〈표 35〉와 같다.

웨스트민스터민주주의재단의 '선택과 집중'전략은 현재진행형이다. 방만한 자체인력감축은 어느 정도 진척되었지만 그 결과의 효율성을 판단하기는 아직 조심스럽다. 소수지역에 중장기적인 프로그램을 실행하는 방식은 오랜 시간이 지나야 효과를 내는 경향을 보인다. 민주주의제도가 공고화되기까지 시간이 오래 걸리며 특정 지역의 민주주의 성과가 다른 지역으로 쉽게 전파되지도 않기 때문이다. 현지기관과 협력하면서 의미 있는 성과를 산출해야 하는 과제는 재단이 쉼 없이 고민해야 할 문제다. 협력기관의 프로그램 사후평가에 더해 이를 보완할 장치들을 마련하는 일이 필요해 보인다.

---

44) WFD, *Annual Review 2005-06*, (2006) p.16.
45) WFD, *Annual Review 2006-07*, (2007) p.2.; *Annual Review 2007-08*, (2008) p.17.

〈표 35〉 웨스트민스터민주주의재단 활동분야[46]

| 정당 | • 정당은 다원적 민주주의의 근간<br>• 영국정당들이 수원국의 정당지원 |
|---|---|
| 지역정부 | • 부패, 무능, 정경유착 근절<br>• 시민들이 의사결정과정에 참여하도록 독려 |
| 의회 | • 정당뿐만 아니라 재단본부도 의회강화활동에 동참<br>• 위원회구조, 법안 초안 작성 등 지식 전수 |
| 시민참여 | • 선거가 아닌 일상에서의 시민참여강화<br>• 시민들의 정치적 의사표현을 민주주의제도에 반영 |
| 여성 | • 여성참여의 전문성 증가, 정당·민주주의제도 안에서 여성대표들의 균등비율을 목표로 활동 |
| 청년 | • 청년들의 정치무관심 근절해 정치개혁 도모<br>• 청년활동가교육프로젝트 등 프로젝트 지원 |
| 선거 | • 시민들에게 지역·전국의 지도자를 알려 선택권을 넓히기 위해 투표·선거제도를 교육하는 활동가 지원<br>• 여성, 청년, 지역공동체에 선거의제 홍보 |
| 법치 | • 유럽·국제사회의 인권기준을 준수하는 민주주의를 지탱할 사법제도개혁운동 활동가 지원 |
| 미디어 | • 언론에 가해지는 내외적 검열 폐지 지향<br>• 독립 언론 지원<br>• 알권리 강화 |
| 노조 | • 중동부유럽의 구공산권국가와 아프리카에서 노조활동중요<br>• 역량강화, 이익단체지원(awareness-raising), 회원·조직개발을 하면서 노조활동의 개선 도모 |

**정당과 정당이 연결되는 고리를 만들다**

웨스트민스터민주주의재단은 정당에 활동의 초점을 맞췄다. 본래 재단은 중동부유럽의 민주주의 이행을 지원하는 목적을 띠고 설립되었다. 정당 간 연계지원(party-to-party funding)은 재단이 구축한 지원방식 중 가장 독특했다. 정당 간 연계지원은 신생민주

---

[46] WFD, homepage, http://www.wfd.org/pages/standard.aspx?i_PageID=144 (최종검색일: 2009년 6월 12일).

주의국가의 어떤 정치 상황에서도 유연하면서도 창의적으로 자금을 지원하도록 고안된 장치였다. 재단이 지원하는 수원국의 범위가 넓어지는 과정에서도 정당 간 연계지원은 재단의 핵심 축으로 기능했다.47)

　재단은 정당지원을 해외민주주의지원의 핵심요소로 바라보고 있다. 정당이 부재하거나 취약해 외부의 지원을 받아야 하는 국가를 우선순위로 지원사업을 벌였다. 이는 재단의 활동목적에 기반한 것이다. 재단의 활동목적은 크게 세 가지다. 첫째, 다당제민주주의를 지향하는 활동과 정치제도를 평화적으로 구축하고 개발하도록 지원한다. 둘째, 다당제민주주의 선거과정을 돕도록 조언하고 안내하며 실질적으로 지원한다. 셋째, 비폭력적 정책·프로그램을 수행하는 민주적 정당의 형성·조직·운영을 지원한다. 재단은 신생민주주의국가의 민주주의가 공고화될 수 있도록 중장기적인 활동을 펼치는 데 역점을 둔다.48)

　영국의 정당 없이는 웨스트민스터민주주의재단의 활동을 상상할 수 없다. 재단은 영국 정당들을 해외민주주의지원사업에 참여하도록 유도했다. 각 정당들은 신생민주주의국가를 연구·분석하고 결과를 공유하는 데 협력한 후 이를 바탕으로 각기 프로그램을 실행했다. 영국정당들은 신생민주주의국가의 정당들과 실무협력프로그램(practical cooperation programmes)을 공동으로 추진했다. 이 외에도 영국의 정당들은 선거 전 준비(pre-election preparation), 정당개발, 소통·캠페인전략, 정책개발, 미디어기술(media skill), 풀뿌리정치운동을 포괄하는 정당지원사업을 펼쳤다. 재단은 2009년 현재 유럽, 구 독립국가연합, 아프리카, 서남아시아 등지에서 정당

---

47) WFD, homepage, http://www.wfd.org/pages/print.aspx?i_PageID=11101 (최종검색일: 2009년 6월 9일).
48) WFD, *Annual Report and Accounts 2006-07*, (2007) p.1.; p.5.

들의 연계활동을 지원하고 있다.49)

영국의 8개 정당들은 재단을 통해 수원국 정당을 지원했다. 영국의 정당들은 웨스트민스터민주주의재단의 지원을 벗어나지 않는 한도 안에서 이념성향이 비슷한 수원국의 정당과 협력했다. 영국정당들은 정당의 실무운영에 필요한 물품, 정당을 운영할 인재를 배출하는 교육과정, 정당 활동에 필요한 자문 등을 협력정당에 제공했다. 이처럼 이념성향이 비슷한 정당을 지원하는 방식은 독일의 정치재단이나 스웨덴의 정당연계기구와 유사하다. 이념정당의 공고화는 수원국 내부의 다양한 정치적 의견을 반영하는 다당제민주주의가 자리 잡는 데 긍정적으로 기여할 수 있다.

노동당을 비롯한 주요 3당의 활동은 그 중에도 두드러진다. 노동당은 (중도)좌파 성향의 정당을 제도화하는 활동을 펼쳤다. 노동당은 좌파정당이 조직을 구성하고 기반을 다지며 언론캠페인과 선거활동을 원활히 행하도록 지원했다. 또한 협력정당에 단순히 물품을 제공하는 데 그치지 않고 자매결연(twinning)을 맺는 데도 적극적이었다. 영국노동당의 선거구별 조직(Constituency Labour Parties)은 동유럽지역정당과 결연을 맺어 대변인에게 미디어교육을 시키는 것뿐만 아니라 정당인을 대상으로 정당개발·특정정책에 관한 교육과정도 조직했다. 여기서 더 나아가 서유럽의 자매정당이나 협력재단과 공동으로 사민주의자들 간의 협력활동도 추진했다.50)

보수당과 자유민주당의 역할도 빼놓을 수 없다. 영국의 보수당은 이념을 공유하는 정당조직, 소통캠페인전략, 정책개발, 미디어기술, 풀뿌리정치운동과 관련된 활동을 전개했다. 자유민주당은

---

49) WFD, homepage, http://www.wfd.org/pages/standard.aspx?i_PageID=166 (최종검색일: 2009년 6월 9일).
50) WFD, homepage, http://www.wfd.org/pages/standard.aspx?i_PageID=16187 (최종검색일: 2009년 6월 11일).

자유민주주의가치를 공유하는 정당을 지원했다.51)

영국의 지역정당들도 정당지원활동에 참여하는 방식은 웨스트민스터민주주의재단만의 특징이라 할 만하다. 북아일랜드 지역의 3개 정당이 그 대표적인 예다. 지역최대정당인 민주연합당(Democratic Unionist Party)은 케냐 등지에서 지역정부를 강화하는 데 초점을 맞췄다. 사민주의노동당(Social Democratic and Labour Party)은 콩고공화국과 지중해지역에서 평화재건·중재·분쟁해결기술을 제공하고 캠페인을 진행했다. 지역에서 가장 오래된 정당인 얼스터통일당(Ulster Unionist Party)은 보수당과 긴밀하게 협력하면서 리투아니아·세르비아·몬테네그로에서 정당을 조직하는 경험을 공유했다.52)

웨일스와 스코틀랜드에 의석을 둔 지역정당들도 각각 해외민주주의지원활동에 동참했다. 웨일스에서 두 번째로 큰 정당인 플레이드 킴루(Plaid Cymru)는 조직·캠페인과 관련된 연구를 진행하면서 우크라이나의 소보르청년단(SOBOR youth wing)에 지대한 관심을 보였다. 스코틀랜드에서 두 번째로 큰 스코틀랜드국민당(Scottish National Party)은 아프리카와 코카서스에서 자치(devolution), 분권화, 시민민족주의(civic nationalism)의 경험을 바탕으로 수원국 정당을 지원했다.53) 중앙정당뿐만 아니라 지역의 군소정당까지 해외민주주의지원에 참여하는 방식은 재단이 지역정당들의 기반확대에도 관심을 쏟고 있음을 드러낸다.

정당 간 연계지원은 정당들이 개별적으로 꾸리지만 지원방식에서는 일련의 공통점을 보인다. 영국정당들은 워크숍을 열어 수

---

51) WFD, homepage, http://www.wfd.org/pages/standard.aspx?i_PageID=16186 (최종검색일: 2009년 6월 11일).
52) WFD, homepage, http://www.wfd.org/pages/standard.aspx?i_PageID=16189 (최종검색일: 2009년 6월 11일).
53) *Ibid.*

원국의 정당에 경험과 기술을 전수하는 방식을 선호했다. 예를 들어 노동당은 아프리카개발신협력(NEPAD: New Partnership for Africa's Development)에 기반을 둔 프로젝트를 진행하면서 2005년 워크숍을 개최했다. 당시 노동당은 의회감시강화, 정책결정과정참여증진, 부패·공금횡령근절수단을 목적으로 보츠와나, 카메룬, 나미비아, 남아프리카공화국, 탄자니아, 우간다의 의원들과 머리를 맞댔다.54) 자유민주당은 아프리카자유네트워크(Africa Liberal Network)를 통해 13개국의 청년정당지도자를 교육했다.55) 워크숍은 영국과 수원국의 정당인들이 단기간에 경험과 지식을 교류하는 장으로서 선호되는 방식이다.

  2000년대 들어 웨스트민스터민주주의재단의 정당지원방식이 차츰 변했다. 재단은 정당 간 연계를 꾸준히 지원하는 동시에 정당 외부를 둘러싼 영역을 지원하는 데도 관심을 쏟았다. 국제사회의 정치사회환경이 재단이 태동하던 시기와 크게 달라진 데 따른 변화다. 탈냉전 이후 각 지역에서 영향력을 발휘하는 종교집단의 위상을 고려한 활동이 점차 늘었다. 재단은 전통적인 관심영역인 정당과 협력하는 한편 종교·사제(secular)·민족주의자(nationalist) 같은 세력과도 협력하는 방안을 꾀했다.56) 민주주의를 위협할 수 있는 외부환경을 제도정치 안으로 수용하는 일은 신생민주주의국가가 정국을 안정시키는 데 해결해야 할 과제로서 재단의 주요 관심사로 남아 있다.

---

54) WFD, homepage, http://www.wfd.org/pages/case_study.aspx?i_PageID=15194 (최종검색일: 2009년 6월 11일).
55) WFD, homepage, http://www.wfd.org/pages/case_study.aspx?i_PageID=15202 (최종검색일: 2009년 6월 11일).
56) WFD, homepage, http://www.wfd.org/pages/print.aspx?i_PageID=11101 (최종검색일: 2009년 6월 10일).

### 여성 차별의 장벽을 허물어 평화를 이끈다[57]

시에라리온은 내전의 상처를 입은 아프리카 국가 중 하나다. 세계 최대 다이아몬드 산지인 시에라리온은 다이아몬드자원을 둘러싸고 10년 넘게 내전을 겪었다.[58] 2003년 평화협정체결 이후 비교적 안정을 되찾고 있지만 주변국의 정치변동에 따른 악영향을 받을까 국제사회가 걱정할 만큼 정치안정성이 취약하다.[59] 풍부한 자원을 주민의 이익에 부합하는 방식으로 활용하고 내전의 상처를 치유하는 정치체제를 구축하는 일은 시에라리온이 안고 있는 과제다.

사회적 약자의 목소리를 세상에 드러내는 일은 평화를 지키는 영향력을 발휘한다. 전쟁 당시 난민으로, 성노예로 고통 받았던 여성들은 시에라리온의 평화를 염원하는 한 축이다. 전쟁의 참상을 온몸으로 겪은 이들이 과거의 비극이 재현되지 않도록 목소리를 내는 일은 시에라리온의 평화와 민주주의가 정착하는 데 기여할 수 있다. 제도정치권에서 주변부로 밀려나 있던 여성들이 공적 영역에서 활동하는 일은 시에라리온처럼 민주주의가 취약한 국가에서 더더욱 간절한 일이다.

50대50그룹(50/50 Group)은 시에라리온 여성들이 정치에 참여하고 원내에 진입하도록 독려했다. 50대50그룹은 내전 당시 반군에 대항한 여성단체들이 전쟁이 끝난 후에는 제도정치에 관여하지 않는다는데 문제의식을 가졌다. 이 단체는 여성의 정치참여를 시

---

[57] WFD, homepage, http://www.wfd.org/pages/case_study.aspx?i_PageID=15370 (최종검색일: 2009년 6월 11일).
[58] EBS, '블러드 폰', "지식채널e", (2006년 7월 13일).
[59] 서아프리카 국가인 기니에 군부쿠데타가 일어나자 주변국인 시에라리온, 코트디부아르, 가나 등이 민주화 역풍을 맞을지도 모른다는 우려가 제기되었다. 경향신문, '서아프리카 민주화에 '기니역풍'… 주변국들 긴장' (2008.12.27), http://news.khan.co.kr/kh_news/khan_art_view.html?artid=200812261811045&code=970209 (최종검색일: 2009년 6월 11일).

에라리온 재건과정의 중요한 요소로 인식했다. 50대50그룹은 여성들이 자기 삶에 영향을 끼치는 정책결정과정에 참여하는 폭을 넓히는 데 뜻을 뒀다. 사회적 약자인 여성들의 정치적 의견을 제도정치에 반영하는 과정은 시에라리온의 평화정착에 기여하는 측면이 크다.

웨스트민스터민주주의재단은 '장벽 허물기 프로젝트(Breaking the Barriers Project)'를 진행해 단체에 힘을 보탰다. 재단은 2007년 총선에서 여성들이 기술과 신뢰(confidence)를 얻어야 승리할 수 있다는 것을 전제로 교육프로그램(programme of training)을 진행했다. 2005년 재단이 지원한 1만 5천 파운드로 시작한 프로젝트는 크게 두 가지 방향으로 진행되었다. 출판물사업과 실제교육활동은 총선과 관련된 지식을 확장하는 기능을 수행했다. 재단이 발간한 안내서(handbook)는 시에라리온의 활동가(trainers)네트워크를 교육할 목적으로 강사(facilitator)와 교육참여자에게 배포되었다.

프로젝트의 한 축인 교육활동은 꾸준히 진행되었다. 활동가교육워크숍(training of trainers' workshop)이 끝난 후 여성들의 정치참여를 독려하는 교육수업이 이어졌다(a series of training sessions). 프로젝트는 교육과정 중 집중토론(focus group discussions)에 참여한 모든 참여자에게 2007년 총선에서 당선가능성이 높은 지역에 여성후보자를 30%씩 할당해야 한다고 제안했다. 50대50그룹은 라디오와 텔레비전 토론에 나가 역시 여성할당제를 역설했다. 사법개혁위원회(Law Reform Commission), 의회인권위원회(Parliamentary Human Rights Committee), 복지부(Ministry of Social Welfare, Gender and Children's Affairs)가 공동으로 연 회의에서 50대50그룹은 제도 안에서 벌어지는 성차별을 지적하기도 했다.

'장벽 허물기 프로젝트'는 끝났지만 성평등을 가로막는 장벽을 허무는 노력은 끝나지 않았다. 프로젝트가 지향한 여성할당제는 아직 정착되지 못했다. 하지만 상당히 고무적인 성과를 얻은 것도 사실이다. 2007년 10월 50대50그룹은 매들린 올브라이트상(Madeleine K. Albright Grant)을 받았다.60) 정치·시민사회에서 여성의 역할을 증대시킨 단체에 매년 수여되는 상을 받은 50대50그룹은 2만 5천 달러의 상금을 얻었다. 단기간에 세계에서 주목받을 정도로 열심히 활동한 것을 인정받았다는 데서 얻은 자신감은 더욱 큰 자산으로 남았다. 50대50그룹은 시에라리온의 평화를 정착시키는 활동을 지속할 것으로 전망된다. 웨스트민스터민주주의재단의 교육활동지원과 보조금지원은 아프리카 서안 시에라리온의 민주주의의 싹을 틔운 거름으로 의미 있게 평가될 만하다.

---

60) 매들린 올브라이트상은 미국 민주당연구소(NDI)가 세계의 여성운동단체를 대상으로 심사하고 수여하는 상이다. 민주주의정착과 여성인권향상이라는 두 마리 토끼를 잡으려 노력한 활동들을 기준으로 대상을 선정한다. 50대50그룹이 수상하기 전에는 인도네시아여성정치코커스(Women's Political Caucus of Indonesia), 보스니아-헤르체고비나모스타르여성시민참여(Moastar Women Citizens' Initiative of Bosnia-Herzegovina)가 이 상을 받았다. iKnow politics, homepage, http://winwithwomen.ndi.org/viewsection.asp?sect=mkagrant (최종검색일: 2009년 6월 12일).

제 7 장
호 주

호주국제개발청
민주주의제도연구소

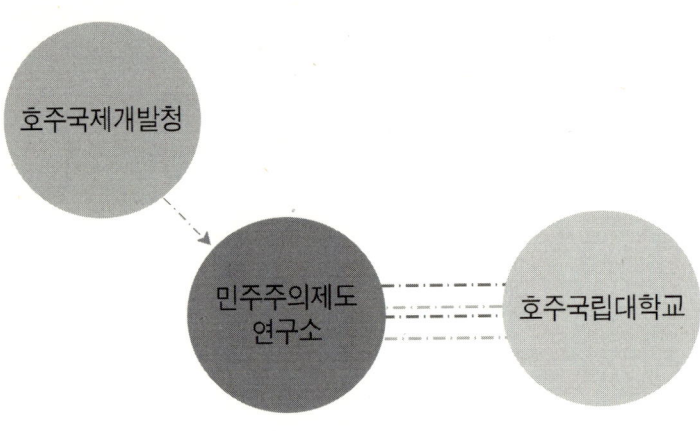

### 주변지역인 아시아태평양의 민주주의의 저변을 넓히다

민주주의국제협력 분야에서 호주의 지분은 그리 크지 않다. 호주가 독자적인 해외민주주의지원협력활동을 진행한 역사는 상당히 짧다. 호주는 미국의 동맹국 중 하나로서 미국 중심의 세계질서에 부응하는 활동을 펼쳤다. 하지만 국제사회가 민주주의증진활동에 집중하면서 호주도 관심을 보이기 시작했다. 2000년대 들어 본격적인 행보를 시작한 호주는 아시아태평양 지역에 특별히 관심을 보였다. 호주는 주변지역인 아시아태평양에서 정치지도자를 민주주의 핵심요소를 간주하면서 양성했고 양국의 학술기관이 연계하여 사업을 추진하도록 장려했다.

호주의 민주주의제도연구소는 1998년 호주정부가 설립한 기관이다. 연구소는 아시아태평양지역에 위치한 신생민주주의국가들의 정치제도를 강화하고 민주주의가 발전되도록 지원하려는 목적을 지녔다. 수원국의 의회정치를 강화하고 정당을 발전시키는 과정을 지원해 민주주의를 증진하는 것을 꾀했다. 민주주의제도연구소는 인도네시아, 동티모르, 파푸아 뉴기니, 솔로몬제도, 바누아투, 피지 등을 대표적으로 지원했다.

# 호주국제개발청
(AusAid: Australia Agency for International Development)

http://www.ausaid.gov.au/

아시아·태평양 지역 내 영향력을 높이는 전략

　호주국제개발청은 호주의 해외원조프로그램을 관리하는 책임부처다. 국제개발청은 개도국의 빈곤감소와 지속가능한 개발을 지원목표로 삼아 원조프로그램을 운영했다. 외교통상부, 호주국제농업연구센터(Australian Centre for International Agricultural Research), 호주무역수출금융보험공사(AusTrade and the Export Finance and Insurance Corporation)와 함께 국제개발청은 호주의 외교통상정책을 수행했다. 국제개발청은 호주의 국익에 부합하는 외교통상정책을 원조프로그램의 목적으로 삼았다.[1] 국제개발청은 호주의 정부부처로서 국가이익을 바탕으로 해당사업을 추진했다.

　호주국제개발청은 아시아태평양지역을 국익과 대외정책의 명분이 만나는 접점으로 여겼다. 태평양 한가운데 위치한 자국의 지정학적 위치를 고려한 결과다. 호주는 태평양과 아시아국가들 간의 지역관계에 영향력을 끼쳐 국제무대에서 목소리를 높이는 효과를 노렸다. 세계에서 가장 가난하면서도 정치제도가 제대로 운영되지 못하는 국가가 이 지역에 많이 분포한다는 사실은 그 필요성을 높였다. 아시아태평양 지역에 호주와 민주주의제도 및

---

1) AusAid, homepage, http://www.ausaid.gov.au/about/default.cfm (최종검색일: 2009년 6월 25일).

자본주의시장의 가치를 공유하는 국가가 늘어나면 지역안정과 국익증진을 동시에 꾀할 수 있다는 판단도 호주정부의 원조활동에 힘을 보탰다.

2000년대 새천년개발계획이 결의되면서 호주국제개발청은 아시아태평양지역 활동에 박차를 가했다. 호주국제개발청은 2002~2003년 새천년개발계획을 핵심영역(key result areas)으로 언급했다.[2] 이후 국제개발청은 아시아・태평양지역에 전 세계의 저개발국(Low Development Countries)의 1/4과 특별한 갈등과 도전에 직면한 소규모의 도서 개발도상국이 몰려있다는 점을 관련지어 새천년개발계획에 동참했다.[3] 2005년 유엔세계정상회담에서 호주 수상인 하워드(Howard)는 2010년까지 해외원조액을 40억 달러까지 증액할 목표를 세웠다고 선언했다.[4]

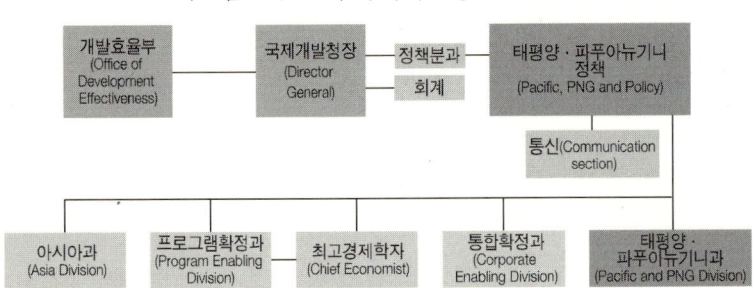

〈그림 72〉 호주국제개발청 조직도[5]

호주는 새천년개발계획에서 세계의 협력관계를 증진해 개발을 추진하는 방식(Develop a global partnership for development)을 추진했다.

---

2) AusAid, *Annual Report 2002-2003*, (2003) p.30.
3) AusAid, *Annual Report 2004-2005*, (2005) p.29.
4) AusAid, *Annual Report 2005-2006*, (2006) p.97.
5) 2009년 조직도를 바탕으로 정리한 내용이다. AusAid, *Organisational Structure*, (2009).

공적개발원조, 저개발국·내륙개도국·소규모도서개도국의 특별한 요구, 규칙을 따르면서도 개방된 무역금융제도의 개발, 부채경감, 청년실업, 필수의약품획득, 정보통신기술 등이 이 영역에 속한다. 호주국제개발청은 이에 따라 정책을 추진했고 호주정부는 국제사회와 공조하면서 지역의 안보확대와 같은 이익을 동시에 모색했다.6) 미국과 유럽연합 등과의 공조를 전통적으로 중시해온 호주로서는 이를 매력적인 사업으로 여길 만했다.

〈그림 73〉 2002~2007년 지역별 공적개발원조 예산지출비율7)

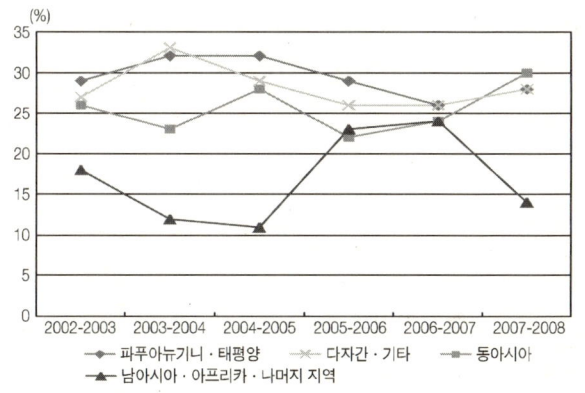

호주국제개발청은 아시아·태평양지역에 주안점을 둬 프로그램을 실행했다. 국제개발청은 산하에 아시아와 태평양·파푸아뉴기니를 각각 전담하는 부서를 설치했다. 태평양·파푸아뉴기니정책부서는 특별정책분과로서 하나 더 설치되었다. 국제개발

---

6) AusAid, *A global partnership for development: Australia's contribution to achieving the millenium development goals*, (2005) pp.3~7.
7) AusAid, *Annual Report 2002-2003*, (2003) p.16.; *Annual Report 2003-2004*, (2004) p.18.; *Annual Report 2004-2005*, (2005) p.18.; *Annual Report 2005-2006*, (2006) p.20.; *Annual Report 2006-2007*, (2007) p.17.; *Annual Report 2007-2008*, (2008) p.21.

청은 해당지역을 전문적이고 집중적으로 연구하고 관리하려는 의도를 조직구조에 반영했다. 국제개발청은 모든 지역에 자원을 분산하기보다 관심지역에 집중함으로써 조직운영의 효율성을 높이는 효과를 얻고자 했다.

호주국제개발청은 프로그램을 집행하는 측면에서도 아시아태평양지역에 자원을 집중적으로 투입했다. 2000년대 공적개발원조 예산을 지출한 지역에 국제개발청의 관심사가 반영되었다. 2007~2008년을 제외하면 태평양·파푸아뉴기니 지역에 투입된 자금은 지역별 예산 중 가장 큰 비율을 차지했다. 2007~2008년 30%의 예산이 투입된 아시아지역에도 항상 20%가 넘는 자원이 투입되었다. 특기할 점은 다자간프로그램이 파푸아뉴기니·태평양지역 다음으로 예산이 많이 쓰였다는 것이다. 이는 국제무대에서 영향력이 큰 미국이나 유럽연합 같은 기존의 네트워크를 활용하는 방식을 취했기 때문으로 해석할 수 있다.

호주국제개발청은 아시아태평양지역의 거버넌스를 증진하는 활동을 벌였다. 거버넌스는 새천년개발계획의 목표 중 하나로서 호주는 거버넌스를 해외민주주의지원의 주요한 축으로 여겼다. 아태지역 저개발국의 개발과 거버넌스의 개선을 동시에 추진하려는 의도에서다. 호주국제개발청은 해외민주주의지원에서 개도국의 경제발전은 민주주의와 보조를 맞춘다는 생각을 바탕으로 대외원조정책을 실행했다. 다중영역은 여성, 환경, 식량안보와 같은 필수고려사항(cross cutting issue)에 관한 직접지출로서 역시 새천년개발계획과 관련되었다. 국제사회의 동의수준을 지향하는 호주의 의도를 확인할 수 있다.

호주는 국제사회에서 실력을 발휘하는 위상을 꿈꿔왔다. 호주는 동남아시아국가연합(ASEAN)과 같은 아태지역의 다자간기구와 협력하면서 해당지역과의 우호를 다지고 영향력을 증진하고자 했다. 호주국제개발청은 아태지역에 영향력을 강화하고 국제무대의 주요 행위자로서 발돋움하려는 호주정부의 의지를 실현하고자 했다. 해외민주주의지원을 앞세우지는 않지만 새천년개발계획과 개발협력을 결합시킴으로써 국제무대에 보조를 맞추려는 모습이 드러난다.

〈그림 74〉 2001~2008년 지원영역별 예산지출비율[8]

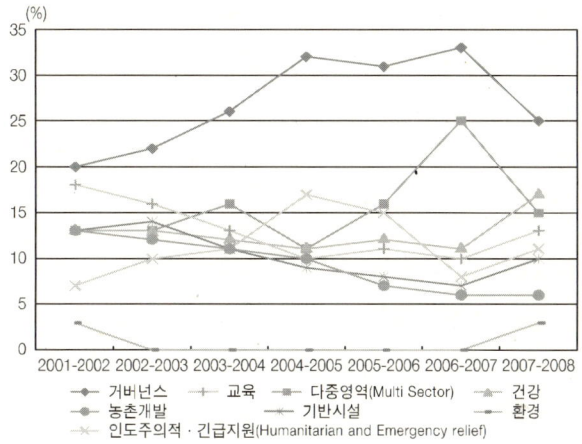

---

8) AusAid, *Annual Report 2001-2002*, (2002) p.20.; *Annual Report 2002-2003*, (2003) p.17.; *Annual Report 2003-2004*, (2004) p.18.; *Annual Report 2004-2005*, (2005) p.18.; *Annual Report 2005-2006*, (2006) p.20.; *Annual Report 2006-2007*, (2007) p.17.; *Annual Report 2007-2008*, (2008) p.21.

# 민주주의제도연구소
(Centre for Democratic Institutions)

http://www.cdi.anu.edu.au/index.htm

아태지역의 정당과 의회 거버넌스 강화 모색[9]

민주주의제도연구소는 호주연방정부가 1998년 설립한 조직이다. 호주정부는 아시아태평양지역에서 신생민주주의국가의 정당체계를 강화할 목적으로 연구소를 설립했다. 민주주의제도연구소는 대의제민주주의제도 중 두 가지에 초점을 맞춰 사업을 진행했다. 연구소는 남아시아와 남태평양 등지의 신생민주주의국가가 정당(political party)과 의회 거버넌스(parliamentary governance)를 강화하는 일에 관심을 보였다. 민주주의제도연구소는 의회와 정당구조를 연결하고 개발과정을 확대하는 일에 초점을 맞췄다.[10]

민주주의제도연구소는 다소 특이한 형태로 구성되었다. 호주국제개발청은 5년간 5백만 달러를 지급한다며 출자금을 지급했지만 운영과정에는 직접적으로 개입하지 않았다. 대신 조직의 독립성과 비당파성을 유지하고 핵심사업인 교육프로그램의 질을 높이는 방편으로 대학을 운영주체로 선정했다.[11] 공개입찰(tender panel)을 부친 결과 호주국립대학(Australian National University)과 머독대학

---

9) CDI, *CDI General Information-A4 Flyer*, p.1.
10) CDI, homepage, http://www.cdi.anu.edu.au/index.htm (최종검색일: 2009년 6월 23일).
11) AusAid, (1997) p.8.

(Murdoch University)이 운영주체로 결정되었다. 연구소본부는 호주국립대학의 사회과학연구소(Research School of Social Science) 안에 위치했다.12) 또한 호주국립대학평가모임(ANU Peer Review Group)을 따로 설치해 호주국립대학 교수들로부터 평가를 받아 프로그램의 질을 높이고자 했다.13)

민주주의제도연구소는 수원국 거버넌스의 질을 개선하는 데 목적을 뒀다. 1997년 호주국제개발청은 민주주의제도연구소 설립을 구상하면서 굿 거버넌스가 빈곤을 감소시키는 핵심 열쇠라는 점을 분명히 밝혔다.14) 연구소는 크게 세 가지 목표를 세웠다. 첫째, 수원국의 의원(members of parliamentary)과 의회직원들(parliamentary staff)에게 의회정치의 작동원리를 이해시켜 실제 의회의 작동과정을 개선한다. 둘째, 정당인의 지식·기술수준을 향상시켜 수원국의 정당역량을 강화한다. 셋째, 호주와 주요 국가들의 정당관료, 의원, 의회직원들의 네트워크를 확장한다.15)

민주주의제도연구소는 인적자원을 교육해 정당을 둘러싼 거버

---

12) 프로그램 관련 연구는 호주국립대학 부설 다윈 북호주연구팀(ANU's North Australia Research Unit in Darwin), 머독대학교의 정치국제연구부(Department of Politics and International Studies at Murdoch University In Perth), 두 대학 안에 각각 설치된 아·태연구소(Asia-Pacific research school)에서 집중적으로 실행하는 형태다. AusAid, *ANU to Host New Centre for Democratic Institutions*, (1997), http://www.ausaid.gov.au/media/release.cfm?BC=Media&ID=5340_6647_3755_240_3946 (최종검색일: 2009년 6월 23일).

13) 이 외에도 자문위원회(Consultative Council)를 1999년부터 운영해 정책방향을 개발하고 의견을 구했는데 2008년을 마지막으로 이를 폐지했다. CDI, homepage, http://www.cdi.anu.edu.au/about_cdi/CC_HOME.htm; http://www.cdi.anu.edu.au/about_cdi/2006_05_Review_Group_ANU.htm (최종검색일: 2009년 6월 26일).

14) AusAid, *Promoting Good Governance and Human Rights through the Aid Program*, (1997) pp.2~8.

15) CDI, homepage, http://www.cdi.anu.edu.au/about_cdi/2006_05_Themes_Goals_App.htm (2008)

넌스 환경을 개선하고자 노력했다. 연구소는 굿 거버넌스와 인권을 실현하는 제도로서 의회에 관심을 보였다. 연구소는 선거, 의회와 관련된 교육프로그램을 수원국에 제공했고 단기간 인력을 호주에 파견해 훈련하는 과정도 마련했다. 이를 중심으로 민주주의제도연구소는 사법, 언론, 비정부기구 등 확대된 시민사회 전반에 걸쳐 프로그램을 확대했다.16) 연구소는 태평양지역의 시민사회에 정보교환, 교육과정, 네트워킹 등을 제공해 제도의 변화를 꾀했다.17)

### 정당개발연수 프로그램18)

민주주의제도연구소는 정당간부를 교육시켜 수원국 의회의 체질을 개선하려고 했다. 2006년부터 매년 한 차례 씩 실시된 정당개발연수(Political Party Development Course) 프로그램은 연구소가 자랑하는 교육프로그램의 하나다. 연구소는 아태지역의 굿 거버넌스를 고양시키는 차원에서 정당개발을 사고했다. 연구소는 수원국의 정당간부를 호주로 초청해 민주주의제도에 관한 이해를 높이고자 했다. 분쟁이 일어날 기미가 보이는 사회에서 정당 내부 거버넌스, 당과 젠더이슈, 당규(the regulation of parties), 정당개발 등의 개선방안을 의제로 다뤘다. 연구소는 민주주의제도에 관한 이해를 높이는 것을 목표로 연수내용을 구성했다. 연수과정에서 연구소는 민주주의제도에 적합한 정당이론을 교육했다. 연구소는 참가자들에게 민주주의제도를 이루는 구성요소로서 정당의 역할에 대한 질문을 던졌다. 선거·입법과정에서 정당이 시민의 의사를 대표하고 사회에 영향을 끼치는 과정과 정당정치의 양상을 변화시키는

---

16) AusAid, (1997) p.8.
17) AusAid, homepage, *First Major Event for Centre for Democratic Institutions*, (1998), http://www.ausaid.gov.au/media/release.cfm?BC=Media&ID=9756_3654_4705_4314_4455 (최종검색일: 2009년 6월 23일).
18) CDI, *Political Party Development Course Report*, (2009) pp.1~5.

요인에 관한 토의시간을 마련했다. 호주국립대학의 교수 등 호주 각계의 전문가와 정당지도자들이 강사로서 이론교육을 실시했다.

정당개발연수는 호주의 민주주의제도를 이해하는 과정도 준비했다. 연수프로그램은 호주의 민주주의제도를 구체적인 사례로 들어 민주주의에 대한 이해를 높이려 했다. 연수과정은 호주의 정당들이 구성하는 의회민주주의를 주요 사례로 의회민주주의의 작동원리를 학습하도록 유도했다. 이를 바탕으로 연수 참가자들이 자국에서의 정당의 역할을 정립하고 당의 효율적인 운영방안을 모색했다. 이 때 호주의 정당인들이 당사자로서 정당운영에 관해 설명함으로써 실무적인 경험을 교환하는 효과도 노렸다.

호주의 국내 정당들은 정당개발연수프로그램에 동참했다. 호주의 주요 정당인 자유당(Liberal Party), 노동당(Labour Party), 녹색당(Green Party)의 주요 인사들이 연수프로그램에서 강의를 하거나 토론자로서 발표했다. 후보선출, 당원자격, 선거캠페인, 정강확정 등을 주제로 호주의 정당인과 연수 참가자들이 토론하며 지식과 경험을 공유했다. 연수프로그램이 지역 국가의 지도자들이 만나는 자리를 주선함으로써 호주가 관계의 주도권을 행사하는 계기로 기능하는 초석을 마련했다.

정당개발연수는 호주의 지정학적 이해를 반영해 진행되었다. 설립당시부터 아시아태평양지역에 이해를 둔 민주주의제도연구소는 동남아시아와 남태평양지역의 정당인을 대상으로 프로그램을 진행했다. 프로그램이 2006년 처음 실시된 이후 4년 동안 아태지역 8개국에서 총 40개 정당이 연수에 참여했다. 여성을 비롯한 개별 참가자들은 매년 겹치지 않게 연수프로그램을 이수했다. 지난 4년간 동티모르, 파푸아뉴기니, 솔로몬제도 등 총 8개국 40개 정당이 한 번 또는 그 이상 교육을 받았다. 여성참가자는 2008년 전체의 1/4 수준까지 늘었다가 2009년 그 절반 정도로 줄었다.

〈표 36〉 2006~2009년 정당개발연수 참여 현황

|  | 2006 | 2007 | 2008 | 2009 | 총계 |
|---|---|---|---|---|---|
| 참가자 | 14 | 18 | 19 | 19 | 70 |
| 여성참가자 | 2 | 4 | 5 | 3 | 14 |
| 참여 국가 | 5 | 7 | 5 | 7 | 8 |
| 참여 정당 | 17 | 17 | 17 | 16 | 40 |

정당개발연수는 호주의 역내 주변국 간의 네트워크를 형성하는 효과를 냈다. 아시아태평양 각지의 정당인들은 2주 동안 프로그램에서 국내외 정치제도현황을 공유하면서 정치제도개선과 관련한 공감대를 형성했다. 공감대는 역내 네트워크의 기반으로 기능했다. 수원국을 둘러싼 지역 국가간 네트워크는 수원국 국내정치제도를 개혁하는 데 힘이 되었다. 지역 내 네트워크가 형성되는데 기여한 호주로서는 국가이미지를 제고하는 등의 효과를 부수적으로 얻을 수도 있다.

정당개발연수는 호주의 정당과 수원국의 정당을 연결하는 다리로 기능했다. 정부의 지원을 받는 독립기구가 정당을 지원하는 방식은 영국의 웨스트민스터재단과 흡사하다. 하지만 호주의 정당 간 지원방식에서 정당의 활동범위는 비교적 좁다. 웨스트민스터재단의 경우 정당이 보조금을 받아 수원국 정당을 지원하지만 실질적인 프로그램은 개별 정당이 짜는 형태다. 반면 호주의 민주주의제도연구소는 정당개발연수라는 구체적인 프로그램을 실질적으로 준비했다. 정당인은 이에 참여하는 형태로서 비교적 소극적인 참여방식을 보였다. 정당과 개별적인 조직이 주관하는 정당지원프로그램이 내는 효과가 독일, 스웨덴처럼 정당이 주도적으로 활동하는 국가들과 어떤 차이를 보이는지는 향후 프로그램의 방향을 모색하는 데 도움이 될 것이다.

### 의회 강화가 굿 거버넌스 발전의 토대[19]

민주주의제도연구소는 의회강화(Parliamentary Strengthening)를 굿 거버넌스를 실현하는 방안으로 중시했다. 설립 당시부터 연구소는 앞에서 살핀 개별적인 정당개발과 더불어 민주적인 정치의사결정이 이루어지는 의회를 형성하고자 했다. 연구소는 다양한 형태의 교육방식을 통해 의회의 체질을 강화하고자 했다. 정당인을 대상으로 한 교육프로그램뿐만 아니라 느슨한 형태의 토론회와 연구·저작활동을 병행했다.

〈표 37〉 민주주의제도연구소의 의회강화프로그램

| 프로그램 | 내 용 |
| --- | --- |
| 책임성 있는 의회 거버넌스 (RPG: Responsible Parliamentary Governance) | • 대상 : 의회간부<br>• 내용 : 호주의회를 사례로 헌법, 정당의 주요 활동, 행정부의 신뢰도 상승 등 (의회)내각정치의 기본원칙. 실제입법과정에서 유용하게 쓰일 지식과 기술 전수<br>• 기대효과 : 민주적 거버넌스 강화 |
| 태평양 의회대화 (Pacific Parliamentary Dialogue) | • 대상 : 태평양 지역 의회 구성원<br>• 내용 : 각국의 민주주의발전과 관련된 정책과 정치문제 토론<br>• 2006, 2007년 파푸아뉴기니에서 8~9차 회의 개최 |
| 연구·출간 | • 의회가 새로 구성된 국가에서 워크숍, 연구, 저작물출간작업 진행.<br>• 특이점 : 아태지역의 연구기관과 협력하는 프로그램 운영. 예) 2006년에는 태평양지역 국가들의 민주주의제도·구조를 연구한 결과를 담은 『태평양제도의 정당(Political Parties in the Pacific Islands)』 출간 |

민주주의제도연구소는 의회를 둘러싼 민주주의제도의 기반을 구축하는 활동도 진행했다. 연구소는 정당과 의회강화 활동을 진행하는 한편 원외활동도 꾸렸다. 연구소는 호주와 수원국의 입법·

---

19) CDI, homepage, http://www.cdi.anu.edu.au/__SEC_PARL_Home.htm (최종검색일: 2009년 6월 29일).

사법기관들이 네트워크를 구축하도록 장려했다. 연구소의 활동으로 호주 뉴사우스웨일즈 사법위원회(New South Wales Judicial Commission)와 필리핀사법학회(Philippine Judicial Academy), 호주의 연방민원조사관(Commonwealth Ombudsman)과 인도네시아・파푸아뉴기니・솔로몬제도 민원조사관(Ombudsman Offices of Indonesia, Papua New Guinea and the Solomon Islands) 등이 형성되었다.[20] 민주주의제도연구소는 젠더를 모든 사업을 관통하는 주제(Cross-cutting Themes)로 다뤘다. 남태평양은 세계적으로 여성의 정치참여비율이 가장 저조한 지역으로 꼽혔다. 연구소는 성별에 관계없이 정치에 참여하는 과정이 마련되는 것을 굿 거버넌스의 요소로서 주목했다. 신생민주주의국가에서 여성지도자를 육성하도록 교육과정에 관련 내용을 반드시 삽입했다. 서구민주주의가 여성의 참여를 모든 사업영역전반에 걸쳐 적용하는 태도를 기본소양으로 여기는 공통점이 호주에서도 적용된 것이다.[21] 호주의 민주주의제도연구소는 아시아태평양지역에 의회정치의 근간을 확보하는 활동에 주력했다. 연구소는 교육프로그램을 실시해 주변국에 호주와 유사한 정치제도를 확산시키며 영향력을 확대하는 효과를 노렸다. 여성의 정치참여를 높이고 정치적 의사의 반영효과를 높이면서 경제개발을 안정적으로 이끌 정치제도를 확립하고자 하는 것이다. 다만 엘리트 중심의 교육이 대중을 변화하는 데 어떤 효과를 낼 것인가 하는 문제는 남아 있다. 기후변화로 국토가 잠기고 있는 키리바시 등 태평양 섬나라들을 둘러싼 현안도 산적해 있다. 연구소가 기존상황과 새로운 환경을 세밀하게 접근할 때 사업의 성패가 뚜렷하게 나타날 것이다.

---

[20] AusAid, *Leading Australians to Advise Centre for Democratic Institutions*, (2003), http://www.ausaid.gov.au/media/release.cfm?BC=Media&ID=7353_3450_3808_4316_339 (최종검색일: 2009년 6월 23일).

[21] CDI, homepage, http://www.cdi.anu.edu.au/__GENDER_Home.htm (최종검색일: 2009년 6월 29일).

# 제2부 국제기구 및 지역기구

# 제 1 장
# 유 엔

# 냉전이후 민주주의 국제협력의 기반을 넓힌 유엔


국제협력 전략의 새로운 화두로 등장한 민주주의

 냉전시대의 종식은 유엔이 새로운 국면에 접어드는 발판이었다. 유엔은 민주주의를 핵심적인 의제로 전면에 내세우기 시작했다. 민주주의제도가 제시하는 정치적 권리와 자유가 국내정치를 안정시키는 것을 넘어선다는 인식이 확대되었다. 민주주의의 기반이 확고해질 때 개별국가는 경제발전목표를 달성하고 국제사회는 평화를 구축할 수 있다는 목소리에 힘이 실렸다. 냉전기 동안 공산주의와 자본주의 진영 안에서만 이루어지던 국제협력의 양상도 민주주의라는 큰 틀 안에서 바뀌었다. 유엔은 민주주의를 핵심축으로 국제협력전략을 새로 짜기 시작했다.

 1980년대 후반부터 변화의 바람이 감지되었다. 신생재건민주주의국제회의(ICNRD: International Conference of New or Restored Democracies)는 유엔이 민주주의 국제협력을 처음으로 시도한 사례다. 1988년 12월 유엔총회는 신생재건민주주의국제회의를 창립하고 후원하겠다는 내용을 결정했다. 신생재건민주주의국제회의는 유엔과 긴밀하게 협력하며 유엔이 민주주의 국제협력을 진행하는 바탕이 되는 이론과 실천 틀을 마련했다. 제3차 신생재건민주주의국제회의에서 채택된 '경과재검토・권고안(Progress Review and Recommendations)'은[1] 유엔사무총장보고서의 부속문서로 채택되기도 했다.[2]

1990년대 초중반 유엔사무국을 중심으로 민주주의 의제가 중요한 안으로 논의되었다. 1992~1996년 유엔사무총장을 맡았던 부트로스 부트로스 갈리(Bourtros Bourtros-Ghali)는 보고서인 '민주화의제(Agenda for Democratization)'를 내놓았다. 유엔이 중심이 되어 민주주의 국제협력을 증진해야 한다는 것이 핵심줄기였다. 보고서는 민주주의가 평화를 보장하고 인권을 보호하며 사회경제발전을 이루는 기반이라며 민주화의 필요성을 역설했다. 보고서의 제안은 이후 유엔이 관련 프로그램을 실행하는 바탕이 되었다. '민주화의제' 보고서는 '경과재검토·권고안'보고서와 더불어 1990년대 후반 본격적으로 이뤄지는 유엔 주도 민주주의 국제협력의 기반을 다졌다.

　　유엔은 선거지원 분야에서 민주주의 국제협력을 최초로 제도화했다. 1992년 유엔은 유엔선거지원과(UNEAD: UN Electoral Assistance Division)를 설치했다. 유엔정치국(UNDPA: UN Department of Political Affairs) 산하에 설치된 이 조직은 회원국에 선거기술을 지원했다. 유엔선거지원과는 유엔이 평화구축활동을 하는 데 유엔 산하조직이나 국제선거감시단이 기술을 지원하고 보완하도록 하는 활동을 펼쳤다. 유엔선거지원과는 유엔사무국 등에서 부분적으로 진

---

1) 1994년 유엔총회는 신생재건민주주의를 공고화하기 위해 유엔이 어떤 전략과 자원을 활용할 것인지를 구체화하는 보고서를 요구했다. 1995년 말 사무총장은 '신생재건민주주의를 증진하고 공고화하는 유엔의 지원(Support by the United Nations System of the Efforts of Governments to Promote and Consolidate New or Restored Democracies)' 보고서를 제출했다. 유엔총회는 사무국차원에서 노력을 기하는 평가보고서를 한 번 더 요청했다. 1996년 10월 총회 때 사무국은 이를 반영한 보고서를 제출했는데 총회는 민주화를 지원하는 회원국에 요청에 효율적으로 대응하는 방안을 평가하는 보고서를 요청했다. 세 번째 사무총장보고서는 국가간 공동행동의 원칙과 정책에 관한 내용을 담아 제출되었다. 1998년 10월에 제출된 네 번째 보고서는 세계차원에서 민주주의를 육성할 원리와 유엔이 기여할 방안을 제시했다. 이후 1999년 10월, 2000년 10월에 내용이 보완된 보고서가 발간되었다.
2) 신생재건민주주의국제회의는 2부 제4장에서 구체적으로 다룰 예정이다.

행하던 민주주의 증진활동 중 선거지원이라는 특정 분야를 전담할 목적을 띠고 처음으로 제도화되었다는 점에서 기억할 만하다.

유엔선거지원과는 유엔의 핵심의제인 분쟁지역의 평화구축을 실현하는 일환으로 설립되었다. 유엔은 회원국이 선거지원을 요청하면 기술을 지원하는 데 중점을 뒀다.[3] 안전보장이사회가 냉전 이후 평화구축을 시도하면서 유엔선거지원과의 선거기술지원 활동이 탄력을 받았다. 안전보장이사회는 과거 캄보디아 등에서 나타난 정치불안정을 교훈삼아 앙골라와 아이티의 분쟁을 조정했다.[4] 분쟁조정활동은 식민지독립 이후 국가를 형성하는 과제(building-state)를 포괄하고 있어 유엔선거지원과의 선거지원이 중요하게 여겨졌다. 하지만 단순기술지원만으로는 수원국의 민주주의가 실질적으로 발전하고 국제협력으로 확대되는 데 한계를 지닌다는 평가가 뒤따랐다.[5]

1990년대 후반에 이르러 민주주의 국제협력은 지속가능한 인간개발의 핵심 요소로 부상했다. 국제사회가 민주주의를 확립하고 심화하는 데 동참해야 인간에 이로운 개발을 지속할 수 있다는

---

3) Ludwig, Robin, *The UN's electoral assistance: challenge, accomplishments, prospects* in Rich, Ronald &Newman, Edward, *The UN role in promoting democracy: between ideals and reality*, (Tokyo: United Nations University Press, 2002).

4) Whitehead, Lawrence, *Democratization with the benefit of hindsights: The changing international components* in Rich, Ronald & Newman, Edward, *The UN role in promoting Democracy: between ideals and reality*, (Tokyo: United Nations University Press, 2002).

5) 탄자 호헤(Tanja Hohe)는 동티모르를 예로 들며 선거지원만으로 민주주의 국제협력이 한계를 지닐 수밖에 없다고 지적했다. "민주주의의 도입이라는 측면에서 자유, 공정선거의 실행은 불충분하다. 선거는 민주주의의 목적이 실현되었음을 보여주는 지표가 될 수 없다. 표면적 의미에서 선거는 불안정한 환경만을 남긴 채, 종교적 역사적 문화적 동기에 의해 의미가 퇴색될 수 있다. 이 때 선거는 진정한 인민의 정치적 의지의 표현이라 할 수 없다." Hohe, Tanja, *Delivering feudal democracy in East Timor* in Rich, Ronald &Newman, Edward, *The UN role in promoting democracy: between ideals and reality*, (Tokyo: United Nations University Press, 2002),

목소리가 높아졌다. 이런 가운데 유네스코(UNESCO: UN Educational, Scientific, and Cultural Organization)는 '민주주의와 개발에 관한 국제토론(IPDD: International Panel on Democracy and Development)'을 창립했다. 토론은 민주주의와 개발의 상호관계를 주요 의제로 다루며 유네스코의 사업과 민주주의를 본격적으로 결합시켰다. 이와 별도로 유엔개발계획(UNDP: UN Development Program)은 민주적 거버넌스를 민주주의 국제협력의 핵심과제로 조명하며 활동을 진행했다.

유엔은 새로운 세기를 맞이하며 민주주의 국제협력을 주력사업으로 부각했다. 유엔총회는 2000년 유엔새천년선언(United Nations Millennium Declaration)을 발표했다. 선언에서 유엔은 인권의 존엄성을 실현하고 평화를 구축하는 방식으로 민주주의 국제협력의 중요성을 역설했다. 유엔은 인권과 민주주의와 굿 거버넌스를 별도의 장으로 마련해 실현 의사를 밝혔다. 그 내용 중 일부는 다음과 같다.

> V. 인권과 민주주의, 굿 거버넌스(good governance)
> 24. 우리는 민주주의를 증진하고 법치를 강화하며, 개발권(right to development)을 포함한 제반 인권과 근본적인 자유를 존중하는 데 노력을 아끼지 않을 것이다.
> 25. 그러므로 우리는 유엔세계인권선언을 존중하고 지지하며 세계에 시민권, 정치권, 경제권, 사회권, 문화권을 보호하고 증진하는 등의 활동에 주력한다.[6]

유엔은 새천년개발계획(MDGs: Millennium Development Goals)을 민주주의 국제협력의 구체적인 목표로서 실행하기로 합의했다. 2000년에 결의한 새천년개발계획은 2015년까지 세계경제와 식량위기

---

6) UN, homepage, http://www.un.org/millennium/declaration/ares552e.htm (최종검색일: 2008년 11월 15일).

에 대처하고자 유엔이 기초하고 회원국들이 결의한 의제다. 새천년개발계획은 유엔이 국제사회의 민주주의협력을 주요한 활동으로 부각시켰다는 점에서 의의가 있다. 여덟 가지 목표는 세계의 빈곤문제를 해결하기 위해서는 국제사회가 공동으로 대처하는 지혜를 발휘해야 한다는 인식에 기초했다. 국제사회의 지원으로 개발도상국이 굿 거버넌스를 구축하고 이로써 경제개발을 이룬다는 인식은 2000년대 국제행위자들의 주요한 화두로 부상했다.[7]

유엔은 유엔이 민주주의 국제협력을 고양하는 데 힘을 쏟도록 유엔민주주의기금(UNDEF: UN Democracy Fund)을 설립했다. 2001년 유엔총회결의안56/96(Resolution 56/96)은 유엔이 민주주의를 공고화하려는 회원국의 노력을 효과적으로 지원할 전략을 세워야 한다고 요구했다. 이어 2004년 조지 부시 미 대통령은 유엔민주주의기금이 창설되어야 한다고 주장했다. 이를 바탕으로 2005년 새천년5자정상회의(Millenium+5 Summit)는 유엔민주주의기금 창설에 합의했다. 기금은 민주주의의 가치가 개발과 인권신장과 상호 의존관계에 있다는 것을 전제로 민주주의 국제협력을 심화하는 것을 목표로 활동했다.

유엔은 민주주의 국제협력에 대한 합의를 기반으로 관련 활동을 제도화했다. 냉전 이전부터 국제사회의 평화구축을 목표로 다양한 활동을 했던 유엔은 냉전 이후 본격적으로 민주주의증진활동을 펼쳤다. 공산주의와 대립하는 개념이 아닌 전 세계의 지속가능한 발전과 평화구축이라는 목표를 추진하는 과정으로서 민주주의가 논의되기 시작했다. 유엔은 개발과 평화유지활동을 민주주의제도와 구체적으로 결합했다. 1990년대를 지나 2000년대인 현재 유엔은 국제사회라는 세계지도 안에서 민주주의 국제협력을 조직하고 꾸리는 주요 행위자로서 행보를 옮겼다.

---

[7] UN, *Road map towards the implementation of the United Nations Millennium Declaration: Report of the Secretary-General*(A/56/326), (2001) p.25.

〈표 38〉 유엔 새천년개발계획[8]

| | 내용 | 세부목표 |
|---|---|---|
| 목표1 | 극심한 빈곤과 굶주림 감소 (Eradicate extreme poverty and hunger) | • 1990년 대비 2015년까지 하루소득 1달러 미만인 사람과 굶주림으로 고통받는 사람의 비율을 각각 절반으로 줄인다. |
| 목표2 | 초등보통교육달성 (Achieve universal primary education) | • 2015년까지 성별에 관계없이 모든 아동이 초등교육 전 과정을 이수할 수 있도록 지원한다. |
| 목표3 | 성평등 증진과 여성 역량강화 (Promote gender equality and empower women) | • 되도록 2015년까지, 2015년이 되기 전에 초중등교육의 모든 과정에서 성차별을 줄인다. |
| 목표4 | 영아사망감소 (Reduce child mortality) | • 1990년 대비 2015년 5세 미만 영아사망률을 2/3까지 줄인다. |
| 목표5 | 모성보호 (Improve maternal health) | • 1990년 대비 2015년 모성사망비율을 3/4까지 줄인다. |
| 목표6 | 에이즈, 말라리아 등 퇴치 (Combat HIV/AIDS, malaria and other diseases) | • 2015년까지 에이즈, 말라리아, 기타 주요 질병의 확산을 각각 막는다. |
| 목표7 | 환경의 지속가능성 보장 (Ensure environmental sustainability) | • 지속가능한 개발의 원칙을 국가정책에 반영하고 환경자원의 손실을 막는다.<br>• 2015년까지 안전한 식수를 지속적으로 얻지 못하는 사람들의 비율의 증가를 막는다.<br>• 2020년까지 최소 100만 명의 슬럼거주자들의 삶의 질을 개선한다. |
| 목표8 | 국제개발협력 개발 (Develop a global partnership for development) | • 개방되고 법에 의해 통치되며 예측가능하고 비차별적인 무역·금융제도를 심화해 개발한다.<br>• 저개발국, 개발 중인 내륙국가와 소규모 도서 국가의 특별한 요구를 의제로 다룬다.<br>• 국내외 수단을 활용해 개도국의 부채문제를 광범위하게 다룬다.<br>• 개도국과 협력해 청년에게 중요하고 생산적인 일들에 관한 전략을 개발하고 수행한다.<br>• 제약회사와 협력해 개도국에 필수적인 의약품을 구매 가능한 가격으로 공급한다.<br>• 민간영역과 협력해 정보통신기술과 같은 새로운 기술의 이로움을 활용한다. |

8) UN, *Implementation of the United Nations Millennium Declaration: Report of Secretary-General*, (2002) pp.21~34.

### 기대에 못 미친 유엔의 활동

유엔은 민주주의증진의 목적과 방식의 방향을 고민하고 자기반성하면서 활동을 개선해 갔다. 유엔은 단기적인 응급지원에서 중장기적인 제도구축 지원으로 활동방향을 변경했다. 수원국의 시민들이 능동적으로 제도를 운영하도록 시민역량을 강화해야 한다는 결론도 도출되었다. 유엔은 이를 바탕으로 수많은 활동을 시도했다. 앞으로 살필 유엔의 산하조직들은 유엔의 민주주의 국제협력활동이 진화하는 여정을 보이는 이정표이기도 하다.

하지만 유엔은 민주주의 증진활동을 추진하면서 한계점에 부딪혔다. 유엔이 민주주의 국제협력 현장에서 활동폭을 넓혀야 한다는 목소리가 커지고 있지만 유엔이 활용할 수 있는 자원은 제한되었다. 가령 유엔선거지원과(UNEAD)는 유엔의 선거지원활동을 총괄하지만 소규모조직이라 가용자원이 부족했다. 가장 진화한 형태의 활동을 하는 유엔민주주의기금도 다른 산하조직에 비해 자금력이 달렸다. 게다가 개별국가에 비해 유엔은 수원국과 교섭하고 현장에 기술을 적용하는 능력이 다소 뒤쳐졌다. 인적·물적 자원의 한계는 국제사회의 조정자라는 국제사회의 기대를 충족시키지 못했다.

유엔은 주권침해소지를 피하는 차원에서 소극적인 수준에서 활동하는 경우가 많았다. 유엔이 실시하는 프로그램은 대체로 수원국 정부와 협력하는 형태였다. 비민주적인 정권이 권력을 쥐고 있어도 유엔이 수원국에 민주주의 증진활동을 꾸릴 의지나 역량을 가진 시민사회단체나 정당을 직접 지원하는 것은 원칙상 어려운 일이었다. 개별국가의 연합체라는 유엔의 위상도 주권의 담지자인 수원국 정부에 지나치게 개입하지 못하는 한계를 가져왔다. 이런 이유로 유엔의 활동이 다른 행위자들의 성과에 비해 눈에 띌만한 내용이 없다는 평가가 내려지기도 했다.[9]

유엔은 민주주의 국제협력의 한계를 극복할 비전을 찾기 위해 노력하고 있다. 최근 유엔은 지원전략의 목표를 하향조정하는 방향을 모색하고 있다. 민주주의 국제협력에서 유엔이 결정적(decisive)인 기능을 하기보다 다른 행위자들의 활동을 보완하는(complementary) 기능을 한다는 내용이다. 유엔이 다양한 국제행위자들이 적극적으로 활동하도록 보완할 때 협력효과가 증대된다는 전망에 따른 것이다. 현재 유엔이 당면한 과제는 민주주의 국제협력을 활성화시킴으로써 극복될 것으로 예상된다는 의견에 귀를 기울일 만하다.

---

9) Edward Newman, *UN democracy promotion: comparative advantage and constraint* in Rich, Ronald &Newman, Edward, *The UN role in promoting democracy: between ideals and reality*, (Tokyo: United Nations University Press, 2002).

# 유엔이 구상한 민주주의

냉전과 민주주의

유엔이 민주주의 국제협력을 주요 의제로 다룬 역사는 비교적 짧다. 냉전기의 국제관계 속에서는 유엔이 민주주의를 독립적인 주제로 다루기 어려운 측면이 있었다. 이를 반영해 유엔은 민주주의의 개념을 구체적이고 적확하게 언급하지 않았다. 매년 각종 헌장과 인권조약이 나왔지만 민주주의를 직접적으로 정의하는 부분은 거의 없었다. 하지만 유엔이 민주주의의 기본가치를 지향하고 있다는 단서는 여러 문서에서 확인할 수 있다.

유엔헌장전문(Charter of the United Nations)과 유엔세계인권선언 (Universal Declaration of Human Rights)에는 유엔이 추구하는 민주주의의 기본가치가 담겨있다. "유엔의 일원인 우리들은…(We the peoples of the United Nations…)"10)으로 시작하는 유엔헌장전문의 도입부는 '인민'개념을 담았다고 평가받았다. 인민의 의지(the will of the people)가 개별주권국가와 주권국가의 연합체인 유엔의 합법적 권위의 기반이라는 논리다.11) 1948년 결의된 유엔세계인권선원의 제21조 역시 민주주의의 가치를 담았다고 평가받았다. 이 조항은 '시민권

---

10) UN, homepage, http://www.un.org/aboutun/charter/preamble.shtml (2008년 11월 9일).
11) Joyner, Christopher, "*The United Nations and Democracy,*" *Global Governance*, (Vol.5, No.3, 2000).

과 정치적 권리에 관한 국제협약(ICCPR: International Covenant on Civil and Political Rights)'에서 수정·종합되었다. 1996년 유엔정치권리위원회(UN Human Rights Committee)는 세계인권선언 제21조에 관한 일반논평(General Comment)을 채택해 시민들의 공적의사결정과정참여를 강조했다.12)

〈표 39〉 유엔인권선언 제21조와 시민권과 정치권리에 관한 국제협약 제25조 내용13)

|  | 세부내용 |
|---|---|
| 유엔인권선언 제21조 | 1. 모든 사람은 직접 또는 자유롭게 선출된 대표를 거쳐 자국의 통치에 참여할 권리를 가진다.<br>2. 모든 사람은 자국의 공무에 취임할 권리를 동등하게 가진다.<br>3. 국민의 의사는 정부권위의 기초다. 국민의 의사는 보통·평등선거권에 의거해 비밀투표 또는 이와 동등한 수준의 자유로운 투표절차에 따라 실시되는 정기적인 선거를 통해 표현된다. |
| 시민권과 정치권리에 관한 국제협약 제25조 | 모든 시민은 제2조에서 규정하는 차별이나 불합리한 제한을 받지 아니하며 다음에 제시한 권리와 기회를 가진다.<br>(a) (시민이) 직접 또는 자유롭게 선출한 대표자를 통해 정치에 참여하는 것.<br>(b) 보통·평등선거권에 의거에 비밀투표가 이뤄지고 선거인이 자유롭게 의사를 표명하도록 보장하는 정기적인 선거에서 투표하는 것.<br>(c) 일반적으로 평등한 조건에서 자국의 공무에 취임하는 것. |

이 외에 1960년 결의된 식민지독립선언(Declaration on Granting

---

12) 유엔의 인권 규약에 따른 기구들이 국제 민주주의 규범 형성에 기여한 바에 대해서는 민주주의 국제협력에 대한 유엔의 역할 부분에서 후술하기로 한다.
13) UN, homepage, http://www.un.org/Overview/rights.html ; UNHCR, homepage, http://www.unhchr.ch/html/menu3/b/a_ccpr.htm (최종검색일: 2008년 11월 9일).

Independence to Colonial Countries and Peoples)도 민주주의의 가치를 담았다고 거론된다. 식민지독립선언은 신생독립국가가 민주주의제도를 확립함으로써 인민이 자유롭게 정치 환경을 결정할 권리를 지닌다고 명시했다.14) 신생독립국가가 정치, 경제, 사회영역 전반에 걸쳐 자결권을 행사해야 한다는 내용이다. 이 부분을 근거로 냉전기에 이미 유엔이 민주주의증진에 관한 기본원칙을 지향해야 할 가치로 정립했다고 파악하는 사람들도 있다.15)

'민주화 의제'-민주주의 국제협력을 유엔의 목표로 정립16)

1996년 부트로스 갈리 사무총장이 제출한 '민주화 의제(Agenda for Democratization)' 보고서는 유엔 차원에서 민주주의를 분석한 최초의 시도다. 보고서는 민주주의를 직접적으로 정의하지는 않았지만 현실에서의 민주주의 증진노력은 계속되어야 한다고 제안했다. 보고서는 각 사회의 특수한 상황에 따라 민주주의가 다양한 양상으로 발전한다는 것을 누누이 강조했다.17) 보고서는 유엔은 개별국가의 공식적인 요청에 의거해 현지주도(local initiative)로 진행하는 민주화과정을 지원한다는 입장을 밝혔다. 또한 헌정제도구

---

14) UNHCHR, homepage, http://www.unhchr.ch/html/menu3/b/c_coloni.htm (최종검색일: 2008년 11월 9일).
15) Joyner, Christopher, (2000).
16) Boutros-Ghali, Boutros, *"Agenda for Democratization"*, (United Nations, 1996) http://www.nigd.org/towards-a-global-civil-society/NRD/an-agenda-for-democratization.pdf
17) 이와 관련된 언급은 보고서 전반에 걸쳐 지속적으로 나타났다. 민주주의 국제협력이 제기할 수 있는 내정간섭에 대한 우려를 불식하려는 노력으로 평가할 수 있다. "해외제도의 강요는 내정에 개입하지 않는다는 유엔헌장의 원칙을 저촉한다(imposition of foreign models…contravenes the UN Charter principle of non-intervention in internal affairs)", "특정한 상황에서 민주주의를 증진하는 민주화나 민주주의의 형태가 하나가 아니라는 부인할 수 없는 사실(undeniable fact there is no one model of democratization or democracy or to promote democracy in a specific case)" 등이 그 예다.

축에 필요한 기술지원, 사법제도와 법치질서의 확립, 군의 중립화, 인권증진제도구축, 시민사회육성 등을 포괄하는 현실지원방식을 추천했다.

'민주화 의제'보고서는 민주주의의 개념을 정의하기보다 민주화의 방향성을 제시하는 방식을 취했다. 보고서에 담긴 민주주의 체제의 현실적인 가치는 유엔이 사고하는 민주주의의 상이 무엇인지를 그릴 수 있게 한다. 그 내용은 다음과 같다. 첫째, 국가는 민주주의제도화에 반드시 필요한 자유롭고 공정한 선거를 치르는 환경을 조성한다. 둘째, 인민의 의지를 바탕으로 정치적 권리가 형성되며 모든 국민은 정치에 참여할 권리를 가진다는 합의가 형성되어야 한다. 이를 기반으로 정치 갈등을 비폭력적으로 해결하고 민주적인 절차를 거쳐 정권을 교체하며 정치적 소수자의 권리를 보호하는 등의 원칙을 실현할 수 있다. 셋째, 민주주의증진과 사회경제적 발전이 결합되어야 한다.

부트로스 갈리의 보고서는 민주주의 국제협력을 유엔이 추구해야 할 목표로 각인시켰다는 점에서 의미가 있다. 유엔이 추구하는 상위가치인 평화, 안보, 인간개발, 인권과 민주주의를 결합시킴으로써 보편적인 체제로서 민주주의를 제시했다.[18] 일부 회원국들이 그 내용에 반발하고 안보개발이슈에 비해 크게 주목받지는 못했지만 유엔의 공식적인 역할을 언급했다는 점에서 보고서는 그 중요성을 인정받았다. 이에 더해 유엔사무총장이 유엔이 민주주의 국제협력에 동참하는 데 결정적인 영향을 끼쳤다는 점에서도 주목할 만하다. 사무총장이 민주주의에 관해 확고한 의지를 가지고 리더십과 도덕적 권위를 활용해 민주주의증진을 세계의제로

---

18) Simon, Rushton, *The UN Secretary-General and norm entrepeneurship: Boutros Boutros-Ghali and democracy promotion*, Global Governance, (Vol. 14, 2008) pp.95~110.

제시한 첫 시도였기 때문이다.19) 이는 코피 아난(Kofi Anan) 사무총장이 민주주의의 확대를 유엔의 핵심활동으로 천명하는 거름이 되었다.

경과재검토권고안-민주주의 국제협력의 기본 틀20)

경과재검토권고안(Progress Review and Recommendations)은 유엔이 민주주의 국제협력을 제도화하는 중요한 계기였다. 앞서 살폈듯이 권고안은 신생재건민주주의국제회의의 요청에 따라 작성된 '신생재건민주주의를 증진하고 공고화하는 유엔의 지원'보고서21)의 부속문서로 채택되었다. 경과재검토권고안은 유엔이 추구하는 민주주의 국제협력의 기본 틀을 확정하는 계기였다. 보고서는 크게 네 가지 영역으로 민주주의 국제협력을 나눠 따로 접근하는 시각을 드러냈다. 인권과 법치(human right and rule of law), 정치참여와 정당정치(participation and political party), 정보접근과 투명성(access to information and transparency), 민주주의문화(democratic culture)의 내용은 다음과 같다.

경과재검토권고안은 인권과 법치를 민주주의의 근간으로 간주했다. 문서는 개발도상국에서 아동, 여성 등 사회적 소수자들을 포함한 주민의 인권이 보호받도록 유엔이 활동할 필요성을 강조했다. 법치는 인권을 보호하는 실질적인 장치로서 언급되었다. 사법제도를 개혁해 독립적이고 공정하고 전문적인 지식과 기술을

---

19) *Ibid.*
20) 이 문서는 1997년 9월 2일에서 4일까지 루마니아 부쿠레슈티에서 열린 신생재건민주주의국제회의 본회의에서 채택되었으며, 1997년 9월 11일 유엔총회에 제출되었다. (UN Doc. A/52/334)
21) UN, *Support by the United Nations System of the Efforts of Governments to Promote and Consolidate New or Restored Democracies(A/RES/49/30)*, http://www.un.org/documents/ga/res/49/a49r030.htm (최종검색일: 2008년 11월 9일).

책임 있게 활용함으로써 인권을 증진한다는 논리다. 또한 법치는 부패를 방지하고 마약밀수나 자금세탁 같은 조직적인 범죄를 근절해 민주주의의 발전을 유도할 요소로도 주목받았다. 개도국에 당근과 채찍을 동시에 구사해 범죄를 효과적으로 줄이는 기능을 유엔이 해야 한다는 결론이 도출되었다.

경과재검토권고안은 실질적인 정치참여가 자기 삶을 스스로 결정하는 방식이라고 언급했다. 자유롭고 공정하며 정기적으로 꾸준히 치러지는 선거는 민주주의의 가장 기본단계로서 거론되었다. 정당의 제도화는 선거의 제도화와 맞물리는 과정으로 주목받았다. 정당은 해당 사회의 정치적 의견을 광범위하게 수렴하는 발판으로 인식되었다. 당내민주주의는 의견수렴과정을 투명하게 확보하는 과정으로서 그 중요성을 인정받았다. 이와 별도로 보고서는 분권화(decentralization) 또한 주요과제로 언급했다. 정치경제사회의 자원이 지방정부에 이전되면 시민들이 주요결정과정에 참여하고 영향을 끼치는 정도가 증대되기 때문이다. 정당 제도화와 지방자치는 시민이 정치에 참여하는 통로를 확대하는 차원에서 선거의 짝으로 조명을 받았다.

정부의 책임성을 높이는 차원에서 정부의 행정과정과 정책내용을 투명하게 밝히는 과정은 중요하다. 경과재검토권고안은 정보공개절차를 투명하게 밝히는 과정을 제도화할 것을 요구했다. 이 문서는 정부는 시민이 정보공개를 요청하면 예산, 세입·세출내역, 입법내역 등에 공개할 역량을 구축해야 한다고 강조했다. 권고안은 언론의 감시가 정부의 투명성을 높이는 데 기여할 것이라고 의견을 밝혔다. 독립적인 언론이 자유롭고 비판적으로 주요의제를 공론화해 시민의 의사가 왜곡되지 않도록 기여할 수 있다는 내용이다.

민주주의문화는 정치 갈등을 평화적으로 해결하고 개인의 인권을 보호하는 민주주의의 보루다. 경과재검토권고안은 시민교육(Civic Education)을 민주주의문화를 정착시키는 요소로서 강조했다. 시민교육이 시민들에게 인권과 민주적인 권리의 중요성을 각인시킬 수 있기 때문이다. 시민교육은 개개인이 정치적인 행위자인 동시에 사회구성원으로서 민주주의를 발전시키도록 소양을 키우는 자원을 배분한다. 이를 바탕으로 앞에서 언급한 법치, 정치참여확대, 정부의 책임성 강화 등 민주주의의 조건이 건강하게 뿌리를 내릴 수 있다. 요컨대 경과재검토권고안은 1990년대 초중반 제기된 민주주의 국제협력에 관한 논의를 종합해 민주화의제 보고서를 구체화하는 밑그림을 그린 셈이다.

현재진행형인 민주주의 국제협력의 밑그림

유엔은 1990년의 문턱을 넘어서며 민주주의의 얼개를 구체화해 주요사업으로 추진했다. 앞에서 살핀 보고서는 유엔의 활동성과로 언급될 만하다. 하지만 유엔사무국, 특히 사무총장 주도로 제시한 민주주의구상은 아직 큰 얼개 수준에 머물러 있다. 각 회원국들은 각기 처한 입장에 따라 민주주의 국제협력에 관해 입장을 달리했다. 민주주의를 지향하더라도 구체적인 활동방향에 대해서 대립하는 경우도 발생했다.

일례로 유엔인권위원회(UNCHR: UN Commission on Human Right)[22]에서 채택한 일련의 결의안들은 서구와 비서구 사회의 입장차를

---

[22] 유엔인권위원회는 1946년 유엔경제사회이사회의 산하기구로 설치되었다. 2004년 12월 코피 아난 당시 유엔사무총장 산하 '위협·도전·변화에 관한 고위급회의(High-Level Panel on Threats, Challenges and Change)'에 유엔인권위원회를 유엔인권이사회로 격상한다는 권고안이 제출되었다. 이사회 구성의 자격요건을 두고 미국이 강력히 반대했으나 결국 2006년 3월 15일 찬성 170, 반대 4라는 압도적인 표차로 유엔인권이사회 출범이 결정되었다. 이러한 조직의 위상변화는 과거 안보와 개발에 집중하던 유엔이 인권과 민주주의를 핵심의제로 중시한다는 것을 보여주는 상징이다.

드러낸 바 있다. 2001년에 채택된 두 개의 결의안은 그러한 입장차를 드러냈다. '결의안2001/41'은 서구식의 '자유롭고 공정한 선거'를 민주주의의 핵심적인 특징으로 제시했다. '결의안2001/65'는 '민주적이고 평등한 국제질서'를 중심으로 민주주의의 경제사회적 측면을 강조했다. 결의안2001/65는 제3세계의 입장을 반영해 개발권, 환경권, 천연자원에 관한 주권 등을 민주주의 개념의 일부로 정의했다. 회원국은 두 결의안을 두고 호불호가 명확히 갈렸다. 한쪽 결의안에 찬성한 측은 다른 쪽 결의안에 반대해 양측의 입장차가 상당하다는 것을 드러냈다.23)

유엔은 민주주의를 하나의 확고한 개념으로 정립하거나 합의하지 못했다. 다만 추상적인 수준에서나마 민주주의의 가치와 민주주의 국제협력의 필요성은 국제사회의 공감대를 얻었다. 유엔은 냉전이후 민주주의 국제협력을 주요활동으로 주시하면서 실행에 옮기려 시도했다. 국제사회는 유엔이 마련한 틀 안에서 민주주의 국제협력을 핵심의제로 다루고 행동하는 시대를 맞이했다. 유엔 회원국은 민주주의 국제협력을 각자의 입장에 따라 적극적으로 해석하며 활동했다. 자국의 이해를 일정부분 반영하려는 목적을 갖고 유엔의 활동에 기민하게 대처하는 국가들도 점차 늘어나는 추세다.

---

23) 민주주의 국제협력이 제도화된 결과물인 유엔민주주의기금 설치 과정에서도 각국의 입장차는 드러났다. 새천년5자정상회의(Millenium+5)는 민주주의란 '정치·경제·사회·문화 제도를 결정하는 자유로운 의지의 표현이자 인민이 자기 삶에 완전히 참여하는 것에 기초한 인류보편의 가치'라고 강조했다. 하지만 민주주의는 일정한 모델을 지칭하는 것이 아니며 '한 국가나 지역에 국한되는 형태가 아닌' 것이라고도 강조했다.

# 유엔이 추진한 민주주의 국제협력

인권 · 평화 · 개발과 민주주의24)

유엔은 물밑에서 광범위하게 민주주의 국제협력 활동을 진행했다. 유엔사무국과 산하기구들은 세계의 민주화를 추구하는 활동을 벌였다. 그 결과 어느 정도 정립된 기준은 정치적 소수자를 보호하는 국제인권규약을 산출하며 민주주의 발전의 토양을 마련했다. 유엔은 총회회원국에 일정한 자격을 부여해 민주화를 촉진하기도 했다. 1990년대 아이티, 시에라리온, 캄보디아, 아프가니스탄, 라이베리아가 가입을 요청했을 때 유엔총회의 가입비준위원회(Credential Committee)는 이를 반려해 민주적으로 선출된 정부를 전복한 비민주성을 제재한 바 있다. 유엔은 인권침해, 민주주의체제의 전복 등을 비판하고 권고안을 제시하며 민주주의발전에 기여했다.

유엔은 민주주의제도를 구축하려는 활동을 지속했다. 유엔은 법 · 기술 · 재정 부분을 지원하는 한편 자문(advice), 활동 감시, 연구 · 정책개발, 시민교육 등의 프로그램을 꾸렸다. 유엔은 국제행위자들을 대상으로 다양한 규모의 회의를 개최하거나 후원해 민

---

24) Griffin, Matthew, "*Accrediting democracies: Does the credential committee of United Nations promote democracy through its accreditation process and should it?*", New York University Journal of International Law and Politics, (Vol.32, n.3, 2000).

주주의를 증진하기 위한 이해의 기반을 넓혔다. 현재 인권과 관련해서는 어느 정도 확립된 국제기준을 민주주의의 영역으로까지 확대하려는 시도가 계속되고 있다. 유엔은 선거지원(electoral assistance)을 중심으로 민주주의 국제협력의 범위를 넓혀가고 있다.

유엔이 수행한 민주주의 국제협력은 크게 세 가지 맥락으로 정리될 수 있다. 우선 유엔의 제반활동은 그 자체로 인권을 보호하고 증진할 목적을 띠었다는 점에서 민주주의 국제협력과 맞닿아 있다. 유엔은 창립 초기부터 인권과 관련한 규범을 국제법 수준으로 발전시켰다. 인권을 보장하는 제도로서 법치(rule of law)를 확립하고자 노력했다. 2000년대에는 새천년개발계획을 공표하며 인권에 기초한 개발(development based on human right)을 제시했다. 유엔의 국제개발협력을 비롯한 모든 활동은 인권의 주류화(mainstreaming human right)를 바탕으로 활동했다.

다음으로 유엔의 평화구축활동(peace-building)은 민주주의 국제협력의 기반이 되었다. 신생민주주의국가들의 갈등을 해소하고 평화를 정착시키는 과정은 정치사회제도의 개혁을 의미했다. 비합리적인 방식으로 특정집단이 권력에서 배제되지 않도록 민주적인 체제로의 체질개선이 필요했기 때문이다. 유엔은 이해를 달리하는 집단들이 평화적으로 갈등을 해결하도록 지원했고 그 과정에서 민주주의제도의 기틀이 점차 자리 잡을 수 있었다. 정치사회 안정이 주민들의 삶의 기반을 보호한다는 점에서 평화구축은 민주주의 국제협력의 중요한 요소로 기능했다.

마지막으로 유엔은 개도국의 개발과 민주주의의 관련성에 주목했다. 유엔은 개도국의 빈곤을 줄이고 지속적인 발전을 이루는 과정에서 굿 거버넌스(good governance)의 중요성을 강조했다. 유엔은 공공정책을 개발하고 결정하고 집행하는 거버넌스의 효율성을 중시했다. 최근 개발의 성과를 공정하게 분배하고 관리하는 차원의 중요성을 언급하는 민주적 거버넌스(democratic governance)로 논의를 확장했다. 유엔은 정치사회제도의 효율성과 투명성을 바탕으로 개발의 성과를 합리적으로 나눔으로써 사회의 부와 민주적인 합의를 동시에 구축하고자 했다. 새천년개발계획은 민주주의를 확립하려는 유엔의 관심사로서 추진되고 있다.

유엔은 인권, 평화, 개발이라는 다른 주요 의제들과의 연관 속에서 민주주의 국제협력을 추진했다. 유엔 산하조직들은 다른 국제조직들과 협력하면서 국제사회의 민주화를 모색했다. 민주주의 국제협력 활동은 2005년 유엔민주주의기금으로 제도화되면서 유엔의 핵심과제로 부상하기에 이르렀다. 다만 인권증진, 평화구축, 개발 등의 분야와 민주주의 국제협력에는 교집합뿐만 아니라 차집합영역도 있다. 민주주의 국제협력이 다른 영역과 공유하지 않는 나름의 특수성이 무엇인지 파악하는 것은 유엔이 관련된 활동을 풍부하게 발전시키는 자양분이 될 것이다.

시민의 합의가 민주정부의 기초

유엔은 국제인권규범에 입각해 인권과 시민의 자유를 보호하는 법과 제도를 구축하는 활동을 펼쳤다. 시민권 보호는 민주화이행에 반드시 필요한 과정이다. 개개인이 가지는 기본권을 존중함으로써 특정 사회의 공동체는 민주적인 시민사회로 발전할 수 있다. 유엔은 인권선언을 구체적으로 실현할 공식적인 법과 제도를 구축해 민주주의의 기반을 실체화했다. 유엔은 산하조직과 국제인권규약기구를 활용해 국제사회가 법치를 지원하고 확대하도록 민주주의 국제협력의 기반을 넓혔다.

유엔 산하조직인 인권고등판무관(UNHCHR : UN High Commissioner for Human Rights)은 민주주의 국제협력을 추진하는 핵심적인 축이다. 인권고등판무관은 국제인권규범과 국내법제도가 합치하도록 관련 기술을 지원했다. 사법제도나 국가인권위원회처럼 인권과 민주주의를 강화하는 제도가 역량을 강화하도록 지원하는 프로그램도 운영했다. 유엔인권고등판무관은 민주화 이행단계에서 헌정질서를 구축하는 데 필요한 기술을 지원하고, 난민이나 이주자 같은 인권취약계층을 보호하는 제도를 구축하는 프로그램을 진행했다. 유엔이 주도하는 선거지원프로그램에 동참하면서 선거법에 포함된 인권문제를 개선하는 기술을 제공하거나 공직자나 일반시민을 대상으로 교육을 실시했다. 합리적인 제도를 바탕으로 시민과 공직자가 상호 신뢰하는 관계를 형성하는 데 기여했다.

유엔의 국제인권규약기구들은 국제기준에 부합하는 인권을 민주주의와 연결시키는 활동을 펼쳤다. 유엔의 관련 기구들은 인권규약에 가맹한 국가들이 민주주의를 실천하도록 강제했다. 여러 기구들이 인민의 자기결정권을 근간으로 일반시민의 정치참여를 민주주의의 기반으로 제시했다. '시민권과 정치적 권리에 관한 국제협약(ICCPR: International Covenant on Civil and Political Rights)'은 정치적 자유와 권리를 폭넓게 보장해야 한다고 밝혔다. 특히 제14조는 법 앞에서 만인이 평등하고 공정한 절차를 거쳐 의견을 조정한다는 원리를 제시했다.

유엔정치권리위원회(UN Human Rights Committee)는 일반논평(general comments)과 최종견해(concluding observation)를 발표해 정치참여와 법치의 관련성을 강조했다.[25] 유엔정치권리위원회는 '시민권과 정치적 권리에 관한 국제협약'의 규약기구로서 본 규약이 민주주의 규범을 포괄한다고 보았다. 일반논평25(General Comment No.25)는 본 규약 제25조[26]가 시민의 합의를 민주적인 정부의 기초로 조명했

---

[25] 일반논평(general comments)은 규약을 해석한 결과물로서 규약의 실질적인 적용을 목적으로 하며, 최종견해(concluding observation)는 인권보고서에 기초한 인권권고안이다.
[26] '시민권과 정치적 권리에 관한 국제협약' 제25조는 모든 시민은 제2조에

다고 언급했다. 이런 맥락에서 정치권리위원회는 다당제와 다원주의를 기반으로 한 민주주의제도와 자유롭고 공정한 선거제도를 비롯해 언론의 자유와 여성의 참여증진의 필요성을 제기했다. 이와 동시에 삼권분립의 기반이 취약하면 인권이 침해되는 상황이 발생한다는 것도 경고했다.

이 외에도 다양한 인권규약기구들이 시민의 정치참여를 강조하는 데 한목소리를 냈다. 경제사회문화권리위원회(CESCR: Committee on Economic, Social, Cultural Rights)는 시민이 사회에 참여하고 공적감사(public audit)를 실시할 권리를 조명했다.[27] 인종차별철폐위원회(CERD: Committee on the Elimination of Racial Discrimination)는 원주민의 공적 의사결정보장을 비롯한 차별 없는 참정권의 중요성을 강조했다.[28] 여성차별철폐위원회(CEDAW: Committee on Elimination of Discrimination Against Women)는 여성의 정치참여를 구조적으로 차별하는 제도를 비민주적인 것으로 규정했다.[29] 유엔의 인권규약기구들은 모든 시민들이 차별 없이 정치과정에 참여하도록 독려해 민주주의의 가치를 실현하고자 했다.[30]

---

규정하는 어떠한 차별이나 불합리한 제한을 받지 아니하며 다음의 권리를 가진다고 규정했다. (a) 직접 또는 자유롭게 선출한 대표자를 통해 정치에 참여할 권리. (b) 선거인이 자유롭게 의사를 표명하도록 보장하는 보통·평등·비밀선거에서 투표하거나 피선될 권리. (c) 일반적인 조에서 자국의 공무에 취임할 권리.

27) 경제사회문화권리위원회는 '경제사회문화권리에 관한 국제협약(ICESCR: International Covenant on Economic, Social, Cultural Rights)'의 규약기구다.
28) 인종차별철폐위원회는 '모든 형태의 인종차별 철폐에 관한 국제협약 (International Covenant on the Elimination of All Forms of Racial Discrimination)'의 규약기구다.
29) 여성차별철폐위원회는 '모든 종류의 여성 차별 철폐에 대한 국제 규약 (International Covenant on the Elimination of All Forms of Discrimination Against Women)'의 규약기구다.
30) OHCHR, *"Continung Dialogue on Measures to Promote and Consolidate Democracy", Report submitted in 55th session of Commission on Human Rights*, (E/CN.4/2003/59).

유엔은 인권의제와 관련된 활동을 광범위하게 실행했으며 민주주의 국제협력의 연결고리를 수없이 만들었다. 지금까지 살핀 인권기구와 규약기구들의 활동은 유엔의 활동 중 극히 일부분에 불과하다. 유엔개발계획, 유네스코, 유니세프 등이 언론의 자유를 증진하는 활동을 펴는 등 유엔의 모든 조직들이 민주화와 관련된 활동을 직간접적으로 실행해 왔다. 유엔의 민주주의 국제협력 활동을 하나의 틀로 뭉뚱그리기에는 한계가 따른다. 하지만 유엔이 실시한 선거지원과 제도구축 활동을 바탕으로 유엔의 민주주의 국제협력을 일부분이나마 파악할 수 있을 것이다.

# 선거지원으로 민주주의의 기초를 다지다

### 선거지원 활동의 확대

유엔의 선거지원(Electoral Assistance) 역사는 길지만 1990년을 전후로 성격이 크게 달라졌다. 창립 직후부터 1989년 이전까지 유엔은 갓 독립한 식민지가 평화적으로 민주주의체제로 이행하는 차원에서 선거를 지원했다. 유엔은 독립국가 건설과정에서 독립여부를 묻는 국민투표(referendum)를 감시했다. 국민투표는 수원국 주민의 의사를 확인하는 평화적인 과정으로서 중시되었다. 하지만 유엔은 국가형성기인 지역에서만 한정적으로 선거지원 활동을 벌였다. 주권국가의 경우 유엔의 선거지원 대상에서 제외되었다.

냉전이 종료되자 유엔은 과거보다 적극적으로 선거지원 활동을 펼치기 시작했다. 평화구축과 분쟁해소활동을 적극적으로 실행해야 한다는 요구가 민주주의 국제협력의 제도화와 맞물리면서 선거지원이 중요한 수단으로서 주목을 받았다. 1988년부터 1991년까지 앙골라, 캄보디아, 엘살바도르, 모잠비크, 니카라과에서 평화조약이 체결된 이후 유엔은 이들 국가에서 선거를 조직하고 실행하고 감시하는 임무를 맡았다. 이전까지 주권국가 내에서 선거지원을 해본 경험이 없던 유엔은 국제사회의 대표로서 민감한 사안에 개입할 책임을 부여받았다. 유엔은 새로운 방식의 선거지원활동을 강구해야 할 상황에 직면했다.

유엔은 주권국가의 내정을 간섭할 수 있다는 우려를 불식시켜야 할 과제를 안았다. 유엔은 선거를 지원하는 가이드라인을 명확히 마련해 주권침해소지를 없애고자 했다. 유엔은 특정국가의 정부가 공식적으로 요청하는 경우에만 유엔이 선거지원 활동을 실시한다는 절차를 명시했다. 선거가 일정규모 이상으로 치러져야 하는 경우 안전보장이사회의 승인을 받아야 하는 내용도 삽입했다. 유엔은 이해관계가 다른 행위자들이 동의할 수 있도록 구체적인 절차를 제시해 논란을 최소화했다.

유엔이 선거지원 주무부처를 설치하는 과정도 논란의 연속이었다. 초기 주무부처를 설치할 조직으로 유엔사무국의 정치국과 인권고등판무관실을 두고 논쟁이 벌어졌다. 선거지원을 평화구축의 일환으로 제한하느냐, 인권과 민주주의증진이란 차원에서 접근하느냐에 따른 입장차였다. 두 시각 중 전자는 정치국을, 후자는 인권고등판무관실을 각각 지지했다. 1990년대 초반에는 유엔이 민주주의 국제협력에 관한 논의가 막 제기되었던 시점으로서 유엔의 전통적인 임무인 평화구축에 무게가 실렸다. 선거지원을 맡을 주무부처로서 정치국이 낙점되었다.[31]

유엔정치국 산하에 설치된 유엔선거지원과(UNEAD)는 유엔이 처음으로 제도화한 선거지원 업무부처였다.[32] 유엔선거지원과는 선거지원을 요청한 국가를 심사했다. 유엔선거지원과는 선거지원이 확정되면 활동에 참여할 국제적인 인적자원을 관리하고 전문적인 지식과 경험을 축적했다. 선거지원 활동과 관계된 모든 단체들의 활동을 조정(coordination)하는 일은 그 중에서도 가장 중요했다. 유엔 산하조직, 지역기구, 국가기구 등 수많은 조직들이

---

[31] 유엔선거지원과는 1994년 평화유지활동국(DPO: Department of Peacekeeping Operation) 산하로 잠시 이동했다가 1995년에 다시 유엔정치국 산하로 돌아왔다.
[32] 유엔 총회 결의안 46/137.

불필요하게 자원을 낭비하지 않도록 중복업무를 없앴다. 주무부처를 설치한 유엔은 선거지원의 효율성과 전문성을 꾀할 수 있었다.

유엔은 1990년대 초반 마련한 선거지원절차와 가이드라인을 큰 변화 없이 유지해 왔다. 주권국가의 선거과정에 개입하면서 축적된 경험을 바탕으로 선거지원절차를 일부 수정하는 수준이었다. 기준에 따르면 수원국 정부는 유엔사무총장이나 유엔정치국 책임자인 사무차장에게 선거 개시 12주 전에 공식적으로 요청서를 제출했다. 인적·물적 자원을 충분히 확보하고 선거지원계획을 수립하기 위해서다. 유엔선거지원과는 수요조사업무(NAM: Need Assessment Missions)를 실시한 후 유엔정치국 사무차장에게 결과를 보고했다. 유엔이 선거 개시 전까지 준비를 충분히 하지 못할 경우 지원요청을 반려할 수 있다.

수요조사업무는 선거지원여부를 결정하는 핵심 절차다. 이 단계에서 유엔선거지원과는 선거를 진행하는 데 필요한 기본적인 기반시설뿐만 아니라 선거와 관련된 정치·경제·사회 환경전반을 조사하고 평가했다. 동시에 선거지원을 요청한 국가의 정부가 의지와 능력을 충분히 갖췄는지, 유엔의 적절한 역할은 무엇인지도 분석했다. 선거를 효율적으로 진행하기 위해 사전조사를 꼼꼼히 진행하는 것은 성공적인 결과를 도출하기 위한 선행과정으로서 의미 있다. 유엔은 보통 2인의 전문가를 약 10일정도 현지에 파견해 수요조사업무를 실시했다. 유엔개발계획의 국별 사무소가 개별국가와 접촉하는 연결고리로 기능했다. 수요조사업무결과는 선거지원여부[33]와 선거지원방식이 결정하는 자료로 제출되었다.

---

[33] 선거지원활동이 보장되지 않거나 유엔의 선거지원의 내용과 방식에 요청국이 동의하지 않을 때 선거지원이 이루어지지 않는다. 요청국이 유엔의 선거지원을 비민주적인 선거에도 국제사회의 지지를 얻거나 재정지원을 확보하기 위한 정치적 수단으로 이용되는 경우를 최소화하려는 의도에서다. 요청국이 공정하고 자유로운 선거를 추진할 의지가

일곱 가지 방식의 선거지원

유엔의 선거지원은 점차 다양한 모습으로 변모했다. 유엔선거지원과가 설치되던 당시 선거지원은 평화구축활동의 일환이었다. 엄청난 재정과 인력이 장기간 투입하는 방식으로 요청국의 선거를 지원했다. 하지만 시간이 흐르면서 선거지원의 양상이 바뀌었다. 평화구축과 분쟁해소의 방편으로 활용되던 선거지원이 평화적인 정권교체와 민주화이행지원의 과정으로 무게중심을 옮겼다. 유엔은 선거와 관련된 다양한 행위자들을 협력하고 의견을 조정하면서 적은 비용으로 성과를 올리는 방식을 꾀했다. 유엔은 다음의 일곱 가지 선거지원방식을 활용해 선거지원을 진행했다.

● **선거총괄**

유엔은 냉전기 종식 전까지 선거총괄(Supervision of Election)을 중점적으로 선거지원을 시행했다. 선거총괄은 식민지가 독립하는 경우에만 실시되었다. 주권국가의 경우 선거총괄의 대상이 아니다. 유엔의 선거총괄은 1989년 나미비아에서 마지막으로 실시되었다. 독립 직후 치러진 나미비아의 선거는 국제적인 관심이 집중된 사건으로서 유엔의 선거지원이 대규모로 이뤄졌다. 남아공의 선거관리단과 이를 감시하는 유엔독립지원단(UNTAG: United Nations Transition Assistance Group)이 거의 1대1 비율로 꾸려졌다. 당시 대규모의 선거지원은 나미비아가 제헌의회를 평화적으로 조직하는 데 기여했다.

유엔은 선거총괄을 원활히 수행하기 위한 절차를 마련했다. 선거총괄을 집행하기 위해서는 유엔안보리나 총회의 승인을 반드시 받아야 했다. 유엔은 사무총장특별대사(SRSG: Special Representative

---

결여될 경우 자원을 낭비를 방지하고자 한다.

of the Secretary-General)를 임명해 선거총괄의 집행과정을 관리했다. 특별대사는 선거의 결과뿐만 아니라 선거를 준비하는 정치적인 과정 전반을 포괄적으로 승인(certification)하는 권한도 가졌다. 또한 선거를 치르는 중에 어떤 방해나 위협이 발생하지 않도록 환경을 조성하는 책임도 졌다.

### ● 선거확증

선거확증(Verification of Election)은 1990년대 초반 유엔의 핵심활동이었던 평화구축활동의 일환으로 진행된 방식이다. 선거확증은 선거총괄과 비슷한 양상으로 진행되었다. 선거확증 역시 유엔안보리나 총회의 승인을 받아야만 진행될 수 있었다. 선거의 각 과정에 책임을 지는 특별대사가 임명되는 것도 동일했다. 선거확증은 선거법을 마련하고 선거인단을 등록하며 선거운동을 조직하고 선거를 진행하며 선거결과를 공표하는 영역 전반을 다뤘다. 이때 유엔감시단이 선거요청국의 정당성과 선거진행과정의 공정성을 확인하고 국제사회에 이를 증명하는 책임을 맡았다. 특별대사가 책임을 지는 선거총괄과 차이를 보이는 대목이다.

1993년 치러진 모잠비크선거는 선거확증이 실시된 대표적인 사례다. 유엔은 선거관리위원회를 구성하고 유엔이 임명한 판사로 구성된 선거법정을 설립하는 과정을 지원했다. 선거인단등록요원 1,600명과 선거집계요원 6만여 명을 대상으로 교육도 진행했다. 선거 당일에는 선거당일에는 2,300여 명의 국제 선거감시단이 투표소와 개표소에서 실제 투표과정을 감시했다. 유엔의 지원과 감시 하에 치러진 모잠비크선거는 국제사회의 인정을 받았다. 유엔은 앙골라, 엘살바도르, 니카라과에서도 이와 유사한 방식의 선거확증을 실시했다.

● 선거조직과 집행

　선거조직과 집행(Organization and Conduct of Election)은 유엔이 스스로 주권국가의 기능을 담당하는 방식이다. 이 경우 유엔은 선거를 계획하고 선거제도를 구축하며 선거를 집행하는 과정 전반을 직접 주도하는 방식을 취했다. 그만큼 오랜 시간과 대규모의 재정이 소요되기 마련이다. 선거를 치르는 국가의 주권을 침해할 가능성도 높다. 이를 줄이는 방편으로 유엔안보리나 총회의 승인을 받는 것과 특별대사가 임명되는 절차를 둬 이러한 과정을 반드시 거치도록 규정했다. 유엔은 독자적으로 집행하되 유엔 외부의 국제기구, 지역기구, 비정부기구 등과 협력해 감시·감독했다.

　1993년 캄보디아 선거는 이러한 지원방식의 대표적인 예다. 유엔난민고등판무관은 1992~1993년 유엔의 평화유지활동을 배경으로 캄보디아 난민을 송환했다. 유엔은 캄보디아 전역에서 무력충돌을 해소하고 외국군을 철수하며 지뢰를 제거하는 등 제헌의회를 구성할 환경을 마련했다. 유엔은 선거를 진행하고 개표할 요원을 훈련했고 국제 선거감시단이 선거과정을 감시·감독했다. 유엔은 1999~2000년 동티모르에서 이와 동일한 방식으로 선거를 지원했다.

● 조정과 보완

　조정과 보완(Coordination and Support)은 근래 들어 유엔이 무게중심을 둔 선거지원영역이다. 유엔선거지원과는 여러 국제기구, 지역기구, 비정부기구의 활동을 조정하고 보완하면서 적은 비용으로 유연하게 대응하는 방식을 취했다. 유엔은 여러 기구들의 활동을 조정하고 보완함으로써 앞의 세 가지 방식이 야기하는 우려를 해소하고자 했다. 유엔이 선거지원과정 전면에 나서지 않아 주권국가의 내정을 간섭한다는 잡음을 방지하려는 것이다. 조정과 보완은 정치적 부담이 상대적으로 적기 때문에 유엔안보리나 총회의 승인을 받는 절차를 따로 거치지 않고 있다. 선거과정을 승인해야 할 필요도 없으므로 특별대사 역시 따로 임명하지 않는다.

유엔은 조정과 보완방식을 취하면서 선거실행국가에 낮은 수준으로 개입했다. 유엔은 선거에 관심을 보인 국가들이 제공한 재정지원과 선거감시단의 활동을 조율하는 업무에 집중했다. 유엔은 소규모의 사무국을 현지에 설치해 조정업무를 관리했다. 이외에 별도로 선거감시단을 파견하거나 선거과정에 공식적으로 언급을 하는 일은 이뤄지지 않았다. 각국에서 파견된 선거감시단이 활동과정을 공유하고 선거결과발표 후 공식적으로 성명을 발표하는 것으로 대체했다. 이런 방식은 다양한 성격의 선거지원단이 참여하는 폭을 넓힌다는 장점을 보였다.

- **국내 선거감시**

유엔은 드물게 특정 국가의 국내 선거를 지원하기도 한다. 국내선거감시(Domestic Observation)는 해당국가의 정부와 시민사회의 선거감시관리역량을 강화해 민주적인 선거를 조직하는 역량을 키우려는 취지에서다. 유엔은 1994년 멕시코정부의 요청을 수락해 비정부기구 출신의 선거감시단 3만 여 명을 교육했다. 이들은 국내 선거가 끝난 후에는 케냐, 탄자니아, 유고슬라비아의 선거에 파견되어 감시업무를 수행하기도 했다. 유엔이 시민사회의 역량을 강화해 민주주의를 확산하는 데 강력한 파급효과를 낸 사례로 꼽힌다.

유엔은 국내 선거감시를 집행하는 데 현실적인 어려움을 겪는 편이다. 정부가 민주적인 선거를 치르는 데 확고한 의지를 보이지 않는 경우에는 시민사회의 선거감시역량강화를 선호하지 않는다. 뿐만 아니라 선거를 감시할 시민사회의 조직 자체가 구성되지 않는 경우가 많아 선거지원에 참여할 국내인력을 확보하는 게 어렵다. 시민사회는 대체로 민주주의가 공고화된 국가에서 형성되는 경향을 보이기 때문이다. 이에 따라 국내의 선거감시지원은 파급효과가 크고 정당성이 큼에도 실제 실행되는 경우가 드물었다.

● **기술지원**

기술지원(Technical Assistance)은 유엔에 선거지원을 요청하는 국가들이 가장 선호하는 방식이다. 유엔은 요청국의 상황에 가장 적합한 방향으로 선거기술을 지원했다. 유엔은 선거시행세칙, 선거일정, 예산확보, 선거제도에 관련된 자문을 하는 등 지식과 경험을 전달했다. 구체적으로는 선거인단등록, 등록검표전산시스템, 선거관리요원교육, 시민교육 등이 실시되었다. 1993년 말라위의 국민투표가 진행될 때 유엔은 일정을 확정하고 선거인단을 등록하는 데 필요한 기술을 지원했고 자금도 제공했다. 1994년 기니비사우(Guinea-Bissau)의 선거가 진행될 때 유엔은 수요조사업무의 결과를 바탕으로 선거법을 개혁하고 선관위를 설립하는 등 선거의 전 과정과 관련된 기술을 지원했다.

● **정당지원**

정당지원은 본래 선거지원과 분리된 영역이지만 유엔은 선거지원의 일환으로 정당을 지원했다. 유엔은 정당지원활동을 독립국가의 건설이나 평화구축과 결합시켰다. 유엔은 다국적 평화유지활동에 국한해 민주적인 선거를 실행하는 데 필요한 정당지원활동을 펼쳤다. 주권국가에 개입할 소지를 줄이기 위함이다. 그 결과 엘살바도르의 민족해방전선(FMLN: Frente Farabundo Marti para la Liberacion Nacional)과 모잠비크의 혁명군인 국민저항운동(RENAMO: Resistencia Nacional de Mozambique)이 정당으로 전환되었다. 유엔의 지원으로 구축된 다당제제도는 폭력적인 갈등상황을 평화적으로 해소하는 데 일정부분 기여했다.

### 선거지원의 교훈 : 선거지원만으로는 부족하다

최근 다양한 국제행위자들이 선거지원활동에 참여하면서 유엔은 이를 조정했다. 유엔은 각기 다른 조직들이 선거지원업무를 분담하면서 성과를 내도록 유도했다. 아이티의 선거 당시 유엔은 기술협력을 지원했고 미주기구는 선거감시영역을 담당했다. 1998~1999년 나이지리아 선거에서 유엔은 여러 단체들의 업무를 조정한 바 있다. 유엔과 다양한 조직들은 공동으로 선거를 지원하면서 이와 관련한 민주주의 국제협력의 기반을 형성하는 데 기여했다. 다음 〈표 40〉은 유엔선거지원과의 조정기능을 중심으로 선거지원에 기여하는 주요 조직들을 정리한 내용이다.

〈표 40〉 선거지원활동을 펼치는 유엔 산하조직 비교

| 조 직 | 기 능 |
|---|---|
| 유엔개발계획<br>(UNDP: UN Development Plan) | • 국별 사무소가 선거지원의 교섭창구기능 담당<br>• 국별 사무소가 다양한 선거지원행위자들의 조정과 협력 증진<br>• 각종 기금으로 선거를 지원하는 재원 확보 |
| 유엔경제사회국<br>(DESA: Department of Economic and Social Affairs) | • 선거지원을 요청한 회원국에 현지 자문 제공<br>• 선거정보와 기술지원연구에 재정 후원 |
| 유엔인권고등판무관실 (OHCHR) | • 헌법, 선거법, 선거제도에 기술지원<br>• 선거과정에서 발생할 수 있는 인권문제 감시<br>• 민주적인 선거를 지지할 사법제도의 발전 지원 |
| 유엔봉사단<br>(UN Volunteers) | • 선거지원을 담당할 전문가, 현장 활동가 등의 인력 확보 |
| 선거관리와 비용<br>(ACE: Administration and Cost of Election) | • 선거정보를 공유해 기술지원증진<br>• 선거운영, 선거절차, 선거비용과 관련한 문제의 대안 연구 |

오랫동안 유엔은 선거 시기에만 한시적으로 선거조정활동을 주도했다. 선거가 끝난 이후에 개별 행위자들은 민주주의를 발전시킬 활동을 펼쳤다. 시민교육, 언론지원, 시민사회운동지원 등 다음 선거가 안정적으로 치러지고 민주주의제도와 문화가 정착되도록 하는 활동을 각기 행했다. 개별 조직들은 각자가 모색하는 주제와 영역에서 각각 활동하기 때문에 유엔이 주도적으로 개입할 공통분모가 협소해지기 마련이다. 선거종료 후 유엔이 국제행위자들의 활동을 조정하는 일을 맡기는 쉽지 않은 실정이다.

유엔이 한시적으로만 선거조정기능을 한다는 것은 곧 민주주의 국제협력 분야에서 유엔의 활동범위가 제한적이라는 것을 의미한다. 선거는 특정 시기에 일어나는 사건이지만 민주화는 오랜 기간 진행되는 현상이자 과정이다. 민주화의 계기를 마련하는 선거를 치르는 것도 중요하지만 선거 이후의 민주화를 진척시키는 활동도 필요하다. 선거가 안정적으로 치러져도 정치경제사회영역에서 민주주의의 조건들이 성숙하지 못하면 민주주의의 발전은 요원하다는 것을 국제사회의 여러 나라가 증명했다. 선거지원에 국한된 기존의 지원방식을 재고할 필요가 있다.

선거지원활동이 직면한 과제는 다음과 같다. 첫째, 선거지원을 받은 국가가 선거 이후 민주주의발전에 무관심한 경우다. 해당국가의 정부가 민주주의 공고화 의지가 약해 선거지원이 요식적인 행위로 그친 사례가 많았다. 둘째, 민주주의의 사회적 토양이 형성되지 않아 선거가 민주주의발전에 기여하기 어려운 경우다. 수원국의 주민들은 정치적인 갈등을 표면화해 공적으로 논쟁하는 데 익숙하지 않고 공적의사결정과정에 참여하는 정보를 구하기 어려우며 대부분 정치에 무관심했다.[34] 셋째, 민주주의를 안정적으로

---

34) 민주당국제연구소(NDI)는 말라위의 지방언어에서 '민주주의'라는 단어를 찾을 수 없으며 대다수 사람들이 다당제개념에 거부감을 드러냈

정착시킬 재원을 활용할 역량이 부족한 경우다. 수원국 정부들은 대체로 재정자립도가 낮은 편이라 단기간에 경제를 발전시키는 효과를 내지 못하는 민주주의 발전정책에 무관심한 편이었다.35)

유엔은 선거지원활동을 열심히 펼쳤지만 해당 국가가 민주주의를 발전시킬 토양을 안정적으로 가꾸는 데에는 부족한 점이 많았다. 유엔의 선거지원이 수원국의 정부와 시민들이 민주주의를 발전시키겠다는 의지를 키우지 못한 점은 스스로 반성할 만하다. 해당국 정부와 시민들이 민주주의의 역량을 키우는 활동이 필요한 상황이다. 유엔은 유엔의 선거지원이 수원국에 선거제도가 빠르게 정착되는 것뿐만 아니라 중장기적으로 민주주의가 정착하는 데 기여할 수 있도록 새로운 방향을 모색해야 한다는 요구에 직면했다.

---

다는 연구조사를 발표했다. 합의지향적인 의사결정에 익숙한데다가 다당제가 폭력적인 갈등을 야기할 것이라는 우려가 주 내용이었다. 캄보디아 주민들의 대부분은 정치적 의사결정과정에 관심을 보이지 않았다. 주인의식이 결여되어 있는 그들은 자국의 민주주의를 발전시킬 수 있다는 의식 자체가 없었다. 대신 주민들은 앞으로 선거를 치를 때마다 유엔이 도와줄 것이라고 기대했다. NDI, "*The Nation is the People*".

35) Ludwig, Robin, *The UN Electoral Assistance: Challenge, Accomplishment and prospects* in Rich, Ronald &Newman, Edward, *The UN role in promoting democracy: between ideals and reality*, (Tokyo: United Nations University Press, 2002).

## 유엔개발계획을 중심으로 다져진 민주주의제도 구축

유엔개발계획, 민주적 거버넌스에 초점을 맞추다

유엔개발계획(UNDP: UN Development Plan)은 민주주의 국제협력을 적극적으로 실행하는 조직이다. 유엔개발계획은 빈곤퇴치, 지속가능한 개발뿐만 아니라 민주주의제도를 구축하는 장기지원에도 무게를 뒀다. 유엔개발계획은 오랜 기간 개발협력(development cooperation)을 실시한 경험을 바탕으로 민주적 거버넌스가 중요하다는 결론을 냈다. 수원국이 주체적인 역량(local ownership)을 형성해야 민주주의가 안정적으로 발전한다는 것이 그 근거였다. 앞으로 유엔개발계획의 활동을 개략적으로 살핌으로써 유엔이 지향하는 민주주의 국제협력의 밑그림을 좀 더 구체화할 수 있을 것이다.

본래 유엔개발계획은 민주주의증진에 큰 뜻을 두지 않았다. 1966년 설립된 이후 소규모의 선거지원프로젝트를 시행하긴 했지만 적극적으로 선거지원활동을 펼치지는 않았다. 불필요한 정치적 마찰을 줄이려는 차원에서다. 유엔개발계획은 개발협력에 치중하면서 정치적으로 민감하지 않은 행정기술지원을 실행했다. 유엔개발계획은 행정업무의 역량을 강화할 물적·인적·지적 자원을 지원하는 데 국한된 활동을 펼쳤다. 조직을 민주적으로 구성하거나 운영하는 거버넌스의 차원은 유엔개발계획의 영역에 포괄되지 않았다.

1980년대를 거치며 유엔개발계획은 민주주의 국제협력에 점차 관심을 기울였다. 민주주의 발전이 경제발전을 제고하는 데 중요한 기능을 한다는 이론이 유엔개발계획을 자극했다.36) 신제도주의는 효율적인 제도가 시장행위자들이 건전하게 행동하고 자원이 안정적으로 공급되도록 독려해 경제를 발전시킨다고 주장했다. 이에 더해 시민이 참여해 공공역역의 책임성을 높이고 법치를 확립해 건전한 경제제도를 만들어야 한다는 논의도 유엔개발계획에 영향을 끼쳤다. 이 뿐만 아니라 계약이행을 제도화하고 거래비용(transaction cost)을 줄이는 것 등에 관한 거버넌스 논의는 부패를 방지하고 자원을 적절히 배분한 성장기반을 만들 필요성을 제기했다.

냉전종식이라는 국제정치 환경의 변화는 민주주의가 거버넌스와 적극적으로 결합하도록 장려했다. 민주주의를 제도화하는 데 기여하는 거버넌스의 중요성이 국제사회의 동의를 얻어갔다. 사회행위자들이 수평적 책임성(horizontal accountability) 아래서 서로 견제하고 감시함으로써 투명한 방식으로 제도를 배치(institution arrangement)하고 관리하고 운영한다는 인식이 확산되었다. 소외계층을 비롯한 모든 시민의 정치참여가 거버넌스의 기반이라는 인식을 바탕으로 거버넌스의 민주화 문제가 부상했다.

민주적 거버넌스의 구축이 국제개발협력의 전제조건이라는 인식의 확산은 유엔개발계획이 방향을 틀게 된 결정적인 계기였다. 지난 수십 년간 공여국들이 개도국의 빈곤퇴치와 지속적은 성장기반 창출을 목표로 활동했지만 실패로 귀착했다는 반성의 목소리가 1990년대 초반부터 강하게 터져 나왔다. 개발협력을 추진하던 진영의 전략적 우선순위가 변하자 유엔개발계획은 정치적으로

---

36) Ponzio, Richard, *UNDP experience in long term democracy assistance* in Rich, Ronald &Newman, Edward, *The UN role in promoting democracy: between ideals and reality*, (Tokyo: United Nations University Press, 2002).

민감한 문제에도 관심을 보이기 시작했다. 유엔개발계획은 헌정개혁, 제도개혁, 선거관리체계구축, 인권보호제도구축 등 제도구축(institution building)활동에 점차 무게중심을 뒀다.

유엔개발계획은 민주적 거버넌스를 중심으로 국제협력활동을 꾸렸다. 유엔개발계획은 정부와 시민사회가 민주주의제도를 구축해 운영하도록 기술을 지원하고 정부와 시민사회 간 대화를 촉진해 시민의 정치참여를 독려했다. 유엔개발계획은 인간개발보고서(Human Development Report)를 발간해 민주적 거버넌스가 지속가능한 인간개발의 요체라고 강조했다. 2002년 인간개발보고서는 민주주의지원이 빈곤감소활동의 핵심전략이라고 천명했다.[37] 이를 바탕으로 유엔개발계획 개별사무소 자문단은 수원국 정부에 민주주의제도구축·개혁프로그램을 강력히 권고했다. 유엔개발계획의 제안은 국제금융기구와 지역개발은행이 민주적 거버넌스의 중요성을 자각하도록 영향을 끼쳤다.

유엔개발계획이 민주적 거버넌스를 구축하는 데 집중하는 태도는 프로그램예산에 그대로 반영되었다. 유엔개발계획은 프로그램예산 중 민주적 거버넌스 관련 지출을 크게 늘렸다. 1997년 약 7,040만 달러였던 예산이 1998년 1억7,858만 달러로, 2007년에는 약 12억8,600만 달러로 크게 늘었다.[38] 〈표 41〉에서 확인할 수 있듯이 2004년에서 2007년까지 민주적 거버넌스에 약 51억3천만 달러를 투자한 유엔개발계획은 사실상 세계 최대의 민주주의 국제협력기관으로 성장했다. 2007년에는 전체 프로그램 예산 중 41%가 민주적 거버넌스에 투입되어 이 영역이 가장 중시되고 있음이 드러났다.

---

37) UNDP, *Human Development Report 2002: Deepening democracy in a fragmented world*, (2002).
38) UNDP, *UNDP Governance Group Annual Report 2007*, (2007) p.2.

<표 41> 2004~2007년 유엔개발계획의 민주적 거버넌스 예산지출 현황[39]

(단위 : US$)

| | 2004 | 2005 | 2006 | 2007 | 합계 |
|---|---|---|---|---|---|
| 공공행정개혁/부패방지 | 468,618,360 | 489,101,000 | 510,892,698 | 636,762,275 | 2,105,374,333 |
| 분권화된 거버넌스 | 229,849,096 | 307,149,201 | 225,922,834 | 217,444,903 | 980,366,034 |
| 선거 | 224,474,241 | 377,380,728 | 217,856,306 | 98,500,357 | 918,211,632 |
| 정책지원 | 64,938,054 | 100,060,727 | 242,432,569 | 154,424,000 | 561,855,350 |
| 사법제도/인권 | 64,673,148 | 85,180,127 | 103,170,666 | 140,236,239 | 393,260,180 |
| 의회 | 26,116,015 | 31,659,988 | 18,479,617 | 21,335,472 | 97,591,092 |
| 전자 거버넌스, 정보접근 | 12,950,295 | 18,687,985 | 22,469,605 | 17,410,910 | 71,518,795 |
| 기타 | 1,311,227 | 814,497 | 588,004 | 2,915 | 2,716,643 |
| 합계 | 1,092,930,436 | 1,410,034,253 | 1,341,812,299 | 1,286,117,071 | 5,130,894,059 |

<그림 75> 2007년 유엔개발계획의 프로그램별 전체예산지출[40]

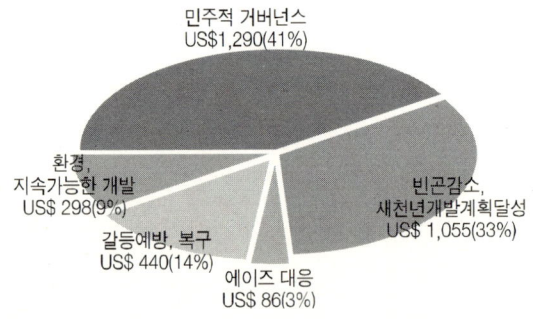

유엔개발계획은 앞으로도 민주적 거버넌스에 치중해 활동할 것으로 예상된다. 유엔개발계획은 2008~2011전략계획(UNDP strategic

---

39) UNDP, *UNDP Governance Group Annual Report 2007*, (2007) p.3.
40) UNDP, *UNDP Annual Report 2008*, (2007), p.11,

Plan 2008~2011)에서 민주적 거버넌스를 최우선순위로 설정했다. 전략계획은 시민의 정치참여증진, 제도의 대응능력(responsiveness)과 책임성(accountability)강화, 인권보호, 부패방지, 성평등을 목표로 민주적 거버넌스를 증진할 활동목표를 제시했다. 유엔개발계획은 국제개발협력과 민주주의의 결합을 강력히 지지하는 축으로 그 입지를 다졌다.

유엔개발계획의 의지에 따라 민주적 거버넌스 프로그램이 실행되는 비중이 점차 늘어나고 있다. 2001년 설립된 '민주적 거버넌스 신용기금(DGTTF: Democratic Governance Thematic Trust Fund)'은 이를 드러내는 대표적인 지표다. 이 기금은 수원국에 신속하고 유연하게 프로그램을 실행할 목적에서 설립되었다. 공여국, 수원국, 유엔개발계획이 협의해 중장기적으로 프로그램기금을 제공했다. 2007년 한 해 동안 '민주적 거버넌스 신용기금'에 약 1천1백만 달러가 투입되었고 이 기금은 총96개의 프로젝트에 투입되었다.

〈그림 76〉 2007년 주제영역별신용기금의 각 기금별 공여액 현황[41]

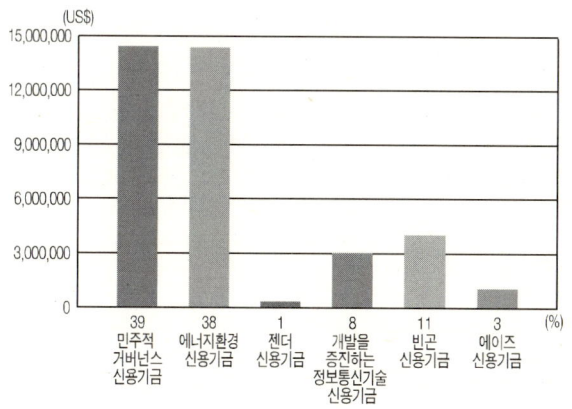

---

41) UNDP, *UNDP Governance Group Annual Report 2007*, (UNDP, 2007).

유엔개발계획은 민주적 거버넌스 분야에서 국제적인 지식네트워크(knowledge network)로 발전했다. 유엔개발계획은 민주적 거버넌스가 걸음마를 뗐을 당시 단순한 기금조성기관(funding agency)이었으나 규모가 커지며 질적으로도 성장했다. 유엔개발계획 산하 '민주적 거버넌스그룹(DGG: Democratic Governance Group)'은 지식네트워크를 형성하는 데 주도적이었다. 이 조직은 유엔개발계획의 민주적 거버넌스의 전략을 짜고 활동을 조정했다.42) 이를 축으로 '민주적 거버넌스 행동 네트워크(DGP-Net: Democratic Governance Practice Network)'는 관련전문가와 현장 활동가들이 네트워크를 형성하도록 지원했다.43)

유엔개발계획은 민주주의 국제협력에서 중장기적으로 제도구축활동에 집중했다. 유엔개발계획은 민주주의 국제협력 활동을 벌인 역사가 비교적 짧지만 국제사회의 주요행위자로 부상했다. 유엔개발계획은 민주주의제도를 구축하는 프로그램을 장기간 실행하며 단기외부지원의 한계를 극복했다. 유엔개발계획은 새천년개발계획을 실행하는 유엔의 핵심조직(focal point)으로서 민주적 거버넌스를 달성하는 활동에 박차를 가했다. 유엔개발계획의 민

---

42) 2007년 현재 58명의 거버넌스 전문가가 정책자문, 연구 · 분석, 프로그램 운영을 책임지고 있다. 이들은 '민주적 거버넌스그룹', '오슬로 거버넌스 본부(OGC: Oslo Governance Center)', 유엔개발계획의 지역 본부를 총괄하며 프로그램 전체를 관리했다. '민주적 거버넌스그룹'은 유엔개발계획의 개발정책국(Bureau for Developmental Policy)에 설치되었다. '오슬로 거버넌스 본부'는 2002년 정책네트워크의 일환으로 '민주적 거버넌스그룹' 산하에 설치되었다. 오슬로본부는 거버넌스 정책과 거버넌스 평가도구(governance indicator project)를 공동으로 개발하고 수원국에 기술지원을 제공하는 등의 활동에 주력했다.
43) 에이스선거지원네트워크(ACE Electoral Knowledge Network), '여성의 정치참여를 증진하는 국제지식네트워크(iKNOW Politics: International Knowledge Network of Women in Politics)', 유엔사무국 산하 평화유지활동국의 법치네트워크(Rule of Law Network) 등이 민주적 거버넌스 행동네트워크의 지원에 힘입어 설립되었다.

주적 거버넌스 프로그램은 새천년개발계획과 결합하며 국제사회의 기준을 마련하고 있다.

'민주적 거버넌스그룹'을 중심으로 7개 주제의 프로그램 실행
'민주적 거버넌스그룹'은 유엔개발계획이 중시하는 영역을 기반으로 프로그램을 실행했다. 유엔개발계획은 크게 네 가지 영역에 초점을 두고 활동했다. 유엔개발계획은 빈민, 여성 등 사회적 소수자들을 포함한 시민이 정치에 참여할 기회를 확대하는 데 기여했다.44) 그리고 민주적 거버넌스의 기본원리인 인권, 여성권익, 부패방지를 증진하도록 활동했다. 마지막으로 수원국이 자체적으로 민주적 거버넌스를 평가해 수원국의 주체역량(local ownership)을 강화하도록 꾀했다. '민주적 거버넌스 그룹'은 이 네 영역을 바탕으로 민주적 거버넌스 프로그램을 실행했다. 유엔개발계획은 7개 주제영역(thematic sector)을 나누어 적합한 프로그램을 실시했다.

● **민주적 거버넌스를 뒷받침하는 정책지원**
　(Policy Support For Democratic Governance)
　민주적인 대화를 바탕으로 합의에 기초한 정책을 형성하는 것은 유엔개발계획의 정책지원 활동의 목표다. 유엔개발계획은 시민참여가 분쟁이 발생한 국가나 평화체제로 이행하는 국가가 정책을 형성하면서 발생하는 갈등을 평화적으로 해소하는 방안이라는 인식을 가졌다. 유엔개발계획은 다양한 입장을 가진 시민들이 광범위하게 참여함으로써 대중의 합의에 기초한 거버넌스 개혁을 추진했다. 정책지원의 일환으로 거버넌스 개혁을 지지하는 합의를 형성하고자 국제적·지역적 프로그램도 실행했다. 유엔개발

---

44) UNDP, "*Fast Facts about UNDP and Democratic Governance*", (2004).

계획은 수원국 내부의 합의를 내부 동력으로 삼아 민주주의제도를 구축하는 방식을 지향했다.

정책지원활동은 다른 활동의 기반을 닦는 기능을 했다. 대중들이 거버넌스의 민주적 개혁에 합의하도록 함으로써 구체적인 프로젝트가 실행될 기반을 조성했다. 유엔개발계획은 개별국가단위로 정당과 시민사회가 참여하는 세미나를 실시했다. 유엔개발계획은 크로아티아에서 '기업의 사회적 책임'이라는 개념을 확산시켜 공공영역과 사적영역이 협력하도록 기여했다. 유엔개발계획은 캠페인을 벌여 공공의제를 제안하기도 했다. 유엔개발계획은 필리핀에서 대대적인 거버넌스 개혁캠페인을 실시해 선거제도와 정치제도를 개혁해야 한다는 합의를 형성한 바 있다. 이견을 인정하면서 합의점을 찾는 소통이 보장되도록 지원함으로써 민주주의의 저변을 넓혔다.

● **선거제도와 선거과정**(Electoral Systems and Processes)

유엔개발계획은 중장기적인 활동으로 유엔의 여타 선거지원활동과 차별성을 보였다. 유엔개발계획은 중장기적으로 선거제도를 구축해 수원국이 자체적으로 선거관리역량을 강화하는 데 초점을 맞췄다. 유엔개발계획은 독립적인 선거관리위원회(Electoral Commission)를 설치해 선거제도의 안정적인 운영을 꾀했다. 시민들이 선거를 감시하는 주체로서 역량을 갖추도록 시민교육도 실시했다. 유엔개발계획은 시민사회와 정치지도자들이 대화하는 자리를 마련해 시민의 요구가 제도정치를 거쳐 적절히 실현되도록 중개하기도 했다.

유엔개발계획은 선거지원활동을 유기적으로 조직해 민주적 거버넌스를 달성하고자 했다. 민주주의가 발전하는 관문 기능을 하는 민주적인 선거를 치름으로써 국제사회에 민주화에 대한 믿음을 준다고 판단했다. 유엔개발계획은 총선이나 대선뿐만 아니라 지방선거도 지원하면서 권력분권화와 탈집중화를 공고화해 시민참여를 모색했다. 과소 대표되고 있는 정치적 소수자들의 영향력을 증진하려는 활동도 동시에 진행되고 있다.[45]

〈표 42〉 유엔개발계획의 선거지원방식[46]

| 지원 방식 | 내 용 |
|---|---|
| 선거제도개혁<br>(Electoral System Reform) | 유엔개발계획은 정부의 책임성을 강화해 시민들의 참여 폭을 넓히고 선거에서 시민의 의사를 반영한 대표가 공정하게 선출되도록 지원했다. 아프리카 레소토에서는 비례대표제를 도입해 의회의 대표성을 강화한 바 있다. |
| 선거관리<br>(Electoral Administration) | 독립적인 선거관리기구(Electoral Management Bodies)의 구축은 유엔개발계획의 최우선순위다. 선거관리기구가 독립적이고 영속적으로 활동하도록 법제를 정비하고 선거관리요원의 전문성을 제고할 교육을 실시했다. 선거관련 공식정보를 전달하고 자원을 조달하는 등 실무에 해당하는 기술지원을 실시했다. 말리와 파키스탄이 대표적인 사례다. |
| 지속가능한<br>선거과정 지원<br>(Sustainable Electoral Processes) | 수원국이 자력으로 선거를 조직·운영·실행하도록 선거과정 전반을 개혁했다. 유엔개발계획은 선거계획수립, 선거감시, 재원조달과 관련한 역량강화에 초점을 맞췄다. 방글라데시와 모잠비크에서 관련활동을 벌였다. |
| 시민교육<br>(Civic Education) | 정치적 소수자를 포함한 시민들이 민주적으로 참여하도록 교육을 실시했다. 시민들이 참정권과 선거참여의 필요성을 진지하게 생각하는 데 주안점을 두었다. 말라위, 피지, 키르기스스탄의 시민을 교육했다. |

유엔개발계획은 정당을 기반삼아 선거지원을 실시하기도 했다. 수원국의 정당이 평화로운 방식으로 선거에 참여해 민주주의 원칙에 따라 갈등을 해결하는 바탕을 만들려는 목적에서다. 정당

---

45) UNDP, *UNDP and Electoral Assistance: Ten years of experience*, (2001).
46) UNDP, *UNDP Practice Note-Electoral Systems and Processes*, (2004).

이 선거를 거쳐 서로 다른 의견을 조정하도록 유엔개발계획은 선거기술을 지원했다. 가령 코모로(Comoros)에서는 정당이 선거인단을 등록하고 선거인명단을 확인하는 작업에 참여하도록 도왔다. 레소토와 가이아나에서는 시민을 대상으로 실시한 교육에 정당이 참여할 수 있는 통로를 마련했다. 시민의 의사를 대표하고자 하는 정당들을 선거과정에 참여시킴으로써 민주주의의 제도화에 책임을 느끼고 역량을 키우는 효과를 거둘 수 있었다.

● **의회발전**(Parliamentary Development)

민주주의사회에서 의회는 시민들의 정치적인 요구가 경합하면서 평화적으로 합의를 이뤄나가는 공간이다. 의회는 자원을 배분하는 방식을 결정함으로써 시민들의 삶에 영향을 끼친다. 의회는 사법과 행정을 감시하고 견제하며 권력을 민주적으로 통제하는 장치기도 하다. 의회는 민주적 거버넌스의 핵심제도로서 한 사회의 민주주의의 건강성을 가늠하는 척도다. 따라서 장기적으로 한 사회의 민주주의를 발전시키고자 한다면 의회를 등한시할 수 없다. 유엔개발계획은 의회의 대표성을 강화하고 삼권분립의 축으로서 역량을 강화하도록 지원하는 활동을 펼쳤다.

의회발전은 다른 주제영역과 마찬가지로 민주주의제도의 발전과 상호관련성을 갖는다. 바로 앞에서 살핀 선거지원은 의회발전과 밀접한 관련을 맺는다. 선거제도는 의회에 정당성을 부여하는 과정인 동시에 의회의 성격을 규정하는 결정적인 계기이기 때문이다. 선거를 자유롭고 공정하게 치러 시민에게 신뢰를 주는 것은 의회민주주의를 정착하기 위한 전제조건이다. 유엔개발계획은 의회발전지원활동을 선거지원과 보조를 맞추며 진행했다.

〈표 43〉 유엔개발계획의 의회발전지원방식[47]

| 지원 방식 | 내 용 |
|---|---|
| 헌정개혁과 제도형성지원 (Constitutional reform and support for institutional frameworks) | 헌법제정, 헌법과 의회의 헌정지위와 관련된 법을 제정하고 수정하는 영역에 기술을 지원한다. 제헌의회에 일반적으로 적용되는 지원방식으로 다른 형태의 의회지원활동의 기본기틀 다진다. 유엔개발계획은 동티모르에서 헌정체제를 수립하고 제헌의회를 수립하는 데 필요한 기술지원을 실행했다. |
| 국회의원과 입법 공직자의 역량 강화 (Capacity Building for members and staff) | 입법과 관련된 전문기술과 의회의 민주적인 기능·책임에 관한 교육이 실시되었다. 유엔개발계획은 가봉에서 의정기록요원을 했고 케냐에서는 국회의원과 입법공직자를 대상으로 재정관리교육을 했다. |
| 제도발전 (Institutional development) | 민주적인 원칙에 의거해 의회를 조직하고 입법절차를 구성했다. 입법절차는 시민의 의사를 반영하고 토의내용을 기록하는 역량을 강화하는 데 집중되었다. 때때로 인프라나 정보통신장비 등 물품지원도 집행되었다. 페루에서 유엔개발계획은 의회정보화체계를 구축해 입법절차를 명확히 하고 입법연구역량을 강화하도록 지원했다. |
| 젠더평등 (Gender initiative) | 양성평등을 위한 지원은 정치적 대표에서 여성의 참여를 확대시키려는 지원과 양성평등과 관련된 입법에 대한 지원으로 나타나고 있다. 유엔개발계획은 말라위에 대한 지원에서 여성 의원들의 입법 역량과 정치적 리더십, 여성 의원 간의 연대에 대한 교육 훈련을 실행한 바 있다. |
| 시민사회와 언론의 역량 강화 (Working with civil society and the media) | 시민 사회와 언론이 정치적 시각과 요구를 명확하게 내세울 수 있는 능력을 강하는 가운데 의회의 발전이 이루어질 수 있다. 따라서 시민 사회 단체와 언론을 강화하는 지원과 함께 이들과 의회 간의 소통을 촉진하기 위한 지원이 이루어진다. 유엔개발계획은 인도네시아에서 인도네시아 의회와의 협력 하에 미디어 센터를 설립하고 언론과 의회 간의 소통을 강화하기 위한 법안 제정을 지원했다. |

---

[47] UNDP, *UNDP Practice Note-Parliamentary Development*, (2003).

| 지원 방식 | 내 용 |
|---|---|
| 정당강화<br>(Strengthening of political parties) | 정당의 제도화(institutionalization)를 통해 정당 조직 구조와 이익 대표 구조 및 정책개발 역량을 개선하는 지원이 이루어진다. 또한 정당이 투명하고 효율적으로 운영될 수 있도록 개혁하는 등의 지원이 이루어진다. 한편 정책 연석회의 등을 통해 정당의 틀을 넘는 정책 공조의 가능성을 높이고 있다. 가령 성평등과 같은 이슈의 경우 여성 의원 간의 연석회의를 지원하여 정책 및 입법 역량을 강화하고 있다. 모잠비크에서 정당강화를 위한 지원을 실행했다. |
| 정책개발<br>(Policy development) | 정책개발을 통한 입법 기능의 강화는 민주적 제도로서 의회의 활동이 포괄적이고 지속가능한 인간 개발의 결과로 나타날 수 있도록 하는데 중요한 역할을 한다. 실질적으로 빈곤 퇴치와 인권 증진에 기여할 수 있는 정책을 형성할 수 있도록 지원이 이루어져야 하는 것이다. 말라위, 나이지리아, 니제르 등에서 유엔개발계획은 의회가 빈곤 감소 전략에 기여할 수 있도록 지원했다. |
| 시민교육<br>(Civil education) | 의회 발전의 맥락에서 시민교육은 의회의 역할에 대한 인식 제고와 시민이 의회에 대해 갖는 권리에 대한 인식 제고에 주안점을 두고 있다. 이를 위해 정규 교육과정에서 의회 정치에 대한 교육을 포함하는 한편 의정 정보에 시민들이 접근할 수 있도록 체계를 갖추는 데 지원이 이루어지고 있다. 유엔개발계획은 레소토에서 선거와 관련된 시민교육과 함께 의회에 대한 시민교육을 수행했다. |

● **사법제도와 인권**(Justice and Human Rights)

유엔개발계획은 사법체제가 공정하게 작동해야 민주적 거버넌스가 실현되고 빈곤을 퇴치할 수 있다고 판단했다. 사법체제가 만인에게 공정하고 평등하게 적용되며 권력소외계층을 실질적으로 구제할 때 민주적 거버넌스를 실현할 수 있다는 맥락에서다. 빈곤층과 사회의 소외계층은 자원배분에 접근할 기회를 차단당해 의사결정과정에 참여할 기회를 박탈당함으로써 빈곤문제를 스스로 해결할 수 있는 여지가 적다. 이들이 인간으로서 성, 인종, 종교, 연령 등에 의해 차별받지 않도록 보장하는 사법제도가 강건할 때 이들이 사회에 참여하면서 삶의 질을 개선하는 기반이 마련된다. 유엔개발계획은 공정한 사법체제를 작동하는 지원프로그램을 실시했다.

〈표 44〉 유엔개발계획의 사법체제지원방식48)

| 지원 방식 | 내 용 |
|---|---|
| 법적보호<br>(Legal protection) | 사법제도가 취약계층을 보호하고 구제하도록 사법역량을 강화했다. 국제인권규약을 국내법에 적용하고 헌법을 포함한 공법체계 전반에 국제 인권법을 적용하는 지원활동이 이에 해당한다. 법적보호는 여타 사법체제지원활동의 근간을 이룬다. 엘살바도르와 캄보디아에서 이를 실행한 바 있다. |
| 법 인식 제고<br>(Legal awareness) | 법규와 법절차에 관한 인식 제고는 취약계층이 법적구제를 받을 가능성을 높인다. 사법기관과 공직자들이 사법공정성에 관한 신념을 지키는 효과도 있다. 유엔개발계획은 정보접근강화차원에서 법 인식 제고활동을 펼쳤다. 유엔개발계획은 브라질에서 인권감시기구를 설치해 지역공동체의 젊은 지도자들이 법적전문성을 확보하도록 지원했다. 이란에서는 인권위원회가 지역에 법무 인력을 파견하는 일을 지원했다. |
| 법률지원·상담<br>(Legal aid and counsel) | 이 활동은 법적절차를 실행하는 역량을 강화할 목적을 지녔다. 파견된 전문변호사나 법무인력 또는 현지의 법률전문가가 소외계층에 법률서비스를 제공하는 업무를 지원했다. 유엔개발계획은 중국에서 국선변호사제도가 구축되도록 지원했고 과테말라에서는 원주민에게 법률상담활동을 하는 단체를 지원했다. |
| 판결<br>(Adjudication)<br>역량지원 | 유엔개발계획은 적절한 법적구제조치와 보상이 이루어지도록 사법결과를 개혁하는 활동도 지원했다. 법적장치를 제도화하고 비공식적인 사법체계를 변화시키는 개혁을 실시했다. 유엔개발계획은 시에라리온, 브라질, 과테말라, 페루 등지에서 재판절차와 판결제도에의 접근성을 높이는 개혁을 실시했다. 필리핀, 캄보디아, 베네수엘라에서는 법관을 대상으로 인권을 교육해 인권기반의 판결을 독려했다. 그루지야, 아이티 등에서는 사법민원조사기관을 지원하기도 했다. |

---

48) UNDP, *UNDP Practice Note—Access to Justice*, (2004).

| 지원 방식 | 내 용 |
|---|---|
| 사법집행<br>(Enforcement) | 사법절차를 거쳐 판결을 내리고 당사자들이 의견을 조정하고 화해하는 역량지원활동을 실행했다. 공권력이 자의적으로 권력을 행사하면 민주적인 권위에 기초한 사법제도가 그 부당성을 공식적으로 확인함으로써 법치를 증진할 수 있다. 유엔개발계획은 우루과이와 니카라과에서 범죄예방계획을 수립·이행을 지원했다. 온두라스에서는 검찰기능강화, 탄자니아와 가나에서는 경찰과 교도소의 인권교육을 실시했다. |
| 시민사회와 의회의 감시<br>(Civil society and parliamentary oversight) | 시민사회와 의회는 사법제도를 감시하면서 그 책임성을 높일 수 있다. 유엔개발계획은 파나마, 아르헨티나에서 시민사회단체를 지원해 사법체제의 개혁논의를 확산하는 데 기여했다. 과테말라에서는 군과 경찰력을 감시하는 시민사회의 네트워크를 지원했다. |

유엔개발계획은 인권을 증진하는 목적을 실현하는 차원에서 사법제도를 제도화하는 활동을 펼쳤다. 독립적인 사법체제가 전문적인 역량을 확보해야 폭력적인 갈등상황을 평화적으로 해결하고 사회의 소외계층을 정당하게 구제할 수 있기 때문이다. 유엔개발계획은 수원국의 사법제도와 관련된 환경을 전반적으로 개선하고자 했다. 법원과 법무행정부서뿐만 아니라 군경, 교도소 등 보안 관련기관에서도 법치가 정착되고 법적구제를 적절하게 행하도록 역량강화활동을 펼쳤다. 유엔개발계획은 전통적인 해결방식이 적절하다고 판단하는 경우 비공식적인 사법제도를 활용하기도 했다. 물론 전통이 법치와 인권을 침해할 경우 공식적인 제도로써 이를 해체하거나 제어했다.

유엔개발계획은 갈등상황에 처했거나 평화이행단계에 있는 국가에서 사법제도를 개혁하는 데 우선순위를 뒀다. 국가능력(state capacity)이 전반적으로 저하된 상태이기 때문에 정부가 공권력을 남용해 인권을 침해하는 경우가 빈번하기 때문이다. 민주적인 국가로 이행하는 국가들은 인권침해행위를 통제하고 싶어도 역량이 부족해 방관하는 경우도 많다. 긴급을 요하는 요청에 대응하는 차원에서 사법제도는 인권보호의 보루로 기능할 수 있다. 유엔개발계획은 법치로서 인권을 보호해 민주주의 제도화의 가능성을 확보하고자 노력했다.

유엔개발계획의 인권에 기초한 접근(Human Rights based Approach)은 민주적 거버넌스 구축의 일환이다. 인권에 기초한 접근은 유엔 조직 전체가 추구하는 인권의 주류화(mainstreaming human rights)와 결합해 유엔개발계획의 모든 개발사업의 기반이 되었다. 사법제도지원은 인권의 제도화 구축활동 중 하나다. 이에 따라 유엔인권개발은 인권을 지지(advocacy)하는 활동, 인권의식제고활동, 정책개발지원과 더불어 제도적으로 인권을 보호해야 할 책임자들을 교육하는 활동까지 포괄했다. 국가인권기구를 설립하고 활동내용을 지원하면서 국가인권증진개발프로그램을 지원했다. 사법제도는 인권을 증진하는 제도가 제대로 작동하도록 강제함으로써 수원국의 민주주의 기반을 다지는 과정에 힘을 보탰다.

- **전자 거버넌스와 시민참여를 독려할 정보접근**(E-Governance and Access to Information for Citizens' Participation)

유엔개발계획은 정보접근권을 표현의 자유의 일부로 인식하면서 민주적 거버넌스의 전제조건으로 인식했다. 정치과정에 접근할 기회가 적어 빈곤에서 벗어나지 못하는 취약계층이 공공행정과 자원배분과 관련한 정보에 접근하면서 정치적인 목소리를 낼 수 있다고 판단했다. 시민의 정치적 표현의 자유가 발현될 기반인 정보를 증진하는 차원에서 유엔개발계획은 정보공개권(right to information)을 강화하고자 했다. 근래에는 정보통신기술을 활용하면서 전자거버넌스(E-Governance)를 주요지원영역으로서 부각시켰다. 유엔개발계획은 공공정보를 유통하는 과정에서 정치권력의 책임성과 투명성을 제고하고 시민의 참여를 증진하는 효과를 도모했다.

<표 45> 유엔개발계획의 정보접근지원방식[49]

| 지원 방식 | 내 용 |
|---|---|
| 법제도환경<br>(Legal and regulatory environment) | 유엔개발계획은 공공정보에 접근할 권리, 표현의 자유, 독립적인 자유언론을 법으로 제도화했다. 취약계층이 정보에 접근할 수 있도록 지역 언론 등 소규모의 매체를 보호하는 지원에 특히 자원을 집중했다. |
| 독립적이고 다원적인 언론<br>(Independent and Pluralist media at national and local level) | 유엔개발계획은 언론인을 대상으로 심층탐사보도기법 등 기술교육을 실시했다. 언론이 시민사회와 대화하는 장을 마련해 공공정보가 유통되고 정책반영지점을 모색하도록 지원했다. 갈등상황이거나 평화이행국면인 국가에서는 정보왜곡을 차단해 평화적인 갈등해소를 도모했다. |
| 공공정보에 접근할 권리에 관한 인식제고<br>(Raising awareness on rights to official information) | 유엔개발계획은 수원국의 정부가 시민들이 공공정보에 접근하고 이를 이해할 수 있는 형태로 생산하고 관리하도록 프로그램을 실행했다. 또한 시민사회단체와 협력해 시민들이 정보에 접근할 권리를 인식하도록 지원하는 프로그램도 동시에 진행했다. |
| 취약계층이 의사소통할 수 있는 체계구축<br>(Communication mechanism for vulnerable groups) | 취약계층이 소통할 수 있는 창구를 마련해 정책형성과정에 참여하도록 지원했다. 가령 시민언론단체나 언론매체의 시민교육을 지원해 시민사회단체가 정책을 제안하는 것을 독려했다. 유엔개발계획의 후원으로 작성되는 국가별 인간개발보고서(National Human Development Report), 국가별 빈곤감소계획보고서(National Poverty Reduction Strategy Paper)는 거버넌스 관련 정보를 시민사회에 제공함으로써 상호대화를 촉진하는 촉매기능을 했다. |

- **분권화, 지역거버넌스, 도농동시발전**(Decentralization, Local Governance and Urban/Rural Development)

유엔개발계획은 '개발을 지향하는 분권적 거버넌스(DGD: Decentralized Governance for Development)'를 추구했다. 분권적인 거버넌스가 발전

---

49) UNDP, *UNDP Practice Note-Access to information*, (2003).

해야 지역주민들이 의사결정과정에 참여하고 지역정책의 수혜를 누릴 수 있다는 인식에 따른 것이다. 이는 탈집중화(decentralization), 지역거버넌스(local governance), 도농동시발전(urban/rural development) 으로 세분되었다. 탈집중화는 중앙정부와 지방정부의 집행역량을 강화하고자 목표를 세웠다. 지역거버넌스는 지역민들의 이해관계를 정치과정에 반영하는 과제를 풀고자 했다. 도농동반발전은 주거, 일자리나 전염병 등 주민생활문제를 효과적으로 개선하는 방향을 의제로 다뤘다. 세 영역은 독자적으로 때로는 상호 연관된 형태로 운영되며 시너지 효과를 꾀했다.

〈표 46〉 유엔개발계획의 거버넌스 분권화지원방식50)

| 지원 방식 | 내 용 |
| --- | --- |
| 개발을 지향하는 분권적 거버넌스 환경을 조성 (Supporting an enabling environment for DGD) | 유엔개발계획은 헌법, 법 등 제도가 거버넌스의 분권화를 지지하는 방향으로 구축되도록 지원했다. 국가전략·계획이 자원을 지역에 배분하고 권한을 이전하도록 기술도 제공했다. 지역 수준에서도 분권화를 바탕으로 제도·행정과 지방선거제도를 개혁하고 시민의 참여를 증진할 방안을 지원했다. |
| 지역 거버넌스의 역량개발 (Capacity Development) | 지역단위에서 개개인을 비롯해 다양한 조직과 제도가 자치를 실현하도록 지원했다. 각 지역의 전통적인 문제해결방식과 정책결정과정을 활용해 민주적 거버넌스의 역량을 개발했다. |
| 시민사회의 참여와 역량강화 (Participation and empowerment) | 시민들이 분권화 개혁과정에 참여하도록 시민사회의 기반을 닦았다. 시민사회는 공공서비스를 효율적으로 공급하는 주체이자 거버넌스의 민주적 운영을 감시하는 주체다. 자기 삶에 직접적인 영향을 끼치는 지역단위의 거버넌스에 시민들의 참여를 증진시켜 지역을 변화시키도록 지원했다. |

---

50) UNDP, *UNDP Practice Note-Decentralized Governance for Development: A Combined Practice Note on Decentralization, Local Governance and Urban/Rural Development*, (2004).

- **공공행정개혁과 부패방지**(Public Administration Reform and Anti-Corruption)

공공행정개혁(PAR: Public Administration Reform)은 유엔개발계획의 전통적인 관심분야다. 공공행정개혁은 굿 거버넌스의 기반으로서 새천년개발계획을 달성하는 밑바탕이다. 빈곤퇴치, 자원의 적절한 활용, 정책수요에 부응하는 정책개발은 공공행정개혁을 전제로 할 때 가능하다. 공공행정개혁은 책임성과 투명성을 제고하는 것뿐만 아니라 시민들의 참여를 보장하고 인권을 보호하고 증진하는 제도를 구축하는 방향으로 발전했다. 이는 민주주의의 기초인 시민들의 참여를 적극적으로 수용하려는 의지의 표현으로 해석될 수 있다.

〈표 47〉 유엔개발계획의 공공행정개혁지원방식[51]

| 지원 방식 | 내 용 |
|---|---|
| 공공업무개혁<br>(Civil service reform) | 공무조직의 규모를 결정하고 공무원의 채용·승진·급여·직무평가 등을 추진했다. 과거에는 주로 비용절감과 구조조정에 초점을 맞췄다. 하지만 최근에는 공무조직을 효율적으로 구성하고 공무원을 교육하며 비전을 제시하고 공무원의 직무를 평가해 인센티브를 부여하는 등 효과적인 행정업무에 개혁의 초점을 맞췄다. |
| 정책결정<br>제도개선<br>(Improving the Policy-Making System) | 유엔개발계획은 효율적인 정책결정과정을 구축하도록 지원했다. 내각의 행정역량 강화, 정책형성주체들 간 상호 협력·조정, 정책조사연구에 대한 기술지원 등이 이루어졌다. 정부부처와 관련기관들이 개혁비전과 전략을 공유하도록 자문을 제공해 정책결정과정의 개혁을 수월케 했다. |
| 정부조직<br>구조조정<br>(Restructuring the machinery of government) | 정부부처 간 기능을 조정하고 개별 조직의 내부구조를 개혁하는 프로그램을 실시했다. 정부기능을 조정하면서 민영화를 진행하는 사안도 포괄했다. 앞서 살핀 분권화와 정보통신기술 등을 활용한 정부조직구조 변화와 조직구조개편을 밀접히 연관시켰다. |

---

51) UNDP, *UNDP Practice Note-Public Administration Reform*, (2004).

| 지원 방식 | 내 용 |
|---|---|
| 재정관리<br>제도 개혁<br>(Reforming the revenue and expenditure management system) | 정부가 중장기적인 계획을 바탕으로 목표를 효과적으로 달성할 수 있도록 유엔개발계획은 재정정책과 관련한 기술지원을 실시했다. 뿐만 아니라 재정정책이 실질적으로 인권을 보호하고 민주적인 가치를 실현하는 데 부합해야 한다는 방향에도 초점을 맞췄다. 재정감시제도를 설립하고 강화하며 지방단위의 자치재정운영을 강화하며 인권과 양성평등 관련한 재정운영을 강화했다. |

세계화와 분권화가 국제사회의 의제로 부상하면서 유엔개발계획은 공공행정개혁을 더욱 중요하게 다뤘다. 세계화 과정에서 소외계층이 배제되고 이에 따라 빈부격차가 확대되는 경향이 나타나면서 충격을 흡수할 국가능력(state capacity)이 더욱 절실히 요청되었다. 한편 이와 별도로 진행되는 분권화는 지역수준에서 공공행정역량이 강화되어야 필요성을 제기했다. 세계화와 분권화라는 서로 다른 흐름 속에서 국가가 시민들의 삶을 보호하고 민주적인 제도를 구축하도록 공공행정개혁이 중시되었다. 공공행정개혁은 국제사회의 변화를 대처하는 거버넌스의 역량을 강화하는 발판이다.

반부패개혁 공공행정개혁을 달성하는 과정에서 반드시 달성해야 할 요소다. 공공재를 공급하고 사회기반을 구축하는 과정을 방해해 빈곤퇴치노력을 가로막는 부패를 척결하는 것은 민주주의의 기반을 강화하는 일이다. 민주주의의 헌정제도와 권위를 떨어뜨리는 요소인 부패를 근절함으로써 민주적 거버넌스가 정착할 수 있다. 유엔개발계획은 부패를 예방하는 데 초점을 맞춰 반부패개혁을 실시했다. 공공행정의 공정성과 투명성을 확보하는 일은 유엔개발계획이 달성하고자 한 주요 목표 중 하나로 자리를 잡았다.

〈표 48〉 유엔개발계획의 반부패개혁지원방식[52]

| 지원 방식 | 내 용 |
|---|---|
| 부패예방<br>(Prevent corruption) | 행정절차와 법규를 간소화하고 정보통신기술을 활용해 부패가 생길 여지를 원천적으로 차단했다. 행정절차를 명확히 만들어 자의적인 판단이 개입할 수 없게 막고 행정을 감시하는 기제도 확충했다. 공무원을 적절히 보상하는 체계를 구축하고 반부패시민교육을 실행했다. |
| 사법집행강화 | 독립적인 검찰조직이 법을 공정하게 집행하고 경찰조직이 효과적으로 수사하며 사법제도가 공정하게 운영되도록 활동했다. 부패처벌강도를 강화해 부패와 관련한 인센티브구조도 혁파했다. 시민들이 반부패민원을 제도화하는 절차도 개혁과정에 포함되었다. |
| 참여증진과 반부패연합<br>(Public participation and Anti-corruption coalition) | 부패의 현황을 알려 반부패 개혁에 대한 지지를 확보했다. 언론과 시민사회가 반부패 감시자로 기능하는 것을 목표로 하는 네트워크가 형성되는 것도 지원했다. |
| 국내청렴성기관의 강화<br>(Strengthen National Integrity Institutions) | 정부기관의 청렴성을 제고할 국가기관을 설립하고 활동을 강화하도록 지원했다. 독립적인 반부패위원회를 설립하고 공공 회계감사(audit)기구의 독립성과 효율성을 제고하고 공공조달시스템의 투명성을 제고하는 것 등이 행해졌다. |

민주주의 국제협력 활동을 조정하는 구심

　유엔개발계획은 유엔을 대표하는 민주주의 국제협력기관이자 국제적인 행위들을 조정하는 구심점이다. 유엔개발계획은 중장기적으로 제도구축 활동을 펼쳐 민주주의가 작동할 수 있는 기반을 닦고자 했다. 이 때 유엔개발계획은 기술지원과 협력조정에 무게중심을 뒀다. 유엔개발계획은 유엔 산하의 여타조직과 국제기구, 지역기구, 비정부기구가 시행하는 프로그램과 자금공여를 지지하고 흐름을 원활히 조정하는 기능을 맡았다. 독자적인 행위

---

[52] UNDP, *UNDP Practice Note-Anti-Corruption*, (2004).

자로서 현지프로그램을 수행하는 것은 유엔개발계획의 방식은 아니다.

유엔개발계획을 구심점으로 활동한 유엔은 현지권력이 시민들의 지지를 얻어야 민주적 거버넌스를 구축할 수 있다는 경험을 얻었다. 수원국의 민주주의 환경에 포괄적으로 접근하는 태도는 그 기반을 닦는 기초다. 유엔은 입법·사법·행정 전반과 시민사회영역을 민주적으로 구축해 시민들이 참여하는 통로를 마련하고자 노력했다. 이 때 수원국의 사회문화적 특수성을 고려해야 성공적인 결과를 얻을 수 있다. 전통적으로 존재한 비공식적인 민주주의 토양을 적절히 활용함으로써 사회내부의 저항도 줄이고 효율성도 꾀할 수 있기 때문이다. 유엔개발계획은 수원국의 거버넌스와 지원활동을 꾸준히 평가하면서 중장기적인 민주주의 지원활동의 효과를 높이고자 노력했다.

# 민주주의 국제협력 사업의 세계기준으로 등장한 유엔민주주의기금

자금을 조성하고 지원해 현지주도능력을 키우다

2005년 새천년5자정상회의(Millenium+5) 결과 유엔민주주의기금 (UNDEF: UN Democracy Fund)이 출범했다.53) 유엔민주주의기금은 유엔이 민주주의 국제협력의 세계기준을 마련했다는 상징성을 지니는 독립적이고 전문적인 기구다. 유엔민주주의기금은 유엔 사무총장의 책임 아래 운용되는 신용기금(Trust Fund)으로서 민주주의 국제협력에 필요한 자금기반을 안정적으로 조성했다. 유엔민주주의기금은 다양한 국제행위자들이 협력하는 과정을 보완하는 기능을 담당했다. 기금은 일정부분 확립된 민주주의증진프로그램들이 조정되는 방향으로 행위자들을 조정했다.

현지주도능력(local initiative)은 유엔민주주의기금이 치중한 지원방식이다. 수원국이 내부적으로 민주주의역량을 강화해야 민주주의발전이 가능하다는 교훈을 바탕으로 유엔민주주의기금이 결정한 결과다. 기금은 수원국이 스스로 민주주의를 추진하는 활동을 지원해 현지의 민주주의역량과 의지를 강화하고자 했다. 이러한 방식은 활동성과가 고스란히 수원국 내부에 쌓이는 효과를 낼 수 있었다. 이로써 외부의 지원에 의존해 민주주의발전을 추동

---

53) UN, *2005 World Summit Outcome*, (A/RES/60/1, 24 October 2005), paragraphs 135.

하는 내적 동력을 키우지 못할 것이라는 우려를 줄이는 효과를 냈다. 중장기적으로는 민주주의를 공고화할 기반을 조성하는 데 기여할 것으로 전망된다.

유엔민주주의기금은 2006년부터 2009년 현재까지 12~15개월 단위로 총 3회(round)의 프로젝트를 진행했다. 1회 프로젝트는 2006년 4월 프로그램제안서(proposal)를 접수받으며 시작되었다. 기금은 1303개의 지원서 중 평가심의를 거친 122개 프로그램에 자금을 지원하기로 최종 승인했다. 같은 기간 기금의 중장기적인 방향을 정립할 목적으로 유엔, 국제기구, 지역기구, 비정부기구, 민주주의 증진네트워크 등과 협의하며 자문을 구했다. 2회 프로젝트는 2007년 11월부터 시작되었으며 1,878개의 제안서 중 86개가 최종 승인받았다. 3회 프로젝트는 2008년 11월에 제안서를 접수받으며 시작되었다. 현재까지 진행된 프로젝트는 연간실행평가보고서를 발행했으며 자금지원을 감시했다.

### 유엔사무총장의 지휘 아래 운용되는 기금

유엔민주주의기금은 유엔이 국제지원활동을 총괄하는 틀 안에서 운영되었다. 유엔협력사무소(UNOP: UN Office for Partnership) 산하에 설치된 유엔민주주의기금은 유엔의 다른 활동기금들과 동등한 위상에 있는 것으로 취급되었다. 유엔민주주의기금은 유엔재정규율규칙(UN Financial Regulations and Rules)에 의거해 운영되었다. 기금의 모든 프로젝트는 유엔국제협력기금(UNFIP: United Nations Fund for International Partnership) 프로젝트 비용처리기준프로그램을 따랐다. 유엔의 다른 민주주의 국제협력 활동과 균형을 맞추는 틀 안에서 유엔민주주의기금이 운영되었다.

유엔민주주의기금은 유엔사무총장이 주도권(initiative)을 발휘하는 조직구조를 갖췄다. 1990년대부터 유엔사무총장은 유엔차원의 민주주의 국제협력의 중요성을 강조해 유엔민주주의기금의 기반을 닦은 바 있다. 유엔민주주의기금이 창설된 후 기금의 방향을 설정하는 장치들은 유엔사무총장의 영향을 크게 받았다. 유엔민주주의기금의 자문위원회(Advisory Board)[54]는 총 19명으로 구성되는데 그 중 사무총장이 지명한 대표는 12명이다. 나머지는 7대 최대기금 공여국 대표로 구성된다. 이 외에도 유엔사무총장은 기금의 사무국과 프로그램자문그룹(Programme Consultative Group)[55]의 구성원도 결정하는 권한을 보유했다.[56]

유엔사무총장이 직권으로 설립한 3개 조직은 유엔민주주의기금의 프로그램을 운영하는 축으로 기능했다. 유엔민주주의기금의 사무국은 민주주의증진전략과 정책을 입안하는 업무를 맡았다. 사무국은 기금의 집행을 전반적으로 주관하면서 기금을 조성하고 평가보고서를 작성했다. 자문위원회는 유엔민주주의기금의 전략을 확정했다. 그리고 유엔사무총장에게 프로그램계획에 관한 최종승인안건을 요청할 지를 결정한 후 그 결정에 따라 일부를

---

54) 현재 자문위원회는 총 19명으로 구성되었다. 자문위원은 상위 7개 최대기금공여국의 대표와 유엔사무총장이 지명하는 12명의 대표로 이루어졌다. 유엔사무총장은 지역비례대표원칙에 따라 6개 회원국 대표와 사무총장 직권에 따라 대표 6인(학자 4인, 비정부기구대표 2인)을 지명했다. UN, homepage, http://www.un.org/democracyfund/XGovStructure_new.htm (최종검색일: 2008년 11월 12일).
55) 프로그램자문그룹은 유엔정치국, 유엔개발계획, 유엔평화유지활동국, 유엔마약통제프로그램(UNODC: UN Office Against Drugs and Crime), 유엔여성개발기금(UNIFEM: United Nations Development Fund for Women), 유엔고등판무관실, 유엔개발그룹(UN Development Group Office)으로 구성되었다.
56) 코피 아난 사무총장은 유엔민주주의기금이 전 세계 민주주의 의제를 혁신하는 기제라고 강조하면서 국제사회의 공여확대를 요청했다. 후임인 반기문 사무총장은 제4차 '유엔민주주의기금' 자문위원회의에서 유엔의 3대 주요의제인 '평화안보, 개발, 인권'과 민주주의가 불가분의 관계라고 주장했다. 2007년 12월에 반기문 사무총장은 신생재건민주주의국제회의에서 민주주의가 공정한 사회경제발전을 가능케 한다며 그 중요성을 강조했다.

입안했다. 프로그램자문그룹은 나머지 두 조직을 보조했다. 프로그램자문그룹은 사무국과 공동으로 자금지원기준을 설정했다. 자문위원회가 프로그램 지원 여부를 심의할 때에는 전문적인 지식을 바탕으로 정책자문을 실시했다. 유엔민주주의기금은 〈그림 77〉처럼 프로그램자금지원을 결정했다.

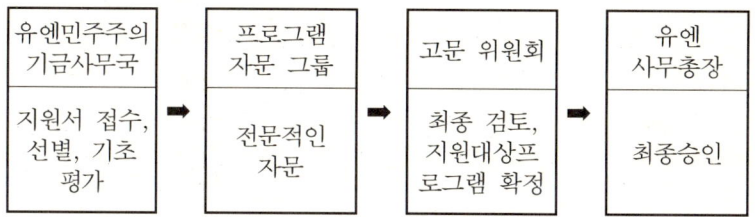

〈그림 77〉 유엔민주주의기금 프로그램지원승인절차

유엔민주주의기금은 조직의 운영목적에 부합하는 기준을 적용해 각 프로젝트를 진행했다. 유엔민주주의기금은 개별 프로젝트 지원서가 기금의 운영원칙에 부합하며 우선순위에 해당하는지를 평가했다. 효과성, 포괄성(inclusiveness), 실현가능성 등을 지표로 활용했다. 프로젝트를 진행할 조직의 역사와 더불어 소외계층의 역량을 강화할 가능성도 평가 잣대로 적용했다. 사무총장이 기금지원을 결정한 후에는 프로젝트를 감시하고 보고하고 평가하는 과정이 이루어졌다. 프로젝트를 실행하는 기관은 자체평가보고서를 정기적으로 제출했다. 유엔민주주의기금 역시 사업진행과 재정 감사와 관련한 정비보고서를 냈다. 이 때 전문가를 지명해 객관적으로 감시평가를 하도록 했다.[57]

---

57) 유엔민주주의기금은 프로그램을 운영하고 감시하고 보고하는 주체를 크게 두 가시 방식으로 구분했다. 민주주의 국제협력 분야에서 유엔과 협력하는 국제기구나 지역기구를 감시나 보고업무의 실행기관으로 설정한 프로젝트(CSOP+ EA : Civil Society Organization Project + Executive Agency)다. 이 경우 감시보고업무실행기관이 프로젝트의 감시업무를

유엔민주주의기금의 조성과 지원

유엔민주주의기금은 미국을 중심으로 한 국제사회의 지원을 받아 활동했다. 〈표 49〉는 기금이 설립당시부터 2008년 10월까지 모금한 국가별 누적 공여액을 정리한 내용이다. 미국은 유엔민주주의기금이 창설되어야 한다고 강력히 주장하면서 2005년 설립당시 10만 달러를 공여했다. 미국의 지원은 동맹국들의 적극적인 참여로 이어졌다. 인도, 일본, 카타르, 호주가 미국의 뒤를 이었다. 양자간지원 대신 다자간지원 형태로 민주주의 국제협력에 참여한

〈표 49〉 2008년 유엔민주주의기금 주요 공여국의 누적 공여액

(단위 : $)

| 국 가 | 누적 공여액 | 국 가 | 누적 공여액 |
|---|---|---|---|
| 그루지야 | 24,942.69 | 이스라엘 | 37,500.00 |
| 덴마크 | 265,017.67 | 이탈리아 | 2,947,800.00 |
| 독 일 | 7,235,744.07 | 인 도 | 15,000,000.00 |
| 라트비아 | 5,000.00 | 일 본 | 10,000,000.00 |
| 루마니아 | 422,860.00 | 체 코 | 134,099.57 |
| 리투아니아 | 28,919.85 | 칠 레 | 160,000.00 |
| 몽 골 | 10,000.00 | 카타르 | 10,000,000.00 |
| 미 국 | 25,840,000.00 | 크로아티아 | 47,000.00 |
| 불가리아 | 10,000.00 | 키프로스 | 5,000.00 |
| 세네갈 | 100,000.00 | 터 키 | 50,000.00 |
| 스리랑카 | 5,000.00 | 페 루 | 25,000.00 |
| 스웨덴 | 1,485,100.04 | 포르투갈 | 50,000.00 |
| 스페인 | 2,290,212.50 | 폴란드 | 150,000.00 |
| 슬로베니아 | 100,000.00 | 프랑스 | 2,881,080.00 |
| 아일랜드 | 658,724.00 | 한 국 | 1,000,000.00 |
| 에스토니아 | 10,395.00 | 헝가리 | 50,000.00 |
| 에콰도르 | 5,000.00 | 호 주 | 7,303,974.44 |
| 영 국 | 609,350.00 | 합 계 | 88,947,719.83 |

책임졌다. 반면 실행기관을 설정하지 않은 프로젝트(CSOP: Civil Society Organization Project)는 유엔민주주의기금이 외부의 독립적인 대리인을 파견해 프로젝트를 감시해 보고하도록 절차를 마련했다.

이들 국가는 미국이 주도하는 국제협력에 적극 결합함으로써 미국과의 우호증진을 기대했다. 미국이 추진한 국제정치사회의 중요한 사업에 참여함으로써 국제사회에서의 발언력을 높이려는 의도도 엿볼 수 있다. 이와 같은 이유로 한국은 2006년 1백만 달러를 공여했으며 그 결과 누적 공여액 순위에서 11위에 올랐다.

유엔민주주의기금은 긴급하게 지원해야 하는 국가나 지역을 우선순위로 두었다. 분쟁지역뿐만 아니라 저개발국(LDCs: Least Developed Countries)과 저소득국(LIC : Low Income Countries) 등이 주요 대상으로 꼽혔다.[58] 기금은 자금지원을 집중적으로 할 때를 판별하기 위한 차원에서 크게 5가지 단계를 구분했다. 〈표 50〉에서 (A)와 (E)는 기금이 지원할 필요가 없는 상황이다. 확립된 민주주의단계는 민주주의가 성숙했기 때문에, 비민주적 상태는 민주적인 리더십이 부족해 자금을 적절하게 활용할 수 없기 때문이다.

〈표 50〉 유엔민주주의기금의 민주주의 구분기준

| 구 분 | 설 명 |
| --- | --- |
| (A) 확립된 민주주의<br>(Established democracies) | 민주주의 제도화 정착. 시민사회, 언론, 선관위 등 공공기관이 독립적으로 활성화됨 |
| (B) 취약한 민주주의<br>(Fragile democracy) | (유사)민주주의의 역사가 있으나 위기상황에 처했거나 대중이 민주주의 정권을 신뢰하지 않음 |
| (C) 신흥민주주의<br>(Emerging democracy) | 시민들이 민주화를 추구하며 독재에 저항했으나 제도가 취약하고 민주주의 경험 부족 |
| (D) 분쟁 후 민주화 과정<br>(Post-conflict democratization process) | 내전, 혼란 이후 평화가 정착하며 등장한 신생 민주주의 |
| (E) 비민주적 상태<br>(Non-democratic states) | 내부 갈등 등의 이유로 민주적 과정에 대한 의지와 역량이 결여된 상태 |

---

58) UNDEF, *2008 Project Proposal Guideline*, (2008).

기금은 (B)~(D)단계에 자금을 지원하는데 그 중에서도 (C)단계인 신흥민주주의에 특히 집중했다. 그 다음으로는 기금은 민주주의가 후퇴하는 상황을 막는 차원에서 (B)단계인 취약한 민주주의사회를 지원하는 데 신경 썼다. 이는 예방적 차원의 지원이라는 점에서 신흥민주주의를 지원하는 것과 차이가 있다.

유엔민주주의기금은 아프리카에 가장 큰 비율로 공여했다. 다음 〈그림 78〉은 기금의 2회 차 프로그램이 지역별로 지원된 비율을 나타낸 내용이다. 유엔민주주의기금은 아프리카에 프로그램 예산의 1/3 수준인 34%를 투입했다. 앞의 〈표 50〉에서 살핀 취약국가와 신흥민주주의국가가 아프리카에 상당수 존재한다는 것을 추정할 수 있다. 그 다음은 아시아로서 전체 예산의 22.3%가 쓰였다. 아프리카와 아시아에 쓰인 프로그램 예산은 전체 예산의 절반을 뛰어넘었다. 두 지역에 민주주의의 위기와 기회가 공존하는 국가가 집중되었다는 것을 알 수 있다. 유엔민주주의기금은 지역균등의 원칙을 바탕으로 하되 긴급지원이 필요한 아프리카와 아시아지역에 초점을 맞춰 재원을 지원했다.

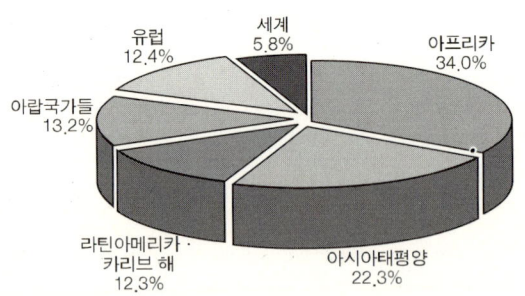

〈그림 78〉 지역별 유엔민주주의기금 공여비율

### 시민사회단체 중점 지원

시민사회단체는 유엔민주주의기금에 지원을 요청한 주요주체들이었다. 〈그림 79〉에서 이를 확인할 수 있다. 유엔민주주의기금에 프로그램지원을 신청한 단체들은 전체 지원단체의 85%를 차지했다. 확률 상 시민사회단체가 지원을 받는 비율이 높을 것이라는 결론을 내릴 수 있다. 이처럼 시민사회단체의 지원율이 높은 이유는 유엔민주주의기금의 설립목적과 활동방향이 시민사회에 부합하는 면이 큰 데 있다. 유엔민주주의기금이 민주주의역량을 강화하는 지원활동을 펼친다는 인식이 국제사회의 민주주의운동진영에 확산되었음을 부분적으로나마 확인할 수 있다.

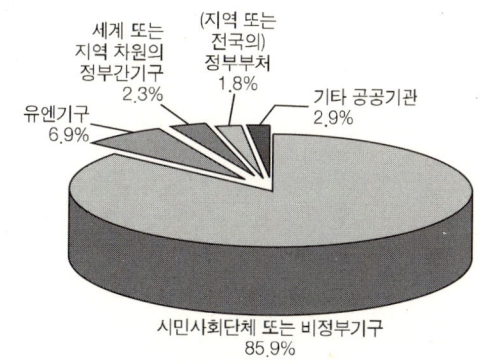

〈그림 79〉 유엔민주주의기금 지원신청단체의 유형[59]

〈표 51〉 유엔민주주의기금 지원대상

| 지원 대상 | 성 격 |
|---|---|
| 시민사회조직, 비정부기구 | 민주주의증진활동을 추진하며 해당 프로그램이 관한 자금지원을 원하는 경우 |
| 헌정 상 독립기관 | 선거관리위원회, 국가인권위원회, 국정감시기관, 독립성이 보장된 거버넌스 조직으로서 시민의 정치참여와 정치적 역량강화를 꾀하는 프로그램 |
| 국제기구, 지역기구 | 유엔 산하기구를 포함해 민주주의 국제협력 활동을 펼치는 다양한 국제행위자들의 프로그램 |

---

[59] UNDEF, homepage, http://www.un.org/democracyfund/index.htm (2008년 11월 12일).

유엔민주주의기금은 6개 주제영역(thematic sector)을 구분해 프로젝트별로 자금을 지원했다. 유엔민주주의기금은 영역을 구분함으로써 기구가 개념화하는 민주주의의 원리와 요소를 잘 보였다. 물론 앞에서 살폈듯이 이들 영역은 기금이 직접 운영하는 프로그램은 아니다. 유엔민주주의기금이 우선순위로 설정한 분야에 해당하는 프로그램을 분류한 것이다. 유엔민주주의기금은 시민사회단체를 비롯한 프로그램실행주체들이 6개 주제영역에 부합하는 활동을 하면서 의미 있는 결과를 이끌어낸다고 판단하면 이들에게 기금을 지원했다.

〈표 52〉 유엔민주주의기금의 6개 주제영역

| 주제영역 | 설 명 |
| --- | --- |
| 민주적인 대화증진, 헌정질서구축지원 (Strengthen democratic dialogue and support for constitutional process) | 소외집단을 포함한 시민사회와 정부간 소통을 증진하고 민주주의담론을 확산시켰다. 군과 시민민주적인 관계 구축하는 것 등 사회전반에 걸친 집단 간 화해(reconciliation) 프로그램이 포함되었다. 유엔민주주의기금은 헌정질서를 구축하고 개혁활동에 기술자문도 수행했다. |
| 시민사회의 역량강화 (Civil society empowerment) | 시민사회가 민주적인 절차에 참여하는 역량을 강화하도록 지원했다. 시민사회조직 간 협의체를 만들거나 대정부 교섭능력을 높이는 등의 사업을 펼쳤다. |
| 시민교육, 선거인단등록, 정당강화 (Civic education, voter registration and strengthening of political parties) | 시민이 정치에 참여하는 일, 특히 소외계층이 중앙정부나 지방정부의 정책결정과정전반에 참여하도록 지원하는 활동을 포함했다. 시민의 정치참여의식을 제고하고 참여역량을 강화하는 교육과 선거인등록과 같은 제도적인 지원을 실시했다. 유엔민주주의기금은 정당제도화를 지원하는 프로그램 지원에도 초점을 맞췄다. |
| 인권과 근본적인 자유 (Human Rights and Fundamental freedoms) | 시민, 공직자 등 시민사회전반에 인권교육 실시했다. 소외계층이 사법제도에 접근하는 등 법치(rule of law)를 확립하는 활동도 펼쳤다. |

| 주제영역 | 설 명 |
|---|---|
| 시민의 정보접근<br>(Citizen's access to information) | 시민의 정보접근권을 보장하는 법제도를 구축하고 정보의 가용성(availability)을 높이는 프로그램을 실시했다. 민주적인 정보의 매체로서 언론역량을 강화하고 정보매체의 다원성을 높이는 활동을 포함했다. |
| 책임성, 투명성, 청렴성<br>(Accountability, Transparency and Integrity) | 공공영역과 민간영역의 투명성을 높이는 차원에서 재정, 공적자금회계감사, 의회의 국정조사, 시민사회와 독립기관의 감시기능강화 등을 꾀했다. |

유엔민주주의기금은 시민사회와 관련한 영역을 지원했다. 〈그림 80〉은 2회차 프로그램 지원서를 주제별로 분류한 것이다. 시민사회강화영역은 전체의 28.8%로 비율이 가장 높았고 인권과 기본적인 자유영역이 22.4%로 그 다음을 이었다. 제안서 접수 후 평가·심의과정을 거친 후 최종적으로 자금을 지원받은 결과는 시민사회를 지원하는 데 비중을 뒀음을 보여준다. 〈그림 81〉에서 확인하듯이 시민사회강화영역은 전체의 32%로서 비중이 가장 컸다. 그 다음은 '시민교육, 선거지원, 정당지원영역'으로서 전체의 24%를 차지했다. 수원국의 시민들이 민주화 역량을 키워 능동적으로 해당 사회의 민주화를 진척시키는 동력을 키우려는 유엔민주주의기금의 방향성을 읽을 수 있다.

이 같은 결과는 시민사회가 적극적으로 유엔민주주의기금에 결합한 데 따른 결과라고도 할 수 있다. 시민사회단체가 제출한 지원서는 전체의 86%에 이르렀다. 시민사회단체는 제도구축보다는 시민사회가 주도하는 민주적인 역량강화프로그램에 집중한 경향을 보였다. 확률 상 유엔민주주의기금이 시민사회를 지원하는 프로그램을 실시할 가능성이 컸다. 여기에 시민사회의 리더십을 강화해 민주주의기반을 안정적으로 조성하려는 유엔민주주의

기금의 의도가 일정부분 반영되었다. 여성, 원주민 등 사회적 소수자들의 역량을 강화하는 지원활동이 유엔민주주의기금의 후원아래 전 세계에서 진행되었다.

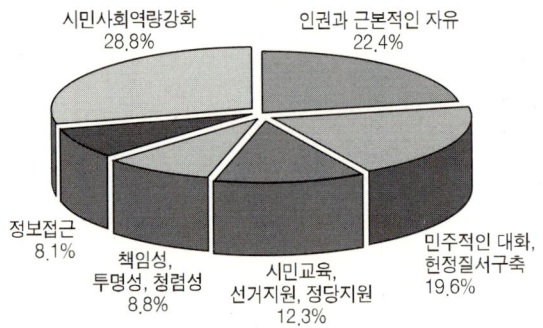

〈그림 80〉 2회 차에서 유엔민주주의기금에 제출된 프로그램 제안서의 주제별 현황

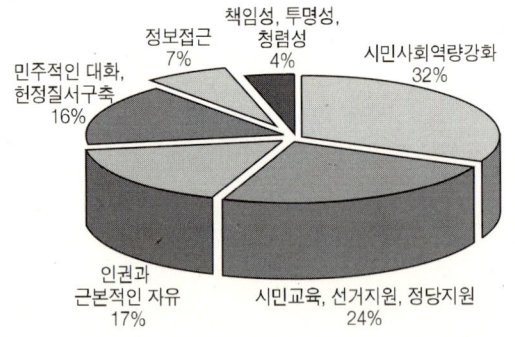

〈그림 81〉 2회 차에서 유엔민주주의기금이 최종적으로 자금을 지원한 프로젝트별 주제현황

유엔민주주의기금의 한계와 과제

　　유엔민주주의기금은 현지주도성을 강화하는 데 초점을 맞춘 민주주의 국제협력의 기반을 조성하고자 노력했다. 수원국 내부

의 동력을 만든다는 점에서 유엔민주주의기금의 의도는 긍정적으로 평가받았다. 하지만 유엔민주주의기금을 우려하는 시선도 꾸준히 존재했다. 유엔민주주의기금의 역사가 짧아 그 활동을 총체적으로 판단하기는 어려운 상황임을 감안하더라도 긍정적이지만은 않은 상황이 조성되었다. 유엔민주주의기금은 현재 크게 세 가지 과제를 안고 있다.

첫 번째 우려는 유엔민주주의기금이 상대적으로 소규모라는 점이다. 〈표 53〉은 유엔민주주의기금의 2회 차 지원규모와 유엔개발계획과 민주적 거버넌스 신용기금의 연간지원규모를 비교한 내역이다. 2007년 유엔개발계획이 민주적 거버넌스에 지출한 예산은 12억8천6백만 달러였고 이를 보조하는 민주적 거버넌스 신용기금은 같은 해 1천1백만 달러 정도를 지출했다. 유엔민주주의기금이 2천5백만 달러 수준으로 지출한 것과 큰 차이를 보였다. 이는 유엔민주주의기금이 민주주의세력을 지원할 수 있는 조직의 역량이 그리 크지 않다는 것을 의미한다. 민주주의 국제협력에 유엔민주주의기금이 기여할 가능성에 대한 의문에 뒤따르는 상황이다.

〈표 53〉 유엔민주주의기금, 유엔개발계획, 민주적 거버넌스 신용기금의 지원의 규모 비교

| '유엔민주주의기금' 2회 차 프로젝트 자금지원규모 | 유엔개발계획 2007년 민주적 거버넌스 예산지출규모 | 민주적 거버넌스 신용기금 2007년 자금지원규모 |
|---|---|---|
| 24,945,000 | 1,286,117,071 | 10,975,562 |

두 번째는 정치적 독립성에 대한 우려다. 유엔민주주의기금의 의사결정구조에 대한 비판적인 시각이 존재해 왔다. 이는 7개 최대 기금공여국 출신의 대표가 자문위원회에 참석하는 것을 염두

에 둔 비판이다. 이들이 자국의 이익을 꾀하고 국제사회에서 자국의 영향력을 확대하려는 의도를 가졌다는 목소리가 곳곳에서 제기되었다. 유엔민주주의기금의 자금지원결정과정이 편파적일 수 있다는 시각은 현재까지 해소되지 않은 채 남아 있다. 유엔민주주의기금이 지원하는 프로그램의 공신력이 낮아지는 데까지 문제가 확장될 소지가 있다.

세 번째 우려는 유엔민주주의기금의 위상에서 비롯된 진퇴양난의 상황이다. 유엔민주주의기금이 내부동력강화를 목표로 지원하는 시민사회단체에는 반정부단체가 포함될 가능성이 있다. 비민주적인 사회에서 민주적인 리더십을 강화하는 자금지원은 유엔의 내정불간섭주의에 위배될 수 있다. 기금은 정치적으로 민감한 사안과 관련된 프로젝트를 배제하며 내정간섭논란을 피하려했다. 그만큼 사회적 파급력이 낮은 일들을 지원하게 되어 스스로 활동범위가 위축되는 결과를 냈다. 이는 유엔민주주의기금이 수원국을 실질적으로 변화시킬 핵심의제들을 피한다는 비판을 불러일으킬 여지를 남겼다. 유엔민주주의기금은 주권침해소지와 지원의 실효성 여부 사이에서 활동반경을 크게 넓히지 못하는 실정이다.

유엔민주주의기금은 유엔이 민주주의 국제협력을 제도화하는 과정에서 나타난 성과물이자 발전방향을 모색하는 새로운 시도다. 하지만 유엔은 태생적인 한계 때문에 어려움을 겪고 있다. 유엔은 주권을 완결적으로 보유한 국가들의 연합체이자 민주주의 국제협력의 적극적인 행위자다. 유엔의 민주주의증진활동은 국제사회의 평화를 높이는 차원에서 지지를 얻었지만 다른 한편으로는 국가의 주권을 침해할 여지가 있어 우려를 낳았다. 유엔민주주의기금 역시 동일한 상황에 처해 있으며 이러한 상황은 단번에 해소되지 않을 복잡성을 띠고 있다.

# 제 2 장
# 유럽연합

# 민주주의 국제협력 역사의 장을 연 유럽연합

유럽연합 형성과정이 곧 유럽연합의 민주주의 국제협력사

유럽연합은 유럽통합의 역사가 물꼬를 튼 시점부터 민주주의 국제협력의 전통을 가져왔다. 그러한 전통의 시작은 유럽연합의 시발점인 유럽경제공동체(EEC: European Economic Community)가 창립된 1957년으로 볼 수 있다. 유럽경제공동체는 서구민주주의 가치를 바탕으로 회원국간 평화유지를 목적으로 삼았다. 유럽경제공동체는 시간이 지나며 유사한 헌법질서를 공유한 가치공동체(community of values)로 변모해 갔다. 미국, 소련과 달리 비군사적강대국(civilian superpower)으로서 위상을 정립한 유럽 국가들은 경제무역발전, 민주주의, 굿 거버넌스, 법치주의를 공유하며 인접국과 역내안정화를 추구했다. 그 과정에서 유럽경제공동체는 개별국가단위로는 제공하기 어려운 인센티브를 제공했고 초국가적 관료제를 운영할 능력과 물적 자원을 축적했다.

유럽연합은 통합과정에서 내외부적인 영향을 받으며 민주주의 증진역사를 써왔다. 유럽연합은 냉전시기에 이미 민주주의 국제협력의 필요성을 느꼈다. 민주주의 국제협력의 대표적인 주체인 미국과 유엔이 냉전종식이후 본격적으로 활동을 시작한 것과 대비된다. 권위주의정부를 가진 유럽국가들이 유럽연합에 가입하기 시작하면서 이들을 통합해야 할 과제가 대두한 것이 실질적인 계기였다. 1970년대 중반부터 1980년대 초반까지 그리스, 스페인, 포르투갈 등이 유럽공동체의 회원국이 되었다. 체제가 다른 국가들과 역내관계를 평화적으로 조성하는 방안으로 민주주의를 강화해야 한다는 주장이 제기되었다.

냉전이 종식되자 유럽연합은 민주주의 국제협력을 더 적극적으로 펼칠 수 있는 날개를 달았다. 1980년대 말부터 1990년대 초까지 구소련이 와해되면서 소련의 영향력 아래 있었던 일부 국가들의 정치체제는 상당히 불안정해졌다. 유럽연합은 인접국인 이들 국가가 평화체제로 안착하면서 유럽공동체의 일원으로 통합되도록 기준을 마련해야 하는 상황에 직면했다. 유럽 국가들은 중동부 유럽 국가를 개별적으로 지원하면서 유럽공동체라는 틀 안에서도 공동으로 해당 국가들을 지원했다. 이러한 과정을 거치며 유럽연합은 민주주의증진정책을 세밀하게 발전시켜 나갔다.

민주주의가 세계의 정치질서로 자리 잡으며 유럽연합의 민주주의 국제협력은 활동반경을 광범위하게 넓혔다. 유럽연합은 잠재적인 유럽연합가입후보국 바깥 지역에 위치한 국가들의 안정도 중요한 요소로 고려하기 시작했다. 북아프리카, 지중해 동부, 중동, 서부신생독립국(WNIS: Western Newly Independent States),[1] 신생독립국(NIS: Newly Independent States),[2] 러시아, 걸프지역 등이 유럽연합의 관심사로 부상했다. 유럽연합은 근린정책(ENP)을 추진하면서 인접국의 민주주의이행을 지원하는 체계를 공고화했다.

유럽연합의 민주주의 국제협력은 오랜 전통을 지녔다. 유럽연합은 역내외의 국제정치상황을 반영하면서 지역을 통합하며 민주주의 국제협력을 시도했다. 과거 제국주의의 역사를 반성하는 차

---

1) 서부신생독립국은 우크라이나, 몰도바, 벨로루시를 뜻한다.
2) 아르메니아, 아제르바이잔, 벨로루시, 그루지야, 투르크메니스탄, 카자흐스탄, 키르기스스탄, 몰도바, 타지키스탄, 우크라이나, 우즈베키스탄을 뜻한다.

원에서 1960년대부터 유럽연합의 주요회원국(벨기에, 프랑스, 네덜란드, 포르투갈, 스페인, 영국)이 '아프리카, 카리브해, 태평양국가(ACP: African, Caribbean and Pacific countries)'를 지원한 것도 민주주의 국제협력의 발판이 되었다. 일련의 과정을 겪으며 유럽연합은 민주주의를 개발원조의 중심과제로 주목하면서 발전시켰다.3)

### 중동부유럽에서 세계로 민주주의증진활동 확대

유럽연합은 냉전종식 이전부터 협력(partnership)을 기초로 민주주의지원정책을 펼쳤다. 유럽연합은 인권과 굿 거버넌스의 증진을 바탕으로 대외관계를 형성했다. 유럽내부의 결속을 다지는 유럽연합개발정책(EU Development Policy)과 아태지역과의 우호를 꾀하는 '아프리카, 카리브해, 태평양국가'지원이 주요 축이었다. 유럽연합은 아태지역 국가들과의 관계를 밑천삼아 협력개념을 발전시켰다. 장기적인 관점에서 상호간 대화를 증진하고 정치제도를 개혁하고자 소수집단의 권리신장활동과 시민사회단체지원활동을 동시에 펼쳤다. 유럽연합의 협력에 기초한 개발정책은 1990년대 초반 민주주의 국제협력 활동의 기초가 되었다.4)

냉전종식을 기점으로 유럽연합은 중동부유럽의 민주주의이행과정을 적극 지원했다. 1990년대 초반 유럽연합은 중동부유럽과

---

3) Baracani, Elena. *The European Union and democracy promotion: a strategy of democratisation in the framework of the neighborhood policy?*, PhD diss., University of Florence, Italy. (2004) pp.8-9. (모리노 1998; 2003에서 재인용).
4) 1990년대 초반 유럽연합의 협력지원활동은 중동부유럽국가들(CEECs: Central and East European Countries)의 자본주의로의 이행을 지원한 등대 프로그램(PHARE: Poland and Hungary Assistance for Restructuring their Economies), 독립국가연합을 지원한 독립국가연합기술지원프로그램(TACIS: Technical Aid to the Commonwealth of Independent States) 등으로 대표된다. 참고로 'phare'는 프랑스어로 '등대'를 의미한다. 해당프로그램이 수원국이 민주주의체제로 전환하는 길을 찾도록 빛을 비췄다는 점에서 프로그램약어를 기준으로 번역했다. 원뜻을 살려 '폴란드·헝가리경제재건지원프로그램'으로 번역하는 것도 물론 가능할 것이다.

발칸지역의 회원국 가입에 필요한 정치적 기준을 마련하면서 민주주의지원정책을 추진했다. 1993년 유럽연합은 유럽연합가입요건(Copenhagen criteria)을 마련해 가입기준을 확립하면서 민주주의체제를 기본요건으로 제시했다. 새로 제정된 가입요건은 과거 권위주의체제에서 유럽연합으로 통합된 기존회원국보다 훨씬 더 높은 수준의 민주주의를 요구한 것을 골자로 했다. 유럽이사회(European Council)는 유럽연합가입에 필요한 정치적 기준으로 '민주주의, 법치, 인권, 사회적 약자 보호 등을 보장하는 정치제도의 안정성'을 기준으로 내세웠다. 유럽연합가입요건은 유럽연합의 민주주의증진정책의 기반이자 구공산권국가의 정치개혁을 유도하는 요인으로 작용했다.

1994년 제정된 민주주의·인권증진유럽발안(EIDHR: European Initiative for Democracy and Human Rights) 역시 중동부유럽과 발칸지역이 민주주의로 이행하도록 유인하는 효과를 냈다. 이는 1991년 유럽의회발안의 일환으로 등대프로그램의 물자를 활용해 중동부유럽을 지원했던 것을 발판으로 설립되었다. 민주주의·인권증진유럽발안은 연간 약 1,200만 유로를 예산으로 비정부기구, 지역협력프로그램, 시민사회프로그램의 정책예산을 지원했다. 매해 예산을 지원하는 프로그램수가 늘어나는 추세인 민주주의·인권증진유럽발안은 유럽연합의 민주주의지원을 이끄는 효과도 냈다. 2000년 이후에는 유럽선거감시활동(European Election Observation Missions)에도 관여해 이를 지원했다.[5]

유럽연합은 중동부유럽을 기본 축으로 다른 지역에서도 민주주의지원정책을 펼쳤다. 라틴아메리카는 유럽연합이 지원한 대

---

[5] 차기 프로그램에 대한 논의로는: *Communication on a Thematic Programme for the Promotion of Democracy and Human Rights worldwide 2007-13*, COM (2006)23 of 27.1.06 을 참조.

표적인 지역이다. 1990년대 초반 아르헨티나를 상대로 진행한 협정에 인권조항을 삽입한 것이 시초였다. 유럽연합은 인권, 민주주의, 법치를 포괄적으로 적용한 집행위원회의 연례보고서와 유럽의회결의안 등을 바탕으로 라틴아메리카와 관련된 민주주의증진 기준을 설정했다. 이후 유럽연합은 1995년부터 제3국과 협정을 맺을 때 민주주의증진조항을 필수조항으로서 첨부해 그 수가 2009년 현재 120개를 넘었다. 유럽연합은 다자주의원칙에 기초해 국제사회에서의 민주주의증진활동을 벌였다.

유럽연합은 아프리카에서도 민주주의 국제협력의 발판을 마련하고자 활동했다. 남아프리카공화국의 인종차별정책이 폐지되고 정치개혁이 가속화되면서 유럽연합은 '인권, 굿 거버넌스, 민주주의'를 근간으로 삼은 개발협력프로그램을 아프리카에서 실시했다. 유럽연합은 1990년부터 인권과 민주주의를 증진하는 협정을 맺으며 실효성증진을 꾀했다. 유럽연합은 로메협정(Lomé IV Agreement)과 코토누협정(Cotonou Agreement)을 맺어 개발협력정책과 민주주의의 융합을 꾀했다. 코토누협정은 폭력과 부패상황을 엄격히 제재하는 공식회담과 규정을 포함했다.

유럽연합은 2000년대 이후로도 세계의 민주주의를 증진시키려는 노력을 강화했다. 유럽연합은 2003년 일련의 거버넌스 개발정책을 수립하며 민주주의증진과 개발협력의 강도를 높였다.[6] 유럽연합은 민주주의, 인권, 굿 거버넌스를 주요활동영역으로 천명한 새로운 유럽개발정책공동성명(Joint Statement on EU Development Policy)을 발표했다.[7] 이는 아프리카, 라틴아메리카, 카리브해에서 각각

---

[6] Commission Communication COM (2003) 615 of 20.10.2003 and Council conclusions of 17.11.2003

[7] Communication on the European Development Policy, "*The European Consensus*," COM (2005) 311 final of 13 July 2005.; Joint Statement by the Council and the representatives of the governments of the Member States meeting within

민주주의를 강화하는 지원활동으로 구체화되었다. 유럽연합은 아프리카에서는 거버넌스를 중심으로 한 개발협력을[8] 라틴아메리카에서는 사회통합과 민주적 거버넌스를[9] 카리브해에서는 인권과 상호협력을 추구했다.[10]

유럽연합의 민주주의 국제협력은 시기별, 지역별로 복잡다단한 양상을 보였다. 민주적 거버넌스를 확립한다는 목적 아래 유럽연합은 중첩된 기능을 발휘하는 제도를 바탕으로 활동을 벌였다. 유럽연합은 냉전종식 후 과거보다 훨씬 적극적으로 대외정책을 제도화했다. 유럽연합은 역내통합과 인접국의 민주주의이행을 동시에 추구하며 민주주의 국제협력의 큰 그림을 그려 나갔다.

---

the Council, the European Parliament and the Commission, "*The European Consensus on Development*," adopted on 22 November 2005.

[8] '아프리카와의 새로운 전략적 협력(new Strategic Partnership with Africa)'으로써 아프리카상호감시체제(APRM: African Peer Review Mechanism)와 민주적인 정치개혁을 지원했다. "*The EU and Africa: towards a strategic partnership*" adopted by the European Council, 15-16 December 2005.

[9] 유럽연합·라틴아메리카협력(EU-Latin America Partnership)이 대표적이다. Commission Communication to the European Parliament and the Council, "*A stronger partnership between the EU and Latin America*" (COM (2005) 1950 of 9.12.2005).

[10] 새로운 카리브해 전략(New Strategy for the Caribbean)이 수립되었다. COM (2006) 86 of 2.3.2006.

# 기본문서를 통해 본 유럽연합의 민주주의개념[11]

### 유럽연합조약

마스트리히트조약으로도 불리는 유럽연합조약(TEU: Treaty on the European Union)은 1993년부터 법적인 효력을 발휘했다. 유럽연합조약은 1999년 암스테르담조약, 2001년 니스조약으로 수정·발전되었다. 여러 번 개정되는 과정을 거치면서 유럽연합조약은 역내민주주의의 기반을 확대하고 회원국간 협력을 심화하는 방향으로 점차 발전했다. 유럽연합조약은 역내 회원국으로 가입하고 활동할 핵심조건으로 민주주의를 요구했다. 유럽연합조약에는 유럽연합이 지향하는 민주주의개념이 개괄적으로 담겨 있다. 유럽연합조약은 민주주의의 기본조건을 크게 다섯 가지로 제시했다.

유럽연합조약은 민주주의의 가치를 중심으로 이를 강제할 규정들을 제시했다. 유럽연합조약 제6조는 유럽연합의 기본가치를 담았다. 제6조는 "(유럽)연합은 자유, 민주주의, 인권존중, 기본권, 법치주의와 회원국들이 공유하는 가치를 토대로 형성된다."는 내용을 담았다.[12] 유럽연합조약 제49조는 민주주의의 가치가 회원국의 가입기준이 된다고 규정했다. 유럽평의회(COE: Council of Europe)

---

11) Piccone, Theodore J. *International Mechanisms for Protecting Democracy*. Washington, D.C.: Democracy Coalition Project, 2004. pp. 22-24.
12) EU, *Articile 6(1) Treaty on the European Union (TEU)*.

에 가입하고 유럽인권협약(European Convention on Human Rights)[13]의 승인을 얻는 것은 유럽연합에 가입하는 데 필요한 기본 전제조건이었다.

〈표 54〉 유럽연합조약에 나타난 유럽연합의 민주주의개념

| 유럽연합조약 제6조 (자유, 민주주의, 인권존중, 법치주의를 유럽연합의 기본가치로 제시) | 유럽연합조약 제7조 (유럽평의회가 기본가치 불이행 여부를 결정할 권리 명시) |
| --- | --- |
| | 유럽연합조약 제49조 (회원국은 제6조에 명시된 기본가치를 따른다는 가입기준 규정) |
| | * 니스조약(2001) (기본가치 불이행 여부를 결정할 투표절차와 제도 규정) |
| | 유럽연합조약 제11조 - 비회원국 관련조항 (유럽연합의 외교안보정책 목표로 민주주의, 법치주의, 인권존중, 기본권확립을 명시) |

유럽연합조약은 회원국이 민주주의의 가치를 실행하지 않을 경우 제재하는 수단도 마련했다. 유럽연합조약 제7조는 유럽이사회가 연합의 기본가치가 침해될 경우 불이익을 부과하는 절차를 규정했다. 이사회는 심각하고도 지속적인 불이행(serious and persistent breach) 정도를 판단한 후 제재여부를 결정할 수 있다. 이 조항은 쿠데타, 무력으로 발생한 정변뿐만 아니라 다양한 민주주의침해 사례에도 적용되었다. 일례로 오스트리아에서 극우인종주의를 정강으로 삼는 자유당이 집권정당에 포함되자 유럽연합회원국들

---

[13] 유럽인권협약은 1950년 가맹국들이 조인하고 1953년부터 발효되었다. 유럽인권협약은 세계인권선언의 내용 중 몇 가지를 집단적으로 보장할 수단을 적절히 규정하려는 목적을 지녔다. 협약은 체결국 내의 거주자는 협약과 보충의정서가 규정하는 자유권을 보장받는다고 명시했다. 유럽인권위원회와 유럽인권재판소는 이를 이행할 목적으로 설치되었다.

은 사회의 소수에게 정치적 권리와 다른 기본권을 보장하도록 요구한 바 있다. 당시 유럽연합은 진상조사위원회를 파견해 시행여부를 감시하기도 했다.

2001년 합의된 니스조약(Treaty of Nice)은 유럽연합조약의 제6조 불이행여부를 결정하는 수단을 제공했다. 유럽의회(European Parliament)가 불이행여부를 판단하는 자리를 열면 유럽이사회의 4/5 이상이 찬성하거나 유럽연합 회원국 수반의 만장일치로 해당국가에 제재를 가할 수 있다. 그런데 이 두 방식은 실제 집행과정에 다소간 차이가 있다. 유럽이사회는 유럽의회의 위임을 받으면 불이행여부를 즉시 판단할 수 있다. 반면 각국수반회의는 유럽연합집행위원회나 유럽이사회의 1/3 이상이 건의한 안건에 대해서만 권한을 위임받는다. 이 외에도 유럽이사회의 투표결과는 각국정부에 권고사항으로 제출되지만 각국수반의 결정은 대상국의 투표권철회와 같은 실질적인 제재정책으로 이어진다.

유럽연합은 비회원국의 민주주의증진에 대해서도 강한 의지를 표명했다. 유럽연합은 1992년 이래로 비회원국과의 개발원조 협정에 민주주의표준조항(standard democracy clause)을 삽입했다.[14] 유럽연합은 크게 두 가지 방식으로 제3국에 민주주의표준조항을 강제했다. 기본권이 침해된 경우가 있을 경우 유럽연합은 당사국과의 협정을 즉각 보류했다. 또는 적합한 규제방안(appropriate measures)[15]을 마련할 목적에서 심의회를 개최하기도 했다. 유럽연합은 전자보다는 후자의 방식에 중점을 둬 제3국에 민주주의이행을 강제했다. 유럽연합은 이로써 민주주의를 유럽의 외교안보정책

---

14) European Commission, *The European Union's Role in Promoting Human Rights and Democratization in Third Countries*, May 8, (2001) p.4.

15) European Commission, *On the Inclusion of Respect for Democratic Principles and Human Rights in Agreements between the Community and Third Countries*, May 23, (1995) p.3.

의 기본목표로 설정한 유럽연합조약 제11조를 실현하고자 했다.

### 유럽연합기본권헌장

2000년 니스에서 선언된 유럽연합기본권헌장(Charter of Fundamental Rights of the European Union)은 기존 유럽연합문서에 표명된 자유와 기본권을 재차 강조했다. 헌장은 유럽연합과 시민의 관계를 규정하면서 집행위원회가 회원국의 잠재적인 기본권침해여부를 조사할 수 있는 권한을 부여했다. 헌장 전문(前文)은 민주주의를 유럽연합의 기본가치로 선언하면서 자유, 평등 시민권을 각각의 표제로 삼아 민주주의의 주요요소를 설명했다. 유럽연합기본권헌장은 이후 유럽헌법으로 통합된 후 각국의 국민투표에 부쳐졌는데 헌법이 프랑스, 네덜란드, 아일랜드에서 각각 부결되면서 헌장 역시 법적 지위를 얻지는 못했다. 하지만 헌장의 주요내용은 유럽재판소가 판례를 구성하는 데 상당한 영향을 끼친 바 있다.

### 코토누협정

2000년 6월 유럽연합이 77개 '아프리카, 카리브해, 태평양 지역' 국가와 맺은 코토누협정(Cotonou Agreement)은 민주주의표준조항을 개정한 가장 최근의 사례다. 코토누협정은 굿 거버넌스를 기본적이고 결정적인 요소(fundamental and positive element)로 규정하면서 민주주의[16]와 인권존중이 이를 실현할 필수요소(essential element)라고 선언했다.[17] 코토누협정 제8조는 관련국들이 상호 정치적인 대화(political dialogue)를 하도록 보장하는 절차를 규정했다. 이는 "인권, 민주주의원칙, 법치주의, 건전한 거버넌스 등을 발전시키는 일상적 평가를 완수하는"차원에 입각한 것이었다.[18] 협정 제96조는

---

16) Article 9, Cotonou Agreement, June 2001.
17) Cotonou Agreement, *Article 9.2*.

정치적인 대화에도 민주주의가 개선되지 않을 경우 상황을 개선할 심의회를 개최한다며 구제방법을 명시했다. 만약 제96조가 합의점을 도출하지 못할 경우 협정에 명시되지 않은 적합한 수단(appropriate measures)을 채택할 수 있으며 협정 자체를 파기할 수 있는 선택지도 보장했다.

코토누협정은 1995년 체결된 로메협정에 담긴 민주주의 국제협력의 내용을 심화한 것으로 평가할 수 있다. 로메협정은 체결당시 '아프리카, 카리브해, 태평양지역'의 국가들과 굿 거버넌스를 두고 합의점을 찾지 못했었다. 아프리카 등지의 국가들은 굿 거버넌스가 협정의 불이행 여부를 판단하는 필수요소로 포함되는 것에 분명히 반대했다. 코토누협정 당시에도 유럽연합과 체결 대상국들은 굿 거버넌스를 필수요소로 규정하는 것을 두고 이견을 보이다가 필수요소가 아닌 기본적이고 결정적인 요소로 완화해 이를 적용했다. 이는 심각한 권력부패(serious cases of corruption)상황이 아니고서는 협정불이행조항을 적용하기 어렵다는 것을 의미하는 것이기도 했다. 민주주의침해사례를 구제하는 강력한 방안을 마련하지 못한 것은 본 협정의 한계로 지적될 수 있다.[19]

---

18) Cotonou Agreement, June 2001. Article 8.4.
19) Article 97, Cotonou Agreement, June 2001.

# 민주주의 국제협력을 추진하는 유럽연합 기구들

분권화에 기초한 민주주의 국제협력 활동 조직

유럽연합은 민주주의 국제협력을 시행하는 기구를 다양하게 설치했다. 유럽연합은 민주주의를 증진하려는 노력을 다각적으로 시행했고 이를 담당할 산하기구들을 제도화했다. 유럽연합이 설치한 조직들은 민주주의 국제협력을 각기 분담하는 구조 안에서 운영되었다. 중심적인 지원기관이 하나만 설치되지 않은 것은 연방주의적인 전통을 지닌 국가가 대다수인 유럽 국가들의 역사를 반영한 것으로 해석할 수 있다. 유럽연합의 민주주의지원 정책 결정기구로는 유럽이사회, 유럽각료이사회, 유럽연합집행위원회를 꼽을 수 있다. 이 밖에 유럽연합의 기구는 아니지만 유럽 공동의 민주적 원칙을 수립하는 것을 목표로 하는 유럽평의회가 있다. 각각의 활동은 다음과 같다.

- **유럽이사회**

유럽이사회(European Council)는 1947년 파리조약에 의거해 출범한 유럽연합 최고의결기구다. 유럽이사회는 유럽연합이 형성되는 과정에서 역사적인 조약과 회담을 성사시킨 주역이었다. 유럽이사회는 연 두 차례(6월, 12월) 정기모임을 여는데 민주주의 국제협력과 관련한 제도도 이 때 구체적으로 구성했다. 유럽이사회는 1993년의 유럽연합조약, 1999년의 암스테르담조약(Amsterdam Treaty), 2003년의 니스조약 등 조약을 체결하면서 민주주의 국제협력을 구체적으로 언급했다. 이 세 조약은 제3국의 개발협력프로그램에 인권과 자유권을 신장한다는 원칙을 적용하기로 결의하는 성과를 냈다.[20] 2000년 니스회담에서는 유럽연합과 관계를 맺는 모든 국가가 민주주의를 따르도록 유도하는 유럽연합기본권헌장을 도출하기도 했다.[21]

● **유럽각료이사회**

유럽각료이사회(Council of Ministers)는 장관회의라고도 불리며 유럽연합의 정책결정기구다. 각료이사회는 개별 정책에 따라 회원국의 장관으로 구성된 정부간기구의 성격으로 기능했다. 각료이사회는 주관하는 정책에 따라 구성원이 달라지지만 일반적인 사항을 다룰 경우 각국 외무장관이 이사로 구성되었다. 회의는 매달 1회씩 열리며 이 때 각국의 개발협력프로그램을 구체적으로 논의했다. 산하에 기술관료 집단인 상주대표부를 두고 이들의 행정조정업무를 수행하는 각국의 실무모임(CWPs: Council Working Groups)을 설치해 집행위원회와 같은 독립적인 관료조직으로 기능하도록 했다.

유럽각료이사회는 민주주의 국제협력을 증진하는 실질적인 성과를 도출했다. 1991년 11월 이후 유럽각료이사회는 모든 협정에 민주주의수호와 인권신장을 기본목표로 삽입했다. 유럽은 아시아, 라틴아메리카 등지에서 협정을 맺은 모든 국가에 인권과 민주주의요소를 도입하기 시작했다. 2000년에는 코토누협정이 체결되

---

20) Crawford, Gordon. *Evaluating European Union Promotion of Human Rights, Democracy and Good Governance: Towards a Participatory Approach*. Journal of International Development, 14, (2002) Published online in Wiley Inter Science (www.interscience.wiley.com). DOI: 10.2002/jid.936 p.911.

21) European Commission. *The European Union's Role in Promoting Human Rights and Democratisation in Third Countries*. [COM (2001) 252 final, 8 May 2001.] European Commission: Brussels, 2001.

어 굿 거버넌스를 협력의 주요원칙으로 제시했다. 유럽각료이사회가 결의한 일련의 문서들은 현재까지 유럽연합이 실행한 민주주의 국제협력의 골간으로 작동하고 있다.

유럽각료이사회는 다양한 조직들을 결합하면서 민주주의 국제협력을 구현하기도 했다. 2000년 유럽각료이사회와 유럽연합집행위원회(European Commission)가 공동으로 결의한 유럽공동체개발정책공동성명(Joint Statement on EC Development Policy)이 대표적이다. 공동성명은 인권, 민주주의, 법치, 굿 거버넌스의 원칙을 모든 개발협력프로그램에 통합시켜 이에 재원을 집중할 의지를 시사했다. 공동성명은 '민주화와 인권을 보장하는 유럽연합집행위원회의 새로운 체제(new framework)'가 출범했음을 의미했다.22) 유럽연합이 민주주의 국제협력을 담당하는 조직들을 분산 배치하되 이들이 각각 협력하면서 비전을 모색하는 양상을 확인할 수 있다.

### ● 유럽연합집행위원회

유럽연합집행위원회(European Commission)는 유럽연합의 입법부이자 행정부로서 유럽연합의 어떤 정책결정기구보다 강력한 권한을 지녔다. 집행위원회는 입법제안권을 독점적으로 행사하는 동시에 대부분의 의사결정과 실행과정에 개입할 수 있다. 유럽연합집행위원회는 유럽연합 공동의 이익을 추구하는 한편 국가간 조정과정과 각료이사회와의 접촉을 바탕으로 개별국가의 이익을 정책에 반영토록 장려했다. 집행위원회는 지역 내외 국가들이 이해하는 정치적인 범위를 넓혔으며 개발협력프로그램 역시 인권과 민주주의의 신장과 결합되는 경향을 보였다.23) 유럽연합과 아시

---

22) European Commission, *The European Union's Role in Promoting Human Rights and Democratisation in Third Countries*, [COM (2001) 252 final, 8 May 2001.] p.5.
23) 이에 대한 대표적 사례로는 라틴아메리카와 지중해 국가를 들 수 있다.

아가 민주주의, 굿 거버넌스, 법치를 6대 주요대외관계 중 하나로 설정하는 전략변화는 이러한 흐름을 반영했다.24)

2001년 5월 집행위원회가 새로 발표한 정책보고서는 민주주의 국제협력의 범위를 전 세계로 확대한다는 의지를 천명했다.25) 보고서는 인권과 민주주의가 유럽의 모든 활동의 우선순위가 되어야 한다고 강조하면서 5대 주안점을 제시했다.26) 첫째, 유럽공동체 안에서 정책의 일관성과 지속성을 담보한다. 둘째, 정치적 대화, 무역, 대외지원을 적극 활용해 제3국과의 관계협력에서 민주주의와 인권을 우선적으로 배치한다. 셋째, 민주주의·인권증진 유럽발안의 전략적인 접근법을 발전시킨다. 각국간 주도적인 민주주의증진활동을 유도하려는 유럽연합집행위원회의 활동은 현재도 계속되고 있다.

- **유럽평의회**27)

유럽평의회(COE: Council of Europe)는 민주주의, 인권, 법치를 실현할 목적으로 활동하는 유럽의 대표적인 국제기구다.28) 유럽평

---

European Commission. *Follow-up to the First Summit between Latin America, Caribbean and the European Union*. [COM (2000) 670 final, 31 October 2000.]; *To Prepare the Fourth Meeting of Euro-Mediterranean Foreign Ministers*, 'Reinvigorating the Barcelona Process'.[COM (2000) 497 final, 6 September 2000.] [G. Crawford p.912.에서 재인용]

24) European Commission. *Europe and Asia: A Strategic Framework for Enhanced Partnerships*. [COM (2001) 469 final, 8 September 2001.] p.18.
25) [COM (2001) 252 final, 8 May 2001.]
26) Crawford, Gordon. Evaluating European Union Promotion of Human Rights, Democracy and Good Governance: Towards a Participatory Approach. *Journal of International Development*, 14, (2002) p.913.
27) COE, homepage, http://www.coe.int/t/e/mandates/mandat.asp (최종검색일: 2008년 11월 20일).
28) 벨기에, 덴마크, 프랑스, 아일랜드, 이탈리아, 룩셈부르크, 네덜란드, 노르웨이, 스웨덴, 영국 등 10개 나라의 서명에 의하여 1949년 설립되었으나 현재 가입국은 유럽연합 가입국 전부를 포함하여 47개국에 이른다.

의회는 1949년 유럽평의회규정(Statute of the Council of Europe)을 근거로 설립되었으며 프랑스 스트라스부르에 본부를 두었다. 유럽평의회규정은 회원국들이 '시민들의 천부인권인 개인의 자유, 정치적 자유, 법치, 진정한 민주주의를 구성하는 원칙'에 헌신해야 한다고 명시했다.29) 평의회는 유럽연합이 추구하는 민주주의를 보장할 의지가 있는 모든 국가에 참관국 지위(observer status)를 부여했다.30) 유럽연합과 달리 유럽평의회는 주권포기를 요구하지 않았다. 유럽평의회는 시민권을 존중하는 정치체제로서 민주주의를 실현하는 것을 유럽연합의 원칙으로서 제시했다.

유럽평의회는 민주주의를 증진할 장치를 행정조직내부에 마련했다. 유럽평의회는 각료위원회(가맹국의 외무장관으로 구성), 의원총회(Parliamentary Assembly), 지역민주주의운영위원회(Steering Committee on Local and Regional Democracy), 사무처(Legal Office)로 구성되었다. 각료위원회는 평의회의 최고의사결정기구로서 평의회의 활동을 총괄하는 한편 분권화에 기초한 민주주의에 관심을 보였다. 각료위원회는 유럽평의회연방의회(Congress of Council of Europe 또는 CLRAE: Congress of Local and Regional Authorities of Europe)가 유럽전역의 지역민주주의증진을 목표로 삼았다고 판단해 2000년 규정에서 이를 재차 강조했다.31) 2005년 각료회의는 지역차원에서도 굿 거버넌스를 하고 모든 회원국들이 유럽지역민주주의기준(European standards of local democracy)에 도달하도록 지원하는 정부간연례프로그램을 준비할 것을 결의했다.32)

---

    이밖에 미국, 캐나다, 일본, 멕시코, 바티칸시국 등 5개국은 참관국으로서 참여하고 있다.
29) COE Statute, 2nd preambular paragraph.
30) COE Statutory Resolution 1993 (26), 14 May 1993.
31) COE Statutory Resolution 2000 (1), 15 March 2000.
32) Graham, Kennedy, "The Role of Regional Organizations in Promoting Democracy."

<표 55> 유럽평의회 관련 국가 명단[33]

| | 국 명 | 가입년도 | 국 명 | 가입년도 |
|---|---|---|---|---|
| 가입국가 | 알바니아 | 1995 | 리히텐슈타인 | 1978 |
| | 안도라 | 1994 | 리투아니아 | 1993 |
| | 아르메니아 | 2001 | 룩셈부르크 | 1949 |
| | 오스트리아 | 1956 | 몰타 | 1965 |
| | 아제르바이잔 | 2001 | 몰도바 | 1995 |
| | 벨기에 | 1949 | 모나코 | 2004 |
| | 보스니아-헤르체고비나 | 2002 | 몬테네그로 | 2007 |
| | 불가리아 | 1992 | 네덜란드 | 1949 |
| | 크로아티아 | 1996 | 노르웨이 | 1949 |
| | 키프로스 | 1996 | 폴란드 | 1991 |
| | 체코 공화국 | 1993 | 포르투갈 | 1976 |
| | 덴마크 | 1949 | 루마니아 | 1993 |
| | 에스토니아 | 1993 | 러시아 연방국 | 1996 |
| | 핀란드 | 1989 | 산마리노 | 1988 |
| | 프랑스 | 1949 | 세르비아 | 2003 |
| | 그루지야 | 1999 | 슬로바키아 | 1993 |
| | 독일 | 1950 | 슬로베니아 | 1993 |
| | 그리스 | 1949 | 스페인 | 1977 |
| | 헝가리 | 1990 | 스웨덴 | 1949 |
| | 아이슬란드 | 1950 | 스위스 | 1963 |
| | 아일랜드 | 1949 | 마케도니아 | 1995 |
| | 이탈리아 | 1949 | 터키 | 1949 |
| | 라트비아 | 1995 | 우크라이나 | 1995 |
| | 영국 | 1949 | | |

| | 국 명 | 지위자격(자격부여 년도) |
|---|---|---|
| 기타 | 벨로루시 | 자격정지 (1993년) |
| | 캐나다 | 참관국 (1996) |
| | 일본 | 참관국 (1996) |
| | 멕시코 | 참관국 (1999) |
| | 미국 | 참관국 (1996) |
| | 바티칸 시국 | 참관국 (1970) |

Paper presented at the 6th International Conference of New or Restored Democracies (ICNRD-6), Doha, Qatar, October 29 November 1, 2006.
33) COE, homepage, http://www.coe.int/T/E/Com/About_Coe/Member_states/default.asp (최종검색일: 2008년 11월 20일).

유럽평의회는 각료위원회 외 산하조직을 활용해 민주주의증진을 꾀했다. 사무처는 '역내 민주주의와 법치의 원칙을 창조·발전·강화하는 것'을 임무로 삼아 사업을 실행했다. 1967년 설치된 지역민주주의운영위원회는 지자체의 대변기구로서 위원회 산하 지방의회(local congress)와 지역의회(regional congress)에서 지역민주주의를 논의되었다. 유럽평의회는 유럽인권재판소(European Court of Human Rights)와 유럽인권위원회(European Commission of Human Rights) 등을 독립기구로 설치해 민주주의를 수호하면서 중동부유럽을 지원했다.

# 유럽평의회와 민주주의·인권증진유럽발안의 활동[34]

유럽평의회, 민주주의정치자문총국을 중심으로 활동

유럽평의회는 민주주의, 인권, 법치를 실현하기 위해 출범한 유럽정부간 협력기구다. 유럽평의회는 크게 세 가지 목표를 지향했다. 첫째, 인권·다원주의·법치의 가치를 수호한다. 둘째, 유럽문화의 정체성과 다양성에 관한 인식을 제고한다. 셋째, 유럽사회를 위협하는 사안(인종차별, 외국인혐오, 테러 등)에 공동대응하고 정치·입법·헌법개혁을 지원해 유럽대륙의 민주주의체제를 공고화한다. 이 중 마지막 목표는 유럽평의회가 민주주의 국제협력을 지지하는 발판으로 기능했다.

유럽평의회는 크게 8개 조직으로 나뉜다. 유럽평의회는 인권, 사법, 민주주의 등과 관련된 부서를 각각 설치에 업무를 분담했다. 다만 대부분의 부처가 담당하는 분야는 상호 연계되거나 중첩된 양상을 보였다. 유럽평의회는 조직 내외부의 다양한 활동지점을 마련함으로써 민주주의 국제협력의 내용을 풍부하게 이끌고자 했다. 이 중 관련국간의 정치적 사안까지 다루는 민주주의정치자문총국(Democracy and Political Affairs)의 활동은 주목할 만하다.

---

[34] COE, homepage, http://www.coe.int (최종검색일: 2008년 11월 20일); EIDHR, homepage, http://europa.eu/scadplus/leg/en/lvb/r10110.html (최종검색일: 2008년 11월 20일).

〈표 56〉 유럽평의회의 산하조직과 업무내용개괄[35]

| 담당부서 | | 세부업무 | |
|---|---|---|---|
| 인권·사법<br>(Human rights and Legal affairs) | | 기준마련 (Standard Setting) | |
| | | 협력 (Co-operation) | |
| | | 감시 (Monitoring) | |
| | | 법으로 민주주의 구현 (Democracy through Law) | |
| 민주주의<br>정치자문<br>총국<br>(Democracy<br>and Political<br>Affairs) | 민주주의<br>(Democracy) | 지역민주주의<br>(Local and Regional Democracy) | 정치<br>학회<br>(Schools<br>of<br>Political<br>Sciences) |
| | | 혁신과 굿 거버넌스 전략 (Strategy for Innovation and Good Governance) | |
| | | 지역정부개혁계획<br>(Centre of Expertise for Local Government) | |
| | | 국제비정부기구간회의 (Conference of International Non-Governmental Organization) | |
| | | 미래민주주의포럼<br>(Forum for the Future of Democracy) | |
| | | 정보사회에서의 굿 거버넌스 (Good governance in the Information Society) | |
| | 정치자문협력<br>(Political Advice<br>and Co-operations) | 협력프로그램 (Co-operation Programmes) | |
| | | 감시·감독 (Monitoring) | |
| | | 유럽평의회사무처<br>(Council of Europe Offices) | |
| | | 정보국 (Information Offices) | |
| 법률자문, 국제법,<br>테러리즘 (Legal Advice,<br>International Law, Terrorism) | | 조약국 (Treaty Offices) | |
| | | 테러리즘 대항 (Fight against Terrorism) | |
| | | 국제공법 (Public International Law) | |
| 사회통합 (Social cohesion) | | 다양한 사회안전보장 정책(13개 위원회) | |
| 교육, 문화, 유산, 청년,<br>스포츠 (Education, culture and<br>heritage, youth and sport) | | 외국어교육, 문화교류프로그램(11개 위원회) | |
| 협정 (Partial agreements) | | 지역별 부분협정체결(10개 지역협정) | |
| 교류프로젝트<br>(Transversal projects) | | 분야간 중첩, 교류되는 협력프로그램 | |
| 협력 (Co-operation) | | 유럽평의회와 유럽연합집행위원회<br>공동프로그램 | |

---

35) COE, homepage, http://www.coe.int/DefaultEN.asp (최종검색일: 2008년

민주주의정치자문총국은 예산을 포함해 전체 업무를 총괄하는 중앙사무처를 기둥으로 실제 업무를 실시하는 민주주의제도총국과 정치자문협력총국으로 구성되었다.

민주주의제도총국(DDI: Directorate of Democratic Institutions)은 유럽평의회가 지향하는 민주주의, 인권, 법치를 중심으로 사업을 실행했다. 유럽평의회의 민주주의정치자문본부(DG-DPA)는 민주주의제도총국에 민주주의프로그램을 주로 위임했다. 민주주의제도총국은 시민사회를 민주주의를 발전시킬 내부동력으로 인식했다. 민주주의제도총국은 시민사회를 지원하는 한편 정치학교육프로그램을 시행해 미래의 정치지도자가 유럽평의회의 가치를 함양하도록 지원했다. 정부가 효과적으로 운영되고 굿 거버넌스를 실현하도록 전문지식을 제공하는 프로그램도 실시했다.

민주주의제도총국의 기능은 여섯 개의 주요위원회가 각각 실행하는 프로그램으로 세분화되었다. 첫째, 지역민주주의위원회(Local and Regional Democracy)[36]는 각 회원국 장관이 모이는 정부간협력체다. 지역민주주의위원회는 2005년 지역차원에서 굿 거버넌스를 실시할 2005~2010계획을 수립해 민주적인 시민권·정치참여확대, 지역정부간 상호협력제도, 지역정부간 재정협력 등을 구상했다. 유럽의 지역민주주의운영위원회(CDLR: Committee on Local and Regional Democracy) 소속 회원국에는 지역정부의 자치의 발판이 될 공동의 기준을 마련할 의무를 부과했다. 각국 정부부처와 지방자치체와 협력해 지역금융·자치 등을 확립하려는 지방정부개혁계획(Centre of Expertise for Local Government Reform)처럼 각국정부의 입법, 행정부처가 유럽평의회의 기준에 부합하도록 프로그램을 진행하

---

11월 20일).

36) COE, homepage, http://www.coe.int/T/E/Legal_Affairs/Local_and_regional_Democracy (최종검색일: 2008년 11월 20일).

기도 했다.

둘째, 혁신과 굿 거버넌스 전략위원회(Strategy for Innovation and Good Governance)는 지역정부의 역량을 강화하는 활동을 펼쳤다. 지방정부의 역량은 자치의 질과 더불어 시민들의 삶의 양상을 결정짓는 중요한 요소다. 시민의 요구에 부응하도록 질 높은 공공업무와 정책을 제공할 능력은 지방정부가 갖춰야 할 덕목이다. 유럽평의회는 혁신과 굿 거버넌스 전략위원회로 하여금 민주적 거버넌스의 12원칙(Twelve Principles of Good Democratic Governance)을 실시하도록 장려했다. 해당 위원회는 유럽평의회 차원에서 제공할 수 있는 정책을 지원하면서 민주적 거버넌스의 정착을 유도했다.

셋째, 지방정부개혁계획은 각 회원국의 지방정부간 협력을 추진했다. 지방정부개혁계획은 지방정부의 거버넌스를 개혁해 지방분권화에 기초해 있는 유럽의 민주주의를 전반적으로 변화시키고자 했다. 평의회 회원국들은 '지방자치에 관한 유럽헌장'을 승인한 후 분권화정책을 추진했지만 역량강화는 이와 다른 차원의 일이었다. 지방정부가 시민의 요구에 능동적으로 대응하도록 지자체장, 지방관료, 지방의회의원에게 전문적인 행정지식과 경험을 전수하고 자문했다.[37]

넷째, 국제비정부기구간회의는 시민사회의 역량을 강화하는 일을 맡았다. 유럽평의회는 지난 50여 년간 시민사회를 주요한 행위자로 인식했으며 시민사회는 유럽평의회가 추구하는 가치와 정책수단을 형성하는 데 기여했다. 국제비정부기구간회의는 400여개의 국제비정부기구로 구성되었는데 이들은 모두 유럽평의회

---

37) COE, homepage, http://www.coe.int/t/E/Legal_Affairs/Local_and_Regional_Democracy/Main_Bodies/CentreExpertise/default.asp#TopOfPage (최종검색일: 2008년 11월 20일).

에 참여할 자격을 얻었다. 이들은 유럽평의회의 의사결정과정에도 참여하면서 시민사회의 목소리가 유럽민주주의의 제도가 확립되는 과정에 반영되도록 활동했다.38)

다섯째, 미래민주주의포럼(Forum for the Future of Democracy)은 범유럽적인 차원에서 민주주의가 확산되는 방향을 모색했다. 2005년 설립된 미래민주주의포럼은 민주주의강화, 정치적 자유·시민의 정치참여확대가 유럽사회에서 고르게 이루어지는 것을 모색했다. 미래민주주의포럼은 독자적으로 프로그램을 꾸리기보다 다른 부처와 협력하고 조정하면서 활동하는 경향을 보였다. 유럽평의회 산하의 여러 위원회의 민주주의지원프로젝트와 연계하면서 평의회 산하기구들과 복합적인 관계망을 형성하며 협력했다.39)

여섯째, 민주주의제도총국은 정보사회에서의 굿 거버넌스(Good Governance in the Information Society)프로젝트를 실시했다. 유럽평의회는 정보통신기술의 발전에 발맞춰 민주주의, 인권, 법치라는 기본가치를 증진할 수 있다고 판단했다. 해당 프로젝트는 진보하는 정보통신기술을 민주주의증진과 적극적으로 결합하는 활동을 추진했다. 전자선거(e-voting)로 대표되는 전자거버넌스(e-governance)가 제도화되도록 지원하는 것은 본 프로젝트의 기본업무다. 이 뿐만 아니라 개별국가의 정보통신기술(ICT: Information and Communication Technologies)정책이 민주적인 개혁과 부합하는지 여부를 심의한 후 지원수준을 결정했다.40)

정치자문총국(DPAC: Directorate of Political Advice and Co-operation)은 '민주주의와 정치자문총국'의 또 다른 산하부처로서 유럽평의회

---

38) COE, homepage, http://www.coe.int/T/E/NGO/public/INGO_Conference (최종검색일: 2008년 11월 20일).
39) COE, homepage, http://www.coe.int/T/E/Integrated_Projects/Democracy (최종검색일: 2008년 11월 20일).
40) ibid.

의 민주주의 국제협력을 집행하는 핵심기구 중 하나다. 정치자문총국은 산하에 유럽평의회사무처와 정보사무처(Council of Europe Information Offices)[41]를 설치했다. 이들 기관은 유럽평의회의 결정을 각국언어로 번역·출판해 보급하며 캠페인을 벌였다.

정치자문총국은 안정된 정치제도를 구축할 목적으로 협력프로그램을 실행했다.[42] 선거운동지원프로그램은 국제사회를 참여시켜 선거가 민주적인 가치를 침해하는지 감시하고 관련된 조언을 하면서 수원국의 부족한 역량을 채웠다. 정치자문총국은 사후분쟁해결프로그램도 실시했다. 2008년에는 체첸공화국을 지원하면서 아르메니아와 아제르바이잔 간의 인적교류를 확대하고 학교 간 교류를 확대했다. 그 결과 유엔코소보잠정행정협정사절단 (UNMIK: United Nations Interim Administration Mission in Kosovo) 등을 파견해 분쟁지역 국가들이 안정된 관계를 수립하도록 지원했다. 정치자문총국은 지역의 정치적 상황과 요구에 따라 다양한 방식으로 협력프로그램을 실행했다.

정치자문총국은 감시·감독(monitoring)활동을 벌이는 데도 적극적이었다. 감시·감독활동은 유럽평의회가 각 회원국에 부과하는 의무와 책임이 제대로 이행되는지 여부를 평가하는 일을 포괄했다. 감시위원회는 해당국가의 발전사항일반과 동시에 민주정치제도의 발전정도와 정부의 기여도를 평가한 내용을 보고서로 작성했다. 이는 유럽평의회의 각료위원회가 향후 해당국가와 협력할 경우 참고하는 자료로 활용될 예정이다.[43]

---

41) COE, homepage, http://www.coe.int/t/dgap/infoOf_en.asp (최종검색일: 2008년 11월 20일).
42) COE, homepage, http://www.coe.int/t/dgap/progCoop_en.asp (최종 검색일: 2008년11월 20일).
43) 2008년 유럽평의회의 각 회원국에 대한 모니터링 보고서를 참조했다. COE, homepage, http://www.coe.int/t/dgap/Monitoring/moniRep_2008_en.asp (최종 검색일: 2008년 11월 20일).

유럽평의회 회원국들은 유럽평의회가 위와 같은 민주주의지원 활동을 벌이는 데 필요한 자금을 제공했다. 2008년의 경우 회원국들이 제공한 재원은 총 200,999,600유로였다. 〈표 57〉은 2008년 회원국별 예산기여도를 나타낸 내용이다. 프랑스, 독일, 이탈리아, 러시아, 영국 등 5개국이 각각 전체 예산의 12.0199%를 제공해 기여도가 가장 높았다.

〈표 57〉 2008년 유럽평의회 회원국별 총예산 기여도[44]

| | 국 명 | 기여도 (%) | 국 명 | 기여도 (%) |
|---|---|---|---|---|
| 회원국가 | 알바니아 | 0.1200 | 리히텐슈타인 | 0.0622 |
| | 안도라 | 0.0703 | 리투아니아 | 0.1993 |
| | 아르메니아 | 0.1200 | 룩셈부르크 | 0.1938 |
| | 오스트리아 | 1.8197 | 몰 타 | 0.1200 |
| | 아제르바이잔 | 0.2275 | 몰도바 | 0.1200 |
| | 벨기에 | 2.2118 | 모나코 | 0.0309 |
| | 보스니아-헤르체고비나 | 0.1387 | 몬테네그로 | 0.1200 |
| | 불가리아 | 0.2985 | 네덜란드 | 3.7150 |
| | 크로아티아 | 0.2907 | 노르웨이 | 1.5964 |
| | 키프로스 | 0.1200 | 폴란드 | 2.2453 |
| | 체코 공화국 | 0.8332 | 포르투갈 | 1.2026 |
| | 덴마크 | 1.4949 | 루마니아 | 0.8956 |
| | 에스토니아 | 0.1200 | 러시아 | 12.0199 |
| | 핀란드 | 1.1577 | 산마리노 | 0.0325 |
| | 프랑스 | 12.0199 | 세르비아 | 0.2848 |
| | 그루지야 | 0.1226 | 슬로바키아 | 0.3453 |
| | 독 일 | 12.0199 | 슬로베니아 | 0.2241 |
| | 그리스 | 1.5127 | 스페인 | 6.6908 |
| | 헝가리 | 0.7766 | 스웨덴 | 2.1361 |
| | 아이슬란드 | 0.1200 | 스위스 | 2.1750 |
| | 아일랜드 | 1.1214 | 마케도니아 | 0.1200 |
| | 이탈리아 | 12.0199 | 터 키 | 3.2232 |
| | 라트비아 | 0.1266 | 우크라이나 | 1.3646 |
| | 영 국 | 12.0199 | 계 = 100.0000 (%) | |

---

44) Resolution CM/Res(2007)26 on the adjustment of the scale of contributions

회원국간 모금액의 편차가 상당히 큰 편이다. 이는 각국의 경제여건이 다른 데서 비롯된 결과로 해석할 수 있다. 다만 회원국간 기여도는 달라도 유럽평의회는 초국가적인 업무를 지향하는 과정에서 예산을 차별적으로 사용하지 않으려 노력해 왔다.

유럽평의회의 예산에서 주목할 부분은 실제 민주주의 국제협력 활동에 예산이 얼마나 투입되느냐 하는 것이다. 〈표 58〉은 2008년 예산 중 유럽평의회의 민주주의 국제협력 활동과 관계된 주요 총국 프로그램에 해당하는 내용이다. 개괄적인 틀에서 개별프로그램이 지원받는 금액은 큰 차이를 보였다. 각 프로그램별 수혜대상의 수에 따라 지원금의 규모가 달라졌다. 2008년 현재 예산을 가장 많이 받은 지역민주주의프로그램은 1백 4십만 명이 넘는 직원들에게 지원을 했다. 프로그램의 수혜대상이 각 회원국 내부의 지방정부나 지방자치단체에 광범위하게 퍼져있는 상황에 따른 것이다. 해당 프로그램은 분권화의 전통을 잇고 또 이를 이어가는 유럽정치의 특징을 반영하고 있다.

유럽평의회는 시민사회를 집중적으로 지원해 민주주의증진을 꾀했다. '다원민주주의에서 시민사회의 기능강화'는 두 개 프로그램으로 나뉘었지만 시민사회를 지원하는 측면에서는 동일한 내용으로 볼 수 있다. 이 두 프로그램의 예산총액은 200만 유로를 넘었다. '유럽정체성을 함양하고 민주적 시민을 양성하는 교육' 역시 220만 유로 이상의 금액을 지원받았다. 유럽평의회가 시민사회를 육성해 유럽전역의 민주주의를 강화하는 일을 중시한다는 것이 드러났다. 유럽평의회는 분쟁종결 후 평화구축이나 선거지원활동을 할 때도 시민사회를 강화하고 의식을 제고하는 일에 초점을 맞추고 있다.

---

to the Council of Europe Ordinary Budget and Budget of the European Youth Foundation, with effect from 1 January, 2008. 참조.

<표 58> 2008년 유럽평의회의 민주주의 국제협력 프로그램별 예산배정내역45)

(단위 :명)

| 총국 | 프로그램 | 직원관련 (Staff-related) | 기타 | 합계 (유럽) |
|---|---|---|---|---|
| 민주주의 정치자문본부 (DG-DPA) | CM감시와 의무이행국가 지원 (CM Monitoring and support to states in implementing commitments) | 156,000 | 27,100 | 183,100 |
| | 분쟁종료 후 개별협력활동 프로그램 (Programme of specific co-operation activities in post-conflict situations) | 15,200 | 470,800 | 486,000 |
| | 민주주의제도 형성 활동 (Making Democratic Institutions work) | 359,900 | 324,300 | 684,200 |
| | 지역민주주의 (Local and regional democracy) | 1,402,900 | 851,200 | 2,254,100 |
| | 다원민주주의에서 시민사회의 기능강화 (Strengthening the role of civil society in a pluralist democracy: Head 3331) | 607,800 | 566,200 | 1,174,000 |
| | 다원민주주의에서 시민사회의 기능강화 (Strengthening the role of civil society in a pluralist democracy: Head 3332) | 88,200 | 807,400 | 895,600 |
| | 사전선거지원 (Pre-Electoral Assistance) | 119,900 | 250,000 | 369,900 |
| DG-IV | 유럽정체성을 함양하고 민주적 시민을 양성하는 교육 (European Identity and education for democratic citizenship) | 114,500 | 1,081,100 | 2,226,600 |

민주주의 · 인권유럽발안의 주요 활동

민주주의 · 인권유럽발안(EIDHR: European Initiative for Democracy and Human Rights)은 1994년 유럽의회(European Parliament)의 주도로 창설되었다. 이는 현재 법적효력이 만료되었고 2007년 1월 1일부터 세계민주주의 · 인권증진재정기구(Financing Instrument for the Promotion

---

45) Resolution CM/Res(2007)27, Concerning the Ordinary Budget for 2008, (Adopted by the Committee of Ministers on 27 November 2007 at the 1012th meeting of the Ministers' Deputies) 참조.

of Democracy and Human Rights Worldwide)로 재탄생했다.

　민주주의·인권유럽발안은 유럽연합조약과 기본권헌장 등이 명시한 유럽연합의 기본가치를 수호하는 프로그램들을 연계해 지원하는 조력기구다.46) 민주주의·인권유럽발안의 목적은 인권증진, 민주주의, 분쟁예방을 실현하는 것이다. 이를 공유하는 정부산하단체, 정부간기구, 국제기구, 비정부기구, 시민사회단체 등의 예산을 심의한 후 재정을 지원했다. 민주주의·인권유럽발안은 수원국정부가 동의하지 않거나 합의내용을 보류한 상황에서 유럽연합의 다른 프로그램이 제공되지 못할 때에도 작동되는 권한을 가졌다. 그만큼 다양한 의제를 포괄할 수 있다는 강점을 보였다.

　민주주의·인권유럽발안의 집행위원회는 2001년 제3국의 민주주의를 지원할 유럽연합의 위상을 논의한 담화를 채택했다. 몇 개의 우선순위와 목표국가(target countries)를 분명히 적시해 좀 더 나은 결과를 도출하겠다는 구상이었다. 이는 기구 산하 여러 총국의 프로그램으로 구체화되었다. 유럽연합 회원국, 유럽의회, 다수의 비정부기구가 참여해 제3국의 민주주의를 증진하는 활동을 펼쳤다. 〈그림 82〉는 2005~2006년 주요한 전략적 우선순위와 이를 기초로 한 프로젝트를 요약한 것이다.

　민주주의·인권유럽발안은 네 개의 전략적 우선순위에 기초해서 활동했다. 첫 번째는 정의와 법치의 가치증진이다. 국제사법재판소(International Criminal Court), 기타 국제범죄재판의 효과적인 기능, 사형제폐지운동, 인권수호활동 등이 주요활동목표로 추진되

---

46) 이에 해당하는 사례로는 유럽개발기금(EDF: European Development Fund), 독립국가연합기술지원프로그램(TACIS), 아시아라틴아메리카(ALA: Asia and Latin America), 유럽-지중해공동재정협력(MEDA: financial cooperation under the Euro-Mediterranean partnership), 재건개발안정화공동체지원(CARDS: Community Assistance for Reconstruction, Development, and Stabilisation), 등대프로그램(PHARE), 긴급대응체계(RRM: Rapid Reaction Mechanism) 등이 있다.

었다. 두 번째는 인권을 존중하는 문화를 확산하는 것이다. 민주주의·인권유럽발안은 사회적 약자들의 권리를 보호하면서 이를 국제제도에 반영하며 고문 철폐 활동에 예산을 배분했다. 세 번째는 민주선거제도를 정착하려는 것이다. 시민사회운동을 지원하면서 앞의 목표를 동시에 추구했다. 마지막은 평등, 관용, 평화적 가치를 향상시키는 것으로서 사회의 소수자들과 원주민들의 인권 보호활동과 분쟁예방·해소를 목표로 하는 시민사회운동에 예산을 지원했다. 이 외에도 성평등, 아동권리보호 등이 지원금을 받았다.

〈그림 82〉 2005~2006년 민주주의·인권유럽발안의 민주주의지원전략의 우선순위와 주요프로젝트[47]

| 전략적 우선순위 | 주요 프로젝트 |
|---|---|
| 정의와 법치의 가치증진 | 세계적, 지역적 프로젝트(거시적) |
| 인권을 존중하는 문화함양 | 국가 단위의 프로젝트(미시적) (지원금액: 10,000유로 이상, 100,000유로 이하) |
| 민주적인 정치절차의 정착 | |
| 평등, 관용, 평화의 가치 확산 | |

민주주의·인권유럽발안은 프로젝트를 세 개로 나눠 진행했다. 세계적인 수준의 프로젝트는 하나 이상의 우선순위를 둘 이상의 지역(대륙)에 적용했다. 지역프로젝트는 하나 이상의 우선순위를 해당 지역에서 집중적으로 실시하는 방식을 취했다. 국가단위의 프로젝트는 하나의 국가에 한 개 이상의 우선순위 관련 프로젝트를 실시했다. 민주주의·인권유럽발안은 유럽의 개별국가부터 세계 여러 지역에 이르기까지 민주주의를 증진하는 활동을 벌이고자 계획을 세워 실시했다.

---

[47] EU, homepage, http://europa.eu/scadplus/leg/en/lvb/r10110.htm (최종검색일: 2008년 11월 20일).

민주주의 · 인권증진은 규모에 따라 두 가지 유형으로 프로그램별 프로젝트를 선택 · 실행했다. 거시프로젝트는 세계적, 지역적 차원에서 진행되었다. 유럽연합의 영토 안에 위치한 기관일 경우 연간 최소 30만 유로를 지원받았다. 프로젝트가 실행되는 곳의 기구는 각각 최저 15만 유로를 받았다. 반면 국가차원에서 진행되는 미시프로젝트는 1만 유로에서 10만 유로 사이에서 예산을 받았다. 미시프로젝트의 지원을 받는 단체의 경우 유럽연합차원에서 활동하는 다른 비정부기구와 연합해도 지원금을 받을 수 있었다.

〈표 59〉 2005~2006년 민주주의 · 인권유럽발안의 총예산과 프로젝트별 사용비율

| 활동 내역 | | 총 예산에서 차지하는 비율 (%) | | 총합 (예산액) |
|---|---|---|---|---|
| 주 전략에 따른 캠페인 활동 | 거시 프로젝트 | 48% | 93% | 100% (106,000,000€) |
| | 미시 프로젝트 | 32% | | |
| | 선거감시행위 | 13% | | |
| 기 타 | | 7% | | |

위의 〈표 59〉는 2005~2006년 민주주의 · 인권유럽발안의 예산 사용비율을 정리한 것이다. 총예산(약 1억 6백만 유로)의 대부분이 2005~2006년 주요 전략적 우선순위 관련한 프로젝트에 쓰였다. 전체예산의 93%가 네 개 우선순위 프로젝트에 지급되었다. 거시프로젝트는 전체의 48%로 이 중에서 비중이 가장 컸다. 하지만 거시프로젝트에 비해 미시프로젝트를 실행하는 단체에 지급되는 최소금액이 크게 적다는 점을 감안하면 미시프로젝트의 수혜를 받은 단체가 실질적으로 많았을 수도 있다. 한편 프로젝트와 무관한 나머지 7%는 유럽연합의 기타 정책결정기구와 정부간 프로그램을 지원하는 데 쓰였다.

〈표 60〉 2007~2013년 세계민주주의·인권증진재정기구의
활동목표와 전략[48]

| 분 류 | 내 용 |
|---|---|
| 설립 목표 | • 인권과 기본적 자유의 증진<br>• 제3국의 민주주의 증진 및 민주적 개혁 지원<br>• 인권과 민주주의 증진을 위해 시민사회 육성<br>• 선거감시활동과 지역시민사회단체를 지원함으로써 안정된 선거절차제도의 구축 등 |
| 전략별<br>세부목표 | • 민주주의 : 참여 민주주의와 대의 민주주의의 확대, 민주적 절차와 제도의 수립, 정부단체와 의회 내 인권 존중, 정치적 다원주의의 실현, 정치사회경제 분야에서 남녀평등 실현→시민사회단체지원<br>• 인권 : 기본적 자유(세계인권선언문에 기초)의 수호→다양한 정부간기구, 시민사회단체 지원 |
| 주요 자금<br>지원 대상 | • 시민사회단체<br>• 국영, 민간 비영리단체<br>• 당국으로부터 자금을 조달받기 어려운 지역·국가·국제 입법기구<br>• 국제·지역 정부간 기구<br>• 본 기구가 규정하는 대상에 포함되는 일반시민 |
| 활동 전략 | • 전략보고서 : 유럽공동체전략의 우선순위, 국제상황, 주요 파트너에 관한 보고<br>• 매년 전략보고서에 따른 실행 프로그램 수립<br>• 집행위원회에 의해 보고서에 명시되어 있지 않은 정책이 채택될 수 있음<br>• 제출된 안건에 따라 정부간 기구, 인권보호활동 등에 자금 지원<br>• 유엔인권고등판무관실, 인권과 민주화를 위한 유럽대학 센터(EIUC)의 활동비용 지원<br>• 유럽연합 선거감시임무를 위한 인적 물적 자원의 제공 등 |

민주주의·인권유럽발안은 유효기간 만료 후 유럽의회의 규정에 따라 세계민주주의·인권증진재정기구로 다시 태어났다. 재정기구는 2007년부터 2013년까지의 민주주의지원계획을 바탕으

---

[48] EU, homepage, http://europa.eu/scadplus/leg/en/lvb/ll4172.htm (최종검색일: 2008년 11월 20일).

로 설립되었다. 재정기구는 전신인 민주주의·인권유럽발안의 업무를 계속 이어서 수행했다. 재정기구가 주요전략과 지원방법을 좀 더 구체화했다는 점이 두 기구의 차이점으로 꼽힌다. 세계민주주의·인권재정수단은 실질적인 참여를 원하는 개인이나 단체가 참여할 수 있는 폭을 넓혔다. 유럽연합의 회원국뿐만 아니라 회원국 시민, 회원가입진행국가나 공식후보국이나 유럽경제구역 내 회원국 시민들이 참여할 수 있다.

세계민주주의·인권재정기구는 2007년부터 2013년까지 법적 효력을 발휘했다. 해당 기간 동안 기구가 지원받은 예산은 11억 400만 유로로 민주주의·인권유럽발안보다 좀 더 큰 규모였다.[49] 과거 민주주의·인권유럽발안이 했듯이 시민단체와 지역정부를 지원하는 방향으로 민주주의증진을 도모하는 양상을 보였다. 수원국의 시민사회와 지역사회에 예산을 지원해 이들이 민주적인 역량을 강화하는 토대를 만들고자 했다. 분권화와 시민역량강화라는 맥락은 앞으로도 꾸준히 이어질 것으로 예상된다.

유엔에 필적하는 대표적인 민주주의 국제협력 주체

유럽연합의 민주주의 증진활동은 오랜 기간 축적되어 왔다. 유럽연합의 민주주의 증진활동은 사법제도를 구축하고 운영하는 것과 유사한 방식으로 진행되었다. 유럽연합은 유럽연합조약을 비롯해 조약과 협정의 형태로 민주주의의 정신을 문서화했고 채택한 안은 모든 회원국에 법적 구속력을 발휘했다. 사법적인 구속력은 유럽연합이 인권정책을 주요한 안으로 받아들이는 기반이

---

[49] Regulation (EC) No 1889/2006 of the European Parliament and of the Council of 20 December 2006 on establishing a financing instrument for the promotion of democracy and human rights worldwide http://eur-lex.europa.eu/smartapi/cgi/sga_doc?smartapi!celexplus!prod!DocNumber&dg=en&type_doc=Regulation&an_doc=2006&nu_doc=1889 (최종검색일: 2008년 11월 20일).

되었다. 유럽연합은 제도화된 구속력으로 민주주의지원정책을 장려하는 동시에 정치적 조건성(political conditionality)을 제시해 비회원국의 민주주의증진을 추동하는 효과도 꾀했다. 유럽연합은 유럽연합가입조건과 코토누협정 등 외교안보정책과 통상정책을 민주주의원칙의 일환으로 추진했다. 유럽연합은 정치적 조건성을 강조하면서 다른 지역기구에 비해 강력한 민주주의지원정책을 추진할 수 있었다.

유럽연합은 산하의 다양한 조직과 제도를 활용하면서 전방위적으로 민주주의 국제협력을 꾸렸다. 다층적인 지배구조를 갖춘 유럽연합은 각 산하기구가 추구하는 목표와 전략에 따라 민주주의지원정책을 펼쳤다. 유럽연합은 오랜 연방제 전통을 반영한 민주주의지원정책을 확립해 왔다. 시간이 지나 구공산권이 점차 안정되면서 유럽연합은 활동지역을 유럽을 훨씬 뛰어넘는 지역으로 넓혔다. 구공산권국가뿐만 아니라 라틴아메리카, 아프리카, 중앙아시아 등으로 활동반경을 넓혔다. 유럽연합은 유엔처럼 전 세계적 차원의 민주주의의 확대를 목표로 한다는 점에서 유엔의 민주주의 국제협력과 통하는 공통점도 가지고 있다.

# 제 3 장
# 지역기구

미주기구
유럽안보협력기구
아프리카연합

# 미주기구
(OAS: Organization of American States)

**비민주적인 정부를 축출하는 최초의 지역정치기구**

1948년 창설된 미주기구는 그 전신인 미주연합의 역사로 거슬러 올라가면 세계에서 가장 오래된 지역기구다. 미국을 중심으로 1820년대부터 시작된 미주회의는 약 90년 후인 1910년 미주연합(Pan American Union)이라는 결실을 맺었다. 이후 세계 1·2차대전을 겪으면서 조직의 변화를 모색한 미주연합은 1948년 미주기구로 변모했다. 콜롬비아에서 개최된 제9회 미주회의(Inter-American conferences)에서 미국을 비롯한 20개 라틴아메리카국가가 미주기구의 헌장을 채택하면서 나온 결과였다. 당시 쿠바도 회원국이었으나 냉전시기 갈등이 치닫다가 1962년 자격을 박탈당했다.

1960년대 미주기구는 민주주의증진활동의 첫 발을 내딛었다. 미주기구는 미주기구헌장의 네 개 조항을 수정했다. 당시 미주기구는 민주주의증진, 인권수호, 평화와 안보, 자유무역 증진, 빈곤·마약·부패에 따른 문제해결 등을 공동 목표로 삼았다. 서방국가를 포함한 35개국의 미주기구 회원국들은 이와 같은 목표를 실천하는 데 합의했다. 냉전이 점점 더 극한 양상으로 변해 가면서 미국을 중심으로 한 미주기구는 반공주의를 표방했다. 미주기구는 라틴아메리카를 전략적 우선지역으로 삼아 지역 내에서 공산주의가 확산되지 않는 방향으로 활동하는 데 주력했다.

냉전이 종식된 후 미주기구는 민주주의를 핵심가치로서 추구했다. 1990년대 초반 미주기구의 라틴아메리카회원국은 대체로 민주주의로 선회했고 이에 따라 미주기구는 민주주의를 주요가치로 공유하게 되었다. 미주기구는 다양한 조직을 새로 설립하면서 민주주의증진정책을 강력히 추진하기 시작했다. 1990년 발족한 민주주의증진단(UPD: Unit for the Promotion of Democracy)이 대표적인 사례다. 민주주의증진단은 민주주의제도와 절차를 강화하는 정치사무국(Secretariat for Political Affairs) 산하에 설치된 후 좀 더 세부적인 분과로 나뉘어 관련 업무를 수행했다.

민주주의증진단은 회원국 내 민주절차를 수호하는 법적인 절차를 마련했다. 민주주의증진단은 1994년부터 2004년까지 지역 내 회원국의 선거과정을 감시할 목적으로 조사단을 60개 이상 파견해 공정성과 투명성을 높이고자 했다. 2000년에는 가비리아(Cesar Gaviria) 사무총장 이하 고위조사단을 페루에 파견해 당시 대통령선거가 위헌인 동시에 부정선거였음을 밝혔다. 미주기구는 민주주의증진단을 기반으로 라틴아메리카의 선거가 공정하게 치러져 민주주의제도를 강화하는 길을 모색했다.

1991년 채택된 1080결의안은 미주기구가 민주주의 국제협력에 본격적으로 돌입하는 발판을 마련했다. 산티아고결의안(Santiago Commitment)이라고도 불리는 1080결의안은 냉전종식 후 라틴아메리카의 민주주의체제를 보호할 목적으로 마련되었다. 군부독재를 대체할 민간정부를 투표로 직접 선출한 라틴아메리카의 많은 국가들을 지지하겠다는 의도였다. "민주적인 절차를 밟아 선출된 합법적인 민주주의제도가 운영되는 과정에서 갑작스럽거나 비일상적인 제약이 따를 경우" 미주기구의 의장은 즉각 상임이사회를 소집해 이에 대응할 권리를 행사할 수 있다.[1] 결의안채택 후 미주기구회원국들은 당시 헌정중단위기에 처한 아이티, 페루, 과테말라, 파라과이 등에서 이를 적용했다.

　1992년 미주기구는 워싱턴의정서(Protocol of Washington)를 미주기구헌장의 내용으로 채택했다. 헌장에 반영된 워싱턴의정서는 민주주의증진을 미주기구의 기본방향으로 성문화했다. 헌장 수정조항9조는 "회원국 중 민주적으로 수립된 정부가 무력으로 전복될 경우 해당정부는 (미주기구의)총회, 협의회(Meeting of Consultation), 이사회, 특별의회, 위원회 등 기구 내 모든 조직에 참여할 권리를 박탈당한다. 본 기구가 해당국가의 민주주의를 수호하기 위해 벌이는 모든 외교적인 노력이 실패할 경우 해당 국가는 축출된다."고 명시했다.[2] 민주주의체제가 미주기구의 기본조건임을 천명한 것이다. 미주기구는 비민주적인 정부를 축출하는 최초의 지역정치기구로 거듭날 수 있었다.

　2001년 미주기구는 미주민주주의헌장(IADC: Inter-American Democratic Charter)을 채택해 1080결의안을 강화했다. 헌장은 미주기구가 "합헌정부에 대한 위헌적 개입"과 관련된 모든 민주적 위기사태에 직접 개입한다는 내용을 또 다시 언급했다.[3] 여기에 민주주의를 인권과 결합하는 내용까지 더했다. "미주대륙의 모든 인민은 민주주의를 누릴 권리가 있고 그들의 정부는 민주주의를 증진하고 수호할 의무를 지닌다."는 헌장 1조는 민주주의를 기본적인 정치권리로 표현했다.[4] 이는 유엔인권위원회가 1999~2000년에 주장

---

1) 1080 결의안은 "해당국가 내 민주절차의 제약 상황 발생 ⇒ 미주기구 의장은 상임이사회 소집 ⇒ 각국 외무장관회의나 총회 개최여부 결정"의 모든 절차가 10일 이내에 이루어져야 한다고 규정했다. 만일 10일을 초과할 경우, 장관총회는 미주기구의 헌장과 국제법에 의거해 사태를 해결하는 데 가장 적합한 정책결정을 내릴 수 있다.
2) PROTOCOL OF AMENDMENTS TO THE CHARTER OF THE ORGANIZATION OF AMERICAN STATES "PROTOCOL OF WASHINGTON", http://www.oas.org/juridico/english/sigs/a-56.html
3) 2001년 9월 11일, 페루, 리마에서 개최된 특별총회(special session of the General Assembly)에서 채택.

한 민주주의권리(Right to Democracy)와도 부합하는 내용이었다.5) 나아가 미주민주주의헌장은 민주주의정치체제가 미주기구회원국의 기본자격임을 천명했다. 헌장 전문은 "미주국가간 협력은 개별국가마다 효과적인 대의민주주의제도를 요구한다."고 밝혔다.

미주민주주의헌장은 민주주의체제위기가 발생할 경우를 방지할 장치들을 마련했다. 헌장은 조항별로 위기국가들을 지원할 방안들을 적시했다. 2001년 이후 미주기구는 헌장이 언급한대로 민주주의증진기구, 분쟁중재, 외교적인 압력, 다자주의적 제재조치 등 다양한 기술적인 수단을 활용하기 시작했다. 미주기구는 볼리비아, 아이티, 베네수엘라, 니카라과 등지에서 발생한 위기사태에 대응했다. 다음 〈표 61〉은 헌장의 주요내용을 정리한 것이다.

〈표 61〉 미주민주주의헌장의 민주주의지원 방식

| 해당조항 | 주요내용 |
|---|---|
| 제17조 | 회원국은 자국의 민주정치제도나 합법적인 권한행사과정이 위기에 처했다고 판단할 경우 사무총장이나 상임이사회에 도움을 요청할 수 있다. |
| 제18조 | 회원국의 민주정치제도나 합법적인 권한행사에 위기가 발생할 경우 사무총장이나 상임이사회는 해당국의 사전 동의를 얻은 후 해당국을 방문해 상황을 분석하거나 특정한 조치를 취할 수 있다. 사무총장은 해당사태에 관한 구체적인 보고서를 상임이사회에 제출하고 민주정치를 보호할 결정을 내릴 수 있다. |
| 제20조 | 민주정치체제의 위기사태나 합헌정부에 대한 위헌적 개입이 발생해 해당국의 민주주의질서에 심각한 문제가 초래될 경우, 회원국이나 사무총장은 총회에 사태를 해결하고 민주주의제도를 재건하는 과정에서 필요한 집단적이고도 즉각적인 조치를 요청할 수 있다.(예: 외교적인 발의권이나 중재조치를 활용) |

---

4) Inter-American Democratic Charter, Article 1.
5) UN Commission on Human Rights Resolution 1999/57 of April 27, 1999; Resolution 2000/47 of April 25, 2000.

| 해당조항 | 주요내용 |
|---|---|
| 제20조 | 외교적인 의안제출권이 성공하지 못하거나 사태가 매우 급박할 경우 상임이사회는 즉각 총회를 소집하여 이에 합당한 해결조치를 마련하는 결정을 내린다. |
| 제21조, 제19조 | 특별총회에서 해당국에서 민주정치질서를 위협하는 위헌적인 개입이 있었고 이를 해결하려는 외교적 수단이 실패했다고 결론지을 경우, 2/3 이상의 동의를 얻어 해당국가의 회원자격을 박탈할 수 있다. |

선거지원을 근간으로 굿 거버넌스 추구

미주기구의 정치사무국은 민주주의지원활동을 실행하는 핵심 축으로 기능했다. 정치사무국은 민주주의를 지원하는 전략을 세우고 관련 활동을 추진했다. 주요 전략은 크게 세 가지로 나뉜다. 민주주의를 지원하고 굿 거버넌스를 장려하며 위기상황을 사전에 예방하는 것이 큰 기둥이다. 이를 바탕으로 정치사무국은 각각에 맞는 세부 활동사항을 마련했다. 그 내용은 다음 〈표 62〉와 같다.[6]

〈표 62〉 미주기구 정치사무국의 민주주의지원전략과 목표

| 분류 | 내용 |
|---|---|
| 1. 민주주의 지원 | 선거감시, 정치자금의 투명한 관리, 정당 개혁과 제도화 지원, 입법과정의 근대화 등. |
| 2. 굿 거버넌스의 장려 | 사회 내 민주주의 가치의 확립, 분권화·탈집중화, 공공 행정의 근대화, 국가경영의 투명성 증대, 시민사회의 정치적 참여 증대 등. |
| 3. 민주주의 위기의 예방 | 사태의 조기 단계에서 문제를 발견 및 해결하고, 모든 회원국은 양자회담과 결의안을 통하여 민주주의 위기를 해결하기 위해 노력. |

미주기구는 선거절차를 지원(Supporting the Electoral Process)하고 감

---

[6] OAS, homepage, http://www.oas.org/key%5Fissues/eng/KeyIssue_Detail.asp?kis_sec=1 (최종검색일: 2008년 10월 30일).

시하면서 민주주의를 지원하는 전략을 짰다. 선거지원과 감시는 미주기구가 역내 민주주의를 수호하는 방향으로 주목한 가장 주요한 정책수단이었다. 미주기구는 자유롭고 공정한 선거를 미주기구의 정치규범으로 삼았다. 1962년 처음 선거조사특파사절단을 파견한 이래 미주기구는 회원국의 요청에 따라 조사단을 파견했다. 1990년대 들어서는 민주주의정치제도의 발전이라는 제도적인 차원에서 선거를 지원했다. 이후 미주기구는 라틴아메리카에서만 백 개가 넘는 선거를 지원했다.

미주기구는 지원요청국가의 상황에 따라 다양한 형태로 조사단을 파견했다. 단기적으로 소수의 전문가로 구성된 감시단을 파견하기도 했고 장기적으로 다수가 팀을 이뤄 전국적으로 선거 전 과정을 감시하기도 했다. 일반적으로 선거조사단은 선거 전까지 정당대표와 후보자, 정부관료, 일반시민과 접촉하며 선거절차에 관한 정보를 수집했다. 선거당일에는 투표과정과 개표·검표 과정에 모두 참여했다. 선거종료 후에는 선거관리위원회, 정당선거운동, 언론의 독립성과 자유가 허용되는 수준을 평가해 마무리했다. 다음 〈표 63〉은 1989년부터 2007년까지 미주기구가 회원국에 파견한 감시단 내역이다.

미주기구는 굿 거버넌스를 장려했다. 민주적인 선거를 치른 이후의 민주화를 꾀하기 위한 방책이다. 정치사무국은 미주기구 회원국의 권력분권화, 입법부강화, 정당발전, 민주주의문화장려를 목표로 굿 거버넌스 증진 활동을 펼쳤다. 미주기구는 회원국이 요청할 경우 기술지원 인력을 파견했고 입법초안을 검토했으며 공무행정을 지원했다. 때때로 해당국의 정당이 중시하는 사안과 정보를 정리·요약해 책으로 발간하기도 했다.

<표 63> 1990~2007년 미주기구의 국가별 선거감시활동[7]

| 국 가 | 시기 | 선거 내용 |
|---|---|---|
| 아르헨티나 | 2003 | 대통령선거 |
| 벨리즈 | 1997 | 유권자 재등록 |
| 볼리비아 | 1997 | 대통령선거, 입법안 투표 |
| | 2002 | 대통령선거 |
| | 2004 | 지방자치선거 |
| | 2004 | 천연가스에 관한 국민투표 |
| | 2005 | 총선거 |
| 콜롬비아 | 1994 | 대통령선거 재투표 |
| | 1997 | 지방선거, 입법안 투표 |
| | 2002 | 대통령선거 |
| | 2006 | 대통령선거, 의회선거 |
| 코스타리카 | 1990 | 총선거 |
| | 2002 | 대통령선거 |
| | 2006 | 총선거 |
| 도미니카공화국 | 1990 | 총선거 |
| | 1994 | 전국, 지역, 지방자치선거 |
| | 1996 | 대통령선거 재투표, 전국선거 |
| | 1998 | 입법안투표, 지방자치선거 |
| | 2000 | 대통령선거 |
| | 2002 | 입법안투표 |
| | 2004 | 대통령선거 |
| | 2006 | 입법안투표, 지방자치선거 |
| 에콰도르 | 1996 | 총선거, 대통령선거 재투표 |
| | 1998 | 총선거, 대통령선거 재투표 |
| | 2002 | 대통령선거 |
| | 2004 | 총선거, 지방자치선거 |
| | 2006 | 총선거 |
| 엘살바도르 | 1991 | 지방자치선거 |
| | 1997 | 입법안투표, 지방자치선거 |
| | 2004 | 대통령선거 |
| | 2006 | 입법안투표, 지방자치선거 |
| 그레나다 | 1999 | 총선거 |
| | 2003 | 총선거 |

7) OAS, homepage, http://www.oas.org/key%5Fissuses/eng/keyissue_Detail.asp?kis_sec=6 (최종검색일: 2008년 10월 30일).

| 국 가 | 시기 | 선거 내용 |
|---|---|---|
| 과테말라 | 1995 | 총선거, 대통령선거 재투표 |
| | 1999 | 국민투표, 총선거 |
| | 2003 | 대통령선거 및 재투표 |
| 가이아나 | 1997 | 전국선거, 지방선거 |
| | 2001 | 총선거 |
| | 2006 | 전국선거, 지방선거 |
| 아이티 | 1991 | 대통령선거 |
| | 1995 | 입법안투표, 지방자치선거, 대통령선거 |
| | 1996 | 의회선거, 지방자치선거 |
| | 1997 | 입법안투표, 지방자치선거 |
| | 2000 | 의회선거, 지방자치선거, 지역선거 |
| 온두라스 | 1989 | 총선거 |
| | 1993 | 대통령선거, 의회선거 |
| | 1997 | 총선거 |
| | 2001 | 대통령선거 |
| | 2005 | 총선거, 정당예비선거 |
| 니카라과 | 1990 | 대통령선거, 의회선거, 지방자치선거 |
| | 1994 | 대서양지역선거 |
| | 1996 | 총선거 |
| | 1998 | 대서양지역선거 |
| | 2000 | 지방자치선거 |
| | 2001 | 대통령선거 |
| | 2002 | 대서양지역선거 |
| | 2004 | 지방자치선거 |
| | 2006 | 총선거, 대서양지역선거 |
| 파나마 | 1994 | 대통령선거 |
| | 1998 | 국민투표 |
| | 1999 | 총선거 |
| | 2004 | 대통령선거 |
| | 2006 | 국민투표 |
| 파라과이 | 1991 | 지방자치선거, 유권자 정당선거 |
| | 1992 | 선거 사전 감시단 |
| | 1993 | 대통령선거 |
| | 1998 | 총선거 |
| | 2000 | 부통령선거 |
| | 2003 | 대통령선거 |

| 국 가 | 시기 | 선거 내용 |
|---|---|---|
| 페루 | 1992 | 유권자 의회선거 |
| | 1993 | 지방자치선거, 헌법 국민투표 |
| | 1995 | 총선거 |
| | 1998 | 지방자치선거 |
| | 2000 | 대통령선거 |
| | 2001 | 대통령선거, 재투표 |
| | 2002 | 지역선거, 지방자치선거 |
| | 2006 | 대통령선거, 지역선거, 지방자치선거 |
| 세인트 루시아 | 2006 | 총선거 |
| 세인트 빈센트 그레나딘 | 2001 | 의회선거 |
| | 2005 | 총선거 |
| 수리남 | 1991 | 총선거 |
| | 1996 | 총선거 |
| | 2000 | 총선거 |
| | 2005 | 총선거 |
| 베네수엘라 | 1992 | 지방자치선거, 주 지사 선거 |
| | 1993 | 대통령선거, 의회선거, 주 선거 |
| | 1998 | 입법안투표, 대통령선거 |
| | 1999 | 유권자 회의, 총선거, 입법안 국민투표 |
| | 2000 | 총선거 |
| | 2004 | 대통령소환 국민투표 |
| | 2005 | 입법안투표 |
| | 2006 | 대통령선거 |

　미주기구는 굿 거버넌스 증진사업의 일환으로 다양한 성격의 포럼을 주기적으로 열었다. 미주정당포럼(Inter-American Forum on Political Parties)은 다양한 이념과 가치를 지향하는 정당과 정치인들이 주요사안에 대해 토론하고 연구하도록 지원할 목적으로 발족되었다. 포럼에 모인 정당대표부는 권위주의정치체제의 부활 등을 주제로 토론하고 정당구조개혁과 정치자금의 투명성확보 등의 문제해결책을 공동으로 찾았다. 2004년 브라질 내 정당회의, 2005년 카리브 지역 내 정당회의(자메이카회의), 2006년 중앙아메리카 정당회의(산토도밍고)와 도미니카공화국정당회의가 미주정당포

럼의 일환으로 연속해서 개최되었다. 이 외에도 미주기구는 '미주의회포럼(Inter-American Parliamentary Forum)'과 '미주정상회의(Summits of the Americas)'도 꾸준히 운영하고 있다.

미주기구는 선거와 굿 거버넌스의 민주적인 기반을 다지면서 일반시민의 정치참여를 증진하는 활동도 지원했다. 민주주의제도에 관한 이해를 높이는 민주적인 리더십 교육을 실시하도록 기술을 지원했다. 정당, 선거절차, 리더십에 효과적인 의사소통전략 등을 주요 내용으로 강의했다. 2005년에는 500명이 넘는 미래 지도자가 이러한 교육프로그램에 참여하였다. 2005년에는 회원국의 교육부장관들이 모여 '민주적 가치와 행동을 추구하는 미주교육프로그램(Inter-American Program on Education for Democratic Values and Practices)'을 채택했다. 2006년 콜롬비아에서는 각국 실무진이 모여 교육프로그램을 실시할 실천계획표를 준비하는 등 활발히 활동하고 있다.

### 미국의 지원에 의존하는 재원 충당

미주기구는 활동에 필요한 밑천을 특수기금으로 충당했다. 본래 미주기구의 재정은 정기자금과 특수기금으로 구성되었다. 정기자금은 회원국별로 일정비율로 할당되며 사무국이 활동하는 데 쓰였다. 미주기구의 활동기간이 길어지면서 살림살이가 늘어나야 한다는 요구도 늘었지만 대다수 회원국들이 할당 비율 인상을 반대했다. 이 때문에 지난 15여 년 간 정기자금은 7천 3백만~8천 7백만 달러 수준으로 고정되었다.

민주주의 국제협력의 필요성이 강력히 요구되는 상황에서 특수기금의 중요성이 더욱 강조되었다. 특수기금은 특별한 프로그램을 지원할 목적을 띠고 회원국이 자발적으로 기부한 자금이다. 미주기구는 1997년부터 특정사업이나 프로그램에 쓰일 특별기금을 모금해 부족한 재정을 보충했다. 2000년부터 2004년에는 모두 2억 달러 이상의 특별기금을 마련해 연간평균 4천만 달러를 추가로 마련하는 효과를 얻었다. 매년 모금된 특별기금은 민주주의지원사업(민주주의증진단을 포함한 정치사무국), 지속가능한 개발과 환경사업 등에 쓰였다.

미국은 미주기구의 연간재정을 가장 큰 비율로 책임졌다. 미국은 연간 정기자금의 59%를 부담했는데 2005년 하반기에만 총 5천5,570만 달러를 지원했다. 미국은 특별기금을 조성하는 일에도 적극적이었다. 2005년 미국이 민주주의지원사업명목으로 기부한 특별기금은 3백만 달러였다. 이는 특별기금으로 운영되는 미주기구 민주주의강화기금(OAS Fund for Strengthening Democracy)의 2006년 총예산인 250만 달러보다 규모가 크다. 게다가 이는 정치사무국의 정기자금예산에 버금가는 수치기도 했다. 미국은 특정주제와 관련된 특별기금을 지원함으로써 테러와의 전쟁 등 자국의 이익에 부합하는 프로젝트를 지원하는 동시에 미주기구 내 발언권을 높이는 효과를 얻었다.

다음의 〈표 64〉는 2007년 미주기금의 사무국별 정기자금 사용내역이다. 미주기구는 장학금을 제외하면 총 7,800만 달러를 지출했다. 이 중 정치사무국에서 사용한 내역은 417만 달러였다. 전체 예산의 5.3%에 해당하는 수치다. 이는 2006년의 369만 달러보다 약 50만 달러가 증가한 규모다. 민주주의지원사업을 담당하는 정치사무국은 적지 않은 예산을 지원받고 있다. 하지만 주요공여국인 미국 등이 특별기금형태로 민주주의프로젝트를 지원함에 따라 정치사무국은 표에 제시되지 않은 특별기금에 더 의존하고 있는 상황이다.

미주기구는 미주지역에서 민주주의증진을 목표로 활동한 대표적 지역기구다. 냉전종식 후 미주기구는 산티아고결의안과 미주민주주의헌장을 채택해 미주 내 민주주의를 확산시키려 노력했다. 미주민주주의헌장의 경우 민주주의권리(Right to Democracy)를 인권개념에 포함시켜 민주주의를 규범으로 세우는 데 기여했다. 선거과정과 굿 거버넌스를 지원해 수원국의 민주주의를 개선하는 활동도 진행했다. 미주지역에서 민주주의제도가 확립하는 데 기여한 미주기구지만 앞으로 재정과 관련해서는 고민을 할 것으로 보인다. 정기자금이 늘지 않는 것은 기존회원국들의 기구의 방향에 합의하지 못하는 지점이 있다는 것을 의미하기 때문이다. 미주기구가 민주주의 국제협력의 범위를 넓히기 위해서라도 미주기구 회원국들의 동의기반이 더욱 넓어져야 할 것으로 보인다.

〈표 64〉 2006~2007년 미주기구 정기자금 항목별 기재[8]

(단위: 1,000 US$)

|  | 2007 | 2006 |
|---|---|---|
| 사무총장 | 8,004.1 | 7,520.8 |
| 사무총장비서실 | 19,285.2 | 18,255.8 |
| 산하 독자 기관들 | 11,082.1 | 11,647.7 |
| 정치사무국 | 4,171.4 | 3,691.3 |
| 다차원안보국 | 3,708.6 | 2,535.9 |
| 국제법무부 | 2,326.7 | 2,123.5 |
| 행정재정비서실장 | 8,027.5 | 8,938.0 |
| 행정재정사무국 | 10,376.5 | 10,237.4 |
| 일반수용비 | 11,766.5 | 13,481.2 |
| 소 계 | 78,748.6 | 78,431.6 |
| 장학사업 | 5,207.6 | 2,910.4 |
| 총 계 | 83,956.2 | 81,342.0 |

---

8) OAS, Annual Report of the Secretary General, (2007) p.180.

# 유럽안보협력기구
(OSCE: Organization for Security and Cooperation in Europe)

군사안보와 인권수호를 결합한 민주주의 국제협력

유럽안보협력기구는 유럽안보협력회의(CSCE: Conference on Security and Cooperation in Europe)에 뿌리를 뒀다. 유럽안보협력회의는 냉전 시기 동서진영 간 대화를 증진하고 인권할 보호할 목적으로 1973년 창설되었다. 유럽안보협력회의는 헬싱키합의에 의거해 활동을 시작했다. 헬싱키합의는 유럽안보협력회의가 지향할 10가지 목표를 제시했다. 그 중 하나가 '사상, 양심, 종교, 믿음을 포함한 인권과 기본적인 자유에 대한 존중(respect for human rights and fundamental freedom, including the freedom of thought, conscience, religion or belief)'이다. 이는 유럽안보협력기구가 인권을 수호하는 시금석이자 지역안보기구가 군사안보와 인권수호를 결합한 최초의 사례기도 했다. 유럽안보협력회의는 1990년 직전까지 각국이 자발적으로 참여한 일련의 회담과 회의를 통칭한 비정기적인 형태였다.

냉전이 종식되면서 유럽안보협력회의는 유럽안보협력기구로 확대·강화되었다. 1990년대 초반 유럽안보협력기구는 일련의 회의를 실시해 인간안보영역을 대폭 강화했다.[9] 굿 거버넌스, 법치

---

9) 유럽안보협력기구의 인간안보개념은 파리회담(1989.05.20.~06.23.), 코펜하겐회담(1990.06.05.~06.23.), 모스크바회담(1991.09.10.~10.04.)이 진행되며 수립되었다. 이 중 코펜하겐회담은 정부가 인권을 수호하고 증진할 책임이 있으며 자유, 정의, 평화가 그 기반이 되어야 한다는 결론을

주의, 의회의 감시기능, 선거절차와 기준의 확립, 시민사회강화, 언론의 자유 등이 민주주의의 기본요소로 언급되었다. 1990년 채택된 파리헌장(Charter of Paris for a New Europe)은 자유선거기구(Office for Free Elections)를 설치해 선거감시와 민주주의지원기능을 맡겼다. 1994년 부다페스트정상회담에서 합의한 결과 1995년부터 유럽안보협력기구로 명칭을 변경했다. 중앙사무국은 오스트리아 빈에, 소수민족고등판무관(High Commissioner for National Minorities)은 네덜란드 헤이그에, 민주주의제도·인권사무국(ODIHR: Office for Democratic Institutions and Human Rights)은 폴란드 바르샤바에 설치되었다.

유럽안보협력기구는 현재 세계에서 가장 큰 지역안보기구다. 2008년 현재 회원국은 유럽, 중앙아시아, 북아메리카 56개국에 이른다. 회원국은 모두 동등한 지위를 보유하며 합의에 기초한 정책결정과정을 진행하되 그 결과는 법적 구속력을 지니지 않는다. 유럽안보협력기구는 유럽의 민주주의증진, 무기통제, 전쟁예방, 분쟁방지, 인권보호를 목적으로 삼았다. 이 때 안보는 세 가지 개념을 바탕으로 했다. 정치·군사(politico-military), 경제·환경(economic and environmental), 인간안보(human dimension)가 그 내용이다. 유럽안보협력기구는 전쟁의 부재상황뿐만 아니라 유럽대륙의 평화와 안정을 구축하는 통합적인 협력 틀 전반을 안보상황으로 고려했다. 유럽안보협력기구가 제시한 다차원적인 안보개념은 국제사회의 여타 조직들도 인간안보에 관심을 가지도록 영향을 끼쳤다.

### 민주주의제도·인권사무국이 활동의 중심

유럽안보협력기구는 인권과 민주주의를 결합한 복합적인 안보

---

도출했다. 모스크바회담은 회원국이 국내에서뿐만 아니라 다른 국가의 민주주의증진을 꾀해야한다는 것을 인간안보영역의 의무로서 제시했다. OSCE, homepage, http://www.osce.org/publications/sg/2007/10/22286_961_en.pdf (최종검색일: 2008년 11월 22일).

개념을 추구했다. 유럽안보협력기구는 수원국의 정치상황을 두루 살피고 민주주의와 인권을 증진할 제도를 구축했다. 선거감시는 유럽안보협력기구가 특히 중점을 둔 영역이다. 유럽안보협력기구는 다양한 기구를 설치해 민주주의를 증진하는 활동을 펼쳤다. 다음 <그림 83>은 기구 조직을 개략적으로 도식화한 것이다.

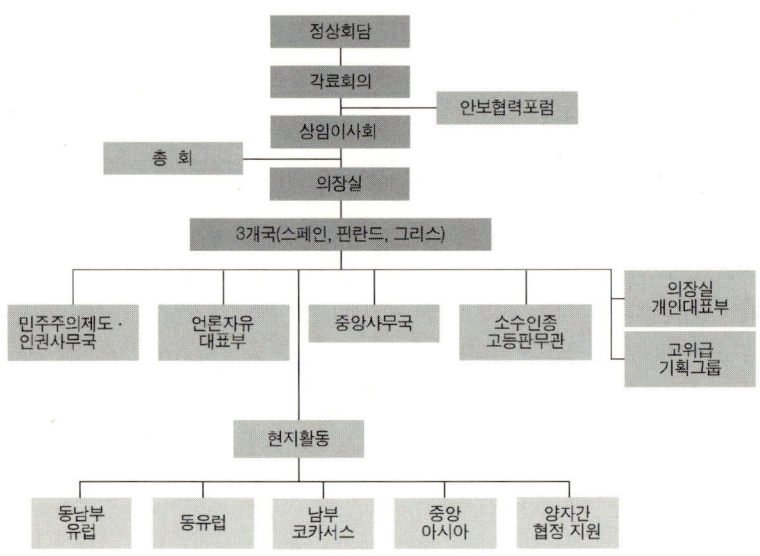

<그림 83> 유럽안보협력회의 조직도[10]

유럽안보협력기구는 다음과 같은 의사결정구조를 갖추었다. 정상회담은 최고의사결정기구로서 56개국 정상이 비밀투표원칙에 따라 동등한 표결권을 행사하며 주어진 시한 내에 반대가 없을 경우 합의로 결론을 내린다. 각국 외무장관이 모이는 각료회의(MC: Ministerial Council)는 정상회담이 열리지 않는 시기에 활동하는 핵심결정기구다. 정상회담을 제외한 모든 산하기구는 각료회의

---

10) 2008년 연간보고서에 등재된 조직도를 축약한 내용이다. OSCE, *Annual Report 2008*, (2009) p.109.

의 결정사항을 따르기 때문에 그 권한이 막강하다. 이 외의 최고정책기구로는 1995년 이후 상임의사결정기구로 기능해온 상임이사회(PC: Permanent Council), 안보협력포럼(FSC: Forum for Security Co-operation), 의장실(CiO: Chairman-in-Office), 유럽안보협력기구총회(PA: Parliamentary Assembly) 등이 있다.

유럽안보협력기구는 산하에 실제 업무를 수행하는 조직도 여럿 설치했다. 중앙사무국(Secretary General Secretariat)을 비롯해 의장실 개인대표부(Personal Representatives of the CiO), 고위급기획그룹(High-Level Planning Group), 민주주의제도·인권사무국, 언론자유대표부(Representative for Freedom of the Media), 소수민족고등판무관 등을 설치했다. 각종 현지사업(field missions)을 주관하는 각 지역사무소도 5개를 설치했다. 각각의 산하조직은 개별설립취지에 의거해 독자적으로 계획과 전략을 수립하고 시행했다. 이 중 민주주의제도·인권사무국, 언론자유대표부, 소수민족고등판무관이 민주주의 국제협력과 관련된 활동을 추진했다.

민주주의제도·인권사무국은 민주주의를 증진하고 인권을 존중하는 데 중추적으로 기능했다. 설립 초기 본 사무국은 선거절차를 포함한 민주주의정치체제를 감시할 목적을 띠었다. 이에 더해 기본적인 자유와 인권을 체화하는 민주주의문화를 성숙하게 만드는 데까지 욕심을 냈다. 선거감시활동을 핵심 축으로 삼으면서 각국정부·시민사회와 현장업무를 분담했다. 민주주의제도·인권사무국은 매해 회원국의 정부대표와 비정부기구들이 모여 민주정치와 인권사안 관련기록을 검토하고 회의하는 장을 만들어 정부와 민간영역의 대화를 촉진했다. 신생민주주의국가에 투명하게 운영되고 시민의 요구가 잘 반영되는 정부 제도가 구축되도록 정치적인 압박을 가하는 일도 주요 목표 중 하나로 다뤘다.

민주주의제도·인권사무국은 크게 다섯 개 프로그램을 운영해 수원국의 민주주의와 안보를 증진하고자 했다. 민주주의제도·인권사무국은 선거, 민주화, 인권, 관용·비차별, 집시문제해결을 주제로 프로그램을 실행했다. 이 중 선거부문과 민주화부문은 민주주의 국제협력과 각별한 관계가 있다.

〈그림 84〉 2008년 민주주의제도·인권사무소의 조직구성도[11]

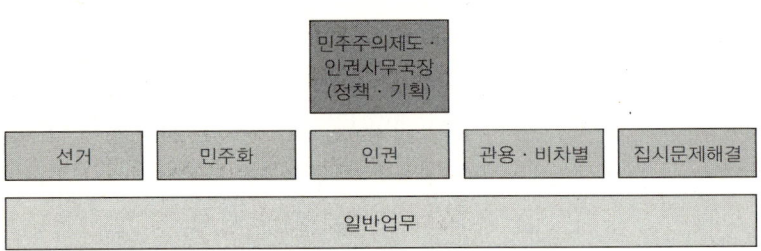

민주주의제도·인권사무국의 각 프로그램은 다음과 같은 특징을 보였다. 첫째, 선거부문(Elections)은 유럽안보협력기구가 주안점을 두는 선거감시기능을 담당했다. 선거감시기능은 두 가지 목표를 추구했다. 하나는 회원국들이 선거관련규정을 시행하도록 조치하는 것이다. 다른 하나는 선거지원이 필요한 곳에 예방적(proactive)이고 건설적(constructive)인 차원에서 돕는 것이다. 민주주의제도·인권사무국은 선거불이행여부를 비판하기보다 실질적인 선거지원을 제공하려는 목적에서 후자를 더욱 중시하는 경향을 보였다. 회원국정부가 민주적인 선거를 치르도록 의무를 강제하고 선거감시원은 참관할 뿐 절차에 개입하지 않는 것을 원칙으로 지원활동을 벌였다.

둘째, 민주화부문(Democratization)은 시민의 요구에 반응하고(responsive) 책임지며(responsible) 시민의 다양한 이익을 대표하는(representative)

---

11) ODIHR, Annual Report 2008, (2009) p.75.

민주주의제도를 확립하려는 목표를 세웠다. 민주주의제도·인권사무국은 정부제도와 시민사회가 민주주의정치를 실행하도록 전방위로 지원했다. 법조인과 관료, 시민사회를 대상으로 사법교육을 실시해 법치를 확립하려 했다. 수원국의 모든 정치행위자들이 정책결정과정에 참여하도록 장려하고 입법과정의 투명성을 높였다. 5,000개가 넘는 국내·국제법안을 등록한 무료 온라인데이터베이스시스템을 구축해 회원국에게 정보를 제공했다. 회원국의 입법초안을 검토해 국제적인, 특히 유럽안보협력기구의 민주주의와 인권수호원칙에 위배되지 않는지도 파악했다. 〈표 65〉는 민주주의제도·인권사무국이 법안을 검토한 몇몇 사례다.

〈표 65〉 민주주의제도·인권사무국의 법률자문 수원국[12]

| 국 가 | 내 용 |
|---|---|
| 아제르바이잔 | 집회의 자유 (Freedom of Assembly)에 관한 법 (개정 revision) |
| 벨로루시 | 여론조사에 관한 공화국법 초안 |
| 카자흐스탄 | 예방적 조치로서 회기 중 의원체포를 금지하는 수정안에 관한 공화국법 초안(Draft Law of the Republic on Amendments to Selected Legislative Acts Concerning Arrest as a Preventive Measure) |
| 몰도바 | 정당법 초안<br>의회법 초안 |
| 몬테네그로 | 몬테네그로 헌법 초안 |
| 타지키스탄 | 시민사회단체법 개정안 (Draft Law on Civil Society Organizations (Associations), as revised) |
| 투르크메니스탄 | 이민법 개정안 (Law on Migration, as revised) |
| 우크라이나 | 시민사회단체법 초안 |
| 마케도니아 | 교회, 종교공동체, 종교집단의 법적 지위에 관한 법률의 수용 제안 (Proposal for the Adoption of the Law on the Legal Status of Churches, Religious Communities, and Religious Groups) (종교와 믿음의 자유에 관한 민주주의제도·인권사무국 위원회의 자문위원회) |

---

12) ODIHR, Annual Report 2007, (2008) p.38.

셋째, 인권부문(Human Rights)은 유럽안보협력기구가 인권과 기본적인 자유를 구현할 의무를 수행했다. 민주주의제도·인권사무국은 회원국에 자문과 기술지원을 제공하고 개인 등 민간영역에는 교육프로그램을 실행해 유럽 내 인권정책을 발전시키고자 했다. 본 사무국은 각 분야에 걸쳐 감시활동을 시행해 입법부와 정부기관이 인권수호정책에 관심을 보이도록 유도했다. 인권부문은 기본적인 자유를 비롯해 극형, 사형제도, 반테러리즘 등 민감한 사안까지 두루 다루고 있다.

넷째, 관용과 비차별 부문(Tolerance and non-discrimination)과 집시문제해결부문(Contact Point for Roma and Sinti Issues)은 소수인종·소수민족을 차별하는 구조를 개선하고자 노력했다. 이 두 부문은 소수인종·소수민족에게 가해진 범죄사건을 일차적으로 다루는 검사와 경찰공무원이 공정하게 사건을 다루도록 교육했다. 문화·민족적인 차별이나 폭력적인 갈등상황에서 인권에 기초한 접근법에 따라 이들을 교육했다. 대다수의 회원국들은 해당 프로그램의 취지를 수용해 국립경찰대학에 소수민족인권을 독립적으로 다루는 교육과정을 개설하기도 했다. 이러한 프로그램은 회원국 정부가 소수민족을 차별하는 상황을 예방하는 기능까지 포괄하도록 유도했다.

민주주의제도·인권사무국은 회원국이 기본적인 민주주의원칙을 이행하도록 유도하는 방식으로 감시·감독업무를 활용했다. 감시·감독업무는 크게 세 부분으로 나뉜다. 하나는 공개적인 정책충돌 없이 각국의 인권상황을 감시하는 것이다. 또 다른 하나는 연례인간안보회의를 개최하는 것이다(organising annual HDIM: Human Dimension Implementation Meetings). 마지막은 선거를 감시하는 기능이다. 이 중 선거감시기능은 본 사무국이 가장 집중하는 분야로서 2006년 아프리카연합의 범아프리카총회에 선거절차·선거기술을 지원하는 등의 활동을 벌였다{〈표 66〉의 1)}. 근래에는 정보화를 반영해 전자선거도 감시대상으로 포괄하는 변화를 보였다. 이와 더불어 민주주의제도·인권사무국은 감시기능을 바탕으로 선거, 사법제도개혁, 입법부개선 등도 추진했다.

〈표 66〉 민주주의제도·인권사무소의 주요 민주주의지원프로젝트
1) 선거부문-선거

| 프로그램 명칭 | 대 상 | 프로그램 내용 |
|---|---|---|
| 아프리카연합<br>(African Union)<br>지원 프로젝트 | | 아프리카 연합의 '범아프리카총회' 논의 |
| 선거기술지원 | 유럽안보협력<br>기구지역 | 전문가에 의한 선거법 검토 |
| 선거감시기능<br>훈련 | 유럽안보협력<br>기구지역 | 해당국가 소속 단기 선거감시위원들에 대한 교육 |
| 선거감시기능<br>발전 | 유럽안보협력<br>기구지역 | 미디어의 선거감시 기능에 대한 가이드라인 마련 |
| | | 전자선거(e-voting) 감시에 대한 가이드라인 마련 |
| | | 선거의 다원화 강화와 감시기능 강화를 위한 재정지원 |
| | | 투표자 등록과정 감시에 대한 가이드라인 마련 |
| | | 선거감시임무 내 성비 보고<br>(Gender analysis) |
| | | 유럽안보협력기구 위임의 국내 독립적 선거감시위원을 위한 기금 마련 |

민주주의제도·인권사무국은 다양한 관점을 포괄하는 방식으로 민주주의지원활동을 수행했다. 다음의 〈표 66〉의 2)~4)는 2006년 본 사무국의 민주화부문 프로그램을 정리한 것이다. 민주주의제도·인권사무국은 법치분야에서는 안내서(manual)제공이나 교육프로그램을 주로 활용했다. 담당분과의 정책이 회원국의 관료교육을 강조하기 때문이다. 이와 달리 민주적 거버넌스 분야에서는 연구소나 교육센터를 설립했다. 지역정부와 연계해 안정적으

로 민주주의제도를 구축하기 위함이다. 각 분야에 따른 활동방식의 차이는 민주적 거버넌스와 의회지원 분야에서도 발견된다. 인터넷을 활용한 웹 시스템으로 협력관계를 구축해 일반인들이 법률정보를 쉽게 구하는 길을 마련하는 특징을 보였다.

2) 민주화부문-법치

| 프로그램 명칭 | 대 상 | 프로그램 내용 |
|---|---|---|
| 입법절차에 대한 경고와 지원 | | 코카서스 3국 (그루지야, 아르메니아, 아제르바이잔) |
| 입법지원 | | 키르기스스탄 |
| 입법개혁 | | 몬테네그로 |
| 수용소 감시기능 | | 코카서스 3국, 중앙아시아 |
| 법정의 확립 | 유럽안보협력 기구지역 | 고문방지프로그램 |
| | | 사법정의에 관한 연례 중앙아시아 여름학교 (summer school) 개최 |
| | | 검찰 교육 프로그램 (아르메니아) |
| | | 전쟁 범죄 교육 프로그램 (남동 유럽) |
| 공정한 재판 | 남동부유럽, 코카서스지역, 중앙아시아 | 공정한 재판 기준 수립개발 지원 |
| | | 배심원 재판 모니터링 프로젝트 (카자흐스탄) |
| | | 재판감시기능에 대한 참조용 매뉴얼 개발 |

3) 민주화부문-민주적 거버넌스

| 대 상 | 프로그램 내용 |
|---|---|
| 유럽안보협력 기구지역 | 지역 정당 리더십의 강화, 전략계획, 정당자금마련 |
| | 투표자들에게 정치정당에 관한 정보를 제공하기 위한 웹 서비스 시스템 구축 (그루지야) |
| | 정당 최고위직간 대화 마련 |
| | 의회개혁센터 (Centre for Parliamentary Reform)의 강화 (그루지야) |
| | 의회연구와 분석능력의 질적 방법론 확대 (전 유고슬라비아 공화국) |
| | • 공공정책연구소(Institute for Public Policy)의 역량과 기능 확대 : 키르기스스탄<br>• 중앙아시아와 정치경제관계 회의를 통한 협력관계 구축 |

466

4) 민주화부문 - 의회지원

| 대　상 | 프로그램 내용 |
|---|---|
| 유럽안보협력<br>기구지역 | 의회의 행정사항 모니터링 |
| | 입법 초안에 대한 검토 : 국내법과의 관계 및 유럽안보협력기구의 의무사항과 관련하여 조언 |
| | 의회의 효율성과 투명성 증대<br>(전 유고슬라비아 공화국, 그루지야) |
| | 법률 데이터베이스 제공 |
| | 평화로운 의회건설을 위한 자유에 대한 가이드라인 출판 (영어/러시아어) |

민주주의제도 · 인권사무국은 감시 · 감독기능을 중심으로 민주주의지원프로그램을 운영했다. 〈표 67〉은 2007년 프로그램별 예산지출내역을 정리한 내용이다. 2007년 민주주의제도 · 인권사무국의 총예산은 15,209,000유로로서 같은 해 유럽안보협력기구의 총예산[13]인 168,200,000유로의 약 8.9%에 해당했다.

〈표 67〉 2007년 민주주의제도 · 인권사무소의 프로그램별 예산사용내역[14]

(단위: €)

| | |
|---|---|
| 기획 · 정책 | 1,321,600 |
| 재정 · 행정팀 | 1,556,000 |
| 일반행정비용 | 818,900 |
| 인간안보회의 | 788,000 |
| 민주화 | 1,330,700 |
| 인　권 | 1,076,100 |
| 선　거 | 6,529,800 |
| 관용 · 비차별 | 1,085,600 |
| 집시문제 | 433,200 |
| 민주주의제도 · 인권사무국 확대 | 269,100 |
| 합　계 | 15,209,000 |

---

13) *PC Decision No 780*, (2008년 3월 7일 상임이사회가 승인한 2008년 유럽안보협력기구 총 예산은 이보다 더 적은 164,168,200 유로화이다. PC Decision No 844).

14) ODIHR, Annual Report 2007, (2008) p.80.

구체적인 프로그램 중에서는 선거지원 부문에 약 650만 유로가 쓰여 전체 예산의 절반정도를 차지했다. 유럽안보협력기구가 지원하는 민주주의 국제협력방식이 각국의 선거제도와 선거절차를 지원하는 데 집중하고 있음을 추론할 수 있다. 이 외에도 시민사회와 민주적 거버넌스를 지원하는 데도 상당한 예산이 쓰였다. 매년 2주간 진행되는 연례인간안보회의에 약 78만 달러가 지급되었다. 이는 본 사무국이 감시를 중요한 영역으로 여기고 있음을 뜻하는 것이기도 하다.

유럽안보협력기구는 안보협력이라는 목적을 실현하는 차원에서 다면적인 민주주의지원정책을 펼쳤다. 냉전종식 후에는 민주주의제도와 자유로운 선거제도를 확립해 인간안보를 확대하는 방향을 세웠다. 선거감시를 중심으로 인간안보감시와 인권감시 활동을 펼치며 민주주의제도의 구축을 모색했다. 회원국의 선거절차뿐만 아니라 행정영역까지 감시해 단편적인 평가나 비판이 아닌 적절한 지원방책을 찾으려 했다. 유럽뿐만 아니라 북아메리카, 중앙아시아, 러시아 등 광범위한 지역을 포괄해 민주주의에 대한 실질적인 합의를 이끌어내기 어렵다는 지적도 있지만 민주주의선거제도를 확립하는 데 기여한 점은 인정할 만하다. 냉전시대와 달리 안보협력의 시급성이 약화된 요즘 유럽안보협력기구는 언론매체감시 등 민주주의가치 확립의 영역을 확대하고자 시도하고 있다.

# 아프리카연합
(AU: African Union)

아프리카의 눈으로 민주주의 국제협력을 주시하다

아프리카는 2000년대 들어 민주화와 경제개발에 본격적으로 박차를 가하기 시작했다. 2001년 출범한 아프리카연합은 아프리카의 변화를 상징하는 요소 중 하나다. 헐벗고 가난한 과거의 이미지를 벗고 국제사회에 능동적으로 참여하는 행위자로서 아프리카의 목소리를 냈다는 점에서 세계가 이를 주목했다. 아프리카통일기구(OAU: Organization of African Unity)의 범아프리카프로젝트(Pan-African Project)는 아프리카연합의 정신적인 근간을 이뤘다. 아프리카국가들이 국가기구로서 합법적으로 제도화하자는 것이 범아프리카주의의 주요 골자였다. 아프리카통일기구는 국제기구에 내재된 사법주권(juridical sovereignty)의 요소와 원칙을 지키자는 아프리카통일기구헌장을 회원국들이 채택하도록 유도했다. 이로써 아프리카국가들의 민주주의제도가 공고화되는 효과를 꾀했다.

아프리카연합은 국가건설(State-building)과 제도화를 실현할 목적에서 인간안보를 범아프리카주의에 결합시켰다. 1990년대 초반 남아프리카공화국의 넬슨 만델라와 탄자니아의 외교관 아메드 살림 아메드(Ahmed Salim Ahmed)가 이를 주도했다. 이들은 아프리카통일기구가 각국의 체제를 유지하는 선에서 한 발 더 나가야 한다고 주장했다. 아프리카인의 일상적인 삶을 위협하는 환경을 근절해야 한다는 점도 강조했다. 이에 더해 안보위협과 부정한 거버넌스(bad governance), 저개발, 국제정치경제의 영향력을 극복해야 할 필요성도 덧붙였다. 이는 향후 아프리카연합제정법(CA: Constitutive Act of the African Union)의 기초가 되었다.

아프리카통일기구 아래 아프리카국가들은 인간안보를 강화한다는 합의점을 만들어갔다. 1997년 하라레정상회의에서 아프리카통일기구는 쿠데타를 방지하는 결의안을 채택했다. 1999년 알제정상회의에서는 1997년 이후 선거를 치르지 않거나 비민주적으로 치른 정부에는 로메정상회의(2000년)의 참여권을 제한하기로 결의했다. 이는 쿠데타정부를 반대하는 의지를 국제사회에 다시금 확인시킨 것이다. 같은 시기 열린 외무장관회의에서는 각국정상의 쿠데타정부반대의지를 제도화했다. 외무장관회의 결과 출범한 '위헌적인 정치변동에 관한 아프리카통일기구위원회(OAU Committee on Anti-Constitutional Changes)'는 쿠데타정부를 둘러싼 진상을 규명하는 임무를 맡았다.

2000년대 들어 아프리카통일기구는 아프리카 연합으로 확대·발전했다. 2000년 7월 로메정상회의 결과 로메협정이 체결되었다. 로메협정은 아프리카통일기구의 회원국들이 대내적으로는 민주적 거버넌스를 지원하고 대외적으로는 아프리카연합으로 발전하겠다는 내용을 핵심 축으로 삼았다. 이를 근거로 2001년 5월 나이지리아총회에서 아프리카연합이 공식 출범했다. 아프리카연합제정법은 대륙 내 평화를 증진할 목적으로 민주주의를 지원하고 인권을 수호한다는 목표를 설정했다. 2007년에는 아프리카민주주의헌장(African Democracy Charter)을 채택해 아프리카연합이 민주주의를 지원하고 체제를 보호하는 절차를 마련하기도 했다.

아프리카연합은 민주주의지원절차와 수단을 마련하며 적극적으로 민주주의증진방안을 모색했다. 아프리카연합은 세 가지 주요범죄(대량학살, 전쟁범죄, 인권유린)가 발생할 경우 아프리카연합의 상부기관이 범죄발생지역에 개입할 권한을 발휘할 수 있다. 아프리카연합이 개입할 수 있는 범위가 쿠데타와 같이 위헌적인 정치체제변동을 모두 포괄할 수 없는 한계는 명백하다. 하지만 초헌법적인 방식으로 수립된 정부를 연합의 모든 활동에서 제외하는 등의 제재조치는 강력히 실행하고 있다. 아프리카연합은 민주주의제도를 공고화하려는 의지를 능동적으로 보이고 있다는 점에서 국제사회의 지지를 받고 있다.

아프리카연합은 민주주의의 가치를 증진하고 민주적인 거버넌스를 확립할 목적으로 조직을 운영하고 있다. 아프리카연합의 조직은 크게 10개로 분류된다.15) 아프리카연합의 사무국은 민주주의발전과 관련한 실무를 맡는 핵심 조직이다. 사무국은 대륙 주민들이 일상적인 인간안보를 보장하는 목적을 지녔다.16) 사무국 산하 정치사무국(Political Affairs)은 인권, 민주주의, 건전한 거버넌스의 가치를 추구하는 실질적인 전담부처다. 정치사무국은 선거제도와 시민사회관련 업무를 책임졌다. 이와 동시에 난민이나 이주자의 인권문제를 다루며 인권과 민주주의의 가치를 확립하는 일도 담당하고 있다.

아프리카연합의 사무국이 실제 집행할 수 있도록 큰 틀을 짜는 일은 여러 조직이 맡고 있다. 총회(Assembly)는 아프리카연합의 최고기구로서 회원국의 수반 또는 대표로 구성되었다. 그 산하에

---

15) AU, homepage, http://www.africa-union.org/root/au/AboutAu/au_in_a_nutshell_en.htm#organs (최종검색일: 2008년 12월 1일).
16) 사무국은 사무국장, 사무처장, 8명의 사무원, 보조직원들로 구성되는데 이들은 전담 분야에 따라 개별적으로 조직되며 해당 프로그램을 수행했다. 사무국은 특정정책에 대한 아프리카연합의 입장을 대변하는 초안을 작성하고 집행위원회가 참고할 전략계획과 보고서를 발행하며 다른 지역기구와의 프로그램도 조율했다. 사무국은 평화안보, 정치, 사회, 에너지인프라, 인적자원·과학기술, 무역·산업, 농촌경제·농업, 경제 등 8개 분야로 세분화되었다.

설치된 집행위원회(Executive Council)는 각국의 장관모임이다. 상임대표위원회(Permanent Representatives' Committee)는 회원국으로부터 선출된 상임대표들로 구성되며 집행위원회의 업무를 보조했다. 경제·사회·문화이사회(ECOSOCC: Economic, Social and Cultural Council), 사법재판소(Court of Justice)와 기타 여러 기술위원회, 재정전담기구들이 산하에 설치되었다. 현재 평화안보이사회(PSC: Peace and Security Council)[17]와 범아프리카의회(Pan-African Parliament)[18]는 의정서(protocol) 인준을 기다리는 상태다.

아프리카통합과정을 민주주의지원구상에 연결

아프리카연합은 아프리카통합전략을 추구했다. 유럽연합처럼 아프리카도 통일된 정치체제로 발전해야 한다는 구상을 바탕으로 통합전략을 세웠다. 아프리카연합은 단기·중기·장기로 나눠 전략계획을 수립했다. 2004년부터 2007까지 단기전략목표를 실행해 국가들이 서로 연계할 기틀을 마련하고자 했다. 2008년부터는 아프리카의 경제기반을 탄탄히 할 경제공동체를 강화한다는 중기전략목표를 실행했다. 중·단기목표가 만료되는 2015년부터 실질적인 대륙통합의 과정을 밟을 예정이다. 아프리카연합은 회원국들의 민주적인 거버넌스를 증진하고 민주주의정치제도를 확립함으로써 대륙통합과정을 실현할 수 있다고 여겼다. 헌정제도를 무시하는 국가들을 퇴출시키는 조항에 더해 유럽연합이 지역 내 민주주의지원을 바탕으로 결속을 다진 선례를 따르려는 취지에서다.

아프리카연합 집행위원회는 아프리카대륙통합 단기 전략을 수립했다. 〈표 68〉은 집행위원회의 총 26개 전략계획을 정리한 것이

---

17) 2001년 루사카정상회의결과 출범했다. AHG/Dec 160 (xxxvii) of the Summit of Lusaka, July 2001.
18) 아프리카대륙의 모든 국민이 굿 거버넌스와 아프리카의 경제통합과 개발협력에 참여하는 것을 목적으로 지향하고 있다.

다. 아프리카연합은 민주주의를 대륙통합의 중요한 요소로 삼았는데 '민주주의이행'과 '잘 통치되는 아프리카'에 그 의도가 집중적으로 담겼다. 전체 전략적 우선순위에서 7~8위에 해당하는 이들 프로그램은 평화안보사무국과 정치사무국이 협력해 '평화, 거버넌스, 인간안보'를 실현하는 차원에서 진행되었다. 민주주의이행프로그램은 8개 세부목표를 세웠는데[19] 선거·민주주의·굿거버넌스아프리카헌장(African Charter on Elections, Democracy and Good Governance)을 제정해 이를 공고화하려 시도했다. 선거지원기구(Electoral Assistance Unit), 민주화·선거지원기금(Democratisation and Electoral Assistance Fund) 등을 활용해 안정적으로 선거지원·감시활동을 이행하는 기반을 다지려는 노력도 이루어졌다.

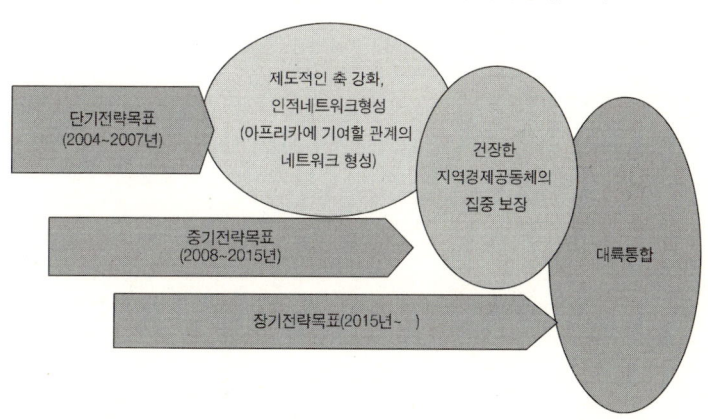

〈그림 85〉 아프리카연합의 아프리카대륙통합전략[20]

---

19) 민주주의절차를 마련하는 기본원칙증진, 효과적인 선거감시, 인권을 존중하는 지원체제마련, 여성인권증진, 민주주의와 인권을 존중하는 산하기구설치, 민주주의와 인권을 다룬 회의·의안·결의안 이행여부 감시, 시민사회와 이주민의 사회참여확대, 회원국의 민주주의이행 결의안 이행 여부에 대한 시민사회의 감시가 그 내용이다.

20) Commission of the African Union, Strategic Plan of the Commission of the African Union. Volume 2: 2004-2007 Strategic Framework of the Commission of the African Union, p.12.

〈표 68〉 아프리카연합 집행위원회의 아프리카대륙통합 단기전략
(2004~2007)[21]

| 실천 분야 | 전략적 우선순위 | 프로그램 | 담당조직 |
|---|---|---|---|
| 비전 공유 (Shared Vision) | 1 | 아프리카 연합, 우리의 미래 (The African Union, our Future) | |
| | 2 | 아프리카 시민(Citizens of Africa) | |
| | 3 | 아프리카의 전망(Africa's Visibility) | 정치사무국 |
| | 4 | 아프리카와 아랍의 우애 (Afro-Arab Fraternity) | |
| | 5 | 아프리카의 미래에 대한 고민 (Africa Reflects on its own Future) | |
| 평화, 거버넌스, 인간안보 (Peace, Governance, and Human Security) | 6 | 평화로운 세계 속의 평화로운 아프리카(Peaceful Africa in a Peaceful World) | 평화안보사무국, 정치사무국 |
| | 7 | 전진하는 민주주의 (Democracy on the Move) | 평화안보사무국, 정치사무국 |
| | 8 | 잘 통치되는 아프리카 (A Well Governed Africa) | 평화안보사무국, 정치사무국, 경제사무국 |
| 경제 통합 | 9 | 하나 된 지평선 2007 (Integration Horizon 2007) | 무역산업사무국, 농촌경제·농업사무국, 경제사무국 |
| | 10 | 자유로운 이주(Free Movement) | |
| | 11 | 식품 안전과 자급 (Food Security and Self-sufficiency) | 농촌경제·농업사무국 |
| | 12 | 우리 모두의 물 (Water for All) | 농촌경제·농업사무국 |
| | 13 | 아프리카에 대한 투자 (Invest in Africa) | 무역산업사무국, 경제사무국 |
| | 14 | 아프리카 산(産) (Made in Africa) | 인적자원·과학기술사무국, 무역산업사무국 |
| | 15 | 공정한 세계무역(Equitable World Trade) | 무역산업사무국 |
| | 16 | 아프리카 공용통화 지향 (Towards a Common African Currency) | 경제사무국 |

---

21) Commission of the African Union, *Strategic Plan of the Commission of the African Union, Volume 3: 2004-2007 Plan of Action (Programmes to Speed Up Integration of the Continent)*, p. 2.; pp.74-76.

| 실천분야 | 전략적 우선순위 | 프로그램 | 담당조직 |
|---|---|---|---|
| 통합 가빈 시설 | 17 | 아프리카 연결하기 (Linking Africa) | 시설 · 에너지사무국 |
| | 18 | 정보격차감소 (Bridging the Digital Divide) | 시설 · 에너지사무국 |
| 사회 발전 | 19 | 최우선적인 교육 (Priority Education) | 인적자원 · 과학기술사무국 |
| | 20 | 에이즈 · 말라리아 · 결핵근절 (Stop AIDS, Malaria and Tuberculosis) | 사회사무국 |
| | 21 | 빈곤과 사회적인 배제와의 전쟁 (Combating Poverty and Social Exclusion) | 사회사무국 |
| | 22 | 독립적인 아프리카 (An Independent Africa) | 사회사무국 |
| 문화 | 23 | 문화의 부흥 (Cultural Renaissance) | |
| 활동 계획 (Action Sheet) | 24 | 아프리카개발신협력 : 아프리카연합의 주력프로그램 (NEPAD: The African Union Flagship Programme) | |
| | 25 | 특별프로그램: 아프리카구상 (Special Programme: African Initiatives) | |
| | 26 | 아프리카연합 집행위원회의 제도전환계획 (Plan for the Institutional Transformation of the Commission of the African Union) | |

아프리카연합은 아프리카를 통합하는 전략계획을 수립하는 과정에서 민주주의증진활동을 모색했다. 그 바탕은 내용상 관련된 헌장과 결의안으로서 이를 발전시켜 회원국으로 하여금 이를 이행토록 장려했다. 현재 경제사회문화이사회나 범아프리카의회가 각국에 민주주의지원정책을 실행하고 있지만[22] 아프리카연합은 대체로 아프리카대륙의 통합 틀 속에서 지원활동을 펼쳤다. 아프리카 공동의 가치와 규범, 정치적인 합의를 형성하는 속에서 아프

---

[22] Commission of the African Union, *Strategic Plan of the Commission of the African Union*, Volume 3: *2004-2007 Plan of Action (Programmes to Speed Up Integration of the Continent)*, pp.23-25.

리카연합은 회원국들의 민주주의합의기반을 넓히고자 했다.

아프리카연합은 아프리카통합을 목표로 재정을 운영했다. 사실 아프리카연합은 재정상황이 넉넉지 않은 편이다. 아프리카연합 집행위원회발표에 따르면 2007년 아프리카연합의 총예산은 5,446만 7천 달러로 그리 큰 규모는 아니었다. 이 중 3,579만 4천 달러가 해외원조에서 충당된 모금액으로 전체의 약 66%에 머물러 자립도가 취약한 편이다.

〈표 69〉 2007년 아프리카연합 집행위원회의 아프리카대륙통합 전략별 예산배정23)

(단위 : 1,000USD)

| 통합 전략 | 전략적 우선순위 | 2007년 예산 | | 예산출처 | |
|---|---|---|---|---|---|
| | | 세목 | 계 | 국제협력체 | 재정모금 |
| 제도 전환 | 아프리카연합(AUC)의 제도강화 | 12,121 | 18,845 | 15,958 | 2,887 |
| | 제도구성의 합리화 | 490 | | | |
| | 아프리카연합 거버넌스 과정의 향상 | 6,234 | | | |
| 평화·인간안보·거버넌스 | 평화로운 세계 속에서 아프리카의 평화 | 13,925 | 17,340 | 12,269 | 5,071 |
| | 민주주의이행 (Democracy on the move) | 3,085 | | | |
| | 잘 통치되는 아프리카 | 330 | | | |
| 지역통합 | 지역 중심세력(pillars)의 강화 | 15,547 | 15,547 | 6,545 | 9,002 |
| 비전 공유 | 아프리카연합의 확산과 아프리카주민의 동원 (Popularization of the AU and mobilization of the African peoples) | 715 | 2,735 | 1,022 | 1,713 |
| | 아프리카의 전망(visibility) | 970 | | | |
| | 다양한 아프리카 | 770 | | | |
| | 아프리카 내부의존 | 150 | | | |
| | 아프리카비전 | 130 | | | |
| 총계 | | | 54,467 | 35,794 | 18,673 |

23) 예산모금출처와 전략별 예산지출 표를 통합해 정리한 내용이다. Commission of the African Union, *Programme Budget Proposal for 2007*, pp.3~5.

아프리카 국가들의 경제사정이 탄탄하지 않은 것을 고려하면 나머지 1/3을 모금해야 하는 상황도 아프리카연합에 상당한 고민거리다. 하지만 아프리카연합은 부족한 부분을 최대한 충당하면서 대륙의 변화를 꾸준히 시도해 왔다.

지난 2004~2007년 동안 아프리카연합은 단기전략목표를 실행할 목적으로 예산을 배정했다. 아프리카연합은 부족한 살림을 효과적으로 운용하려는 취지에서 우선순위별로 예산을 차등 배분했다. 아프리카연합의 최종목표인 통합의 기틀을 마련하는 제도전환프로젝트에 1,884만 5천 달러를 지원해 예산 중 가장 큰 비중을 차지했다. 그 다음으로 예산이 많이 지원된 평화·인간안보·거버넌스에는 1,734만 달러가 투입되어 전체의 약 32%를 차지했다. 평화·인간안보·거버넌스의 하위프로그램에서 민주주의지원사업에는 308만 5천 달러를, 굿 거버넌스 지원사업에는 33만 달러를 사용했다.

아프리카연합은 단기전략 7번째인 '민주주의이행'에 민주주의지원예산의 상당부분을 투입했다. 다음의 〈표 70〉은 민주주의이행프로그램에 해당하는 세부프로그램별 예산지급내역이다. 민주주의지원, 인권신장, 인도주의적 지원으로 분류된 틀에 따라 7개의 프로그램이 운영되었다. 아프리카연합은 자유민주주의선거와 선거지원기금을 합한 선거지원분야에 민주주의이행프로그램예산의 상당액을 썼다. 민주적인 선거절차와 제도를 구축하고 그 운영을 감시했다. 분쟁과 인간안보위기를 해소하는 차원에서 포럼과 워크숍 등 대화의 장을 마련하기도 했다.

아프리카연합은 아프리카통합전략을 구사하면서 대륙의 민주화를 진척시켰다. 아프리카연합의 회원국 중 상당수가 국제사회의 지원을 받는 수원국으로서 이들 국가의 정치제도는 아직 미숙한 단계에 머물러 있다.

<표 70> 아프리카연합집행위원회의 대륙통합전략 중 민주주의이행(Democracy on the Move) 프로그램의 예산배정 세부내역[24]

| 전략분야 | 프로그램 고유번호 | 프로그램 | 활동 사항 | 예산배정 (USD 1,000) | |
|---|---|---|---|---|---|
| 민주주의 지원 | 2701 | 아프리카헌법 | 헌법에 관한 회의 개최 | 375 | |
| | 2702 | 자유민주주의 선거지원 | 선거지원본부 출범 | 250 | 560 |
| | | | 선거감시단 및 조사단을 위한 핸드북 발행 | 15 | |
| | | | 선거감시사항 리뷰 | 175 | |
| | | | 아프리카 민주화와 선거 절차에 관한 국제회의 개최 | 170 | |
| | 2703 | 공공서비스 강화를 위한 가이드라인 마련 | 공공 서비스 강화 | 200 | |
| | 2704 | 이동할 자유의 권리 도모 | 아프리카 여권/외교여권 발행 및 사용 확대 | 250 | |
| | 2705 | 선거지원기금 | 대륙 내 선거지원제도 | 500 | |
| | | | '아프리카 연합' 선거감시능력 지원 | | |
| | | | 선거감시와 조사단 지원 | | |
| 인권 신장 | 2801 | 인권의 신장·장려·수호 | 인권수호와 지원을 위한 아프리카 제도의 강화 | 125 | 700 |
| | | | 인권교육과 테러리즘에 관한 워크숍 개최 (알제리) | 70 | |
| | | | 아프리카 인권의 날/ '아프리카 연합' 넬슨 만델라 상/CSO포럼개최 | 110 | |
| | | | 세계관용의 날 기념 및 연간 보고서 발행 | 60 | |
| | | | 르완다 대량학살 기념 | 10 | |
| | | | AUC 사무용 건물, 세계 인권의 날 기념 | 10 | |
| | | | 민주적 거버넌스와 인권을 위한 자원센터 지원 | 100 | |
| | | | '아프리카 연합' 인권 결정사항 집행 | 125 | |
| | | | 전국 인권제도를 위한 워크숍 개최 및 인권유린상황 보고 | 90 | |
| 인도주의적 사안 | 2901 | 분쟁조정 | '아프리카 연합' 분쟁 대응 프로그램 개발 | 500 | |

[24] Commission of the African Union, *Programme Budget Proposal for 2007*,

아프리카연합은 민주주의가치를 공유하고 평화를 구축하며 경제를 통합하는 과제를 목표로 민주주의를 지향했다. 빈곤과 보건이 가장 중요한 해결과제인 상황에서 민주주의 국제협력 사업은 상대적으로 후순위로 밀리고 있다. 하지만 아프리카연합은 민주주의원칙을 중요한 축으로 삼아 인권과 굿 거버넌스를 증진하려 노력했다. 국가제도구축이라는 중대한 과업을 민주주의제도와 결합해 회원국의 의무로 설정하고 이를 이행하지 않는 국가를 배제하여 실효성을 높이고자 했다. 지역통합을 민주주의제도의 확립과 발맞추려는 태도는 다른 지역기구들과 차별성을 보이는 지점이다.

검은대륙 아프리카의 통합과정이 순탄치만은 않다. 아프리카의 상당수 국가들은 민주주의의 전제조건인 평화가 불안정한 상황에 처해있다. 이런 곳에서는 정치체제가 불안정한 것은 물론이요 주민들의 기본적인 인권마저 보장받지 못하고 있다. 아프리카연합은 평화정착을 민주주의지원전략의 전제로서 추구해야 하는 상황이다. 아프리카연합은 지역의 안정을 다지면서 제도화된 선거를 기반으로 한 민주주의를 구축하고자 분투하고 있다. 아프리카연합이 쓸 수 있는 예산 규모가 크지 않고 해야 할 일이 산적해 있다는 점을 고려하면 이들이 짊어진 짐이 결코 작지 않다. 하지만 수원국이 스스로 민주주의제도를 구축하려 능동적으로 활동하고 스스로 국가형성의 주체가 된다는 점에서 높게 평가할 수 있다. 이런 의미에서 아프리카가 당면한 문제에 집중하며 민주주의 국제협력을 지향하는 아프리카연합의 향후 활동을 주목할 만하다.

---

pp.33-34.

# 제4장
# 네트워크·포럼

민주주의공동체
유엔민주주의총회설립운동
신생재건민주주의국제회의
민주주의연합프로젝트

# 민주주의공동체
(CD: Community of Democracies)

미국이 주도하는 다자주의[1]

민주주의공동체는 민주주의규범과 경험을 전 세계에 확산할 목적으로 미국이 주도해 설립한 정부간기구다.[2] 첫 시작은 2000년 제1회 회의(Ministerial Meeting)였다. 미국 등 전 세계 106개국 정부 대표가 참석했다.[3] 초대회의를 주관한 10개국은 조직의 최고의사결정기구인 공동주도국(convening group)을 결성해 민주주의공동체를 총괄 운영하는 책임을 맡았다. 민주주의공동체는 다자주의를 지향하며 개별국가들이 유엔의 틀 안에서 민주주의의 가치를 증진해야 한다고 강조했다. 2008년 미국은 유엔민주주의기금에 790만 달러를 기부할 것을 공표하기도 했다.

민주주의공동체는 제1회 바르샤바회의와 유엔총회에서 단체가 지향할 가치를 정립했다. 민주주의공동체는 바르샤바선언(Warsaw Declaration)과 2001년 유엔총회에서 채택한 민주주의협력증진결의안을 바탕으로[4] 공정한 선거, 의사표현·집회의 자유, 교육받을

---

1) Wikipedia, homepage, http://en.wikipedia.org/wiki/Community_of_Democracies, (최종검색일: 2008년 12월 13일).
2) CCD, homepage, http://www.ccd21.org/about.htm (최종검색일: 2009년 7월 15일).
3) 클린턴행정부 당시 국무장관이던 메들린 올브라이트(Madeleine Albright)와 폴란드의 외무장관 브로니슬라프 게레메크(Bronislaw Geremek)가 첫 회의를 주도했다. 이 두 나라에 더해 칠레, 체코, 인도, 말리, 포르투갈, 대한민국, 멕시코, 남아프리카 정부가 초대회의를 주관했다.

기회균등, 법치존중 등을 지지했다. 바르샤바회의에 참석한 국가들은 민주주의공동체가 민주주의가 정착된 곳에서는 지원활동을, 민주주의가 취약한 지역에서는 보호활동을 실행하도록 기존 국제기구와 민주주의사안을 협력할 것을 합의했다. 회의폐막식에서 코피 아난 당시 유엔사무총장은 민주주의공동체의 향후활동에 기대를 표하기도 했다. 2004년 유엔 산하에 설치된 민주주의간부회의 설립운동(Campaign for UN Democracy Caucus)은 이를 근간으로 삼았다.

민주주의공동체는 2009년 현재까지 활동을 지속하고 있다. 민주주의공동체는 각국 정부대표단으로 구성된 정부부문과 시민사회기구를 포괄하는 비정부부문으로 나뉘어 운영된다. 정부부문의 대표적인 조직은 2년 마다 열리는 정기총회다. 총회는 각국의 장관들이 모이는 각료회의의 성격을 띠며 국제고문위원회(IAC: International Advisory Committee)의 추천을 받아야 참가할 수 있다.[5] 바르샤바총회 이후 민주주의공동체는 2002년 제2회 총회에서 서울행동계획(Seoul Plan of Action)을 채택하고 2005년 제3회 총회에서 산티아고결의안을 공표했으며 2007년에는 제4차 총회에서 바마코합의문(Bamako Consensus)을 발표했다. 2009년 7월에는 제5차 총회가 포르투갈에서 개최되었다. 2009년 현재 미국, 멕시코, 칠레, 엘살바도르, 대한민국, 필리핀, 인도, 몽고, 폴란드, 체코, 리투아니아,

---

4) 이 두 합의에 민주주의공동체가 지향하는 민주주의개념이 녹아 있다. 이에 따르면 민주주의국가는 자유롭고 공정한 선거를 정기적으로 실시하고 의회는 선거결과에 따라 구성된다. 시민권, 정치적 권리, 보편적이고 평등한 참정권을 일반시민에게 보장하고 언론의 자유를 지지한다. 사법부의 독립, 군사력의 민주적 통제, 투명하고 합리적인 거버넌스의 운영도 민주주의국가를 구성하는 요소다.

5) 한편 민주주의공동체는 비정부기구집행사무국-참여(NGO Executive Secretariat-Participa), 민주주의공동체협의회, 열린사회재단(Open Society Institute), 프리덤하우스(Freedom House), 전미민주주의기금, 공화당국제연구소, 민주당국제문제연구소, 노동연대미국센터, 유엔감시기구(UN Watch)와 협력하고 있다.

이탈리아, 포르투갈, 모로코, 말리, 남아프리카, 케이프베르데(Cape Verde) 등이 회원으로 등록되어 있다.

　민주주의공동체의 실질적인 운영하는 조직은 공동주도국(convening group)이다. 바르샤바회의를 주관한 국가들로 구성된 이 조직은 민주주의공동체의 활동을 총괄했다. 공동주도국의 구성원들은 전원합의에 기초해 결정을 내렸다. 공동주도국의 의장은 2년 임기로 회원국들이 돌아가며 맡았다. 의장국은 2년마다 개최되는 정기총회를 준비했고 민주주의공동체의 발안을 이행했다. 비정부기구로 구성된 행정사무국(Executive Secretariat)은 의장국을 도와 차기 총회를 돕기도 했다.

　민주주의공동체의 또 다른 축은 비정부부문으로서 비정부차원절차(Non-governmental process)를 민주주의지원의 방식으로 강조했다. 바르샤바회의 당시 올브라이트 미 국무장관의 주장을 반영한 결과다. 세계의 시민사회단체, 학계 등 비정부기구들의 활동을 강화하려는 취지에서다. 과거 국제쟁점토론단(Global Issue Group)으로 불렸던 국제조정위원회(ISC: International Steering Committee)가 세계 시민사회단체요구를 취합하고 조정하는 기능을 맡았다. 국제조정위원회는 바르샤바선언에 기초해 민주주의공동체의 회원가입기준을 구체화해 정부부문의 운영절차(governmental process)를 강화하고자 했다. 2005년 산티아고회의 이후 비정부기구인 민주주의공동체협의회(Council for a Community of Democracies)가 국제조정위원회의 사무국 기능을 맡았다.[6]

### 진성 민주주의국가 선별 인증
　민주주의공동체는 민주주의국가의 범주를 구체화하는 일에 역

---

6) CCD, *Ibid*.

점을 두고 있다. 민주주의공동체는 민주주의를 인증하는 기제로 기능하는 것을 조직의 목표로 삼았다. 민주주의공동체는 민주주의국가를 표방하는 세계 대다수의 국가 중에서 진성 민주주의국가를 선별해 이를 인정함으로써 민주주의의 질을 향상시킨다는 취지다. 이는 유엔인권위원회가 회원국에게 엄격한 잣대를 적용하는 것과 유사한 방식으로 평가할 수 있다. 민주주의공동체는 회원국의 자격을 강화해 민주주의의 변화를 모색했다. 2002년 채택된 서울행동계획은 인권, 표현·집회·언론·종교의 자유, 법치, 공정한 선거, 권력분립, 헌법통치를 대의민주주의의 핵심요소로 정의한 바 있다.[7]

민주주의공동체는 이처럼 민주주의를 규정하려 노력했지만 민주주의국가를 인증하는 작업은 수월하지 않았다. 바르샤바선언은 민주적 거버넌스에 기여해야 한다는 전제를 마련했지만 민주주의국가를 어떻게 규정할 것인지에 대한 논란은 여전히 남았다. 최근 제정된 민주주의규정안은 민주주의국가의 범주를 상당히 넓게 잡아 기구의 신뢰도를 높이기 어렵다는 평이 나오기도 했다. 실제로 민주주의공동체는 회원국의 지위를 결정하는 과정에서 설립취지를 살리지 못하는 상황에 처해 있다. 바르샤바회의 이후

---

7) 서울행동계획은 이를 실현하는 차원에서 12가지 활동을 제시했다. 1) 지역민주주의 감시체계와 민주주의위기상황에 대한 초기대응체계 구축 2) 민주주의 위기에 직면한 국가를 지원할 전문가 집단 파견 3) 민주주의제도·선거절차·혁신을 강화하는 차원에서 장기간 기술지원과 감시수행 4) 민주주의원칙과 권리를 보호할 자문 5) 정부·시민사회·공공기관 지원 6) 민주주의·시민의 권리와 책임에 대한 대중적 홍보 7) 공공교육과 민주주의가치 확산 8) 독립된 입법기관이 예산절차를 투명하게 집행·감독하도록 규정하는 법률발의 9) 정당 재정의 투명성 확보 10) 외교적·정치적 중재가 필요할 경우 공동주도국의 개입 11) 지역기구와 국제기구를 통한 지원 12) 민주주의의 분열과 파괴를 방지하고 경제적 인센티브를 제공해 기존의 지역기구·국제기구·민주주의 기구 확대가 그 내용이다. Convening Group of CD, *Seoul Action Plan – Democracy: Investing for Peace and Prosperity*, (2002).

공동주도국은 개별국가의 민주주의지위를 평가해 바르샤바선언 조인국 중 13개국의 회원자격을 박탈했는데 현재 회원국 중에서도 민주주의를 실현하지 못하는 경우가 있다. 민주주의국가를 평가하는 기준을 엄격하게 설정하는 일이야말로 민주주의공동체가 시급히 해결해야 할 과제다.

전 세계 민주주의가 활동 대상
민주주의공동체는 전 세계의 민주주의지원활동을 지원했다. 조직의 활동은 크게 세 가지 차원으로 나뉜다.
첫째, 민주주의공동체는 민주주의국가간 대화와 협력을 장려했다. 2005년 산티아고회의는 지역별 다자기구들이 협력할 통로를 만들자는 결론을 내렸다. 민주주의공동체는 미주기구-아프리카연합민주주의연계(OAS-AU Democracy Bridge)를 실행해 그 가능성을 타진했다. 2007년 7월 미주기구와 아프리카의 대표들은 제1회 민주주의연계포럼(Democracy Bridge Forum)을 개최해 민주주의를 증진하고 보호할 방안에 대해 논의했다. 당시 논의된 내용은 2008년 미주기구총회에서 승인되었다. 최근 아프리카연합은 미주기구의 선거감독활동에 참여해 콜롬비아선거가 민주적으로 치러지도록 손을 보태기도 했다.
민주주의공동체는 새로운 조직을 만들어 상호 합의하는 장을 마련하기도 했다. 민주주의공동체는 2004년 유엔 민주주의간부회의설립운동을 창설했다. 이 조직은 2006년, 2007년, 2008년에 각각 결의안을 발표해 유엔회원국들이 인권증진에 기여한 국가를 유엔 인권위원회에 선출할 것을 촉구했다. 물밑에서 활동하는 실무집단(Working Groups)의 활동도 빼놓을 수 없다. 산티아고회의에서 공동주도국은 실무집단설치에 동의했다. 실무집단은 총 4개로 구성되었으며8) 외교관편람발행, 비정부기구-정부협력기준제시, 민주주의관련 각종 회의개최 등 실무를 맡았다. 또한 민주주의공동체는 민주주의 국가 간 대화를 증진하고자 2007년에 '민주주의와 발전'에 관한 세미나를 개최하기도 했다.

〈표 71〉 2000~2005년 민주주의공동체의 주요활동9)

| 일 자 | 주요 활동 |
|---|---|
| 2001.02.20. | 민주주의공동체 회의개최(주제 : 민주주의증진에 기여할 지역다자기구의 역할) |
| 2001.09.19. | 공동주도국의 '對테러리즘 선언문' 발표 |
| 2003.05.23. | 제17회 리오 그룹 정상 회의 개최(주제: 민주주의제도 고찰) |
| 2003.06.04. | 2003년 민주주의에 관한 협의 개최 |
| 2003.06.08. | 제33회 아메리카의 민주적 거버넌스에 초점을 맞춘 미주기구총회(The 33rd OAS General Assembly Focused on Democratic Governance in the Americas) |
| 2003.06.17. | 버마 문제에 관한 선언문 발표 |
| 2003.09.26. | 민주주의공동체 주관그룹 회담 |
| 2003.11.14. | 민주주의공동체 지역콘퍼런스와 비정부기구포럼 개최 |
| 2003.11.17. | 공동주도국 의장인 헤랄도 무노스(Heraldo Munoz), 유엔주재 칠레대표의 신생·재건민주의(New and Restored Democracy) 결의안 발표 |
| 2003.12.10. | 주관그룹 의장인 헤랄도 무노스, 유엔주재칠레대표의 '인권의 날 선언문' 발표 |
| 2004.04.19. | 2004 유엔인권위원회에서 민주주의촉진·통합에 관한 결의안 채택 |
| 2004.05.10. | 5.10~15, 6일간 동티모르에 민주주의공동체 대표단 파견 |
| 2004.09.22. | 민주주의공동체 각료회의 개최 |
| 2005.03.10. | '민주적 거버넌스: 안보와 개발 연계 계획' 발표 |
| 2005.03.11. | 민주주의 국가 간 세미나 개최 |
| 2007.11.15. | 말리공화국 수도 바마코에서 장관급회의 개최 |
| 2009.07.11. | 포르투갈 리스본에서 제5회 각료회의 개최 |

8) 시민사회와 민주적 거버넌스(Civil Society and Democratic Governance), 빈곤과 민주주의(Poverty and Democracy), 지역 내외의 민주주의협력(Regional and Inter-regional Cooperation for Democracy), 민주주의위협(Threats to Democracy)이 실무집단을 구성하는 4개 조직이다.
9) USDOS, homepage, http://www.state.gov/g/drl/c10790.htm, (최종검색일:

둘째, 민주주의공동체는 민주주의 연구기관을 설립해 민주주의의 확산을 꾀했다. 2005년 산티아고회의는 민주주의이행국제센터(ICDT: International Centre for Democratic Transition)를 창설했다. 민주주의이행과정을 겪은 국가들이 향후 세계의 민주주의운동을 장려할 목적에서다. 센터는 15개국 이상에서 민주주의프로젝트를 진행했다. 미국, 포르투갈 등 9개국 중심으로 구성된 동티모르사절단(Missions to East Timor)을 동티모르에 파견해 민주주의제도구축방안을 논의했다. 2005년 루마니아정부도 그루지야에서 이와 유사한 활동을 수행하도록 지원했다. 민주주의공동체는 국가들 간 정당워크숍을 개최하는 일도 도왔다. 2004년 칠레·이탈리아정부가 '정당과 민주주의 거버넌스'라는 주제로 세미나를 개최해 민주주의가치와 제도강화의 중요성을 논하는 자리를 마련한 바 있다.

민주주의공동체는 민주주의를 확산하려는 움직임을 지원했다. 민주주의공동체는 2005년 창설된 유엔민주주의기금을 조성하는 데 기여했다. 민주주의공동체는 외교관의 활동을 지원하는 편람을 발행했다. 2008년 발행된 이 책은 민주주의가 취약한 국가에서 활동하는 외교관들이 시민사회나 비정부기구와 공조해 자유를 증진시키는 방안을 담았다. 민주주의공동체는 시민사회의 비정부기구 활동도 지원했다. 2006년 공동주도국은 비정부기구의 활동을 제약하는 일부국가의 법률에 우려를 표했다. 2007년 바마코회의에서 민주주의공동체는 민주주의제도구축이 필요하며 개별국가들이 비정부기구의 활동을 제약하는 환경을 개선해야 한다고 강조했다. 2003년에는 버마성명을, 2005년에는 벨로루시성명을 발표해 해당국가의 반민주적 행위를 비판하기도 했다.

셋째, 민주주의공동체는 민주주의 거버넌스를 확대해야 한다

---

2008년 12월 3일).

고 강조했다. 2007년 제4회 바마코각료회의는 민주주의 거버넌스 활동을 빈곤퇴치, 지속가능한 개발, 민주주의구축의 중요한 과정으로 여겼다. 민주적인 거버넌스를 비정부기구의 빈곤퇴치·평화구축활동을 지지하고 민간부문과 협력하며 인터넷에 자유롭게 접근할 통로를 마련하는 과정으로 간주했다. 인권규약(Human Right Code)을 창안해 한 사회의 책임성을 높여 민간부문의 활동을 보장해야 한다는 등의 방안을 제시했다. 민주주의공동체와 관계를 맺고 있는 비정부기구들은 민주주의구축활동을 벌이는 국가에 인센티브를 제공해야 한다고 강조하기도 했다. 선거를 비롯해 인권존중, 민주적인 기관설립, 사법독립, 언론의 자유 등도 민주주의의 핵심요소로서 언급했다.

그러나 민주주의공동체는 민주주의의 질 향상을 목적으로 활동하는 과정에서 구조적인 문제에 직면하고 있다. 첫째는 민주주의공동체의 제도화다. 민주주의공동체는 2009년까지 총5회의 각료회의를 중심으로 운영되어 왔다. 전 세계의 민주주의 활동을 지원하려는 포부가 크지만 이를 실행할 인력과 조직이 없어 현실적으로 한계가 따랐다. 이를 극복하려는 차원에서 2007년 바마코회의에서 바르샤바에 상설본부를 설치하는 안이 채택되었다. 두 번째 문제는 공동주도국의 구성방식이다. 기존의 공동주도국은 자기선출(self-appointed)방식으로 구성되었다. 소수의 강대국이 주도권을 잡지 않는 민주적인 방식으로 선거를 치러 위원회를 구성해야 한다는 등의 요구가 제기되었다. 한편 미국이 유엔의 영향력을 회피할 목적으로 민주주의공동체를 설립했다는 유럽 국가들의 의혹도 불식시켜야 할 과제로 남아있다.

무엇보다 민주주의공동체가 안고 있는 가장 큰 문제는 회원기준을 상향조정하는 것이다. 민주주의공동체는 민주주의국가의 범주를 엄격히 설정해 회원국을 엄정하게 심사한다는 야심적인 목표를 세웠다. 하지만 이미 살폈듯이 민주주의국가의 범주를 설정하는 일을 정리하지 못하고 있다. 어떤 상태를 민주주의로 볼 것인가에 대한 논의와 합의과정을 계속 이어가야 하는 상황이다. 과거 민주주의 자격에 미달한다고 판단한 13개국의 지위를 강등한 전례를 제도화하는 방식도 충분히 생각할 수 있다. 가입한 이후에도 엄격한 기준을 적용해 민주주의공동체의 대외신인도 향상을 도모할 수도 있을 것이다.[10]

민주주의공동체는 비정형 상태로 민주주의증진활동을 지원했다. 민주주의공동체는 민주주의를 증진시키는 데 관심을 보이는 각국정부와 시민단체들이 모이는 네트워크다. 사무국이 제4차 회의에서 설립되기 전까지 개별국가의 장관들이 모이는 각료회의와 시민사회단체들이 협력하는 협의회를 중심으로 운영되었다. 자유롭고 느슨한 형태의 이 조직이 향후 변화할 모습은 현재의 형태만큼 정해진 것이 없다. 다만 일부 전문가들은 민주주의협약(Concert of Democracies)의 형태로 발전할 필요성을 언급하기도 했다. 새천년개발계획을 중시하는 세계국가들이 민주주의공동체를 바탕으로 어떤 그림을 그리는가는 조직의 활동방향을 결정하는 키가 될 것이다.

---

10) Robert Axelrod, Promoting Democracy through International Organizations, in Ernesto Zedillo (ed.), *Reforming the United Nations for Peace and Security* (New Heaven: Yale Center for the Study of Globalization, March 2005), pp.19~38.

# 유엔민주주의총회설립운동
(Campaign for a UN Democracy Caucus)

민주주의공동체의 한계를 보완하는 새로운 모색[11]

　유엔민주주의총회설립운동은 유엔체제 안에서 유엔결의안을 발의해 민주주의국가들에 유용한 포럼을 제공하는 네트워크다. 앞에서 살핀 민주주의공동체가 유엔민주주의총회설립운동의 단초를 제공했다. 민주주의공동체 제1회 회의에 참석한 정부대표들은 국제기구와 지역기구에 총회(Caucus)를 설치해 민주주의 거버넌스를 확산하자는 데 합의했다. 이를 바탕으로 2004년 유엔민주주의총회설립운동이 결성되었다. 당시 유엔에서 열린 민주주의공동체 각료회의에서 칠레외무부장관 솔레다드 알베아르(Soledad Alvear)는 조직의 창설보고서를 발표하며 민주주의공동체가 유엔 등 다자간조직에 기여할 것이라고 전망했다.

　유엔민주주의총회설립운동은 민주주의공동체와 상보관계에 있다. 유엔민주주의총회설립운동은 유엔인권선언과 2000년 바르샤바선언이 제시한 민주주의가치와 제도가 강화되는 것을 목적으로 삼았다. 이 조직은 민주주의공동체가 제창한 민주주의가치를 유엔차원에서 증진하는 동시에 유엔회원국들이 민주주의 거버넌

---

[11] 서울에서 개최된 제2회 정기총회에 초대되어 회원자격으로 참석한 국가는 110개국이고, 참관국(Observer) 자격으로 참석한 국가는 21개국이다. USDOS, homepage, http://www.state.gov/g/drl/rls/13751.htm (최종검색일: 2008년 12월 4일).

스와 인권증진활동을 강화하도록 활동을 통합·조정하고자 했다. 유엔결의안과 발안(initiative)을 통로삼아 민주주의국가들을 지원하는 방식을 취했다. 기존 지역기구를 대체하지 않는다는 것이 이 조직의 대표적인 특징 중 하나다. 또한 민주주의공동체 회원국들이 유엔에서 채택된 결의문을 긍정적으로 검토할 것도 요청했다. 국제사회의 협력을 이끌어내 법치규범과 향상된 인권기준을 세계에 확산하려는 의도를 읽을 수 있다.

유엔민주주의총회설립운동은 민주주의공동체와 불가분의 관계를 맺으며 운영되고 있다. 참가국은 민주주의공동체 제2회 총회에 초대된 국가들로 구성되었다. 민주주의공동체의 공동주도국이 유엔민주주의총회설립운동의 회원기준을 마련하기도 했다.[12] 민주주의공동체의 공동주도국 의장국은 유엔민주주의총회설립운동의 운영을 주도하며 유엔의 다양한 발안을 지지했다. 민주주의공동체 설립을 주도한 미국은 이 조직에서도 역시 활발히 활동했다. 민주주의국가들이 유엔의 이념을 실행하기 위해 협력해야 한다고 주장하면서 유엔이 인권, 거버넌스, 법치(rule of law)증진에 기여해야한다고 강조했다. 그동안 유엔민주주의총회설립운동은 유엔총회와 유엔인권위원회가 개최되는 동안 열렸다.

유엔의 틀에서 인권과 민주주의증진활동 추진

유엔민주주의총회설립운동은 일련의 회의를 진행하며 인권과 민주주의에 관한 결의안을 도출했다. 그 내용은 크게 셋으로 나뉜다. 첫째, 회원국의 민주주의 거버넌스를 심화하고 유엔조직을

---

12) 회원국 기준은 다음과 같다. 첫째, 공정하게 치러지는 보통·평등·비밀선거가 정기적으로 시행된다. 둘째, 선거에 참여할 민주적인 정당형성이 자유롭다. 셋째, 법치가 존중받는다. 넷째, 법에 접근할 기회가 균등하게 보장된다. 다섯째, 3권 분립과 사법부의 독립이 지켜진다. 여섯째, 인권·자유·인류의 존엄성을 존중한다.

거쳐 국제적인 민주주의지원활동을 강화한다. 둘째, 유엔이 인권과 민주주의와 관련해 국제적인 합의를 도출하는 장이 되도록 지원하고 인권을 침해하는 국가의 상황을 개선한다. 셋째, 유엔의 테두리 안에서 활동에 필요한 자원을 확보한다. 인권과 민주주의 증진활동은 조직의 핵심 과제로 다뤄졌다.

유엔민주주의총회설립운동은 유엔회원국이 민주주의와 인권을 보장하고 지지해야 할 의무를 지닌다고 상정했다.[13] 유엔인권위원회(UN Commission on Human Rights)의 개혁을 찬성하고, 국제적으로 합의될만한 인권과 민주주의 기준을 포함한 유엔총회결의안의 초안을 작성하는 데 관여했다. 본 조직은 유엔결의안을 유엔과 민주주의공동체에서 실행하는 일도 장려했다. 2004년 유엔민주주의총회설립운동은 종교 갈등과 협력, 지역기구가 민주주의증진에 기여할 방안, 여성의 지위향상 등을 다룬 결의안을 유엔회원국이 긍정적으로 검토해야 한다고 제안했다.

유엔민주주의총회설립운동은 유엔인권위원회와 협력하는 방향을 모색했다. 유엔인권위원회에 참석했던 인권지도자들은 설립운동 측이 인권위원회에서 주도적으로 활동해야 한다고 강조했다. 설립운동의 회원국들은 유엔인권위원회에서 심각한 인권침해상황을 발표하면서 각국 정부의 이행여부를 검증할 체제를 구축해야 한다고 주장했다. 이에 더해 유엔인권위원회가 차기선거에서 민주주의를 이행하지 않는 후보국에 반대의사를 표명할 것도 요청했다. 2008년 5월 유엔민주주의총회설립운동의 조정자(co-ordinator)들은 새로운 인권위원회의 역량이 국제사회의 인권레짐의 영향력을 결정할 것이라는 내용의 설명서를 발표했다.[14]

---

13) 유엔총회와 인권위원회에서의 투표행태를 분석 해 보면 어떤 국가도 인권과 민주주의를 지지하는 결의안에 반대표를 행사하지 않았음을 알 수 있다.
14) 프리덤하우스(Freedom House), 민주주의연합프로젝트(Democracy Coalition

그 결과 유엔인권위원회를 구성할 최종결의안에 인권침해를 자행한 국가의 자격정지 등이 담기는 성과를 보였다.

비정부기구연합(NGO Coalition)은 유엔민주주의총회설립운동의 활동반경을 넓히고자 노력했다. 설립운동 측은 상설사무국을 설치해 인권관련 외교 전략을 효과적으로 수립해야 한다고 제안했다. 또한 유엔경제사회이사회, 유엔난민고등판무관실, 유엔인권고등판무관실, 유엔개발계획, 유네스코처럼 유엔에서 정기적으로 회담을 개최할 것도 제안했다. 유엔에 계류 중인 안건에 회원국의 지지를 호소하고, 관련 법률을 감시하며, 선거패턴을 분석하는 일도 맡았다. 비정부기구연합은 회원국들이 민주주의 절차를 이행하는지 여부를 감시하면서 인권과 민주주의의 증진을 확인하는 기능을 수행했다.

---

Project), 초국적 급진당(Transnational Radical Party)이 조정자로서 활동했다.

## 신생재건민주주의국제회의
(ICNRD: International Conference of New or Restored Democracies)

민주주의이행국가를 지원하는 이론 제시[15]

신생재건민주주의국제회의는 유엔이 최초로 지원한 민주주의 국제협력이다. 유엔총회는 1988년 12월 신생재건민주주의국제회의 창립을 결의했다. 국제회의는 유엔의 후원을 받아 민주주의 국제협력을 뒷받침할 이론과 현실적인 기반을 마련했다. 국제회의에는 유엔회원국 누구나 참여할 수 있다. 제1회 회의 당시 13개국에 불과했던 참여국 수는 현재 선진국에서 개발도상국 등 100여 개국으로 크게 늘었다. 1988년부터 현재까지 총 6회 개최되었다.[16]

국제회의는 냉전이후 민주주의체제로의 이행을 낙관적으로 전망하지는 않았다. 민주주의로의 체제이행을 도모한 국가들이 크게 늘었지만 겉치레에 불과한 경우가 허다했다. 수많은 신생재건민주주의국가에서 주권강화와 민주주의달성을 목표로 구성원들이 갈등하는 경우가 적지 않았다. 이런 상황인식을 바탕으로 해당 국가의 모든 구성원들이 민주주의발전의 수혜자로서 새로운 체제

---

15) ICNRD, homepage, http://www.icnrd6.com/generalinfo.php (최종검색일: 2008년 12월 6일).
16) 제1회 회의는 1988년 필리핀 마닐라에서, 제2회 회의는 1994년 니카라과 마나과에서, 제3회 회의는 루마니아 부쿠레슈티에서, 제4회 회의는 2000년 베냉의 코토누에서, 제5회 회의는 2003년 몽고의 울란바토르에서 제6회 회의는 2006년 카타르에서 개최되었다.

에 완전히 참여할 수 있도록 통로를 마련해야 한다는 문제의식이 높아졌다. 신생재건민주주의국제회의는 민주적 거버넌스와 개발 이슈를 적극적으로 결합해야 한다는 목소리를 냈다.

신생재건민주주의국제회의는 국제사회의 협력을 개별국가의 민주화를 지원하는 통로로서 주목했다. 1980년대 필리핀이 국가간 협력이 민주화를 위협하는 요소를 극복할 수 있다고 제안한 이후였다. 1994년 유엔 사무총장인 부트로스 갈리는 유엔 산하조직들이 신생재건민주주의국제회의에 참여하면 민주주의국가가 직면한 문제를 해결할 수 있다고 보았다. 제2차 국제회의 이후 유엔총회는 사무총장에게 유엔이 민주주의 국제협력에 어떤 기여를 할 수 있을지에 대한 보고서를 요청했다. 그 결과 제출된 보고서와 부속문서의 일부인 경과재검토권고안(Progress Review and Recommendations)은 제3차 국제회의에서 채택되었다. 이는 부트로스 갈리의 민주화 의제(An Agenda for Democratization)와 더불어 1990년대 후반 유엔이 민주주의 국제협력을 주도하는 기반을 형성했다.17)

세계화의 물결이 파고를 높이면서 신생재건민주주의국제회의의 중요성을 언급하는 발언이 속속 등장했다. 1994년 마나과선언과 행동강령(Plan of Action)은 국제통화기금이나 세계은행의 경우처럼 세계의 행위자가 국내정치에 영향을 끼친다고 언급했다. 1997년 부쿠레슈티회의는 최종문건(Final Document)에 세계적인 통치에 관한 새로운 협정의 필요성을 담았다. 세계화는 국제사회의 모든 영역에 영향을 미치는 매우 중요한 과정이라는 이유에서다.

---

17) 유엔에서 부트로스 갈리의 민주화의제는 국제관계와 국제적 거버넌스는 개별국가의 민주화를 통해서 이루어져야 한다는 개념에서 출발했다. 이는 미국과 유럽연합 같은 강대국의 주장과 일맥상통했다. 1997년 처음 발행된 민주화보고서에서 코피 아난 당시 사무총장은 부트로스 갈리 전임 사무총장이 제시한 의제의 연속성을 강조했다. 이 보고서는 세계화가 민주주의를 위협하는지에 대한 관계를 연구해야 한다고 언급했다.

이는 세계가 역동적으로 영향을 끼치는 시대에는 경제적 흐름, 평등, 재정규제 통제, 커뮤니케이션의 민주화뿐만 아니라 평화를 추구하는 새로운 도덕적 기준을 내포해야 한다는 것을 뜻했다. 국제회의는 세계화시대 민주화의제를 다루는 장으로서 기능해야 한다는 요구에 대응해야 했다.

2006년 개최된 제6회 카타르회의를 기점으로 조직의 변화가 있었다. 신생재건민주주의국제회의는 산하에 자문위원회(advisory board)를 설치했다. 당시 도하선언은 국제회의의 권고안을 체계적이고 적절하게 실행하는 방안을 의장국에 요청했다. 의장국이 권고안을 적절히 수행하는 방법을 찾도록 보조할 요량으로 자문위원회가 구성되었다. 자문위원회는 총8명(각 대륙별 대표 5인, 의회포럼 대표 1인, 시민사회 대표 1인, 미국 대표 1인)으로 구성되었다.[18]

자문위원회는 2007~2009활동계획(ICNRD Programme of Work for 2007~2009)을 수립했다. 이 계획은 조직이 국제사회에서 위상을 확고히 정립하는 것과 협력기관과 견고하게 관계를 구축해 민주주의문화를 진전시키는 방향을 고려한 것이었다.

〈표 72〉 2007~2009 활동계획 프로그램 내용

| | 내 용 |
|---|---|
| 1 | 신생재건민주주의국제회의 정체성을 확립하고 활동 증진하기 / 민주주의의 개념·원칙·핵심가치를 논하는 국제사회의 논의 증대 |
| 2 | 신생재건민주주의국제회의 성과를 전 세계에 공표 |
| 3 | 민주화증진과 관련된 정책·전략·프로그램 진척 |
| 4 | 민주주의부문과 관련된 모든 활동에서 협력 |
| 5 | 국제의원연맹(IPU: Inter-Parliamentary Union), 유엔, 국제민주주의시민사회토론회(ICSFD: International Civil Society for Democracy) 등과 협력구축 |

---

18) ICNRD, homepage, http://www.icnrd6.com/viewlastnews.php?id=76 (최종 검색일: 2008년 12월 6일).

2007~2009활동계획은 제6회 회의의 뉴스레터를 발행하고 정보은행(data bank)을 개발하는 등을 계획하고 실행했다. 2007~2009활동계획은 신생재건민주주의국제회의의 활동의 효율성을 높이려는 활동을 지원하는 방향으로 진행되고 있다.

신생재건민주주의국제회의는 유엔과의 접점도 꾸준히 마련했다. 국제회의는 2007년 제62회 유엔총회에서 2건의 보고서를 발표했다. 하나(A/62/296)는 유엔과 기타 민주주의증진운동기구와 협력하는 방안을 제시했다. 다른 하나(A/62/302)는 호주, 브라질, 크로아티아, 사이프러스, 일본, 폴란드, 카타르, 우크라이나가 개별국가차원의 활동에 대해 답변한 내용을 담았다. 당시 카타르대표는 유엔총회에서 제6회 회의내용을 보고하기도 했다. 세계개발의제와 민주주의·평화·사회발전의제를 결합하는 방안과 과거의 권고안을 이행하는 방법이 주 내용이었다. 카타르는 '신생, 재건 민주주의 증진에 대한 유엔의 지지'라는 타이틀의 결의안 초안(A/62/L.9)을 작성했다.

국제의원연맹참관인(IPU Observer)과 민주주의·선거지원국제연구소참관인(IIDEA: International Institute for Democracy and Electoral Assistance Observer)은 성명을 발표해 국제회의의 활동을 지지했다. 성명서 내용은 이렇다. 첫째, 국제회의가 유엔총회에서 발표한 보고서에 주목해야 한다. 둘째, 6회 회의의 1·2차 자문위원회에서 논의된 내용과 세계민주주의의날 선언제안서에 관심을 둬야 한다. 셋째, 민주주의 국제협력에 기여할 프로그램을 혁신한다. 넷째, 지역기구, 정부간기구가 민주주의지원경험을 공유하고 국제회의에 활발하게 참여하도록 장려한다. 다섯째, 유엔이 회원국을 지원해 세계민주주의의날 기념행사를 원활히 진행하도록 돕는다. 여섯째, 회원국들의 민주화목표를 달성하도록 유엔의 능력을 함양한다. 이런 성명서는 국제회의가 국제사회의 지지를 얻고 있음을 뜻한다는 점에서 고무적이었다.

의회의 참여는 신생재건민주주의국제회의에서 빼놓을 수 없는 부분이다. 2003년 울란바토르회의를 시작으로 각국의 의회대표들이 본격적으로 국제회의에 참여하기 시작했다. 1997년 국제의원연맹이 민주주의선언을 채택한 것이 결정적인 계기였다. 민주주의선언은 전 세계 의회공동체가 민주주의원칙과 실행의지를 처음으로 성문화한 것이었다. 국제의원연맹은 민주적인 의회를 실현할 방안을 다양하게 모색하기 시작했다. '21세기 의회와 민주주의'를 발행한 것은 그러한 활동의 일환이었다. 모범적인 의회민주주의사례를 제시하고 각국의회의 민주주의정도를 평가하는 도구였다. 국제의원연맹은 국제회의 개최 시 의원포럼을 구성하는 임무를 맡았다.[19]

신생재건민주주의국제회의가 다루는 의제와 활동대상은 2000년대 초반 전 세계에 난제를 던지고 있다. 민주주의체제로 이행한 국가들이 시민사회의 요구를 정책에 안정적으로 반영하거나 선거를 민주적으로 치르는 데 어려움을 겪는 경우가 많았다. 신생재건민주주의국제회의는 각국의 정치상황을 반영해 해결책을 제시하는 방안을 모색할 필요가 있다. 정부와 의회를 대변하는 통로를 마련해 시민과 정부의 가교역할을 할 수 있을 것이다. 정부부문, 의회부문, 시민사회부문을 분리해 진행하던 기존의 회의방식을 통합적인 관점에서 변형하는 안도 고려할 수 있다. 의회와 정부와 시민사회가 상호신뢰를 구축하도록 국제회의의 세심한 관심이 필요해 보인다.

---

19) IPU, homepage, http://www.ipu.org/english/strcture/splzdocs/doha06.htm (최종검색일: 2009년 7월 17일).

## 민주주의연합프로젝트
(DCP: Democracy Coalition Project)

민주주의지원 다자기구들을 주시하는 비정부기구

민주주의연합프로젝트는 유엔인권이사회 등 다자간기구들이 민주주의 인권향상활동을 벌이도록 연구하고 행동하는 비정부기구다. 2001년 출범한 민주주의연합프로젝트는 민주주의가 세계평화와 인류발전의 핵심요소라는 것을 전제로 활동을 벌였다.

민주주의연합프로젝트는 인권과 민주주의증진분야에서 유엔의 활동 강화 장려, 각국정부의 외교정책을 감시·감독, 각국정부와 다자간기구의 활동을 감시할 국제연합체 구축을 주요의제로 삼아 활동했다. 민주주의공동체(CD)와 유엔민주주의총회설립운동(CCD)이 투명하고 활발하게 활동하도록 장려했다. 민주주의연합프로젝트는 국제사회의 시민사회영역이 정부부문의 활동과 접점을 이루는 하나의 축으로 기능했다.

민주주의연합프로젝트는 세계의 민주주의증진활동을 평가하는 보고서를 발표하는 데 주력했다. 프로젝트는 인권이사회연례보고서를 발간하고 있는데, 2006~2007연례보고서는 신뢰할만한 인권제도를 구축하는 방안으로 지역간 연합을 제시했다.

2007~2008연례보고서는 각국의 인권활동과 인권지원절차를 소개하고 분석한 내용을 담았다. 인권이사회연례보고서는 심각한 인권문제에 대한 관심을 높이고자 활동하는 인권운동가들을

지원할 목적으로 발행되고 있다.

　민주주의연합프로젝트는 인권이사회의 투표행태분석보고서도 발간했다. 2005년 유엔인권이사회투표행태기록을 공개했다. 이는 유엔주재 민주주의공동체 대표에게 전달되어 유엔인권이사회개혁안에 지지를 호소하는 데 활용되었다. 2006년 제58회 유엔인권헌장기념식에서는 유엔회원국이 행한 인권침해투표행태분석보고서를 발표했다. 이는 2005년 유엔총회에서 발표된 7개의 인권침해국가의 제재안에 관한 투표기록을 분석한 내용이다. 2007~2008 인권이사회연례보고서에도 회원국들의 투표행태를 분석한 내용을 담았다.

　민주주의연합프로젝트는 다른 조직의 투표행태도 분석했다. 59회 유엔총회에서는 유엔민주주의총회설립운동 회원국들의 투표행태를 기록하고 분석한 내용을 공개했다. 민주주의연합프로젝트는 유엔민주주의총회설립운동 회원국들이 인권침해국가를 비난할 합의점을 공유했다고 평가했다. 민주주의국가들은 인권침해국가를 대상으로 결의안을 표결할 때 지역에 따라 다르게 투표하는 경향을 보이기도 했다.

　이 외에도 2004년 민주주의연합프로젝트는 53개 국가의 투표기록을 비교하는 보고서를 발행하기도 했다. 이에 따르면 비민주적인 국가들은 유엔의 인권상황을 비난하는 결의안에 공동으로 반대한 반면 민주주의국가들은 단결된 지지를 보이지 않았다.[20]

　민주주의연합프로젝트는 유엔의 틀 안에서 활동하는 경향을 보였다. 프로젝트는 유엔인권이사회의 구성이 중요하다고 판단해 이사회 선출과정에서 적극적으로 의사를 표명했다. 프로젝트 측은 유엔인권이사회 선정과정의 투명성을 요청했다. 유엔의 고

---

20) 일례로 민주주의공동체의 조정위원인 남아프리카공화국과 인도는 비난 행위를 중지할 것에 대해 비민주의 국가들과 같은 태도를 취하였다.

위직 임명과정과 실제 인권이사회활동에 비정부기구가 참여할 통로를 마련해야 한다며 성명서를 발표했다.

민주주의연합프로젝트는 유엔인권이사회선출과정에서 후보국들을 심의하기도 했다. 2008년 유엔인권이사회선출에서 여러 비정부기구들과 함께 벨로루시와 스리랑카가 인권을 치명적으로 침해했음을 역설했다. 그 결과 해당 국가가 낙마했고 인권이사회는 신뢰도를 높일 수 있었다. 2007년 프로젝트는 6개의 주요인권기구와 공동으로 유엔회원국에 인권이사회선거에 관심을 갖도록 촉구하기도 했다.[21]

민주주의연합프로젝트는 유엔인권이사회의 구성과 활동에 지속적으로 관심을 보였다. 민주주의연합프로젝트는 유엔민주주의총회설립운동 측이 유엔인권이사회가 전면적으로 개혁절차를 밟도록 지지할 것을 요청했다.

2007년 3월 유엔인권이사회에서는 전 세계의 인권상황을 감시·감독할 인권전문가들의 모임인 특별절차(Special Procedures)를 유엔 산하 독립기구로서 구축해야 한다고 강조했다. 같은 해 5월에는 특별절차의 독립성 보장 필요성을 담은 세계호소문을 공동으로 지지했다. 지난 40년간 특별절차는 긴급개입과 더불어 인권보호에 중요한 임무를 수행했다.

민주주의연합프로젝트는 세계의 비정부기구들과 유엔의 활동방향을 논의하는 자리를 마련했다. 제5회 세계민주주의운동의 총회 당시 '유엔인권이사회를 강화할 지역간 협력방법'을 주제로 워크숍을 개최해 인권활동가들의 인권이사회에 참여하는 방안을 모색했다.

---

21) 6개의 인권기구는 국제사면위원회, 인권감시단(Human Rights Watch), 카터재단(Carter Center), 세계정책연구소(Institute for Global Policy), 국제인권서비스(International Service for Human Rights), 열린사회재단(Open Society Institute), 유엔협회세계연맹(World Federation of United Nations Association)다.

2005년에는 '민주주의공동체와 유엔민주주의총회설립운동 내에서 민주주의인권증진협력방안'을 주제로 향후 행동방안을 토의했다. 2006년 제6회 국제인권세미나(International Human Rights Colloquium)에서는 유엔인권이사회활동과 비정부기구간 관계에 대해 논의하기도 했다. 2006년 브뤼셀에서는 유엔인권이사회 관련 토론회를 개최해 이사회가 직면한 도전과 과제를 논의했다. 2006년 유엔총회에서는 유엔민주주의총회설립운동이 직면한 도전과 과제를 다뤘다.

민주주의연합프로젝트는 국제사회의 비정부기구들이 유엔의 활동을 반영하면서 지역사회를 변화시키는 방향으로도 협력했다. 2008년 세계인권선언60주년기념식에서 카이로인권연구소(CIHRS: Cairo Institute for Human Rights Studies)와 함께 워크숍을 개최해 아랍국가에서 종교와 표현의 자유가 보장되어야 함을 논의했다.

민주주의연합프로젝트는 서아프리카시민사회와의 공조도 모색했다. 나이지리아의 시민사회대표와 만나 유엔이사회 활동상황을 전하고 나이지리아 시민사회의 역할을 강조했다. 토고에서 열린 서아프리카인권옹호네트워크(West African Human Rights Defenders Network)총회에서는 유엔인권이사회의 지지확보를 요청했다. 열린사회재단, 국제인권서비스와 공동으로 국제인권네트워크를 구축하는 안건을 다루기도 했다.

민주주의연합프로젝트는 유엔의 테두리 바깥에서도 국제기구들과 협력했다. 민주주의공동체의 회의 준비과정에도 참여한 바 있다. 국제자문위원회(IAC: International Advisory Committee)의 추천으로 제4회 각료회의 초청국을 선정하는 작업에 참여했다.

2007년 바마코에서 언론과 시민사회와 공동으로 회의(round table)를 열어 그해 11월에 개최될 각료회의에 참여할 참가국을 발표했다. 2001년부터는 메릴랜드대학의 제도개혁·비공식부문센터

(CIRIS: Center for Institutional Reform and the Informal Sector)와 열린사회재단의 워싱턴사무국과 공동으로 민주주의증진을 주제로 토론회를 열었다. 2005년에는 미국성과회의(America's Purpose Conference)를 후원해 미국의 반테러전략을 논의하는 자리를 마련하기도 했다.